国际儒学联合会顾问学术小传

滕文生题签

（第一辑）

曹凤泉　洪修平 主编

中 华 书 局

图书在版编目（CIP）数据

国际儒学联合会顾问学术小传.第一辑/曹凤泉,洪修平主
编. —北京:中华书局,2017.10
ISBN 978-7-101-12834-5

Ⅰ.国…　Ⅱ.①曹…②洪…　Ⅲ.儒学-学术会议-文集
Ⅳ.B222.05-53

中国版本图书馆 CIP 数据核字（2017）第 232441 号

书　　名	国际儒学联合会顾问学术小传（第一辑）
主　　编	曹凤泉　洪修平
责任编辑	俞国林　潘素雅
出版发行	中华书局
	（北京市丰台区太平桥西里 38 号　100073）
	http://www.zhbc.com.cn
	E-mail:zhbc@ zhbc.com.cn
印　　刷	北京市白帆印务有限公司
版　　次	2017 年 10 月北京第 1 版
	2017 年 10 月北京第 1 次印刷
规　　格	开本/710×1000 毫米　1/16
	印张 27¼　插页 4　字数 388 千字
印　　数	1-2000 册
国际书号	ISBN 978-7-101-12834-5
定　　价	180.00 元

為天地立心為生民立命為往聖繼絕學為萬世開太平

甲午冬
葉選平

国际儒联荣誉会长叶选平题词

高山仰止

吴小兰

国际儒联荣誉顾问吴小兰女士题词

阐述传承
硕学荟萃

李学勤敬题

国际儒联荣誉顾问李学勤教授题词

根柢榮深
枝葉愛茂

袁行霈題

国际儒联荣誉顾问袁行霈教授题词

前　言

　　国际儒学联合会,是一个以研究儒学文化,弘扬儒学精华,为当今经济社会发展和为改进全球治理、促进人类共同进步服务作为基本宗旨的国际学术文化组织。它已经走过了二十多年的历程,取得了不少学术文化的研究及其传播、应用成果,也积累了不少国际间不同文化与文明交流互鉴的经验。这些都是国际儒联的所有会员、理事、学者、工作人员以及所有顾问们集思广益、共同努力的结晶。这也是国际学术文化发展进程中的一个光荣记录。

　　国际儒联自 1994 年成立伊始,就设立了学术顾问制度,至今总计聘请了五届共 246 位顾问。2014 年第五届会员大会,又设立了荣誉顾问制度,聘请对国际儒联工作曾经作出重要贡献的 37 位专家学者为荣誉顾问。同时,在第五届国际儒联执行机构中,专设了顾问联络委员会,负责同顾问们的联系、沟通工作。在 246 位顾问中,来自中国(包括中国大陆和香港、澳门、台湾地区)的有关专家学者共 153 位,来自亚洲、欧洲、非洲、南北美洲、大洋洲的其他国家和地区的研究儒学及其他国际学术文化的著名专家学者共 93 位;在 37 位荣誉顾问中,来自中国各地区的有 30 位,来自其他国家和地区的有 7 位。设立顾问和荣誉顾问,目的是为了借助他们的学识、智慧和经验,推进儒学和其他国际学术文化的研究、传播与应用,推进不同文明的互学互鉴。

　　这些顾问们,大都是国际社会中用力甚勤的饱学之士。无论是在儒学还是其他国际学术文化方面,他们既学有专长,又兼学别样,不乏博达通识之家;他们既致力于历史文化遗产的研究,又关注于现实文化发展的探索,可谓熔古今文化研讨于一炉;他们既重视学术研究的深入推进,又重视学术成果的传播应用,坚持学与用、理论与实践的紧密结合并一以贯之。总而言之,他们在国际学术文化的舞台上所达到的境界,可以用中国古代学者刘勰的两句话来概括,叫做"寂然凝虑,思接千载;悄焉动容,视通万里"。他们的文章著述,已经和正在成为国际学术文化宝库中的重要组成部分,其中蕴含的文化价值是取之有备、用之可续的。而且它们各有各的妙谛之笔和精彩篇章,足可相互辉映。随着国际学术文化的发展和不同文明互学互鉴的展开,这些文章著述会日益闪烁出流光溢彩。

　　国际儒联顾问联络委员会,决定编辑出版《国际儒学联合会顾问学术小传》,意在引介国际社会各个方面的读者们,通过阅读这些儒学和国际学术文化方面的知名专家学者的学术小传,去了解他们的治学历程和取得的主要成果,而且能够"登堂入室"去领略他们文章著述中的思想文化价值,学习他们在思想、学术方面的智慧与识见,以利共同促进国际学术文化的发展、促进人类文明的进步、促进人类命运共同体的建立。

　　本书由37位中国的和4位其他国家的共41位国际儒联顾问的学术小传组成。这种"学术小传",今后还将编辑出版续集。在本书编辑出版过程中,传主们给予了积极配合和襄助;国际儒联会长滕文生为本书题写书名;吴小兰女士、李学勤教授、袁行霈教授为本书题词;国际儒联副会长赵毅武在资金方面慷慨相助;中华书局副总编辑尹涛和责任编辑俞国林亦付出良多。在此,谨向他们致以诚挚的谢意!

　　书中不足和错讹之处在所难免,恳请读者们不吝批评指正。

编　者
2017 年 8 月

目 录

陈　瑛

　　陈瑛,1939 年 12 月 25 日生,河北深县人。共产党员。中国社会科学院哲学研究所研究员,研究生院教授、博士生导师;中国伦理学会名誉会长;中国社会科学院应用伦理研究中心名誉主任;国际儒学联合会顾问。2005 年退休,至今仍笔耕不辍。

一、成长经历

　　陈瑛出身于一个知识分子家庭,父亲上世纪 20 年代毕业于北洋大学,一生从事教育工作。陈瑛儿童时期随家流离到河南等地,1945 年抗战胜利后,先后在河南省禹县和卫辉市(当时称为汲县)读小学,新中国成立后,继续在卫辉读小学、初中。1954年随家到新乡市,就读于河南新乡师院附中(现在的河南师大附中)高中班,1957年考入中国人民大学哲学系辩证唯物主义主历史唯物主义专业。大学期间,有幸聆听了许多著名专家学者的讲课,认真阅读了一些马克思主义的经典著作,养成了爱读书报的习惯,打下了比较坚实的理论基础。1962年大学毕业后,到北京市政治学校(现在的北京行政干部管理学院)哲学教研室任辅导员,参加过两期"四清运动"。文革期间,又下放到大兴县红星公社参加劳动。几年的劳动锻炼,同劳动人民相结合,不但增加了人生阅历,思想上收获很大,而且在理论与实践的结合上,得到了许多重要启示。1971年被分配到北京工业大学政治教研室当哲学教师,1978年考入中国社会科学院研究生院哲学系,作李奇先生的硕士研究生,专业是伦理学,1981年毕业,获得硕士学位,并留在中国社科院哲学所伦理学研究室工作。良好的学习和研究条件,特别是参与了许多重大的学术交流活动,向许多先辈专家教授学习,与海内外广大同行的切磋琢磨,使他受益极大,学术上取得了不少进步,编写了许多文章和著作。先后任助理研究员、副研究员、研究员;担任过多年伦理研究室主任、研究所学术委员会委员。多年来在社科院研究生院担任硕士生和博士生导师,博士后指导教师。从中国伦理学会成立起,就一直参加学会工作,担任过多年中国伦理学会的副秘书长、秘书长、副会长、会长,目前仍是学会的名誉会长。在一些高校兼任教授,讲授过《中国伦理学史》和其他一些伦理学课程。并且广泛参与了很多学术团体的活动,担任国际儒联等学术团体的顾问。多次获得研究所和社科院的各种奖项,享受国务院特殊津贴。主编的《人生幸福论》曾获得中宣部的"五个一工程奖"。

二、主要研究领域与学术成就

陈瑛的伦理学研究,主要是在马克思主义伦理学原理、中国伦理学史和应用伦理学这三个领域。近年来,他又更多地致力于研究文化和文人道德诸问题,积极提倡社会主义先进文化。主要学术成就略述如下。

1.在伦理学原理的研究中,陈瑛坚持社会主义方向,努力以历史唯物主义基本原理为指导,一开始就警惕以往教条主义的、甚至"过左"的倾向,同时又对改革开放初期一些人否定马克思主义的错误偏向进行批判,写出了《略论道德的阶级性》、《道德:自利与他利的合理调适》等文章,并且跟着时代前进的步伐,社会主义市场经济的发展,探讨了一些新的理论问题,如《商品生产与社会进步》、《商品生产必将推动道德进步》等等。在研究工作中,一直坚持社会主义的集体主义,批判资产阶级的价值观,特别是极端个人主义,写出《"张扬个性"的提法不科学》、《西方"普适价值观"的虚妄》、《"极端个人主义"和罗多弼先生的失误》等等文章。主持编写了我国第一本关于幸福的理论著作《人生幸福论》,从理论与实践的结合上,系统地探讨人生幸福问题。还主编过《中国伦理大辞典》。并应人民教育出版社之邀,主编过普通高中课程的教科书《公民道德和伦理常识》。

2.陈瑛的伦理学研究重点在中国伦理学史。他努力坚持唯物史观,沿着郭沫若、侯外庐等老一辈马克思主义历史学家所走的道路前进,研究和传播中国传统优秀文化,尤其是儒家文化。还在读研究生期间,他就跟着张岱先生,学习中国伦理学史,撰写了一些论文。硕士论文《孟轲的伦理学说》,以十万字的篇幅,详细分析论证了儒家,尤其是孟子的伦理学说,论文摘要发表于《中国哲学》第十二辑(人民出版社,1984 年)。曾参加《中国大百科全书·哲学卷》中有关中国伦理道德部分的编写,并且主持了该书第二版伦理学部分的修改。还参加了国家教委组织、罗国杰主编的《中国传统道德》一书的编写,并与钱逊先生共同主编了该书的《理论卷》。此外,他还撰写了大量关于中国伦理学史的论文,如《重新发现"温良恭俭让"》、《家国之思:中华伦理的本根》等。

在中国伦理学史的研究中,他曾先后两次撰写《中国伦理思想史》:第一次是与温克勤、唐凯麟、刘启林、徐少锦等人合作,按照学派和人物的线索写作,1985 年由贵州人民出版社出版;第二次是按照学术观点系列而写,由陈瑛主编,2004 年在湖南人民出版社出版。每本均为 60 余万字,系统地论述了从先秦到鸦片战争期间中国伦理思想发展的全貌。两本书名相同,其实内容很不相同。对于贵州人民出版社的那本,张岱年先生认为,该书对于历代伦理道德学说"进行了认真地研究,考察了每一家的伦理学说的社会背景和阶级意义","对于历代思想家的名词概念及理论命题都进行了比较深入的考察,避免了望文生义和浅尝辄止的偏失,力求揭示历代思想家的本来面貌",因而是"一本有价值的著作","值得赞许的"。我国老一辈马克思主义伦理学家李奇先生更是指出,该书的出版是"中国伦理学史研究中的一件重要的事情",它弥补了蔡元培先生以后很少见到的中国伦理学史研究的"一大缺陷"。该书"按照道德的起源、道德的本质、道德的评价、道德的修养和教育等问题,去分析、研究中国伦理思想史上的各种不同学说,并且提出个人的独立见解。分析得比较深入细致,其发展线索能够给人以历史感","这是一种新路的开拓"。

除了研究中国伦理思想之外,陈瑛还积极提倡并且自己也研究中国古代道德生活,包括家庭婚姻,政治生活,士、农、工、商等各阶层行业中的道德生活。经过多年努力,在其他许多同志的帮助下,终于完成了80多万字的《中国古代道德生活史》。从先秦时期一直写到明中叶,最后一编是少数民族的道德生活,填补了这一学术领域的空白。从写作中他认识到,只有从思想理论和实际道德生活两个方面的结合上,才能真正认识中国古代伦理道德的全貌,深入地理解古代优秀文化。这方面还有大量工作可做。

3.在我国改革开放后兴起的应用伦理学的研究中,陈瑛也积极工作,写出了关于科技道德、政治道德、各种职业道德的一些文章,如《中国的经济改革和职业道德》等。这些理论问题的探讨,往往也是在同中国古代文化联系的角度上进行。他一向坚持要以辩证的观点作指导,有分析、有鉴别地对待中华文化,弘扬中华民族的优秀传统文化。

4.在多年的伦理学研究工作中,陈瑛一直学习司马迁的"究天人之际,通古今之变",关心现实问题,贯彻理论与实践相结合的方针,努力探索我国社会主义思想道德建设的规律、路径,写出《公民道德建设的春天》、《是"滑坡"还是"爬坡"——我国社会主义道德建设的思考》等文章。通过各种渠道——不但在报刊上写文章,而且还在电视上,以及到一些单位讲课,热心宣传社会主义核心价值体系和核心价值观。认真学习和探索我国新民主主义和社会主义先进文化的成果,讴歌鲁迅、郭沫若等先进文化战士,尤其是他们在革命斗争中所表现出来的崇高道德品质,批判历史虚无主义者泼在他们头上的污泥浊水。不但写出了《二周兄弟的差别》、《敬畏社会主义先进文化战士》等文章,而且将自己的论文集命名为《中国传统伦理与社会主义先进文化》,期望能够以自己的中国伦理学史研究,促进我们社会主义先进文化的发展。

在正式研究工作之外,陈瑛偶尔也会关注一些生活中的道德和美学问题,例如《文集》中的《"清"的意蕴和价值》,就是谈饮茶中的道德和美学问题的,这是他在国家图书馆举办的一次学术座谈会上的演讲纪录。

三、社会活动和学术交流

30多年来,陈瑛一直担负着一些社会职务,从事大量的实际工作,最主要的是中国伦理学会的工作。他经常奔走于全国各地,联络各地分会和负责人,筹办各种学术会议,担任过多年学会的会刊《道德与文明》的主编。此外,他还积极参加北京市的社会精神文明建设活动,参加会议,出主意、提建议,参与各种书刊编写,培训交通文明引导员等。

同海内外学者进行学术交流,参加各种学术会议,广交朋友,相互学习和切磋,对于陈瑛来说,也是多年来的重要工作之一。他曾在香港浸会大学的应用伦理中心访学半年,并多次到澳门、台湾参加有关伦理学的学术会议,尤其是与日本、韩国伦理学界交往频繁。曾经连续十年参与了与日本伦理研究所举办的"中日实践伦理学讨论会",并主编了会议的两本论文集。这些交往和交流,不但促进了我国应用伦理学的发展,而且增进了中日两国人民的友谊。同时,也推动了我国的生态环境伦理建设。日本伦理研究所组织部分日本朋友,每年到我国内蒙的鄂尔多斯库布其沙漠开展大规模的植树活动,很有成效。陈瑛一直关注与他们的友好关系,曾多次参加有关的活动。

与韩国伦理学会也交往密切,多次参加在中、韩两国举办的学术讨论会。

四、主要论著

代表性著作:

《中国伦理思想史》(与人合作),贵州人民出版社,1985 年

《中国伦理大辞典》(主编),辽宁人民出版社,1989 年

《现代伦理学》(合作主编),重庆出版社,1990 年

《中国传统道德·理论卷》(合作主编),中国人民大学出版社,1995 年

《人生幸福论》(主编),中国青年出版社,1996 年

《中日实践伦理学讨论实录》(主编),社科文献出版社,1993 年

《应用伦理学的发轫》(主编),中国书店出版社,1996 年

《中国伦理思想史》(主编),湖南教育出版社,2004 年

《中国传统伦理与社会主义先进文化》,中国社会科学出版社,2012 年

《中国古代道德生活史》(主编),中国社会科学出版社,2012 年

代表性论文:

《孟轲的道德学说》,《中国哲学》第 12 期

《商品生产与道德进步之我见》,《哲学研究》1987 年第 9 期

《中国伦理学史研究的正确道路》,载《纪念侯外庐文集》,陕西人民教育出
版社,1991 年

《"新伦理观"并不新》,《光明日报》1993 年 7 月

《仁以济世敬业乐群——谈职业道德》,载《传统与选择》,中国人民大学出
版社 1996 年

《中国传统理欲观与人的全面发展》,载《面向新世纪的品德素质教育》,中
国统计出版社,1999 年

《极高明而道中庸》,载《东方伦理道德与青少年教育》,上海教育出版社,
1994 年

《中国传统道德和社会主义道德规范体系的建立》,载《中国传统道德与社

　　会主义精神文明建设》,中国青年出版社,1997 年

《新中国伦理学事业及其方向》,《高校理论战线》1999 年第 10 期

《谈科技伦理》,《人民日报》2000 年 11 月 16 日

《关于中国伦理学史研究》,《哲学研究》2002 年第 3 期

《怎样看待儒家家庭伦理在当今的作用》,《高校理论战线》2002 年第 9 期

　　　　　　　　　　　　　　　　　　　　撰写者:陈瑛

陈荣照

一、个人简介

陈荣照,1938 年出生于马来西亚,原籍福建金门,现为新加坡公民。南洋大学中国语言文学系文学学士,新加坡大学文学院第一等荣誉文学学士、文学硕士、哲学博士。

　　曾任新加坡国立大学中文系系主任、汉学研究中心主任、博士生导师，香港大学客座教授，东亚人文研究所客座教授，天津南开大学多元文化综合研究所顾问，新加坡人民协会主办短篇小说创作比赛评选委员会主席，"金狮奖"、"新华文学奖"等多项文艺创作比赛评选委员，国际儒学联合会第一至第四届理事会副理事长。曾代表新加坡国立大学出任新加坡教育部华文课程纲要审订委员会主席、新加坡教育出版社中学华文课程编辑顾问与文艺作品编审咨询委员会主席。

　　现任北京大学东方学研究院研究教授，南洋学会会长，新加坡儒学会会长，北京国际儒学联合会荣誉顾问，新加坡炎黄国际文化协会副会长，新加坡心海书学会名誉顾问，大士文艺促进会顾问，新加坡文艺协会名誉理事，《南洋学报》编辑顾问。

　　主要研究领域：宋史、儒学、新马华文文学。

二、主要学术经历和学术活动

　　（一）自 1960 年代开始迄今，在大学执教并从事学术研究凡四十余年。这期间曾访问北京大学、复旦大学、南开大学、汕头大学、厦门大学、香港大学、台湾大学、台北中研院史语所、日本东京大学、京都大学、英国伦敦大学、美国洛杉矶加州大学、哈佛大学与斯坦福大学等校，进行研究工作或参加学术会议。

　　（二）担任《新加坡当代华文文学作品选》（五册）总编辑、《亚细安现代华文文学作品选》（九册）总编辑、《国际汉学研究论丛》（十册）主编。

　　（三）在新加坡主办国际学术会议：1、1997 年 6 月 17－19 日"儒学与世界文明"国际学术会议。2、2001 年 10 月 30 日－11 月 1 日"儒学与新世纪的人类社会"国际学术会议。3、2013 年 11 月 23－24 日"儒家与宗教：互动和对话"国际学术研讨会。

三、主要论著

主要专著：

《范仲淹研究》，三联书店香港分店，1987 年

《诗经史料价值研究》，新加坡青年书局，2014 年

主要编著：

《南洋与中国》，新加坡南洋学会，1987 年

《新马华族文史论丛》，新加坡新社，1999 年

《儒学与世界文明》，新加坡国立大学中文系、八方文化企业公司，2003 年

《儒学与新世纪的人类社会》，新加坡儒学会，2004 年

《槟城钟灵中学校史论集》，新加坡钟灵中学校友会，2007 年

《南洋学会出版书刊总目 1940－2010》，新加坡南洋学会，2010 年

《新加坡当代华文文学作品选》，新加坡青年书局，2010 年

《国际汉学研究论丛》，新加坡青年书局，2012－2014 年

《亚细安现代华文文学作品选》，新加坡青年书局，2013 年

《儒家与宗教研讨会论文集》(新加坡儒学会，2014)

主要儒学论文：

《东亚儒学的现在与未来》，载《儒教:现在与未来》，韩国成均馆大学，2002 年

《论北宋史学中的儒家义理》，载《孔学论文集》(一)，马来西亚孔学研究
　　会，2002 年

《儒学在新加坡的承传和发展》，载《儒学与世界文明国际学术会议论文选
　　集》上册，新加坡国立大学中文系，2003 年

《儒家的人文精神与现代社会》，载《儒学与新世纪的人类社会》，新加坡儒
　　学会，2004 年

《论儒家忠恕观念的演变及其现代意义》，载《孔学论文集》上册，马来西亚
　　孔学研究会，2004 年

《儒家政治文明理念的透视》，载《儒学与当代文明》，北京国际儒学联合

会，2005 年

《提倡儒学教育的现代意义》，载《国际儒学研究》第二十辑，北京国际儒学
联合会，2012 年

《儒家文化理念的返本开新》，载《第四届世界儒学大会学术论文集》，山东
曲阜孔子研究院，2012 年

《儒家普世伦理与现代社会》，载《第五届世界儒学大会学术论文集》，山东
曲阜孔子研究院，2013 年

《儒学对当代文化建设的贡献》，载《纪念孔子诞辰 2565 周年国际学术研
讨会论文集》(二)，北京国际儒学联合会，2014 年

《儒家与宗教的文明对话》，载《儒家与宗教研讨会论文集》，新加坡儒学
会，2014 年

《儒家人文精神的现代意义》，载《21 世纪东方文化论坛首届国际学术研讨
会论文集》，北京大学东方学研究院、炎黄国际文化协会，2015 年

撰写者：陈荣照

陈先达

陈先达，1930年12月30日生，江西鄱阳人。曾任中国人民大学哲学系系主任，第三届国务院学科评议组成员，北京市哲学学会会长，中国历史唯

物主义学会会长,全国哲学社会科学规划评审组哲学组组长。现任北京市社科联顾问,中国历史唯物主义学会名誉会长,教育部社会科学委员会委员,国际儒学联合会荣誉顾问等。从 1991 年起,享受国务院政府特殊津贴。主要从事马克思主义哲学、马克思哲学史、文化哲学等领域的研究。在历史唯物主义与辩证唯物主义某些重要原理、人道主义和异化问题、真理标准、传统文化与马克思主义哲学、哲学如何关注现实等方面研究提出了许多影响深远的观点。曾两次获得中宣部"五个一工程奖"、北京市哲学社会科学特等奖和两次吴玉章著作奖等多种奖项。2015 年 9 月 10 日教师节荣获全国"最美教师"奖。

一、成长经历

陈先达出生于一个普通商人家庭,祖祖辈辈都是渔民,在鄱阳湖的风浪里以捕鱼为生。陈先达的父亲自幼贫困,没读多少书,完全依靠自己的努力奋斗,从学徒挣扎到一个老板的地位,成为当地商界有头有脸的人物。他头脑清楚,生活朴素,懂得中医,能开药方。家人有点小病,总是父亲自己开个方抓点药。父亲幻想儿子能继承他的事业,可是陈先达却以读书为乐。

陈先达是家里第一位大学生,也可以说是陈氏家族最早的一名大学生。1950 年,从鄱阳中学高中以优异成绩毕业,参加高考,有两所大学同时录取了他:复旦大学历史系和南昌大学文史系。对于从小生活在小县城的陈先达来说,期待到更大的世界去看看,且复旦大学录取在先,最终,他选择了上海,选择了历史,虽然文学的吸引力也是那么诱人。

1953 年从复旦大学历史系毕业后,陈先达被分配到中国人民大学马克思列宁主义研究班学习哲学。1956 年毕业留中国人民大学哲学系任教。1964 年调入新成立的中国人民大学马克思主义发展史研究所工作。

1970 年,中国人民大学停办,陈先达在江西余江干校 3 年,在五连菜班。作为普通教员,陈先达生活相对自由一些。回京后,他分配到一所著名高校,从事教学。1978 年中国人民大学复校,他回到中国人民大学马克思主义发展史研究所。1987年,陈先达任哲学系系主任,此后一直在哲学系工作。1992年,担任北京市哲学社会科学规划组成员。1996年,任北京市哲学会会长、北京市社科联常委、全国教委哲学指导委员会成员。1997年,任国家教委人文学科教学研究咨询委员会成员、两课教学咨询委员会委员、全国历史唯物主义学会会长,全国哲学社会科学规划哲学组组长。

陈先达多年来参与北京市和国家社会科学研究项目的规划,也亲自主持了许多省部级和国家级重大课题。参加马克思主义理论研究和建设工程,主持教育部攻关项目"马克思主义基础理论若干重大问题研究"和"坚持马克思主义在意识形态领域指导地位研究",并任马克思主义理论研究和建设工程《马克思哲学原理》教材课题组主要成员。

陈先达的著作多次获奖,如:《马克思早期思想研究》和《马克思恩格斯思想史》获中国人民大学优秀科研成果奖(1985),《评资产阶级人道主义的出发点》获中国社会科学院哲学研究所优秀论文奖一等奖(1984)和中国人民大学优秀论文奖(1986),《马克思在历史观上的伟大变革》获《红旗》杂志优秀理论文章奖(1986),《评西方马克思主义的新发现》获北京市哲学社会科学优秀论文奖二等奖(1986),《走向历史的深处——马克思主义历史观研究》获中国人民大学优秀著作奖(1988)、北京市哲学社会科学特等奖(1994)、国家教委优秀科研成果奖一等奖(1995),《关于文化研究中的几个问题》获北京市哲学社会科学优秀论文奖二等奖(1996)、国家教委哲学社会科学奖一等奖(1995),《被肢解的马克思》获第二届吴玉章奖一等奖(1993),《漫步遐思》获北京市哲学社会科学奖一等奖(1998),《人文学科在社会主义文化建设中的地位》获中共中央宣传部第七届"五个一"工程奖(1999),《静园夜语》获北京市哲学社会科学奖二等奖(2000),《有中国特色社会主义文化研究》(主编之一,并执笔)获北京市哲学社会科学奖一等奖(2000)和吴玉章奖一等奖(2000),《马克思和马克思主义》获中共中央宣传部第九届"五个一工程奖"(2003)等。

陈先达1987年开始招收博士生。至今已培养博士生数十名,其中不少人是马克思主义研究和教学方面的专家和骨干。他指导的学生张康之的论文获教育部第一届优秀博士论文。

二、主要研究领域与学术成就

下面从五个方面来略述陈先达的主要研究领域与学术成就：

1.立足现实，由史入论

1963年，陈先达发表《实践检验和逻辑证明》一文，就真理验证标准问题上的实践检验与逻辑证明的关系，进行了有益的探索，明确得出"实践是检验真理的唯一标准"的结论，还对逻辑证明在验证真理方面的作用和界限予以解说。这是目前所知我国学术界最早探讨这一问题的文章。

"文革"时期对中国学术界来说差不多等于空白期，陈先达真正从容地从事学术研究，是从1980年代开始的。随着理论界对"文革"反思的深入，马克思早期的异化理论和人道主义思想引起普遍关注，风潮涌动。陈先达投身于这场思想讨论。1981年，他在《哲学研究》第8期发表《评费尔巴哈在马克思早期思想中的地位和作用》，对其时流行的用抽象人道主义解读马克思的观点提出异议。1982年，他在《中国社会科学》第2期发表《马克思异化理论的两次转折》，提出马克思异化理论经历了"从异化到异化劳动"、"从个体与类的矛盾到发现生产力和生产关系的冲突"两次转折。

1982年，陈先达作为主要撰稿人和统编者的《马克思恩格斯思想史》出版，这是国内第一部关于马克思主义史的专著。以前人们对马克思主义的形成和发展做过专题的研究，多从不同方面进行断代的研究，而像《马克思恩格斯思想史》这样，把马克思主义作为一个整体来探讨，研究其出发点，剖析其内在结构，探求其基本线索，在我国尚属首次，填补了我国马克思主义史研究的一项空白。

1983年，陈先达和靳辉明共同撰写的《马克思早期思想研究》一书由北京出版社出版。该书提出："只有把马克思思想发展看成是一个充满矛盾的、变动的活生生的过程，只有辩证地理解这一过程中旧哲学影响和新生的理论现象的关系，并全力捕捉对马克思这一时期思想发生决定性影响的新的思想萌芽,才能科学地揭示马克思思想的形成过程,以及这一过程中各阶段之间的有机联系。"如果不从马克思思想的整体有机联系中考察,而把某一阶段游离、割裂开来,势必造成对马克思思想的误解与歪曲。如西方"马克思学"的惯用手段之一就是将马克思思想发展的不同阶段对立起来,形成所谓"青年马克思"与"老年马克思"、"人道主义的马克思"与"唯物主义的马克思"的对立;又如 20 世纪的 20 年代苏联曾出现的"三阶段论",认为马克思开始是彻底的黑格尔派,继而是彻底的费尔巴哈派,最后是二者的"综合"等。

1984 年,陈先达在《中国社会科学》第 1 期发表《评西方马克思学的"新发现"》,对西方马克思学家种种曲解马克思异化思想的观点予以剖析。

1987 年,陈先达推出《走向历史的深处——马克思历史观研究》一书。该书突破了传统的单线、纵向的研究方法,不限于就哲学史谈哲学史,而是突出了对马克思历史观的综合性研究,论证了马克思的经济学研究、历史学研究、政治学研究对其历史观的深刻影响,描述出马克思的历史观性形成与发展的立体图景,揭示了马克思走向历史深处的道路。此书在哲学和社会科学理论界产生重大影响,获得多个奖项,1996 年由中国人民大学出版社再版,2006 年收入《陈先达文集》第一卷,2010 年收入"当代中国人文大系",由中国人民大学出版社再次印行。《学习时报》最近在回顾和总结当代中国马克思主义哲学研究成就时,以"《走向历史深处》:马克思唯物史观的学术寻根"为题,将此书与另外 5 部著作一起,作为反映改革开放以来中国马克思主义哲学研究领域"学术进展和学术成就"的"最重要影响"的"哲学论著"。

1990 年,陈先达领衔撰写的《被肢解的马克思》出版。该书叙述和研究相结合,通过考察马克思主义在西方思潮中的遭遇和变形,从不同侧面对马克思主义的历史命运进行了思考,进一步揭示了马克思主义的理论本质,阐述了马克思思想发展的不同阶段及其内在统一性,捍卫了马克思主义的整体性和科学性。

上述论著主要涉及马克思主义史上的一些焦点问题,如马恩关系、异化理论的评价、"巴黎手稿"的主题思想及历史地位、人道主义和人本主义在马克思主义中的地位等,提出了富有高度和力度的观点,如在马克思主义的创立过程中,马恩是"共创互补"的关系;马克思关于异化劳动的理论是动态的而非静止的,复合的而非单一的;"巴黎手稿"的主题不是关于异化和人道主义的抽象思辨,而是无产阶级的阶级地位和人类解放道路的论述;"巴黎手稿"标志着马克思从《莱茵报》开始的两个转变的基本结束,又是进一步创立包括三个组成部分在内的马克思主义思想体系的开端;唯物史观是马克思主义的真正理论精髓;马克思主义理论包含着丰富的人道主义思想,但从历史观的角度看,马克思主义是和资产阶级的人道主义思想相对立的,社会主义的人道主义不同于资产阶级的人道主义。

2.澄清原理,旗帜鲜明

如何正确解读辩证唯物主义和历史唯物主义?如何评价历史唯物主义的五形态说?实践唯物主义与辩证唯物主义、历史唯物主义之间的关系怎样?应怎样理解生活世界?如何理解马克思主义中国化?1980年代以来,陈先达对这些问题予以一以贯之而不断深入的思考,有一系列发人深省的论断,并在具体的教学和教材编写中体现出来。陈先达主编过《马克思主义基本原理教程》、《历史唯物主义新探》、《马克思主义经典著作提要》和《马克思主义哲学原理》等教学用书。

陈先达一直使用辩证唯物主义和历史唯物主义来称呼马克思主义哲学,这不仅是因为中国共产党的正式文件至今仍这样使用,更主要的,是陈先达认为这个名称正确地表达了马克思主义哲学的本质特征。把辩证唯物主义和历史唯物主义说成两大块,完全是从形式上看问题,没有把握住马克思列宁主义哲学的本质。那种认为历史唯物主义是辩证唯物主义在社会领域中推广和运用的简单化的观点是需要批评的,但决不能由此否定历史唯物主义中所包含的唯物主义和辩证法原则。运用说、推广说是一回事,辩证唯物主义和历史唯物主义基本观点的相互支撑、相互渗透是另一回事。历史唯物主义作为一种新唯物主义学说,不能返回到一般唯物主义和辩证法,但应包括唯物主义和辩证法某些为人类实践和常识证实的原则。决不能由于着重历史唯物主义的变革意义,而贬低人类哲学思想中唯物主义和辩证法对历史唯物主义形成的作用和意义。

把马克思主义哲学视作实践唯物主义,认为辩证唯物主义是伪造的,这是西方一些学者多年来制造"马恩对立论"的重要论据。陈先达从不反对使用实践唯物主义,他认为关于实践唯物主义的讨论是有益的。就其对《辩证唯物主义和历史唯物主义》教科书的编写,对马克思主义哲学某些重要原理的加深理解,对扩展马克思主义哲学研究者的理论视域,都有积极意义。但是,如果以实践唯物主义来对抗辩证唯物主义和历史唯物主义,就会带来理论上的混乱,尤其会使哲学专业的学生无所适从。按照陈先达的理解,实践唯物主义不仅是一种高度重视实践在哲学中重要意义的理论观点,而且是一种强调把唯物主义付诸实践的革命行为。实践观点的重要性同样应该是辩证唯物主义应有之义。

历史有无规律这一问题事关如何理解和看待社会主义历史命运。陈先达分析了马克思主义的社会决定论的客观依据以及内涵,具体剖析了选择论的内在缺陷,提出人们的任何选择都是相对的而非绝对的,每一代人面临的既成事实都是无可选择的,人不能自由地选择生产力、生产关系和文化传统。把社会规律论视作宿命论,是混淆了机械决定论和辩证决定论的区别。针对反对历史唯物主义五形态学说的观点,陈先达强调,五形态说不是思辨的历史哲学,而是以世界人类历史为依据的。没有一个马克思主义经典作家认为五形态是各个国家必须依次更替的具体的现实形态。五形态是人类社会发展的总规律,而不是说每个民族都经历一模一样的历史发展进程。但它既然是人类历史总规律,就必然对各民族历史进程中社会形态更替的先后具有支配作用。

关于马克思主义哲学在中国如何发展的问题,陈先达提出要树立三个意识,即问题意识、结合意识和真理意识。他反对把马克思主义发展划分为三种形态:原生态,即马克思恩格斯创立的马克思主义;次生态,即列宁主义;再生态,即马克思主义的当代形态。他认为,这种称谓和划分并不能表明马克思主义发展的真实本质和历程,只能引起混乱。从马克思主义基本原理来说,这种划分难以成立。当代中国马克思主义之所以属于马克思主义,就在于它在当代依然坚持马克思主义的基本原理。马克思和恩格斯创立的马克思主义不是与当代中国马克思主义完全不同的原生态马克思主义。陈先达强调,当代中国马克思主义的本质是马克思主义与中国实际相结合。马克思主义中国化不等同于马克思主义在中国,关键是"化"。"化"就是改变中国,就是通过马克思主义与中国实际相结合,运用马克思主义世界观和方法论来解决中国革命、建设和改革中的重大现实问题。既然马克思主义中国化是化"中国",立足点和出发点都是中国,这就必然要求从中国实际出发,必然要求实事求是,而不能从马克思主义的书本上引出中国应该如何做的结论。

马克思主义当代性的问题从根本上说,是马克思主义基本原理是否会过时或已经过时。在陈先达看来,马克思恩格斯的文本具有时代特性,它的写作年代就是它的时间限定,但它的基本原理与文本不同,包含有超越文本时间限定的某种普遍性。超出的时间越长,学术和思想价值就愈大。马克思主义的当代价值,突出地表现在它观察当代问题和解决当代问题的立场、观点和方法的价值。马克思主义不可战胜的力量,不在于它包含有所有问题的现成答案,而在于它提供的寻找答案的基本理论和方法。

3.哲学向度,文化关切

马克思主义哲学是陈先达的专业,但他对一般的哲学与文化有普遍的关怀,自1990年代以来,围绕哲学与文化展开了系列思考,哲学、马克思主义哲学和文化可谓是他思想的三个关键词。

关于哲学的本质问题,有"人学"、"类哲学"、"自我意识"等不同的说法,众说纷纭。陈先达认为之所以出现这种争论,是因为人们混淆了哲学问题和哲学本质。哲学问题与哲学的本质是两回事,每一时代都有该时代的哲学问题,哲学史就是哲学问题史,哲学的本质则是对哲学本质特征的定位。哲学的问题可以随着时代而改变,哲学的本质则是稳定的。每一个新问题的提出和解答,都意味着一种新的哲学体系的出现,但哲学不能归结为任何一个哲学问题或某一种哲学体系,哲学就其本质来说是世界观。把哲学归结为某一具体问题的探讨,它就不再是哲学,而成了具体科学。

随着市场经济的发展,哲学陷入"困境"的说法弥漫开来。对此,陈先达精辟地指出,哲学面临的困境具有世界性,不是中国特有的问题,在西方发达国家,与科学技术的迅速发展和对科学技术人才的需求相比,哲学也是受冷落的。总的说来,这是科技与人文关系失衡的局部表现。为了有力地回应所谓的"哲学困境",陈先达在《论哲学和马克思主义哲学》《哲学三论》、《我对哲学的几点浅见》等文章中,阐述了自己对哲学的一般性思考和认识。他指出,我国哲学界关于哲学问题的争论,大多与如何理解哲学,如何理解马克思主义哲学有关。哲学存在是多元的,它并没有唯一的标准样板,从这个基本的观点出发,陈先达阐述了哲学的时代性、民族性,并强调哲学还是个体化的存在。

陈先达强调,马克思主义哲学应当面对群众,宣传群众,这是由它的本性决定的,是马克思恩格斯在创立自己的学说时就确定了的原则。如果割断马克思主义哲学和群众的联系,把它从实际活动和科研系统中排挤出去,就是把它变为无用之物,最多也不过是"偶像"而已。马克思主义哲学的群众性决定了它必须面对群众,即用马克思主义哲学来教育干部、知识分子和青年一代,马克思主义哲学的实践性则决定了它必须面对实际,走理论联系实际的道路。需要有人专门从事所谓纯哲学的研究,但即使是这种研究,也必须结合人们实践和科研中提出的问题,而不能置中国社会主义建设与改革的实践于不顾,走上背对现实的经院哲学之路。

作为从教 60 年的老教师,陈先达指出,应该区分马克思主义哲学的教学体系和它的基本原理。斯大林的《辩证唯物主义和历史唯物主义》是教学体系,是为对苏共党员进行马克思主义哲学基本常识教育的目的服务的。它起过积极作用,但也存在某些不足。它的结构、体系和某些论述不是不可改变的。坚持辩证唯物主义和历史唯物主义,绝不是照本宣科,讲条条背概念,把课讲得干巴巴的。只要立足当代,面对现实,基本原理同样可以讲得有深度、有条理、有趣味。

陈先达提出,在哲学各学科的互动中坚持马克思主义哲学,关键是马克思主义哲学自身的发展。究竟什么是马克思主义哲学的创新,需要深入研究,但决不能离开马克思主义哲学的特点来谈创新。在追求学术水平的同时,必须坚守思想阵地。在中国特色社会主义实践中会不断提出问题,其中包括哲学问题。或者最后会上升为哲学问题。哲学工作者应当有为社会实践服务的哲学意识和使命感。实践标准讨论的意义为哲学发展指出了一条正确道路,中国哲学发展的道路,仍然是马克思主义与中国实际相结合的道路,它的本质是马克思主义中国化,创造性地推进马克思主义。马克思主义哲学应该走时代化、民族化和大众化的道路。

社会越发展,哲学社会科学越重要。陈先达从历史的经验和现实的要求出发,阐述了哲学社会科学的作用和作用方式,提出社会科学"科学化"的任务至今尚未完成。如何在各门社会科学的研究中,真正运用马克思主义的立场、观点、方法,真正以事实为依据,以规律为对象,以实践为标准,推进哲学社会科学和学科的建设,仍然需要全体哲学社会科学工作者共同努力。"我们越是重视哲学社会科学学科建设,越能凸显它与自然科学同样重要的地位。"

中国社会主义建设的伟大成就、东亚儒家文化圈和地区的经济飞速发展,把以儒家为主体的中国传统文化推到世界文化舞台的前列。陈先达注意到这一现象,具体地予以阐述分析。他坚持从社会结构的角度考察文化,把文化视作"由生产方式决定的观念形态的东西",是"由特定的符号(语言和象征)传达的,是人类在实践中创造的各种思想观念、社会生活和行为规范的总和"。他认为"文化就是人化"的定义有其合理性,它强调了文化是人创造的,但却没能真正解释文化的社会本性,也没能解释文化个性的形成问题。他还反对"泛文化化",认为把人类创造的一切都称之为文化,势必混淆物质生产和精神生产的界限,使整个社会结构模糊不清,难以分辨。

针对西方现代化过程中出现的种种弊端,西方某些学者希望通过学习中国传统文化而有所改善。陈先达认为,对东西方交往而言,中国传统文化发挥的是文化交流的作用,而对东亚儒家文化圈的国家和地区则不同,它已深入社会的政策层面,成为对民众进行道德教化的内容。对我们自己而言,中国传统文化的当代价值表现为它是社会主义文化建设的宝贵资源。中华民族的传统道德,特别是儒家道德,在一定程度上是中国人民,包括散居在世界各地的炎黄子孙彼此认同的思想文化纽带。弘扬道德中的优秀传统,有利于增强中华民族的凝聚力和全球华人的身份认同。至于中国传统文化未来在世界文化格局中的地位,取决于中国在世界上的地位,取决于中国社会主义现代化的建设成就。

　　在文化建设中,要正确地处理时代性和民族性的关系,传统与当代的关系。陈先达认为,这不是一个单纯的文化问题,而是一个现实问题。他特别强调,中国优秀的传统道德之所以具有当代价值,根本原因在于我们的经济和政治制度,其中包括我们确立的市场经济的社会主义性质。在市场经济条件下,如何坚持先进文化,会遇到许多困难。譬如,市场经济的利益导向与先进文化的价值原则,高雅文化与大众文化,人文文化与科技文化等,都存在一定的矛盾。这就要求我们在建设社会主义文化的过程中,要始终坚持先进文化的前进方向,有效地防止和坚决抵制腐朽文化和各种错误思潮观点对人们的侵蚀。这是时代赋予马克思主义哲学理论工作者的历史使命。

　　基于对哲学和文化问题的深入研究,陈先达阐述了自己对人生观的独到见解。人生问题是个哲学问题,人生观问题离不开世界观和历史观,要真正解决青年学生在人生观方面的问题,就必须学习哲学特别是辩证唯物主义和历史唯物主义。马克思主义哲学教学改革的一个重要目标,是针对大学生人才的素质培养。哲学与政治素质、文化素质和身心素质有直接的关联。为避免当代过分专业化的局限和狭隘眼界,必须认真进行哲学教育,给学生善于观察世界、分析问题的唯物辩证的思维方法。陈先达关于失败、后悔和命运,关于个人生命有限性和无限性,以及关于个人生命的有限性与精神境界提高的无限性、与社会发展的无限性、与文明积累的无限性等矛盾的论述,形式上类似古代哲人的人生妙论,内容上则是从马克思主义哲学的基本理论出发,对人生中面临的种种问题的具体阐述。

4.漫步遐思,散文人生

　　陈先达历来主张文章要通俗易懂,不要用生僻的词语,不要让人如读天书、捉摸不透。他有过一个有趣的比喻:"不能流通的货币,票面价值再高也是近乎废纸。"1997 年 12 月,陈先达的系列小品文结集为《漫步遐思——哲学随想录》(简称《漫步遐思》)出版,实现了自己"写得通俗点、活泼点"的追求。该书涉及哲学、人学、历史观、文化、辩证法、认识论等 400 个问题,其中许多是长期争论的难点、疑点和热点问题,是一部厚积薄发的著作,是多年积累研究的成果。把"哲学的深沉、文学的优美、历史的丰富"结合在一起,因而拥有了更为广泛的读者群,好评如潮。这些"小品文",是宣传和坚持马克思主义的一种"新式武器"。

在花甲之年后,陈先达愈来愈自由而奔放,因而愈来愈喜欢并习惯于随笔这种体裁了。在谈到自己的随笔写作时,他着重强调的是"自己在说话,是说我自己的话"。他喜欢这些文字,仿佛"老年得子"般的偏爱。1998 年,陈先达推出了第二本随笔,题为《静园夜语》,显示出更加蓬勃的思想力量,思考的范围更广,力度更强,足足 36 万字。该书具有两个特点,一是立足现实,关注现实,把理论研究和建设有中国特色社会主义的伟大事业紧密联系起来;二是文史结合,中西贯通,把抽象思辨的哲学道理融汇在丰富生动的文史知识中进行阐释。书中有许多寓含哲理的格言与警句,如:"我们要站着读书,不要跪着读书"、"不实是史学自我埋葬的坟场"、"除了眼泪以外一无所有的人道主义,往往沦为自作多情的空话"、"历史是零存整取算总账的"等。2007 年和 2008 年,又分别出版了《哲学心语》和《回归生活》。

《漫步遐思》出版后,赢得"切近生活,没有教条气、经院气,深入浅出"的好评。从"哲学家应该关注生活世界",到"切近生活"再到"回归生活",反映了陈先达在思想的道路上也已达至返璞归真的境界。

由于良好的社会反响,由《漫步遐思》、《静园夜语》、《哲学心语》、《回归生活》、《宜园杂论》和《史论拾遗》组成的 6 卷本《陈先达哲学随笔》,由北京师范大学出版社出版。在后记中,他"把这几本书的写作比喻为农家盖房子,木料、砖瓦,平时有点积累,不过堆在院子里,即写在笔记本上,当积累到一定时期需要盖房子时,再一样一样清理出来"。把写作喻为"农家盖房子",不啻是一个轻巧的比方,同时表明了回到生活的基本态度。

陈先达的哲学随笔,在两个线索中都有重要的贡献:一是哲学特别是马克思主义哲学通俗化、大众化的线索,就此而言,他是在延续艾思奇以来的写作风格,践行毛泽东关于马克思主义哲学中国化的要求,为当前马克思主义哲学的中国化、时代化、大众化做出了可贵的表率;二是20世纪以来现代散文的诞生与发育的线索,从文学散文到学者散文,从文学随笔到学术随笔,其中蕴含了追究现代性的风范。陈先达的哲学随笔理当在这样的线索中获得崇高的位置。

少壮青丝暮白头,倚马才情空自踌。
晚年多病寻常事,懒寻旧梦少回眸。
为文喜读风雷笔,结交最敬雨同舟。
书生老矣难荷戟,闻道犹能以身求。

这是陈先达在一次住院时所作诗中的一首。“闻道犹能以身求”,不仅表现他壮心未已的情怀,也是他长期追求马克思主义哲学真理的真实写照。

陈先达在哲学上的成就不仅显示在他的学术论著中,也表现在他的诗词中。陈先达的诗和哲学一样有着很深的造诣。他特别擅长格律诗,他的诗既有表达其信仰的政治性很强的诗,也有关于做人的人生体悟的诗。前者如在苏联解体时他写的一首诗:

问君此刻意如何?长夜无眠且放歌。
西风残照红旗落,北国英灵涕泪多。
无边战骨埋荒草,连片别墅阔人窝。
水行地底静寂寂,俯身侧耳有洪波。

后者如他在《难得明白》一诗中,所表达出来的淡泊名利,安于坐冷板凳的平常心:

人到老年吊唁多,生生息息可奈何。

莫为虚名伤身体,切忌争利失人和。

长生无药心有药,恬淡宁静少病魔。

年过六旬方悟得,明白原是处世歌。

在一次生病卧床之际,作为一个哲学家,他对生死问题又进行了一次具有诗意的哲学思考:

智者何须忧死生,世间无物可永存。

寿数岂独长为贵,体用不二最上乘。

王勃早逝名千古,庾信文章老更成。

休嗟枝头春色杳,落花尚可香泥尘。

在哲学中有诗的意境,在诗中有哲学的探索。陈先达的哲学研究融科学家的理智与诗人的悟性于一体,其诗词创作兼具文学的审美情趣和哲学的批判精神。哲学如诗,诗中有哲学,二者相映成趣,构成了陈先达的哲学品格的重要方面。

5.原则坚定,富于创造

作为马克思主义哲学家,陈先达善于把马克思主义原则的坚定性和理论研究的创造性有机地结合起来,在捍卫马克思主义的过程中大胆地探索和开拓马克思主义研究的新领域。因而,他坚信马克思主义,但并不把马克思主义经典中的每句话都视作绝对真理,而是力求区分马克思主义基本原理和个别论断,从实际问题出发来研究马克思主义,反对脱离中国现实来谈论马克思主义。这,就是陈先达的思想特质所在。近年来,陈先达在一些重大的理论问题和现实问题上,都表达出深刻而鲜明的见解。

在《哲学中的问题与问题中的哲学》中,陈先达探讨了哲学的变革与哲学"终结",区分了哲学中的问题和问题中的哲学,强调马克思主义哲学既是哲学的变革又是变革中的哲学,不仅重视哲学中的问题,更重视问题中的哲学。该文最大的学术价值和现实意义,在于提出了哲学中的问题和问题中的哲学的辩证关系问题,把马克思主义哲学的研究牢牢地建立在现实的问题基础上。它有利于充分发挥马克思主义哲学在中国特色社会主义建设中的指导地位,又有利于克服当前马克思主义哲学研究中存在的某些经院化、贵族化、脱离实际、脱离群众的不良倾向。

在《马克思主义哲学关注现实的方式》中,陈先达指出,马克思主义哲学要面对现实,就必须走出单纯哲学对话的领域,倡导哲学、经济学与科学社会主义学说之间的对话,以强化马克思主义哲学与现实的联系。社会生活中具有基础性与决定性的现实是经济现实,是在一定物质生产方式基础上确立的政治和意识的结构。如果不理解当代中国社会的经济结构,不理解以经济为依据的社会分层,就无法理解当代中国社会思潮的多元性,不能理解社会现象的本质。马克思主义哲学可以在加强哲学对话中走出自我放逐和自我边缘化的困境。

在《论普世价值与价值共识》中,陈先达明确指出,讨论普世价值问题的最重要意义,就在于由此明确中国特色社会主义的方向和指导原则,坚持社会主义核心价值体系,重视人类文明进步和文化交流中形成的以普遍形式出现的"价值共识",但拒绝西方中心论的普世价值观,特别要揭穿它的西化和分化的政治图谋。

在《当代中国文化研究中的一个重大问题》中,陈先达指出,在当代中国文化建设中,马克思主义的指导地位表现为世界观和方法论的指导。马克思主义来自西方,中国化的马克思主义则属于中国文化,是当代中国文化的重要构成。中华民族文化复兴的实质,就是以马克思主义为指导,吸收中华民族传统文化和西方先进文化的积极成果,建设社会主义先进文化。这种文化是科学的(就指导思想来说),是社会主义的(就社会形态的性质来说),又是中华民族的(就民族特点来说),从而是大众的(人民大众是民族的主体)。只有以历史唯物主义为指导,才能捕捉社会主义文化建设中的问题,指明社会主义先进文化建设的方向,立足当代,背靠传统,面向世界和未来,正确处理马克思主义和传统文化的关系。

在《一个值得商榷的哲学命题——关于"合规律与合目的"问题质疑》

中,陈先达指出,社会发展有规律无目的,人的活动有目的但不一定合乎规律。社会发展是人类活动不断减少自发性增强自觉性,减少盲目性增强规律性的过程,是把客观规律转化为主体自由的过程。人类社会至今仍处在由必然向自由过渡的过程中。科学发展的重大理论和现实意义,正在于它是人类以社会发展规律为依据,对社会总体性发展及其方向的自觉规划。

在《马克思主义与中国传统文化》中,探讨了马克思主义与中国传统文化的关系,得到许多学者的赞同。

三、主要论著

代表性著作:

《马克思恩格斯思想史》(合著),上海人民出版社,1982 年

《马克思早期思想研究》(与靳辉明合著),北京出版社,1983 年

《走向历史的深处——马克思历史观研究》,上海人民出版社,1987 年

《被肢解的马克思》(陈先达等著),上海人民出版社,1990 年

《处在夹缝中的哲学——走向 21 世纪的马克思主义哲学》,北京师范大学出版社,2004 年

《陈先达自选集》,学习出版社,2007 年

《陈先达哲学随笔(6 卷本)》,北京师范大学出版社,2008 年

《信仰与探索:陈先达自选集》,首都师范大学出版社,2008 年

《马克思主义基础理论若干重大问题研究》(陈先达等著),经济科学出版社,2009 年

《问题中的哲学》,北京师范大学出版社,2014 年

代表性论文:

《哲学中的问题与问题中的哲学》,《中国社会科学》2006 年第 2 期

《马克思主义的社会形态理论与和谐社会的构建》,《马克思主义研究》2006 年第 9 期

《马克思主义哲学的当代性与文本解读》,《中国社会科学》2007 年第 5 期

《中国特色社会主义理论与历史周期律问题》,《马克思主义研究》2008 年
　　第 1 期

《马克思主义哲学关注现实的方式》,《中国社会科学》2008 年第 6 期

《论传统文化研究中的一个重要问题》,《哲学研究》2009 年第 2 期

《论马克思主义基本原理及其当代价值》,《马克思主义研究》2009 年第
　　3 期

《论普世价值与价值共识》,《哲学研究》2009 年第 4 期

《历史唯物主义:是什么为什么怎么用》,《马克思主义研究》2010 年第 7 期

《历史唯物主义视野中的财富观》,《哲学研究》2010 年第 10 期

《历史唯物主义的史学功能》.《中国社会科学》2011 年第 2 期

《马克思主义与中国传统文化》,《光明日报》2015 年 7 月 3 日

撰写者:张立波(1968—),山西闻喜人,中国人民大学哲学院教授。

　　　　沈江平(1980—),江西樟树人,中国人民大学马克思主义
　　　　学院讲师。

成中英

　　成中英，1935年11月出生于中国南京，祖籍湖北阳新。夏威夷大学哲学教授，曾任台湾大学哲学系主任。并在耶鲁大学哲学系、纽约大学皇后学院、台北中研院、成功大学等研究机构担任客座教授。近期以来，复受聘并担任客座教授于牛津大学、慕尼黑大学、巴黎大学、柏林大学等国际一流学府以及国内的北京大学、清华大学、中国人民大学等知名学府。现为美国夏威夷大学哲学系终身教授，国际中国哲学会创会会长，国际儒学联合会荣誉顾问及前副会长，国际易经学会主席《中国哲学季刊》主编。

一、主要学术经历与社会活动

　　成中英出生于中国乡土社会一个世代相传的耕读之家。父亲成惕轩乃民国时期一位国学大家。少小时代的成中英即在战乱频仍和颠簸流离中完成小学和中学的学业。1949年,随父迁台。1955年,毕业于台湾大学外文系。就读期间,受到"一代大哲"方东美先生的接引和启导,决心投身于哲学探索的人生志业。1956年,在父亲的殷切鼓励下,负笈美国求学。1958年,获华盛顿大学哲学硕士学位,旋入哈佛大学攻读博士学位,师从极富盛名的奎因教授,受到严格而系统的西方哲学的学术训练。期间,专攻现代逻辑、语言哲学,并以归纳逻辑及其理论为博士论文题目。他在深入西方哲学的同时,亦未曾忘怀中国哲学。他对戴东原哲学的研究,即于此时完稿。1963年,获哈佛大学哲学博士学位。毕业后,赴夏威夷大学哲学系担任教席,并一直服务于此。自1972年起,担任夏威夷大学哲学教授。

　　成中英在半个多世纪的学术生涯中,一面从事教学和科研,一面积极参与一些有意义的学术活动。1973年,他创办《中国哲学季刊》(*Journal of Chinese Philosophy*),为"中国哲学"正名与定位,此乃英语世界中国哲学专业期刊之滥觞。经过40余年的发展,发表了有关中国哲学的学术论文约1200篇。该刊在国际同类期刊中以最悠久的办刊历史和学术影响力而享有盛誉,不但向世界彰显了中国哲学的智慧,而且成为全球弘扬和传播中国传统文化,研究和推动中国哲学现代化和世界化的一个重要学术平台和思想阵地。

　　1975年,他创立"国际中国哲学会"(International Society of Chinese Philosophy)。该学会成立后,很快成为令人瞩目的国际性学术组织,拓展了中国哲学研究的国际化空间。一直以来,学会除通过常设机构与世界各地的会员保持通讯联系之外,还持续地每两年举行一次年会。迄今为止,已成功地在世界各地举办了19次会议。

　　1985年始,成中英应北京大学哲学系之邀,首次回国内访问讲学。他抱着学术报国的理想,积极以高水平的学术思想和高层次的学术讲学活动,为中国哲学的现代化与世界化建设贡献力量。他同时担任当时"中国文化书院"的导师,与梁漱溟等先生共同参与大型学术演讲,对当时的"文化热"以及当今的"国学热"乃至中国文化的现代走向,都发挥了重要的作用。

1987年,成中英注意到日本学者推动东亚儒学联盟的意向,认为国际上推动儒学必须根植于中国国内,他立即致函国内当局,倡议创立国际儒学联合会。1989年10月,他回国参加纪念孔子诞辰2540周年大会,受到时任国家主席江泽民会见。会后,他参与撰写了国际儒学联合会的章程,并联络香港和台湾的专家学者,筹措相关事宜。1994年10月,国际儒学联合会正式成立。多年来,国际儒联已成为中国在国际社会展示大国形象与文化软实力的一个重要平台。2014年,国际儒联召开纪念孔子诞辰2565周年国际学术研讨会暨第五届会员大会。国家主席习近平莅临会议,发表演讲。成中英应邀出席会议,受到习近平主席亲切会见。

二、主要哲学思想与学术成就

长期以来,成中英作为著名华裔哲学家和现代新儒家第三代的重要代表人物,活跃在国际国内的学术舞台上。成中英哲学的重要建树是创立了以易学本体论、知识论为核心的本体诠释学与新易学,为中华文明之现代发展,确立一个形上学的基础。他的哲学思想与学术成就,主要体现在以下几个领域:

1.本体诠释学

在当代东西方文化正由剧烈冲突、碰撞走向深度融合、会通的时代背景下,成中英为应西方文化之冲击和挑战,实现中国哲学的现代化和世界化,创造性地诠释和重建中国哲学尤其是中国古代易经哲学,提出了本体诠释学这一重要的哲学创构。本体诠释学的创立,直接绍承东方美生命本体论的精神主旨,又充分汲取了诠释学、分析哲学等西方哲学的理论方法与思想成果,而在根本精神上则回归到中国哲学源头的易经哲学。可以说,它是在中国哲学走向现代化、世界化的历史境遇中,融贯中西以重建中国哲学的一个具有创发性的理论尝试和极重要的哲学创构和理论结晶。

成中英的哲学理论体系的创立,经历了一个内在关联又不断发展的阶段和过程。本体诠释学是其中的关键环节,也是其整个哲学理论体系的根本和基础。早在求学和任教之始,成中英便萌生了会通中西,进而创新和重建中国哲学之宏愿。他在 1980 年代初,发表了一系列的文章,探究中国哲学现代化与世界化问题,确立了其哲学创新的主旨。期间,他还致力于诠释学的研究、评析,曾为伽达默尔《真理与方法》一书作书评,并正式提出"本体诠释学"的概念,以与伽达默尔的诠释学相区别。此亦象征和标志着本体诠释学哲学创构之肇始。与此同时,他在中西哲学的比较研究当中,提出"和谐化辩证法"的观点。这对本体诠释学整体创生、多元统合的思维方式的确立至关重要。而之后《易经》哲学的创发和新易学的建立,更是其哲学体系的主干。此后,他着力于开拓和建立中国管理哲学和适合现代人类的整体伦理学,可谓本体诠释学的两个主要应用。2000 年,成中英应邀在德国海德堡会晤伽达默尔于其寓所,此亦为他本体诠释学创立已臻完成的标识。当前,成中英正力图运用本体诠释学的方法和观点,来重新阐释和撰写一部新的中国哲学史和世界哲学史。可见,成中英的哲学探索,构成了一个会之有元而又旁通统贯的理论体系,而本体诠释学则是其中一以贯之的主线。

何谓本体诠释学? 这需要先了解成中英对于本体意义的解释。他认为,"本是本源,是生生不息的充满创造力的本源。体是体系,即理解和知识的体系。体源于本。"一般人对这种将本体析而言之的说法不大理解,成中英这样来解释:"有客来问我本体诠释学作何解? 我答曰:本体是本而后体。本是根源,体是体系。本体是指宇宙呈显的生动活泼、生生不息的整体。具有时间性,空间性,生命性与创造性。如何用人类的心灵与理性来表达及说明这一活生生的宇宙本体,就是本体诠释学的根本问题。故本体诠释学就是以本体为体,以诠释为用的根本学问。"一般而论,西方哲学惯于用理性的概念思维探寻现象世界背后的真相、本原。与西方哲学这种实体性的、概念性的、凝固化的本体范畴迥然不同,中国哲学的本体则是一种非实体性的、非概念性的、生成性的范畴。成中英的本体的理念,是根源于中国哲学的传统,又表现出融合中西哲学的趋向。他所谓的本体,既是作为根源性的、活生生的宇宙本体,又是据此产生的知识体系。两者合而言之,本体就是宇宙的本源及其衍生的宇宙生命的整体。可见,他关于本体的观点,根源于中国传统哲学对于宇宙和生命本源的理解,尤其是作为中国哲学源头的《易经》哲学。他本人承认,本体诠释学根植于中国哲学尤其是强调整体创生作用的《易经》哲学。同时,它又吸收了不少西方哲学特别是诠释学、分析哲学的理论方法和成果。他的本体观,力图在传统的本体框架内纳入现代哲学理性化的方法意识,进而衍生出其本体哲学的整体创生、一体多元、体用互涵相须的理论。可以说,它是在现代世界哲学的宏观背景下,对中国哲学尤其是《易经》哲学的一种创造性诠释。

本体与方法的统一,是本体诠释学的一个重要哲学洞见。成中英曾指出,本体诠释学"本身既是一种本体哲学,同时也是一种方法哲学,更是一种分析与综合的方法"。针对中西哲学对本体与方法各执一端的偏失,成中英提出本体与方法的整合与统一予以对治。他强调本体与方法相互的界定与规约和双向的诠释与批评,肯认本体意识与方法意识的统一。具体而言,就是以西方哲学的诠释学、逻辑分析的方法来弥补中国哲学之不足,实现中国哲学的现代重建。又以此重建的中国哲学来批评、范导西方哲学,从而导向一个现代哲学和世界哲学的建构。

知识与价值的统一,是本体诠释学的另一个重要哲学洞见。成中英认为,中国传统哲学主要是一套价值哲学,其缺失在于对知识与方法的轻忽。他主张,中国哲学的现代化,就是"用知识和方法来扩充智慧和精神,亦即用普遍的知识与理性的方法,来表达和适应现代人当前及未来生活之价值。"成中英甚至从原始儒学仁智并重的观念来为其现代儒学重构寻找理论依据。他从本体诠释学对本体的阐释中,阐发生命的本体含摄了理性与意志,复由此产生了知识与价值的活动。他力图通过对知识与价值的双向诠释与批评,来整合与还原人类生命本体之整全,并以此作为其会通中西以及现代哲学重建的理论基点。

2.易学本体论

易经哲学是成中英哲学创构的理论原点。成中英认为,中国哲学的现代重建,必须回到中国哲学的原点。而易经哲学正是整个中国哲学的源头活水和得以创生和发展的原点。从这一根源性的意义上,原始儒家、道家哲学乃至全幅的中国哲学都源生于此。成中英力主易经为中国哲学的源头,实际上为中国哲学的现代重建提供了一个形上学的理论根据。他所说的回归中国哲学的源头《易经》哲学,其实质是对传统《易经》哲学的一种创造性诠释与重建,是在更高层次上对中国传统哲学的现代重构与恢复。

成中英在阐发方东美哲学的本体架构时指出,"这一本体架构可以表达为易经的思维模式,亦即'太极无名','情理两仪','哲学三慧','文化四相','诠释八阶','道通为一'。"这一论析对我们理解和把握成中英《易经》哲学的本体意蕴,同样具有重要的启发意义。其实,成中英也是以《易经》哲学为骨干,确立了其哲学的本体架构和整体统合的思维方式。《易经》哲学成为他融合与会通中西哲学,思考哲学基本问题乃至创构哲学体系的理论原点。他从对《易经》哲学的独特领悟、理解和诠释中,发展出了一套本体与方法相统一的本体诠释学的哲学架构。由于对知识与价值的偏向,才造成西方哲学偏重知识论,而中国哲学偏重价值论的不同趋势。中西哲学传统因此表现为相反又相成的特征。在此,成中英将本体诠释学作为沟通中西哲学的媒介。他从《易经》哲学的理论原点,提出了本体与方法互涵,过程与结构互融,部分与整体互动的本体诠释学的理论模式。

3.中国伦理与管理哲学

成中英将伦理与管理看作是中国文化现代化在现实生活中落实的两个主要领域。他从本体诠释学的整体统一原则出发,力图在现代社会生活中贯注和体现知识理性和价值理想的均衡与统一的理念,探索和开创中国现代化进程中伦理与管理双向并进的道路,实现伦理与管理的现代化。

他认为,伦理是建立在人的内在价值的基础上的,属于人类的内在规范和自我节制的机制。中国伦理体系的现代化,就是既要发挥传统的具有强烈目的性的德性伦理的优越性,又要使之适应现代社会科技与经济发展的需要。这就要求对中国传统伦理的体系进行改造,通过中西伦理体系的整合,将西方伦理体系中理性化、知识化的责任伦理引进来,融入心性化、价值化的德性伦理当中,建立一个德性伦理与责任伦理相辅相成又机体关联的新系统,从而构建从个人、家庭、社会、国家乃至整个宇宙各层面既相对独立,又相互配合,同时兼括知识与价值,理性与德性并重的新型伦理关系和体系。

成中英将伦理看作是内在的管理,而管理则是外在的伦理。伦理是一种内在的要求和自觉的行为,管理则是外在的组织和决策方法。两者是内与外的一体统一的关系,在本质上是一致的。他认为,由于现代西方管理偏重工具理性,使之演化为控制人性以获得利益的机制,导致管理制度的机械化。而要克服现代管理的深刻危机,必须以现代管理科学,辅之以传统儒家人性论的管理哲学。也就是以中国哲学作为管理科学的哲学基础,从而建立和发展中国管理哲学。这里强调的是中国哲学的整体、和谐思想,从整体的观念和相互依存的关系来看待和理解个人、家庭、社会、国家乃至天地宇宙。其最终的目标是既合乎中国文化传统的理想,又合乎现代管理的需要,实现人类社会整体的、和谐的、均衡的发展。今日管理决策所需要的整体性、依存性、调和性、创新性、变通性与实践性均可由此发展出来。这样,既体现了中国哲学对现代社会的适应力与应用性,又显示了中国哲学对现代管理的参与和贡献,它本身就是中国哲学现代重建的一个重要方面和内容。

4.中西哲学之比较与诠释

成中英哲学研究的范围涵盖了中西哲学广阔的领域。中西哲学的宏阔背景为他进行中国哲学的分析研究和整体重建,提供了很好的铺垫。其基本路径是从比较哲学的视域与方法,致力于中西哲学的互诠互释和双向批评,从而趋向于一个世界整体哲学的观念系统。可以说,成中英的比较哲学研究,具备一个世界整体文化的背景。他运用其本体诠释学本体与方法、知识与价值相统一的原则,对中西哲学进行了全面的、系统的论析与比较,并集中于中西思维方式、思想模式的剖析与对比,对中、西、印三种类型的辩证法进行深度的解析与考察。成中英对中西哲学的比较、诠释与批评，是他整个哲学体系的一个必不可少的重要组成部分，也是其中国哲学现代重建进而导向世界性哲学建构的一个重要环节。

成中英认为，在西方哲学的传统中，自亚里士多德以迄康德，本体论就一直是其哲学的中心。由于西方哲学惯于用理性的、逻辑的方法来规范和建构本体，方法论在西方哲学中实居于突出的地位。与西方哲学理性化的、概念化的、实体化的本体范畴不同，中国哲学的本体主要是一种非理性化的、生成性的、非实体化的范畴。它往往注重从根源性的本体着眼，来营构其高度的境界哲学和理论体系，而在方法论的领域则较少探讨。中国哲学以探究本体境界为目标，而视理论方法为手段，故而在中国传统哲学中并不存在完整的方法论系统。

中西哲学的这种偏向在知识论和价值论的领域有着显著的表现。成中英认为，西方哲学是以理性为方法，以知识为目标，力图通过知识的建构来了解世界，侧重于建立一个知识性的世界。因此，西方哲学本质上是以知识论为中心。与之相对照，中国哲学在本质上是价值哲学，侧重于对宇宙人生的价值问题的反思和探求。它归结为一种以生命经验为中心，以实现宇宙、人生、社会的全体价值为目标的价值本体。因而中国哲学导向一个价值性世界的建构。

成中英从本体的层面对世界哲学的方法论系统，作出最基本的分类和论析。他剖析了三大类型的方法论系统，这就是印度佛学传统中倡言的全然无执、全然否定的中观辩证法，它将现实世界中的一切视作幻化与空，在本质上是一种以超越的方式解决现实的问题，包括现实中的矛盾、冲突。西方哲学以黑格尔、马克思为代表的追求永恒进步的矛盾辩证法，它视矛盾、冲突为现实事物存在的一般状态和本质，也是事物得以实现发展，永恒进步的一般的、普遍的方式。而中国哲学则是一种根源于《易经》哲学，以普遍和谐为特征的和谐化辩证法，其最显著的特点是将世界理解为一种和谐或和谐化的过程，并倾向于通过和谐化的方式解决现实世界的矛盾和冲突以及种种问题。成中英对世界哲学三大辩证法系统的比较研究，是从根源性的本体层面探索世界哲学诸种类型的异同,从而也是从根本上将中国哲学的重建研究,推进并纳入世界哲学的轨道之中。

5.中国哲学的现代化和世界化

中国哲学的现代化和世界化,是成中英哲学研究的出发点,也是其学术生涯中一以贯之的宗旨。他认为,中国哲学从过去四千年的发展来看,的确具有重要的意义。它不但说明了中国文化之所以源远流长,也说明了中国文化在遭受困难、危机的关头,仍能排除万难,以自强不息的精神创造出一条美好光明的道路。人类文化发展到今日,正面临许多问题和挑战,遭遇前所未有的危机。要克服和解答这些问题和挑战,消弭危机,为世界文化的发展提供一条崭新的方向和道路,势必要借助于中国哲学。而中国哲学要担负起这一历史性的艰巨任务,本身亦需要进行重建的工作,重建的方向即在于现代化与世界化。

成中英一直致力于中国哲学的现代重建工作。他特别强调中国哲学具有本体思考的特质,并指出逻辑分析与语言分析等理性思维方式亦为中国哲学重建不可或缺的基础工作。针对中国传统哲学偏重于本体论思维而轻忽方法论的问题,他提出本体与方法相互规约与界诠,力图将方法意识纳入中国哲学的本体思考,并以此作为中国哲学重建的理论基础。他从中国《易经》思维出发,由生命的本体意识衍生理性与意志相涵互动的思考,并由此建立本体与方法统一,知识与价值互基的本体架构的哲学体系。他进而指出,中国哲学的现代化与世界化,必须通过中国哲学在现代社会生活中的落实来进行和完成。他还就此对现代社会文化中的传播、管理、文化建设、民主法治、伦理秩序以及个人人格等层面的问题,进行富有创见和卓有成效的探讨。成中英中国哲学的现代化与世界化的理论创构,为哲学发展带来了新的创造力与突破性。

三、主要论著

《中国哲学与中国文化》,台湾三民书局,1974年

《科学知识与人类价值》,台湾三民书局,1974 年

《中国哲学的现代化与世界化》,台湾联经出版事业公司,1985 年

《知识与价值:和谐,真理与正义的探索》,台湾联经出版事业公司,1986 年

《中国现代化的哲学省思——"传统"与"现代"理性的结合》,台湾三民书局,1988 年

《中国哲学的现代化与世界化》,中国和平出版社,1989 年

《世纪之交的抉择》,上海知识出版社,1991 年

《文化、伦理与管理》,贵州人民出版社,1991 年

《中西哲学的会面对话》,台湾文津出版公司,1994 年

《C 理论:易经管理哲学》,台湾东大书局,1995 年

《知识与价值——成中英新儒学论著辑要》(论文集,李翔海编),中国广播电视出版社,1996 年

《论中西哲学精神》,上海东方出版中心,1996 年

《21 世纪:经济竞争力与文明说服力》,华中理工大学出版社,1996 年

《智慧之光:中国管理哲学的现代应用》(与周翰光合著),中国纺织工业大学出版社,1997 年

《C 理论——中国管理哲学》(修订本),学林出版社,1999 年

《合外内之道——儒家哲学论》,中国社会科学出版社,2001 年

《创造和谐》,上海文艺出版社(上海),2002 年

《成中英自选集》,山东教育出版社,2005 年

《从中西互释中挺立:中国哲学与中国文化的新定位》,中国人民大学出版社,2005 年

《新觉醒时代——论中国哲学之再创造》,中央编译局出版社,2014 年

撰写者:李安泽,哲学博士,现任黑龙江大学哲学学院教授。

董乃强

一、个人简介

董乃强,1941年5月出生于广西桂林,壮族。祖籍山东省邹县(现邹城市)。1960年到新疆电影制片厂工作。1963年在北京大学历史系中国史专业学习。1968年毕业分配到内蒙古自治区科左中旗,从事过多种工作。1978年12月末返京到北京师范大学做图书情报工作,为北京师范大学图书馆研究馆员(教授)。在职时任该馆研究培训中心主任暨馆学术委员会主任、图书馆学硕士生导师;退休后被增补为国家社会科学基金项目评审组专家和北京市社会科学院专家库成员。与儒学相关的社会学术兼职是:国际儒学联合会顾问,中华孔子学会常务理事,马来西亚孔学研究会学术顾问。

二、主要学术活动和学术成就

1979 年现代新儒家代表人物杜维明到北京师范大学做访问学者,董乃强在为杜维明提供图书资料时首次接触了孔子儒学并被中华传统文化所震撼,遂萌生在图书情报咨询工作中主动向社会普及孔子儒学之念。于是编出了《孔子研究论著索引(1900-1983.6)》,以利于研究者查寻资料。此书稿1989 年 12 月获"庆祝中华人民共和国建国 40 周年、中国图书馆学会成立 10周年二次文献成果奖"。后来又主编了《孔学知识词典》,以工具书形式及使用通俗语言向社会传播孔子儒学的基础知识,此书 1998 年 12 月获北京地区高校图书馆学术成果二等奖。

2002 年董乃强退休后,便将全部精力投入普及孔子儒学之中,主要方式是进行宣讲。其中有向各级各类学校学生的宣讲,有向专业人士的宣讲,但更多的则是向广大社区居民的宣讲。向学生宣讲的活动主要有:1989 年在山西临汾山西师大讲《孔子思想在国内外的传播》,2003 年在河北廊坊海淀走读大学冬令营讲《中华传统文化之美》,2004 年至 2007 年在北京京西学校(使馆区外国子弟学校)讲中华传统习俗,2006 年在河北廊坊北京城市学院讲《孔子思想在今天的价值》,2007 年在广东顺德西山小学国学夏令营开设"国学知识讲座"四讲,等等。向专业人士宣讲的活动主要有:2005 年在中央电视台全球祭孔直播组讲《关于孔子》,2005 年在山东曲阜国际儒商论坛上讲《企业与社会和谐发展》,2005 年在内蒙古自治区呼和浩特内蒙古发展论坛讲《中外"和"思想与商务交往》,2006 年在北京大学中国企业家历史文化高级研修班讲《孔子》,2011 年在河北曲阳河北工艺美术高级研修班连讲《国学和中外文化》三整天,2014 年在北京外国语大学国家汉办中华文化与跨文化传播案例培训班讲《中国古代科技的叙事》和《中西对比谈孝道》,等等。向社区居民宣讲的活动主要有:2001 年在首都孔庙安定门街道市民文明学校示范课上讲《孔子和家长里短》,2004 年在马来西亚的槟州槟城、吉打州双溪大年、玻璃市巴东勿刹三地讲《儒学与人生》,2006 年在广东深圳大同研究会讲《孔子及其相关问题》,2007 年在中国国际广播电台华语台"大家开讲"栏目中讲《谈对国学的误读》八讲,2008 年在湖南株洲"国学进万家"活动中到天元区栗雨街道和泰山路街道二地讲《孝和家庭教育》,等等。据株洲当地媒体报导,有居民给"国学进万家"活动组织者发短信称:"听董先生讲,我三次流泪!"还有年轻母亲说:"我曾想尝试一下用西方的教育方法教育孩子,可从现在起我会用尊老爱幼、助人为乐的中华美德来教育他。"

董乃强普及儒学的另一种方式是撰写展览大纲,用博物馆的展板,形象直观地向观众宣传介绍孔子儒学。1989 年,他与中国社会科学院历史所的李学勤、钟肇鹏、孙开泰合作完成《孔子生平事迹展览》大纲,该展览在首都博物馆展出,并在国内及韩国、日本、新加坡等国巡展。2006 年执笔完成《孔子生平事迹展览》的升级版《"大哉孔子"展览大纲(含面向低幼观众的孔子生活小故事动画片脚本九集)》,开从文化史视角诠释孔子及其思想的展览之路。该展览作为孔庙和国子监博物馆的基本展陈,于 2007 年在该馆展出至今,2013 年经缩编后赴德国、意大利巡展。

此外,董乃强还在多种图书报刊上发表文章,普及孔子儒学。这方面的文章占了他正式出版的 18 种专著与公开发表的 140 余篇论文中的相当数量。这些文章中有的是会议或宣讲的发言稿,有的被转载多次,使文章中所宣扬的祖国传统文化得到了更为广泛的传播。

在长期普及孔子儒学的过程中,董乃强从未间断对古籍元典和今人研究成果的研读,并频频将从元典和今人研究成果中获取的新见解向社会复述推介。他普及孔子儒学的特点有明确的指向性,如 20 世纪末群众中尚存全盘否定传统文化的观念时,他就大讲中华传统文化之美;当发现群众将孔子儒学的某一部分视作孔子儒学整体时,他就以全面描述孔子和儒学来提醒人们不要误读传统;近些年来,他又在中西文化的对比中揭示中西文化的不同本质及外国人对孔子儒学的认识,以帮助国人更好地认识和发扬中华优秀传统文化。他认为只有把古籍元典和今人研究成果的精华都化为群众易于接受的语言文字并加以传播,才有利于本民族传统文化在广大民众间的扎根与传承。

三、主要论著

代表性著作(含光盘):

《孔子研究论著索引(1900—1983.6)》,北京师范大学历史系 1984 年 10 月铅印本

《孔学知识词典》(主编),中国国际广播出版社,1990 年初版;商务印书馆国际有限公司 2008 年再版

《弘扬传统文化,提高市民素质——孔子和家长里短》(光盘),国家经贸委中经录音录像中心 2001 年录制出版

《谈对国学的误读》(光盘),中国国际广播电台华语台"大家开讲"栏目2007 年录制

代表性论文:

《〈论语〉·〈圣经〉·〈佛经〉——从典籍交流看中外文化交流》,《中外文化交流》2001 年 1 期

《儒学与科学》,载《孔庙国子监丛刊(2007)》,北京燕山出版社,2007 年

《中国传统文化知识》,载《国学·国粹·国策教育读本》,中国人口出版社2004 年

《孔子女性观的形成及其意义》,载《传统文化》1991 年 3 期

《关于孔子"孝"的思想》,载《中华孝文化专辑》,五洲文明出版社 2004 年

《曾子对儒学的两大贡献》,载《曾子研究》2002 年 1 期

《关注孝道实践,深入孝道研究》,《温岭孔学》2013 年 2 期

《儒商范蠡》,《菏泽师专学报》2000 年 1 期

《管理与诚信原则》,载《孔孟之乡论诚信》,当代中国出版社 2002 年版

《儒学研究百年回顾》,载《孔学论文集(三)》,马来西亚孔学研究会 2004年 8 月编印

《〈儒家法思想通论〉读后》,《中国社会科学》1993 年 2 期

《儒商现象与现代市场经济学术研讨会研讨:市场经济条件下的儒商现
  象》,《人民日报》1999 年 1 月 30 日

撰写者:董乃强

方克立

　　方克立,1938年生,湖南湘潭人。1962年毕业于中国人民大学哲学系,先后在中国人民大学、南开大学、中国社会科学院研究生院任教。曾任南开大学研究生院副院长,天津市社会科学界联合会副主席,中国社会科学院研究生院院长,北京市学位委员会副主任委员,国务院学位委员会哲学评议组成员和召集人,国家社科基金哲学学科评审组成员,全国博士后管理委员会哲学专家组成员,中国哲学史学会副会长、会长,国际中国哲学会(ISCP)会长,中华炎黄文化研究会副会长等职务;还曾兼任中国科技大学人文学院院长,湘潭大学湘学研究所所长。长期从事中国哲学史的教学与研究工作,已指导培养硕士研究生、博士研究生、博士后研究人员、国内外访问学者数十人。1984 年被评为天津市劳动模范,1988 年人事部授予"国家有突出贡献中青年专家"称号,2006 年当选为中国社会科学院学部委员。他的《中国哲学史上的知行观》一书荣获天津市首届哲学社会科学优秀成果专著一等奖,他的《论中国哲学史上的体用范畴》一文获得天津市第二届哲学社会科学优秀成果论文一等奖。

一、成长经历

方克立出身于一个知识分子家庭。其父方壮猷是清华大学国学研究院的第一届学生,受业于梁启超、王国维、陈寅恪等国学大师。后留学日本、法国,1936 年回国,任武汉大学历史系教授。抗日战争时期,武汉大学内迁四川乐山,方壮猷是迁校委员之一。武汉失守前,他先将家属送回湖南湘潭原籍。1938 年 6 月 28 日(阴历六月初一),方克立就出生在那里。1940 年 5 月,母亲和两个哥哥由人护送经长江水路入川,因随时有日机轰炸之险,故将不足两岁的方克立留在湖南湘潭原籍,由祖父母抚养。直到 1946 年 5 月,父母将他接回,从四川迁回武昌珞珈山的武汉大学。这段抗战时期农村留守儿童的经历,在他成长过程以及后来的发展中,留下了多方面的潜移默化的深刻影响。

从 1946 年到 1956 年,方克立在武汉接受了 10 年较好的基础教育。他在湖南农村小学已经发蒙读书,到武汉后考上武大附小三年级。这所学校的老师多为武大教职工家属,许多都受过高等教育,教育教学经验丰富。比如校长陆维亚本人是武大历史系讲师,物理系梁百先教授的夫人;他的班主任、语文老师周瑛是化学系叶峤教授的夫人;自然课吴老师是生物系余先觉教授的夫人。附小与武大有天然的联系,比如 1947 年冬,武大学生话剧团为纪念生物系张铤教授执教 30 周年,排演张骏祥的话剧《万世师表》,从武大附小要了四个小演员,方克立是其中最小的一个,扮演"刘家军"中的四虎子。读武大附小的四年是他与父母兄妹在一起度过的最温暖、最开心无忧的一段时间。

　　1950 年他从武大附小毕业，考上湖北省立武昌实验中学，从此开始了 6 年独立住校生活。这是湖北省的一所重点中学，当时以师资水平高著称，对学生的管理也比较严格，注重德智体美全面发展。他在这里受到了良好的基础知识教育和人格培养教育，学习成绩一直居于中上游。解放初期政治运动频繁，学校组织的支援抗美援朝、三反五反、1954 年武汉防汛、农业合作化等社会活动，他都积极参加了。一直是少先队和共青团的干部，曾任校团总支宣传委员，负责学校广播站和校刊《实中简报》的编辑出版工作。在此期间他的家庭情况变化很大。1950 年父亲调离武汉大学，先后任中南军政委员会文化部文物处副处长、社会文化处处长、中南图书馆馆长、湖北省文化局局长、湖北省文物管理委员会副主任等职务。1951 年母亲也被派去接管帝国主义迫害中国儿童的武昌花园山育婴堂，任新建的大堤口保育院院长。之后又先后调到武汉市妇联和武汉市第一机关幼儿园工作。1950 年二哥去北大上学，1951 年大哥参军，这个"家"一下子就没了。方克立周末"回家"只能分别回到父母工作单位的宿舍，和他们一起在机关食堂吃饭。当有人问到他的家学渊源时，他很实事求是地回答说："我出身于知识分子家庭，在知识和教养方面自然要受到家庭的影响，但在我成长过程中，给我影响更大的是历史时代、学校的集体生活、老师和党团组织的教育。"

　　学校老师的影响比家长更大的一个例子是，1956 年高中毕业时，他本来准备按照家长的要求报考理工科，统考前班主任老师动员他报考提前招生的中国人民大学。他抱着试一下的心情参加了考试，结果在对哲学缺乏基本了解的情况下成了人大哲学系的学生。以后的学习使他对这门居于人类知识核心地位的关于世界观和方法论的学问很感兴趣，但当时的中学教育确实没有提供各门学科与哲学的知识衔接，以及哲学在整个知识体系中的地位和作用的基本概念。

　　方克立入读人大不久就赶上了整风反右运动，他在这场大风大浪中稀里糊涂就犯了政治错误，受到严厉批评和团内警告处分。处分虽然在 1979 年平反纠错时撤销了，但他仍然认为这段曲折的人生经历对自己政治上的成熟很有好处，并力图从积极方面去总结经验教训。他在谈到自己的这次挫折时说：

  "我开始懂得，作为一个社会的人，没有正确的政治观点就等于没有灵魂。一个人要'先立乎其大者'，就是首先要树立正确的世界观、人生观和价值观。从此开始了我漫长的思想改造过程。这个过程是通过相互联系的三个环节来实现的：一是读书学习。人大哲学系系统的马克思主义哲学经典著作教育使我受益很大，使我诚心地服膺它所阐明的正确认识宇宙、社会、人生本质及其发展规律的科学真理。二是社会实践。1958 年我们就下放到京郊农村劳动锻炼半年，参加大炼钢铁、深翻土地和人民公社化运动；1964—1965 年我连续参加了两期农村社会主义教育（'四清'）运动；1969—1972 年又到江西省余江县中国人民大学'五七'干校劳动锻炼三年。中间还有多次短期接触社会的机会。通过社会实践，使我对中国的国情和社会的主体劳动人民有了最基本的了解，补上了哲学社会科学工作者不可缺少的这门功课。三是自觉地改造主观世界。知识分子有了一点知识，往往自以为是，从不自以为非，所以难以超越自我。我在人生的起点上就摔了跟斗，十几岁的小孩子就要去妄谈什么'三害'（官僚主义、宗派主义、主观主义）的根源问题，从概念到概念地抽象推演，完全不了解问题的本质及其社会现实意义。这说明我没有起码的知识，有什么资格自以为是呢？承认自己不论学识还是经验都很欠缺，都有弱点，勇于自以为非，这样才有不断学习进步的动力。"[1]

  22 年青春岁月，大部分时间在政治运动中度过，而且一直背着政治处分的原罪记录。他没有被个人患得患失情绪所左右，也不在乎别人怎样评价，而是力图理解时代潮流的正确走向，在严格解剖自己的同时，把个人的努力目标与历史前进方向，与党和人民的要求一致起来，走自己认为应该走的

---

[1]　张天行：《方克立：为人治学崇平实》，载《学问有道》上册，方志出版社 2007 年 8 月版，第 5—6 页。

路。这 22 年他主要是以受教育者的身份在中国社会这个大课堂里学习,生活辩证法教会他如何区分本质与现象、主流与支流、必然与偶然、共性与个性,学会怎样做人和"观"世界的正确思想方法。他深切感受到哲学是一门有大用的学问。在哲学学科领域里,经过比较和探索,他也找到了自己的专攻方向,就是力图站在马克思主义哲学这个"一览众山小"的人类思想制高点上,来清理、总结中国五千年丰富的哲学和文化遗产,激活其中的优质思想资源,为社会主义现代化建设事业服务。

　　方克立大学没毕业就在《光明日报》上发表了关于《周易》哲学研究的文章,引起学界的注意。他这个带着政治处分的人居然被留在人大任教,"文革"初期又被作为走资派招降纳叛、"培养修正主义黑苗子"的罪证拿出来批斗。"文革"使国家受难,大家都做不了什么事情,1973 年初他以解决家属两地分居为由调到了天津南开大学。在新单位个人的政治处境并没有改变,曾受处分之名就足以把你划入"另册"。还是我们整个国家发生了拨乱反正的历史性变化,才使每一个人都得到了政治上的新生。

　　此时方克立已年过四十,在学校里正是承上启下的年龄,自然要承担起较为繁重的教学、科研任务。1978—1979 学年,他在南开大学哲学系首次完整系统地讲了一遍中国哲学通史,连续授课 150 学时,显示了较为深厚的学术积累,得到学生和校内外听课人员的广泛好评。1981 年他被评为副教授,第二年就开始招收培养中国哲学专业硕士研究生。1984 年他被教育部特批为教授,成为全国哲学界五个"特批教授"之一。这一年他还当选为南开大学校务委员会委员、天津市社联副主席,并荣获"天津市劳动模范"称号。

　　方克立于 1983 年加入中国共产党,1986 年成为南开大学校党委委员。1990 年代,他在南开大学和中国社会科学院做了十年研究生教育管理工作,同时担任多项社会兼职。一方面客观上有此需要形势逼人,另一方面主观上也有时不我待的紧迫感,因此这个时期他经常处于超负荷工作的状态,不注意自己的身体,以至于先后得了糖尿病、冠心病和慢性肾衰竭等疾病。他的主要学术成果大都是 1980 年代以后在教学和行政管理工作之余做出来的。

二、主要研究领域和学术成就

1.中国哲学范畴研究

　　1980 年代初,一部分中国哲学史工作者不满足于过去那种"列传体"、"四大块"、"两军对战"的简单化哲学史研究模式,力图按照列宁关于"哲学史就是认识史"、"从逻辑的一般概念和范畴的发展与运用的观点出发的思想史,这才是需要的东西"的指示,开展对中国哲学范畴的研究。方克立积极参与了这一工作。1981 年 10 月,在杭州召开的全国宋明理学讨论会上,他配合《中国社会科学》副总编辑丁伟志同志组织了一次关于中国哲学范畴研究的专题讨论会,会后用笔名"岳华"写了一篇会议纪要,发表在《中国社会科学》1982 年第 1 期。后来他又应《人民日报》汪子嵩同志之约写了《开展中国哲学史范畴的研究》一文,发表于 1982 年 9 月 3 日《人民日报》。他的《中国哲学史上的知行观》一书于 1982 年 3 月由人民出版社出版,被认为是国内第一部中国哲学范畴研究专著。此外他还发表了关于体用、道器、理气等范畴研究的多篇重要论文。方克立在南开大学首先招收以"中国哲学范畴研究"为专业方向的研究生,曾先后邀请杨柳桥、卢育三、石峻、方立天、张岱年、蒙培元等学者,分别讲《周易》、《老子》、《肇论》、《华严金师子章》、《正蒙》、《北溪字义》的哲学范畴体系,请江西师大谢庆绵教授来讲西方哲学范畴史。1983 年 11 月,他带五名研究生出席在西安召开的全国中国哲学范畴讨论会,每个人都提交了论文,得到学界前辈的鼓励。此外他还主编了以范畴辞条数量多和内容详实为特点的《中国哲学大辞典》,1994 年由中国社会科学出版社出版。

　　方克立认为开展中国哲学范畴研究要以马克思主义关于逻辑的与历史的一致原理为指导,同时又强调要重视中国哲学思维方式和语言表达形式的民族特点,不能用西方哲学范畴或现代哲学语言的涵义去了解中国古代哲学范畴。要从中国哲学自己的文本、问题意识和话语系统出发,"把中国哲学发展各个阶段依次出现过哪些重要的概念和范畴,它们的涵义由抽象到具体、由简单到复杂、由贫乏到丰富的发展过程,以及它们之间的联系、对立、依存和转化,前后递进和继承、扬弃的关系都搞清楚了,中国哲学发展的内在逻辑和规律性也就揭示出来了"①。范畴研究的目的是总结认识发展规律和理论思维的经验教训,提高中华民族的理论思维水平,同时为丰富和发展马克思主义的辩证逻辑作出贡献。

在中国哲学范畴研究中,方克立注意到用简约之"名"表达的中国传统哲学范畴具有多义性的特点,一些很容易造成认识混乱的同名歧义现象至今仍存在于中国哲学语言中。他强调一定要对传统哲学范畴的多种涵义,包括本义和衍生义进行具体的考察和说明,弄清其在特定哲学命题中的准确涵义。比如"体"与"用"是中国传统哲学本体论的一对重要范畴,人们通常将其理解为本体与现象的关系。方克立指出,这并非"体"、"用"之本义,其本义是指有形质的物质实体与其作用、功能、属性的关系。"凡天地万物,皆有形质,就形质之中,有体有用。体者,即形质也;用者,即形质之妙用也。"(崔憬《周易探玄》)正是由于体用范畴有这样两种主要的不同涵义,所以古代就有"道体器用"与"器体道用"之异,近代以来又有"中体西用"与"西体中用"之争。我们在充分肯定体用范畴对中华民族理论思维发展的贡献之同时,还要看到它的局限性,认识到思维方式创新与科学化的必要性。

2.现代新儒学研究

1980 年代中期,现代新儒学研究在"文化热"中勃然兴起,在哲学史、思想史研究领域里被认为是"一枝独秀"。方克立是这一研究的主要推动者和领军人物之一。1986 年 3 月,他在国家教委召开的科研咨询会上作了题为《要重视对现代新儒家的研究》的发言。同年 11 月,他和李锦全教授共同主持的"现代新儒学思潮研究"课题被确立为国家社科基金"七五"规划重点项目,1992 年又延续为"八五"规划重点项目。他们领导了一个由 20 多名中青年学者组成的课题组,分工合作进行了颇为活跃而又富有成效的研究工作,十年间完成了包括《现代新儒家学案》、《现代新儒学研究丛书》(分"专人"和"专题"两

---

① 　方克立:《开展中国哲学史范畴的研究》,《人民日报》1982 年 9 月 3 日。

个系列)、《现代新儒学辑要丛书》、《现代新儒学研究论集》在内的系列研究成果,共计30余册。方克立的论文集《现代新儒学与中国现代化》也于1997年由天津人民出版社出版。该课题研究在海内外产生了广泛而深远的影响。

方克立清楚地意识到,作为国家课题一定要坚持正确的学术理论方向。"课题组始终十分强调两点:一是要详细占有资料,准确理解原意,这是实事求是地进行科学研究的基础和前提;二是要运用马克思主义的立场、观点和方法,对现代新儒学进行一分为二的分析评论,既不盲目崇扬,也不抹煞它的贡献和历史地位。"①他在组织、领导这一课题研究中更多地关注的是一些宏观的、涉及方向性的问题,一开始就对现代新儒学的概念界定、基本特征、发展阶段、得失评价、研究态度和方法等发表了自己的意见。他提出的在中国现代三大思潮对立互动中把握现代新儒学的基本特征和内在问题的研究思路,他提出的"同情地理解、客观地评价、批判地超越"的研究态度和方法,得到了课题组成员的广泛认同,也得到海内外学界的理解和支持。

现代新儒学思潮研究课题的规模开展和推进,不仅使中国现代思想史上的这一重要思潮和学派,在中国大陆从30多年无人问津的"绝学"变成人们耳熟能详的"显学",而且有着巨大的思想解放的意义和繁荣学术的作用。在此之前,港台海外新儒学完全不在大陆学界的研究视野之内,梁漱溟、熊十力、冯友兰等第一代现代新儒家也基本上是作为学术批判的对象,不可能把现代新儒学作为一个整体提到中国现代三大思潮之一的地位,肯定它为中国的现代化也做出了一定的贡献。对现代新儒学进行实事求是、一分为二的分析和评价,有助于人们正确认识以儒学为主流的中国传统文化的现代意义和价值,对后来的"儒学热"、"国学热"实际上起了导引和推动的作用。现代新儒学研究是在开放的环境下开展的,课题组成员有机会出席各种国际学术会议,与作为研究对象的港台海外新儒家,包括第三代新儒家代表人物杜维明、刘述先、余英时、成中英等人进行直接的交流对话,课题组的理论立场、研究方法、问题意识和交往态度也在交流与交锋中受到了严峻考

---

① 方克立:《现代新儒学与中国现代化》"前言",天津人民出版社1997年11月版,第2页。

验。课题组在儒学和现代新儒学研究中所持的一分为二、扬精弃粗、批判继承、综合创新的理论立场和方法,实际上对港台海外新儒家学者也产生了重要影响。比如其中一些人逐渐改变了绝对排斥马克思主义的态度,杜维明、成中英后来都主张儒学与马列、西学三者"良性互动",他们现在已是大陆高校的教授或兼职教授。开展现代新儒学研究的另一重要成果是培养了大批优秀人才,课题组成员绝大多数都是青年学者,有的加入课题组时还是在读研究生。经过10年扎实的研究工作,他们中的许多人都已成为我国哲学界的知名学者,有的还担任了中国哲学史学会的副会长。现代新儒学研究的开展也产生了一些负面效应,就是有少数大陆学者从现代新儒学的研究者变成了追随者,出现了所谓"大陆新儒家"。这是我国意识形态领域里思想斗争复杂性的表现,到新世纪,方克立又不得不站出来同崇儒反马的"大陆新儒家"进行思想论战。

3.综合创新文化观研究

在1980年代的"文化热"中,"全盘西化"、"复兴儒学"、"西体中用"、"新启蒙"等各种文化主张接踵登场,众声喧哗,而实际上为多数大陆学者所认同的马克思主义文化观却没有打出一面鲜明的文化旗帜。有人认为"批判继承"等等不过是老生常谈而已。1987年张岱年在一次学术会议上提出了"文化综合创新论",国内坚持马克思主义的文化学者迅速地集合在这面文化旗帜下。方克立是张先生"综合创新"文化观最坚决的支持者和阐释、发挥者之一。1990年春,他在一次访谈中把马克思主义综合创新文化观概括为"古为今用,洋为中用,批判继承,综合创新"四句话十六个字,并且指出:自由主义的"全盘西化"派、保守主义的"儒学复兴"派和马克思主义的"综合创新"派,"是80年代文化讨论中三个最主要的思想派别,它们之间的对立斗争和统一关系,仍然没有超出'五四'时期业已形成的思想格局,是70年来文化论争在新的历史条件下的继续和延伸"[①]。后来他又说明:"我之所以把'综合创新'与'批判继承'、'古为今用,洋为中用'结合在一起,主要是想

---

① 《现代新儒学研究的回顾与展望——访方克立教授》,《哲学研究》1990年第3期。

把这种文化观同我们党一贯倡导的文化方针联系起来,就中国近现代文化论争的主题,给予一个比较完整、明确的回答。"①由此可见,他是把综合创新文化观与中国现当代文化发展道路之争,与党的文化建设指导方针紧密联系在一起的,表现出了高度的道路自觉和理论自信。

1991年张岱年先生曾在给方克立的一封信中表示"希望您大力宣传'综合创新'之义"。此后他就更加自觉地把研究、宣传、阐扬、发展"综合创新"文化观当作自己的责任,20多年来一直高擎这面文化旗帜,在深化和拓展综合创新文化观研究方面做了一些探索和尝试:一,主要从16世纪以来先进的中国人是怎样处理中西文化关系的,和回顾、总结中国共产党的文化建设指导方针两个角度,论证综合创新文化观产生的历史必然性。二,用中外文化史、学术史的大量历史资料,说明综合创新是学术文化发展的必然规律,认为中国古代思想家讲的"异以贞同"、"杂以成文"、"推故而别致其新"就是综合创新。三,从综合创新的对象和时空视野,综合创新的目的和主体要求,综合创新的方法论特征和基本要素、环节之间的关系,将综合创新文化观的基本内容概括为四个要点,后来有的学者又将其概括为开放性、主体性、辩证性、创新性"四性"。四,以张岱年提出的"兼容多端而相互和谐"、"兼赅众异而得其平衡"的"兼和"学说为综合创新文化观的哲学理论基础,进而指出其实质就是"和而不同",即在多样性统一中促成新事物的产生。五,强调在文化综合创新中要正确处理"一元主导"与"兼容多元"的关系,主导意识即指导思想不能多元化,要用主导意识引领多元化的社会思潮,吸收其中与主导意识能够相容且有助益的部分内容作为支援意识,即"一以统多,多以成一"。六,当代中国文化综合创新的核心问题是要正确处理马克思主义与中国文化的关系。二者不是体用关系,而是相需互补关系。在某种意义上说,二者都处于"体"的地位,不过一个是主导性之"体",一个是主体性之"体"。前者亦可称之为"魂",只有"魂体相依、强魂健体才能成大用"。七,要深入研究文化综合创新的具体方法、途径和可操作程序,探索多

---

① 《深化对"综合创新"文化观的研究——访方克立教授》,《哲学动态》2002年第4期。

种方法综合运用和互动互补的可能性,认为有可能在此基础上建立一门"综合创新思维学"这样的逻辑科学。八,要研究综合创新的基本理论、方法、规则、规律在各个学术领域和思想文化建设备方面的具体运用及其个性表现,在个性与共性的统一中深化对综合创新文化观的认识。九,通过对张岱年、冯友兰、冯契、张世英等学者的个案研究,可以看出他们都有中、西、马三个方面的学术根底,自觉地走综合创新之路是他们成为学术大家的共同经验。十,综合创新论是科学发展观的理论基础,对做好实际工作、开创各方面事业新局面也有重要的指导意义。"在一定意义上说,综合创新就是充分发挥认识和实践的能动性,促使事物朝着符合人的需要的方向发展的一种科学发展观"。[①] 除了以上十个方面之外,方克立对综合创新文化观的最大贡献是提出了被称为中国文化发展道路之"定盘针"的"马魂、中体、西用"论。

4.从"三大思潮对立互动"说到"马魂、中体、西用"论

自从接受了现代新儒学研究课题任务后,方克立的主要研究方向就转向了中国现当代哲学和思想文化。"三大思潮对立互动"说,是他在认识中国现当代各派思想走向及其相互关系时提出来的。1988 年 8 月,在新加坡召开的"儒学发展的问题及前景"学术讨论会上,方克立在《略论现代新儒家之得失》的大会发言中,首次把现代新儒家看成是足以与中国的马克思主义派、自由主义的西化派"鼎足为三"的一个重要思想派别。他认为,这三派都是主张中国要现代化的,不过各自选择的道路不同:马克思主义者坚持社会主义现代化的方向和道路,并在实践探索中把"中国特色"放到了越来越重要的地位;自由主义者主张照抄照搬西方经验,走西方工业文明即西方发达资本主义国家曾经走过的老路;现代新儒家则批判了"现代化即等于西化"的口号,向往一条东方式工业文明即"儒家资本主义"的道路。方克立的看法首先引起了与会的港台海外新儒家学者的注意,他们对此作出了不同的回应。1989 年 1 月,杜维明在《大陆儒学新动向的涵意》一文中说:"大陆的学坛,特别是中国哲学史界,已对儒家传统形成了新理解、新共识:五四运动

---

① 　方克立:《综合创新之路的探索与前瞻》,《哲学动态》2008 年第 3 期。

后的这七十年,除了西化思潮和马列主义之外,还有'儒学复兴'这派学说也必须列入考虑。较平实的提法是把儒学、西化及马列看作三个鼎立的、互相抗衡的价值系统。"①与杜维明肯定三大思潮说是"较平实的提法"不同,台湾东海大学教授蔡仁厚则仍坚持思想上的"夷夏之防",他说:"近年来,大陆学界有一个说法,认为当代中国的思潮有三:一是马列唯物主义,二是西化派的思想,三是新儒家的哲学。其实,前二者并不属于中国,不是'中国的'慧命。只有当代新儒学,才是顺通中华民族的文化生命而开显出来的中国的智慧方向。"②后来方克立又在《现代新儒学与中国现代化》等多篇文章中系统深入地阐述了三大思潮对立互动的观点,认为除了社会道路选择不同和意识形态的分歧之外,三派之间也有"局部的一致、联盟关系",在思想资源上可以互相借鉴,因此有必要同时建立一种"互动"和"互补"的关系。这种观点得到了大陆学界较普遍的认同,也有越来越多的港台海外学者认为是符合20世纪中国思想文化发展实际的,当然对三派的地位和相互关系的看法不可能完全相同。近20年出版的中国现当代思想文化史论著,有许多都采用了"三大思潮对立互动"的解释框架。

　　三大思潮的分野主要在于对"中国向何处去"、"中国文化向何处去"的看法不同,即对中国社会和文化发展道路的选择不同。其中一个关键问题是如何处理中、西、马三种文化资源或三大文化传统的关系。方克立经过长期思考和探索,在2006年提出了"马学为魂,中学为体,西学为用,三流合一,综合创新"的新思路。他解释说:"马学为魂"即以马克思主义和社会主义的思想体系为指导原则;"中学为体"即以有着数千年历史积淀的自强不息、变化日新、厚德载物、有容乃大的中华民族文化为生命主体、创造主体和接受主体;"西学为用"即以西方文化和其他民族文化中的一切积极成果、合理成分为学习、借鉴的对象③。这种看法继承了张岱年的文化体用观而又对其有所变通和发展,主要是把主导性之"体"与主体性之"体"、"道体器用"之

①　台湾《中国论坛》第319期,1989年1月。
②　台湾《鹅湖》第186期,1990年12月。
③　方克立:《关于文化的体用问题》,《社会科学战线》,2006年第4期。

"体"与"器体道用"之"体"区别开来,将体用二元模式改造、发展成"魂、体、用"三元模式,这样就把马克思主义的指导思想地位("魂")、中国文化的主体地位("体")和外来文化的"他山之石"地位("用")三者有机地统一起来了,能够更加准确地揭示中国现当代文化发展的实质内容和现实道路。实际上,方克立是以"中学为体"为中心和基础来将"马魂"与"西用"统一于"活的中国文化生命整体"中的,因此"接受主体"这个概念的提出就具有十分重要的意义。早在 1988 年,方克立在新加坡儒学讨论会上就提出了这个概念,指出"马克思主义作为一种外来文化,要在中国生根,不能没有中国文化这个接受主体。在肯定民族文化主体性这一点上,马克思主义和现代新儒家并没有根本的分歧①。他的这种理论立场在"马魂、中体、西用"论中得到了更加系统明确的阐述。

在"五四"以来近百年的文化道路选择之争中,"马魂、中体、西用"论明显地优于"全盘西化"、"复兴儒学"、"中体西用"、"西体中用"等文化主张。它与我们党的文化建设指导方针是一致的,所以在学术界得到了广泛的赞同、响应和支持。"马魂、中体、西用"也是当今中国的一种主导的学术范式,即以马克思主义世界观和方法论为指导,而其问题意识、主要学术资源和话语体系都是来自中国的现实和历史文化,同时以其他民族一切有价值的文明成果为资源和借鉴。方克立指出,20 世纪中国一些成就卓著的马克思主义学者,都是走的这么一条"三学合一"的学术道路。

5.其他研究领域

除了中国现当代哲学和文化之外,方克立还关注到其他一些研究领域。比如 2001 年,他主持了在北京召开的以"中国哲学与 21 世纪文明走向"为主题的第十二届国际中国哲学大会。针对困扰当今人类的两大难题——生态破坏与文明冲突,他给会议确定了两个中心议题,集中阐扬中国哲学中的"天人合一"与"和而不同"智慧。他本人也就这两个论题分别写了《"天人合一"与中国古代的生态智慧》、《"和而不同":作为一种文化观的意义和价值》

---

① 　方克立:《略论现代新儒家之得失》,《现代新儒学与中国现代化》第 48 页。

等论文,受到学界的较高评价。又如 2011 年,他与林存光合作在太湖文化论坛首届年会上提交的《"文明以止":中华文化的精华与精神》一文,除了从多个方面揭示中华文化的思想精华外,还以《周易大传》中的"文明以止"一语准确、生动地概括中国文化的根本精神,指出"文明"不是无限度地开发、利用和对外扩张,而是要有所节制,"止"其所当止,内修文德以化成天下。这样就把中西"文明"理念本质地区别开来了,提高了对本民族文化的自觉和自信。再如,1998 年他在参加湘潭大学 40 周年校庆活动时,建议开展湘学研究作为该校中国哲学学科的特色方向,以后又陆续发表《湘学研究的对象、范围和意义》、《千年湘学的历史意义和现代价值》等论文,阐述湘学研究中的一系列基本问题,这是上个世纪 40 年代李肖聃著《湘学略》一书后,对这一学术领域的重要推动。从 2002 年湘潭大学成立湘学研究所到 2012 年湖南省成立湘学研究院,他一直为推动这一研究尽心尽力,毫无保留地发表自己的学术见解。

此外,还可以提到的是中医哲学研究。我国学术界曾就中医的存废问题发生长久争论。2007 年 1 月,时任中国哲学史学会长的方克立支持哲学界和中医学界"挺中医"派的学者,在中国哲学史学会下面注册成立了中医哲学专业委员会。该委员会近十年来在中医哲学和文化研究,以及有关国情调研和发展中医药产业等方面做了大量富有成效的工作,使人们对祖国传统医学的价值和未来发展方向有了越来越明确、深刻的认识。在此期间方克立也发表了《中医哲学研究的时代使命》、《中医哲学的"返本"与"开新"》、《关于中医思维模式研究之我见》等论文,积极参与研究和讨论。他关于开展《中华医藏》编纂工作的建议,也被有关主管部门采纳并已进入组织实施阶段。

三、治学特点

方克立从事中国哲学教学与研究工作已逾半个世纪,改革开放后有了比较正常的工作环境,这也为他脱颖而出创造了条件。在一次中国社科院组织的"学问有道"系列讲座中,方克立给青年人讲的题目是《我把自己主要定位于一名教师》,表示不敢以有成就的学者自居。学术研究工作与教书育人工作紧密结合确实是他治学的一个特点,他的学术成就在同辈人中也是令人瞩目的。

方克立治学的最大特点是一方面对马克思主义有坚定的理论信仰,另一方面对本民族的历史文化怀有深厚感情。正如他自己所说的:"如何把马克思主义的革命和科学精神与中国哲学和文化的精华相结合是我的终生职志。"①他的学生曾把"以马克思主义之理为指导来弘扬中国文化之道"看作是他的"中和心性"的表现②。在半个多世纪的教学、研究与现实思想斗争实践中,他深刻体会到只有掌握了马克思主义的科学世界观和方法论,才能全面正确地认识中国传统文化,激活其中的优质思想资源,将其转化为中国新文化的有机组成部分。他的一些代表性论著就是在做这种创造性转化的工作,比如前面提到的对"知行"、"体用"范畴的研究,对"天人合一"、"和而不同"、"文明以止"思想的历史考察和现代诠释等。"马魂、中体、西用"论的一个重要理论贡献,就是提出"生命主体"、"创造主体"、"接受主体"等概念来突出民族文化的主体性,讲清楚马克思主义与中国文化的"魂体相依"的关系,回答新儒家所谓"中国文化在马克思主义派那儿,是没有原则意义、没有体的层位的,其体是马列"的指责。方克立与他所敬重的一些前辈马克思主义学者一样,都是非常自觉地走一条"马魂、中体、西用"的学术道路。

有的学者非常赞赏方克立的学术识见,认为上个世纪 80 年代以来,他一直是本学科引领潮流的人物之一。无论是中国哲学范畴研究和现代新儒学研究,还是综合创新文化观研究和"马魂、中体、西用"论的提出,乃至兼及的湘学研究和中医哲学研究,他都能把准时代脉搏和学术走向,提出创新性的见解,走在潮流的前面。他关心现实,善于发现新的学科生长点,形成明确的问题意识,并且重视思想史观和方法论问题,把理论、历史和现实三者很好地结合起来,互相支撑,相得益彰。有的学者把方克立看作是当代中国

① 《探索中、西、马三"学"的综合创新之道——访中国社会科学院学部委员方克立》,《马克思主义研究》2010 年第 12 期。
② 周可真:《哲学与文化研究》"后记",江苏人民出版社 2005 年 9 月版,第 345 页。

"创新马克思主义"学派的代表人物之一①，他自己却说在哲学和文化领域，自己不过是以张岱年为旗帜的马克思主义综合创新学派的一个追随者和后继者而已，"马魂、中体、西用"论不过是综合创新文化观的继承和发展深化，它的提出也受到了张岱年有关思想的接引和启发。"为人治学崇平实"是学术界对他的客观认知和评论。他常对学生说："做人、做学问和写文章，能够做到'平实'二字就很不错了。平实不是平庸，它并不抹杀创造性，创造性的成果也要以平常之心实事求是地表现出来。"②文如其人。他的文风和学风也对学生们产生了潜移默化的影响，许多学生都在自己著作的"后记"中讲到了对方老师言教与身教的切身体会。有关主管部门对方克立的理论立场、学术根底和工作态度也是非常了解、高度信任的。上个世纪 90 年代，教育部委托他与张岱年先生共同主编了人文素质课全国公用教材《中国文化概论》(北京师范大学出版社，1994)和马克思主义哲学教学参考用书《中国哲学与辩证唯物主义》(高等教育出版社，1998)；到新世纪，他又被中宣部聘为马克思主义理论研究和建设工程重点教材《中国哲学史》(上、下册，人民出版社，2012)的第一首席专家。教材建设是教师工作的应有之义，在这方面他也为国家做出了重要贡献。

方克立的成长轨迹和学术成就，反映了一个新中国培养的知识分子在并非一帆风顺的境遇下努力发挥正能量的自觉奋斗过程。

四、主要论著

《中国哲学史上的知行观》，人民出版社，1982 年版，1986 年印，1997 年列
    入"哲学史家文库"第三次印刷
《从孔夫子到孙中山——中国哲学小史》(主编)，中国青年出版社，1984

---

① 梁卫国对程恩富访谈：《正确对待七大思潮，自主创新社会科学》，《中国社会科学网》2012 年 3 月 31
    日。张飞岸：《评析当代中国五大社会思潮》，《社会科学报》2012 年 5 月 10 日。
② 方克立：《与博士生一夕谈》，《学问人生——中国社会科学院名家谈》下册，高等教育出版社 2007 年 5
    月版，第 390 页。

年；台湾木铎出版社，1986 年

《中国哲学大辞典》（主编），中国社会科学出版社，1994 年

《中国文化概论》（与张岱年主编），北京师范大学出版社，1994 年；2004 年
　　修订版

《现代新儒家学案》上中下三册（与李锦全主编），中国社会科学出版社，
　　1995 年

《二十世纪中国哲学·人物志》上下卷（与王其水主编），华夏出版社，
　　1995 年

《二十世纪中国哲学·论著述评》上下卷（与王其水主编），华夏出版社，
　　1997 年

《现代新儒学与中国现代化》，天津人民出版社，1997 年；长春出版社 2008
　　年再版

《中国哲学与辩证唯物主义》（主编），高等教育出版社，1998 年

《方克立文集》，上海辞书出版社，2005 年

《湘学史》第一第二卷（与陈代湘主编），湖南人民出版社，2007 年

《中国文化的综合创新之路》，中国社会科学出版社，2012 年

《马魂中体西用：中国文化发展的现实道路》（方克立等著、谢青松编），人
　　民出版社，2015 年

撰写者：曹娟，当过大学教师，出版社编辑，副教授职称，现已退休。

冯达文

冯达文,1941年生,中山大学教授,中山大学禅宗与中国文化研究院院
长。曾任中山大学学术委员会委员,中山大学中国哲学研究所所长,中山大

学比较宗教研究所所长，国际儒联荣誉顾问，中国哲学史学会副会长，广东禅文化研究会会长等。2009 年被选为广东省南粤优秀教师，2015 年被评为广东省第二届优秀社会科学家。

一、学思历程

　　冯达文出生于广东罗定县一个乡间小镇。幼年丧父，家境贫困。1949 年解放后读书免费，因而得以顺利读完小学、初中、高中，1960 年考入中山大学哲学系。专业为志趣所在，学习成绩便算较好，1965 年 7 月以本科学历留系任教。不幸适遇"文革"十年之乱，未及开课，历经"五七干校"、"批儒批法"种种折腾，至"四人帮"垮台，才真正走上讲坛，以边学边教的方式为本科生开设中国哲学史课程。一晃之间已三十有六，步入中年。

　　中年时期为人生最繁忙的时期。除了教学，还得为老婆、孩子、房子种种家计操持。因之，1977 年至 1986 年 10 年间，除参加萧萐父、李锦全二位前辈主编的《中国哲学史》（上下册）的写作与审稿事项外，少有外出，也少有个人作品。1985 年有幸仍得以被晋升为副教授并开始招收硕士研究生，1992 年又晋升为教授，更于 1993 年获国务院学位委员会通过成为博士生导师。其时已年过半百。

　　2002 年 7 月—10 月获邀赴美国哈佛大学燕京学社访问；2010 年 9 月—10 月受台湾大学人文高等研究院邀请，以客座研究员身份作短期访问；2010 年 10 月—11 月间受香港中文大学邀请，以唐君毅访问教授名义前去讲学。另多次参加中外各种学术会议。

　　1977 年至今近 40 年，冯达文的工作一直以中国古典哲学和宗教的教学与科研为主。1998 年与武汉大学郭齐勇教授共同承担了教育部下达的《中国哲学史》教材主编项目，2007 年又被中宣部与教育部遴选为《马克思主义理论研究与建设工程》之《中国哲学史》教材编写组首席专家之一，再度编写全国通用教材。

二、学术探索

冯达文的学术研究,自感有心得的,主要有以下三个方面:

1.关于中国哲学的知识化与形式化问题

1977 年初涉中国哲学史的教学与研究时,便有赋予这门以心性体验和精神追求为的矢的学科,在知识形式上可以清晰地陈述与开展的意向。为此,在最早撰写的《中国哲学的探索与困惑·殷周—魏晋》一书中,舍弃了学界以对神话与传说的解释作为开始的惯常的研究方法,而直接从无可争议的、因之也比较具确定性的甲骨文与金文文献切入。通过对甲骨文文献的初读,得以把殷人求知的方式归结为"帝令(弗令)某"语式。然后通过主词的"帝"的形成与功能,宾词的"某"所指涉的事项,和作为联系词的"令"与"弗令"的简单判释,确认殷人的观念是以祖先神为至上神;至上神对世间的支配,是垂直的、无条件的,因而也是绝对的;其直接卜问上帝且只以一正一反(令与弗令)的语式求知,则显示了殷人思考问题的简单性。

到了西周,从周原出土的甲骨文和金文可以看到,周人的求知语式已变为"天为某令(弗令)某"。考古学家认为,"天"隐含"上"、"大"之义,涉及"公正"问题,这已消解了"天"作为某一族的祖先神的色彩。更重要的是"为某"作为条件性的观念的提出:"天"决定"令"或"弗令"是有条件的。由此,"天"被理性化了,而这个条件乃指是不是有"德"。"天"是因为"人"有"德",才予以佑护,这更凸显了"天"的正义性;"人"则因为有"德"才可以"受天有命",人的主动性亦被发现。尔后,周人为了使子孙有"德",大兴诗、书、礼、乐、射、御、书、数的教育,使人的教养、人的主动性得以进一步彰显。降及春秋之际,由于社会的变动,有教养、有德行的人并不一定可以"受天有命",无"德"之人反倒占有更多田土拥有更多财富乃至取得更多权力,由是,呈现了"天"、"天命"与"人德"的分立与背离状况。"天"、"天命"不再蕴含有"德"的意义,便递变为一种客观盲目必然性;"德"不可能从"天"、"天命"那里找到依托,则递变为"人"自主自觉之事。继后,环绕着客观盲目必然性的"天"、

"天命"是什么，是如何，便有由老庄开创的道家的宇宙论建构、知识论检讨（含名辩思潮）和带有出世倾向的境界追求；环绕着作为人的价值认取的"德"从何引出，如何确立，便有由孔孟创设的儒家从立足于"情性"到寻绎至"理性"（荀况）而开启的"内圣外王"之学和力主入世承担的价值信念；及至从对客观盲目的"天"、"天命"的探索建构起来具客观存在意义的宇宙论，与从对人—主体的"情性"或"理性"构建起来的具入世承担取向的价值意识，二者之间应该作何种关联的探究，还营造了两汉"天人相与"的一套学问等等。显见，中国哲学，其中的每一学术思潮，每一学术思潮中的每一思想家，和从前一思想家向后一思想家的理论过渡，其实都有一种内在的逻辑关联性。中国哲学的教学与研究，应该致力于开掘这种内在（含隐藏于其中）的逻辑关联性，以使在外感上似乎杂乱的中国哲学其逻辑理路得到清晰的展现。由于《中国哲学的探索与困惑·殷周—魏晋》在知识化与形式化，在内在逻辑的关联性的探索方面有所突破，曾为学界认同。而这一在逻辑上的清晰性的追求，此后也构成了冯达文个人写作的基本风格。

2.关于宋明儒学的分派（系）问题

上个世纪九十年代，冯达文转向关注宋明儒学。从前辈的研究可见，内地学者多以"气学"、"理学"、"心学"划分这段时期儒学的不同派别，比较地嘉许"气学"；海外学界以牟宗三为代表，则以五峰（胡宏）蕺山（刘宗周）为一系，象山（陆九渊）阳明（王守仁）为一系，伊川（程颐）朱子（朱熹）为一系，而称许五峰蕺山系为圆教。

冯达文在研究中感觉到，这样一种派系的区分，大概是以学术建构的内在理路为判释的。可是，学术发展的内在理路，离不开外在社会历史的变迁：内在理路的开展，是经由外在社会历史变迁的选择，才得以实现的。因之，把内在逻辑理路与外在社会历史变迁结合起来予以考察，才能更圆满地解释学术思想的发展了解其提供的价值。据此，冯达文别出心裁地把宋明儒学分为五系（派）：

（1）周敦颐张载系。这一系承接着汉唐时期的宇宙论（气学），但与汉唐宇宙论（如董仲舒）不同的是，不从参与天地宇宙四时五行（五方）变迁的节律求取仁义礼智信等价值信念,而直接讲"以天体身",从"天无私覆,地无私载"证成"一体之仁"(以张载为代表)。这是儒学的最高境界。但"以天体身"毕竟有每个个人体认上的差别,而且"一体之仁"的境界也难有"下手处"(无法落实)。于是有程朱之学的发展。

(2)程颐朱熹系。这一系以为"气"生物必依于"理","理"更具确定性、稳定性与公共性,因而可说:"理是生物之本,气是生物之具","理是形而上者,气是形而下者"。程朱由是把作为"共相"的"理"赋予本体意义。然而,"理"作为"共相"既抽离了个别人、物,则必不含价值内容,"理本论"如何证成仁义礼智呢?程朱以仁义礼智为"理"的内容,以此使儒家的价值信念获得本体的从而绝对的意义。儒家的价值信念由此也获得了最广泛与最恒久的有效性。然而,首先是,仁义礼智作为客观普遍公共理则,必亦遍在于草木瓦石,草木瓦石也有道德问题吗?程朱显然无法处理这一可称之为如何从存在世界(事实)引出价值信念的难题。其次是,仁义礼智作为客观普遍公共理则,即把价值信念外在化与他律化了。而其实,不是认知而是价值信念,最能体现人的主体主动性。程朱之学无疑还减杀了人的这种主体主动性,于是有陆王之学。

(3)陆九渊王阳明系。这一系认"心即理",其在学理上正好回应了朱子的疑难:价值信念不可能从存在世界中直接引出,恰恰相反,存在世界离却人的价值信念,没有任何意义;价值信念既源自人——主体内心的自主、自觉与自证,自可说"心外无物"、"心外无理"。价值之"理"既为人——主体"本心"自主自觉自证的,是即"本心"乃纯粹至善的。然则,"恶"从何而生?阳明归之于"意之动",故功夫下手处在"诚意"。又,"本心"之自主自觉自证,必带有个体性,"本心"所认取的"理"亦必是不一的,如何使之一统?阳明以"致良知"解决之:"致吾心之天理良知于事事物物,使事事物物皆得其理"。显然,陆王心学极大地凸现了在价值认取上的主体性,但也隐含有一种侵犯性;而且,在他用个人认取的价值之理涵盖事事物物之时,客观存在世界无法解释。为了回应阳明学这些难题,便有以泰州学派为主导的一大派系的出现。这是冯达文从阳明学中单独拈出予以界说的一个学系。

　　（4）泰州学系。在理论上，泰州学并不仅仅从阳明学之缺失开出。它涉及到从程朱之学到陆王之学的整个概念架构与价值取向问题：不动的"理"才具正当性，活动的"事"从何发生，从何获得正当性说明？不动的"本心"是纯粹至善的，何以"意"却是有善有恶的？难道"意"与"情"不亦是"心"吗？这些问题的提出，必要求打破形上与形下、体与用、静与动、未发与已发等种种分界。在泰州学人宣称"即事是道"，直接把形下事用赋予形上本体意义即开出了"事"的本体论架构时，这一学系便使各别散殊的事用都获得了正当性。而散殊之事用，实指情感性的俗世生活，故"事本论"亦即"情本论"。俗世生活是杂乱的、平庸的、充满物欲的、乃至不太道德的，"事本论"（情本论）致力于把这种俗世生活往上提升并赋予其形上意义，实开启了中国社会近代化与俗世化的历程。此显然不同于阳明学，故需另立一系。

　　（5）经世致用学系。这是以王夫之、黄宗羲、戴震等人为代表发展出来的一大思潮。如同泰州学系一样，这一思潮也有意消解形上与形下、体与用、动与静、未发与已发的即先验与经验的区分，不同的是，泰州学是通过把形下之经验事用赋予形上先验意义来消解这种区分，经世致用思潮则是致力于把形上先验之理体（含心体、性体）往下拽落为形下经验事用而弱化这种区分；泰州学人通过把经验事用赋予形上先验意义使凡俗生活得以提升，凸显了人的个体性，而经世致用思潮则致力于把形上先验之"理体"往下拽落为形下经验事用，这固然显示了与程朱陆王之不同，然就其仍然坚执理的公共性的意义上，他们显然更关切个体之间的关联与规约。为了把"理体"往下拽落，他们恢复了宇宙论（气论），主"理"在"气"中，"道"不离"器"。然而，以往的学人（如张载）从形下经验世间之外之上开出一层形上先验世界并提倡对先验世界持诚敬的态度，为的是使陷溺于凡俗世间利欲追逐与权利搏杀以至心性迷失的人们得以警醒，有以超拔；而如果把原先具形上先验意义的宇宙论引回只是往下拽落用以说明由之生化而成带着形体的每个个人情欲追求的正当性，则它的心性提升的功能便会被消解。戴震极力破斥形上先验世界及应持的诚敬之心，仅于经验事物的相互关系中求"理"说"道"，表明了这一学系有别于以往的"气学"，亦已体现有社会变动的俗世化走向,故冯达文将之别为一派。当代学人津津乐道从古到今哲学史经历着一个由本体论向知识论再向语言学的转折过程以为哲学的"发展",岂不知这种"发展"正使哲学越来越疏离价值而脱变为工具操作。如果人类还祈求得救,在 21 世纪,是不是还需要呼唤先验形上世界的重开和由先验形上世界支撑的超越性的精神追求的重启?冯达文于 1997 年撰写的《宋明新儒学略论》和 2009 年出版的《中国古典哲学略述》,在这些问题上似已略有触及。

(三)关于汉唐时期宇宙论的评价问题

这也是冯达文一直关心的问题。宋明儒学的派系区分,大体上出于本体论建构上的差别,可以从知识论的视角予以讨论(如"心"与"理"、"共相"与"殊相"的关系等)。而汉唐盛行的宇宙论,却是与宗教信仰难分难解的。近世以来多以在认知上不科学甚至迷信,在价值追求上把仁义礼智信直接与元气阴阳四时五行挂搭也甚为荒唐等等,予以指斥之。然而,宇宙论所取的元气阴阳四时五行的解释框架,更典型地体现了中国人的认知方式、价值意识,而且,正是以这种认知方式与价值意识行事,才开出了汉唐盛世及其所体现的古典文明。如果宇宙论如此不堪,中国古典的认知方式与古典文明,便不可理解。出于这样一个问题意识,冯达文自上个世纪 90 年代起,便有意为汉唐宇宙论"平反"。本世纪初曾发表多篇论文,2015 年出版的《道家哲学略述——回归自然的理论建构与价值追求》,更有集中的讨论。

该书虽以"道家哲学"为题,实际上广及儒家对宇宙论的引入和从宇宙论如何可以证成儒家的价值信念的问题。该书以为,宇宙论的初建,无疑要追溯到老子。老子以"无"论"道",体现着老子对充满矛盾冲突的现实世界的贬斥,显示了老子(与庄子)对现实世界的批判的立场。从老子学开出的"黄老思潮",却通过以"气"释"道"的方式,把道家从对现实世界的批判立场转换为正面建构的立场。"气"和由"气"引出的阴阳四时五行说,作为正面建构与解释现实世界的客观变迁及其节律的理论,由此得以确立。《管子》的多篇文章、《吕氏春秋·十二纪》等论作,体现了黄老思潮的这一发展向度。来到汉初之《淮南子》,则一方面仍然依沿《吕氏春秋》的说法以阴阳四时五行论现实世界的变迁及其节律，另一方面又持守着老庄原先所取的对现实世界的批判立场以"无"论"道"，也即把价值追求安立于现实世界之外之上的终极来源的层面上，并由此建构起道家式的"内圣外王"说。及儒家之学者董仲舒，其宇宙论有似于《淮南子》，然而却无意于以"无"论"道"。董子以为人的价值追求并不在天地万物之外之上，人只要顺适阴阳四时五行变迁的节律行事，参与天地宇宙之化育，即可以证成仁义礼智信等价值信念。由是而有被以荒唐视之的价值论与存在论（宇宙论）挂搭的问题。

那么如何为宇宙论"平反"呢？冯达文的论作大体集中在如下两个问题：其一是，怎样看待宇宙论提供的认知方式？他认为，与西方近代所取的分解—分析性的认知方式比较，宇宙论所取的为一种"类归"性的认知方式：把单个事物放回到"类"中去，通过同类事物的相关性说明事物的性质、特点与功能。这种"类归"性的认知方式是否正当，关键在"类"如何确认。宇宙论是以阴阳四时五行（空间）分"类"的。那么，这种分"类"有根据吗？有的。因为自然世界的每一物类，都是在顺适天地宇宙阴阳四时五行即时空变迁的节律，才得以存续与发展的，天地宇宙阴阳四时五行变迁的节律，早已内化为各种物类各个个体的生命结构，因之，把各种物类各个个体作阴阳四时五行的"类归"，实即追踪大自然变迁节律对生理、病理、医理与药理的影响。由是可见，宇宙论所取的认知方式及作为这种认知方式的集中体现的中医，自有其科学价值。

其二是，怎样看待从宇宙论证成的价值论？这里涉及的主要是儒家。宇宙论自为一种存在论。由宇宙论证取价值论之可行性，似乎又涉及两个问题：一是价值存在化如何可能？二是存在价值化如何可能？价值存在化，即价值意识对象化，这不是人类社会与文化发展的通途吗？人们从古至今不都在不断地把自己认为美的、善的、好的赋予于或对象化为外在世界的存在物吗？这应该不是个问题。而存在世界价值化，这关乎"事实"与"价值"、"是"与"应当"的界限问题。但这只是在近代知识论的视野下才出现的问题，在生存论的视野下也完全不是问题。依董仲舒的观念，人有幸获天地宇宙恩典得以成为自然世界中最优秀的族群，这本来就应对天地宇宙持有一种敬畏与感恩之心；天地宇宙不仅把人创造为最优秀的族群，而且年复一年地生成长养万物以供人享用，这不是也应该有敬畏与感恩之情吗？

从敬畏感恩出发，便不可以不去"效行"。天地宇宙一年四季十二月二十四节气依时而来，这表现它的"诚"，"诚者天之道，思诚者人之道"。"诚"的品德就得以从"效行"证成。又，一年四季十二月的变迁，最吃紧的是春天，春天万物生生，这体现了天之"仁"，"春生，仁也"，人应该讲"仁"。"仁"之品德也由"效行"中证得。天地宇宙的变迁，都由阴阳的变化引发，"一阴一阳之谓道，继之者善也，成之者性也"，人依阴阳变迁的节律行事，正体现了"善"的价值，成就了人的本性。"善"作为人的本性，也由"效行"中认取。可见，"存在价值化"，从存在世界引出价值，依存在世界的变迁节律付出努力（参天地之化育）见证价值，具足正当性。

需要指出的是，近代西方基始于每个个人的权益追求，把人与自然世界切割开来，把个人与他人对置起来（所谓"他人是界限"），个体自我因为回不到族群，回不到天地宇宙中去，便难免有孤独感、焦虑感。中国古典宇宙论由于把自我放归族群、放归天地宇宙，自我便得以体认在群族在天地宇宙无限发展中的意义并证得价值之永在。中国人少有孤独感与焦虑感。无疑，中国文化洋溢有一种大"气象"！

三、主要论著

《中国哲学的探索与困惑·殷周—魏晋》，中山大学出版社，1989 年；修订
　　版易名为《早期中国哲学略论》，广东人民出版社，1998 年
《回归自然——道家哲学的主调与变奏》，广东人民出版社，1992 年；再版
　　易名为《道：回归自然》
《宋明新儒学略论》，广东人民出版社，1997 年
《中国哲学的本源—本体论》，广东人民出版社，2001 年
《中国哲学史》（与郭齐勇主编），人民出版社出版，2004 年
《中国古典哲学略述》，广东人民出版社，2009 年；2012 年被翻译为英文版

　　与越南文版出版

《理性与觉性——佛学与儒学论丛》,巴蜀书社,2009 年

《道家哲学略述——回归自然的理论建构与价值追求》,巴蜀书社,2015 年

《寻找心灵的故乡——儒道佛三家学术旨趣论释》,中华书局,2015 年

撰写者:冯达文

冯天瑜

　　冯天瑜,1942年生,武汉大学人文社会科学资深教授,教育部人文社会科学重点研究基地——武汉大学中国传统文化研究中心主任,国家有突出贡献的中青年专家,教育部哲学社会科学委员会委员,湖北省首届人文社会科学"荆楚名家",国际儒学联合会顾问。出版学术著作20多部,发表学术论文数百篇。曾讲学、访学于美国加州大学、夏威夷大学、香港中文大学、日本早稻田大学、爱知大学、法政大学、国立新加坡大学、德国特里尔大学、韩国成均馆大学、澳大利亚悉尼大学等。

一、成长过程与问学经历

　　冯天瑜生长在辛亥首义之城武昌。小学和中学就读的武昌实验小学、实验中学和华师一附中，都是名校。20世纪50年代的中小学教育，课业负担不重，少年冯天瑜得以在课余时间尽情地徜徉书海，广博地吸取各方面知识。而母亲张秀宜就职于湖北省图书馆，更为他提供了特别方便的阅读条件。每天放学之后，他就来到图书馆阅览室，《水浒传》《三国演义》《说岳全传》《说唐》等一路读下来，兴味盎然。初中以后，俄罗斯、法国、英国文学特有的魅力磁石般地吸引了少年冯天瑜的注意力。大师作品展现的一个又一个广阔、深邃而又新奇的世界，给他带来无限遐想。尽管以后很少重读这些名著，但是早年从中获得的对于中西文化的感悟，大有益于日后冯天瑜对于社会历史问题的理解与把握。

　　少年冯天瑜特别喜欢读各类游记和地理书。足不出户，就可以遍历大江南北，长城内外，甚至深入亚马逊热带雨林，穿越撒哈拉沙漠戈壁。他常常沉迷于研究各种地图，以至于可以随手绘出中国各省及世界各国的版图轮廓，如数家珍般地罗列各省、各国的面积、人口、山川、物产、趣闻。这种生动而具体的空间感的培育，对于冯天瑜日后成为著名历史学家，也有特别意义。这是因为，历史总是在特定的空间之内运行。史家必须同时具备清晰的时间概念和空间意识，才能真切把握人物、事件的质地感、度量感，才能对研究对象怀抱同情的理解。

　　青年冯天瑜走上文史研究的人生之路，与父亲冯永轩的引导教诲有着直接的关系。冯老先生是一位历史学教授，早年就学于文字学家黄季刚先生。后又考入清华国学研究院第一期，师从梁启超、王国维等国学大师，毕业后辗转各地任教。老先生性情刚直，宁折不弯，1957年被划为"右派"，下放农场劳动。父亲政治上的厄运令高中生冯天瑜心情严重抑郁，只有忘情于精彩纷呈的文学世界中，方能暂时解脱。1960年初，高中毕业前夕，三哥冯天璋又因莫须有的"反革命"罪名含冤下狱。父兄的"严重问题"显然断绝了冯天瑜投考理想大学和专业的可能性。无奈之下,他暗暗做起了作家梦,而对考大学全然失去了兴趣。同学们备考最紧张的几个月,冯天瑜却在津津有味地阅读《复活》、《白痴》之类的大师作品。高考发榜,他出人意料地考入武汉师范学院生物系。大学四年,冯天瑜在学习生物科学理论与方法的同时,有大量的时间攻读文史哲类的书籍,并练习写作。

父亲发现幼子冯天瑜喜爱文史,很是欣慰。因为这正好弥补了天瑜的四个哥哥均从事其他专业而带来的遗憾。1960 年代初,父亲摘掉了"右派"的帽子,心情稍稍宽松,有重操学术的打算,便连续几个寒暑假,给冯天瑜讲授《论语》、《孟子》全文和《史记》选篇。父子对坐,老先生手中不持片纸,不仅逐章逐句吟颂经典原文,而且背诵二程、朱熹等先贤的各类注疏,又联系古今史事,议论纵横。冯天瑜则记录不辍,偶尔发问,父亲又申述铺陈,一一讲解。如此这般,由早及晚。母亲端来的饭菜,常常凉了又热,热了又凉。

大学毕业后,冯天瑜被分配到武汉教师进修学院任教。不久,"文革"开始,学院里的"造反派"、"保守派"斗得不亦乐乎,"逍遥派"无所事事,每日打扑克消磨时光。冯天瑜对这些都不感兴趣,便"躲进小楼成一统",在 11 平方米的斗室里好好读书。当时可读之书寥寥,无非是鲁迅著作、马列经典,偶尔也有《第三帝国的兴亡》等私下流传。冯天瑜认真通读了《鲁迅全集》。犀利的文笔之下,鲁迅对社会、人生的透彻剖析,对历史、文化的独创见解,特别是对"国民性"改造的痛切呼吁,给青年冯天瑜以深刻启发。另一方面,《德意志意识形态》、《法兰西内战》、《反杜林论》、《家庭、私有制和国家的起源》则给冯天瑜提供了历史辩证法的生动范本,使他开始受到理论思维训练,并对哲学及哲学史发生兴趣。

青年时代的冯天瑜,最先产生兴趣的是文学,紧随的是史学,其后则是哲学。文学提供的是形象,史学提供的是事实,而哲学则昭示着规律。

20 世纪 70 年代后期,冯天瑜遇到一次选择专业发展的机会。自知形象思维非己所长,少年时的作家梦已然淡化;而哲学虽然富于诱惑力,但玄虚抽象也令人生畏。权衡再三,冯天瑜决计以冷热适度、虚实相济的历史研究为业,步司马迁、班固之后尘,跨入史学之门。由于目睹近 30 年史学研究偏重于政治史和经济史，而文化史久遭冷落；而自己又对文、史、哲均有涉猎，且稍长于综合，冯天瑜便选择总揽诸观念形态的文化史作为专攻——此时尚在全国性的"文化热"兴起之前四五年。

二、主要研究领域及学术成就

冯天瑜先生数十年学术生涯，大致归纳，分属于中国文化史研究，明清文化转型研究，湖北地方史志研究和历史文化语义学研究四大领域。

1.中国文化史研究

在国内学术界，冯天瑜是最早关注、投入中国文化史研究领域，并取得卓越成就的学者之一，出版了多部有关这方面研究的学术著作。

关于文化史的研究对象与任务，冯天瑜认为，文化史是史学向宽阔领域拓展的产物，它把人类文化的发生发展作为一个总体对象加以研究，从而与作为知识系统某一分支发展史的学科，如文学史、史学史、哲学史、科学技术史相区别。文化史研究尤其注意人类创造文化时主体意识的演变历史，从而又与研究客观社会经济形态的经济史、研究社会状貌的社会史相区别。

他认为，文化的实质性含义是"人类化"，是人类价值观念在社会实践过程中的对象化，是人类创造的文化价值，经由符号这一介质在传播中的实现过程，而这种实现过程包括外在的文化产品的创制和人自身心智的塑造。

他进而指出，与宇宙自然史相比，人类文化史短暂如"白马过隙"，但与人的个体生命相比，则相当悠久。文化史研究的任务在于综合考察文化发生发展这一汪洋恣肆的进程，探究看似变幻莫测的文化运动的规律。具体而论，文化史不仅要研究文化的"外化过程"，即人类"开物成务"，创造物质财富，改造外部世界，使之不断"人化"的过程，而且要研究文化的"内化过程"，即文化主体人自身在创造文化的实践中不断被塑造的过程，同时还要研究外化过程与内化过程如何交相渗透，彼此推引，共同促进文化有机整体的进步。

关于文化史在历史科学中地位的确立和发展，冯天瑜认为，世界各民族的历史学,都有一个领域逐渐扩大的过程。古代史学主要限于政治史,以及与之紧密联系的军事史。从世界范围来看,把史学从政治史、军事史扩大到文化史、经济史、科技史,是欧洲启蒙时代史学的重大贡献之一。从此,文化史开始成为一门独立的历史学科。启蒙思想家伏尔泰把历史看作理性与迷信的斗争过程,力主将人类社会生活的各个方面都纳入历史研究的范围。他本人的史学实践便活生生地展现了文化史研究的丰姿。伏尔泰以后的两个世纪间,西方如雨后春笋般出现了大批文化史研究的成果。

冯天瑜特别强调,坚持马克思主义的唯物史观,是确立文化史在历史科学中的地位,推进其健康发展的认识前提。马克思指出,人类在创造世界的实践中创造了自己,实现了自然的"对象化",其基本形式是劳动。劳动创造了"第二自然",也就是文化,从而将人类与自然区分开来。这是对文化本质属性的深刻揭示。基于此要点,冯天瑜批评了两种与科学的唯物史观相对立的错误倾向。其一是"文化决定论",主要流行于西方学术界;其二是庸俗的"经济决定论",在国际共产主义运动中产生过不小的影响。"文化决定论"认为思想或价值观念是社会行为的终极动因,文化的发生发展只是自身运动的结果,或者仅仅由自然环境、种族特征所决定。庸俗的"经济决定论"则把人及其创造的文化看作由经济范畴操纵的傀儡。

在他看来,只有肯定"文化"在历史中本来所具有的旺盛活力,科学地阐释历史进程中文化与经济、政治的辩证关系,肯定历史主体——实践着的人的创造性功能,肯定上层建筑、意识形态既受制于经济基础、社会存在,又具有独立性和巨大的反作用力,才能恢复马克思主义历史科学的完整形象,才能生动、丰富地描绘出文化史的全貌,准确、深刻地揭示文化史自身的运动规律。

冯天瑜文化史学研究的重大理论贡献是引入了文化生态学说。他将生态学的基本范畴"生态环境"借用于文化史的研究,以之作为分析不同民族文化特征生成条件的理论基础。

他指出:20世纪70年代以来,生态学的研究重点逐步从主要考察自然生态系统过渡到主要考察人类生态系统。这种研究与文化学相结合,产生了文化生态学。文化生态学是以人类在创造文化的过程中与自然环境及人造环境的相互关系为对象的一门学科,其使命是把握文化生成与文化环境的调适及内在联系。"文化生态"指相互交往的文化群体凭以从事文化创造、文化传播及其他文化活动的背景和条件,文化生态本身又构成一种文化成分。人类与其文化生态是双向同构关系,人创造环境,环境也创造人。人是在"自然场"与"社会场"相交织的环境中创造文化的。"自然场"指人的生存与发展所赖以依托的自然界,"社会场"指人在生存与发展过程中结成的全部社会关系的总合,可大略分为经济和社会组织两方面。人类各民族的生态环境,是自然场和社会场的整合,可以从自然环境、经济环境、社会组织环境三个层次进行分析。

　　立足于以上理论基础,他这样来概括中国文化生态的特征:其一,从地理环境看,养育中国古代文化(或曰传统文化)的是一种区别于开放性的海洋环境的半封闭的大陆—海岸型地理环境,其地域辽阔,地形地貌繁复,气候类型完备,提供了多样化发展的空间条件;其二,从经济土壤看,中国文化植根的是一种不同于工商业经济的家庭手工业与小农业相结合的自然经济,并辅之以周边的游牧经济,这促成了中国农业文明的若干特征,如务实精神、恒久意识、中庸之道、安土乐天的生活情趣,等等;其三,从社会结构看,中国文化依托的是一种与古希腊、罗马的城邦共和制、元首共和制、军事独裁制,中世纪欧洲和日本的领主封建制以及印度种姓制均相出入的家国同构的宗法—专制社会,它导致了中国文化的伦理—政治型文化范式。①

　　经过 20 余年的思考、提炼,在《中国文化生成史》中,冯天瑜将文化生态三层次说进一步修订为文化生态四因素说,即地理环境、经济基础、社会结构、政治制度。两相比较,重大区别是将社会制度环境一目,进一步细化,分为社会结构、政治制度两目。这一重要修订的学理意义在于,明确提出并强调以宗法制、地主制、专制帝制相交织为特征的皇权政治,是构成中国文化生态的重要一维。

　　关于中国文化史的分期标准和分期方法,冯天瑜认为,中国文化的发展轨迹与西方大有不同,特点是地域、民族、国家和文化四者合为一体。在中

---

① 见《中华文化史》,上海人民出版社 1990 年版,第 18 页。

国,文化的整合通过国家集权来实现,文化的延续通过改朝换代来实现,文化的辐射通过疆域的盈缩来实现,文化的涵化通过夷夏互动来实现。地域、民族、国家和文化四者的统一性和连续性,使得中国文化不像西方文化那样,由于种族斗争之胜败和政治中心之转移而造成文化的突发性中绝或大跨度转移,因而中国文化史也不能像西方文化史那样简单地划分为古代、中世纪和近现代三段。中国文化史的阶段划分,应有自身的标准。这种标准应从四个方面加以考虑:一、中国文化独有的延续性和自我完结性;二、关注中国文化与外来文化之间的整合、互补过程,以确定中国文化的世界地位;三、充分关照文化内涵四层面(物质、制度、行为、心理)协同发展的辩证过程;四、特别注意中国文化内部自身运动的规律。

综合考虑以上诸因素,他认为,中国文化的发展可分为六个阶段,即:1、前文明期:智人到大禹传子。这是中国文化的史前期,包括旧石器时代和新石器时代,相当于中国古史的传说时代;2、文明奠基及元典创制期:夏、商、西周至春秋战国。这是中国文化的元典时代,它奠定了中国文化的初步构架,后来影响中国文化乃至整个东亚文化千年发展的许多特征在此阶段已初步显现;3、一统帝国文化探索、定格期:秦汉。这是古代帝国的完成期和上古文化的总结期,它完成了对先秦多元文化的一统整合;4、胡汉、中印文化融合期:魏晋南北朝至唐中叶。这一阶段,中国文化开始大范围地与东亚、西亚、南亚文化进行涵化整合,同时,发生了中国文化的中心向东向南的转移过程;5、近古文化定型期:唐中叶至清中叶。唐宋之际发生了社会大变革和文化大转型,规范了中国文化史后半段的大致框架,显示出走出中古文化故辙的种种动向,孕育了某些近代文化因子;6、中西文化交汇及现代转型期:清中叶迄今。这一阶段,资本主义西方列强用炮舰和商品打开中国封闭的国门,中国文化第一次遭到"高势位"文化的入侵,中国文化与西方文化的冲突、调适、融合过程异常艰难和痛苦,但这一过程同时也赋予中国文化新的发展机遇,中国文化进入全面的现代转型期。①

---

① 见《中国文化史分期刍议》,载《学术月刊》1998 年第 3 期。

从学理上讲,中国文化史研究的核心任务是认识与把握中国文化特质与中国文化精神。在这方面,冯天瑜的研究成果别开生面。他认为,农业——宗法社会养育出来的中国文化,是一个以伦理意识为中心的系统。它的特质主要包括:

其一、道德学说成为维系社会秩序的精神支柱和各类观念的出发点、归结点。中国文化的道德型特色具有双重意义。从积极方面讲,它是鼓舞人们自觉维护正义、忠于民族国家的精神力量;从消极方面讲,它又有精神虐杀的效能,等级关系的伦理化、凝固化,成为卑贱者的枷锁。

其二、宗法社会提供了强大的传统力量,伦理学居于文化的核心部位又大大强化了文化的凝聚力,因此,中国文化表现出顽强的再生力与无与伦比的延续性。

其三、从历史发展脉络看,中国经历了由先秦时代的文化"多元化"到秦汉以后文化"大一统"的演进过程。

其四、中国的伦理道德观念所概括的主要是世俗社会人际关系的规范,并没有与宗教意识相混淆,而与政治学说相依存。这与欧洲的情形大相径庭。在中国,入世思想构成社会主导心理,从而避免了全民族的宗教迷狂。

其五、中国文化对人伦政治的高度关注,形成政治型文化,限制了自然哲学和科学技术的发展。

其六、中国文化在思维方式上的特点是趋于寻求对立面的统一,长于综合而短于分析。具体表现为朴素的整体观念,注重直觉体悟。这既反映了宏观把握世界的慧眼独具,也表明在科学实证精神和数量分析方面存在的缺陷。[1]

2.明清文化转型研究

在研究中国文化史的过程中,冯天瑜察觉到明清时代是中国文化由古

---

① 　见《中国古文化的奥秘》,湖北人民出版社 1986 年版,第 74 页—第 118 页。

代转型为近现代的关键时期,具有特别重要的历史意义和研究价值。因此,他将明清文化转型研究作为自己学术活动的重心之一。

在明清文化转型研究领域,冯天瑜先生建构起独特的学术理论体系,包括文化转型的概念、动力和模式。归结起来,就是重视明清时期中国传统社会内部的转型因素,不赞成西方中心论的"冲击—反应"模式以及由此演延而来的"全盘西化论",同时,也不赞成"华夏中心论",强调明清文化转型的根本动力是中华元典精神,转型的实现是中国内部近代因素与西方近代文明相互激荡和融合的结果,转型过程是文化的民族性与时代性统一的体现。

他认为:"所谓文化转型,是指社会生活的各个领域、各个层面的整体性变革。如果说,历史的多数时期都发生着文化的局部性量变,那么,文化转型期,则指文化发生全局性质变的阶段。今天我们所讨论的现代转型,是指从自然经济为主导的农业社会向商品经济占主导的工业社会演化的过程。"①其显著标志是,有生命动力系统(人力、畜力)为无生命动力系统(矿物燃料、水力、核能)所接替,机器生产取代手工劳作。在制度文化层面,彼此隔绝的静态乡村式社会转化为开放的动态城市社会,礼俗社会变为法理社会,人际关系由身份变为契约,宗法—专制政体为民主—法制政体所取代。在观念文化层面,神本转向人本,信仰转向理性,宗教转向科学,教育大众化。社会重建和文化重建的任务,分别由中产阶级的形成与壮大、知识分子的形成与壮大而逐步得以实现。

关于中国明清时代文化转型的模式,他认为属于"次生型"或"后发型"。明清时代,中国文化实际上存在一个自身发展的进程,后来被西方打断,才开始了艰难的转型。"这种转型是在西方文化强行侵入,打断中华文化自身进程的情形下发生的。"②他特别强调,中国社会及文化的现代转型,是亿万中国民众在长达3个世纪间经历着的伟大社会实践。如果仅就观念文化的转型而言,以下几个阶段值得注意:一是明清之际,早期启蒙思想兴起;二是清道光、咸丰年间,经世实学和今文经学构成传统文化走向近世新学的桥

---

① 《中国文化现代转型刍议》,载《理论月刊》1996年第1期。
② 《中国文化现代转型刍议》,载《理论月刊》1996年第1期。

梁;三是同治、光绪前中期,洋务新政,改良思潮兴盛;四是清末到"五四"新文化运动,近世新学渐成主潮,新知识分子走上历史舞台;五是20世纪70年代至今,改革开放大潮加快现代化进程,中国现代化呈现前所未有的光明前景,同时又面临诸多挑战。①

冯天瑜特别重视明清时期中国文化内部转型动力和近代性因素的研究。他指出:自明中叶(16世纪)开始,中国社会及文化已隐然呈现走出中世纪的某些征兆。长江中下游及东南沿海地区,工场手工业和商品经济渐成规模。观念领域也初露启蒙动向,如黄宗羲对专制君主的总体性抨击,对学校议政、工商皆本的热烈倡导。此外方鹏等人对戕害女性的"节烈观"的批判,戴震对"以理杀人"的深沉谴责,也有启蒙意义。乾嘉考据学虽然弥漫着古典气息,但也洋溢着理性—实证精神,其对经学传统的解构作用也为观念文化的转换准备着条件。②

另一方面,冯天瑜对阻碍明清时期中国文化转型的消极因素也作了透彻分析。他认为,当时中国文化的整体结构具有抗御现代转型的顽强功能。在经济层面,农业—家庭手工业稳固结合的自给自足体系难以打破;在政治层面,君主专制政体得到科举制、郡县制的有力支持,还在不断强化;在社会结构层面,中央集权的官僚机器与基层家族—宗法组织纵横交织,使独立、自治的市民社会全无生存空间;在观念层面,外儒内法、儒道互补的格局,与以上经济、政治、社会状况彼此适应,达到自足状态。因此,就整体而言,明清时的中国社会及文化依然徘徊在中古轨道,中国尚自外于15、16世纪以来已经开始的世界性现代化进程。③

在明清时期中国文化转型研究领域,冯天瑜的研究重点有三,即晚明社会风尚及西学东渐、明末清初新民本思想和晚清经世实学。其共同特点是着意探讨中国文化内部的近代性的价值取向。这突出反映了他对流行于世的"西方中心论"的批判性思考,也反映了他对博大精深的中国文化精神内

---

① 《中国文化近代转型管窥》,商务印书馆2010年版,第8页。
② 《中国文化近代转型管窥》,商务印书馆2010年版,第5页。
③ 《中国文化近代转型管窥》,商务印书馆2010年版,第5页。

核的创造性发挥。

3.湖北地方史志研究

冯天瑜一向认为,文化史研究理当用心于彰显地域特征。作为湖北本土成长起来的学者,他对桑梓的养育之恩,铭记于心,其最好的回报则是潜心研究湖北地方史志,以服务于家乡的文化事业、社会发展。数十年来,他积极参与湖北及武汉地方志的修撰工作,先后担任湖北省地方志副总纂、武汉市地方志编纂委员会副主任,出任《湖北省志人物志》、《武汉市志人物志》、《黄鹤楼志》的主编。同时,他还在这一研究领域出版了多部学术著作。

早在 20 世纪 80 年代初,冯天瑜即撰文探讨湖北成为辛亥革命"首义之区"的原因。此后,他持续关注并不断深化相关研究,先后出版了《辛亥武昌首义史》和《辛亥首义史》。特别是为纪念辛亥革命 100 周年而推出的巨著《辛亥首义史》,以 80 余万字、300 多幅珍贵图片,真实再现了辛亥武昌首义波澜壮阔的历史进程。该著借鉴法国年鉴学派的历史研究"长时段"理论和恩格斯晚年提出的"历史合力"论,认为仓促之间爆发的武昌首义实际上肇因于持续了中长时段的社会变革。辛亥首义是革命党人与立宪派、从清廷离析出的汉官、袁世凯集团、清廷权贵集团、西方列强等多方博弈的结果。因此,在研究时段上,他推衍到 19 世纪 60 年代汉口开埠,尤其是张之洞1889 年以后主持的"湖北新政",关注其兴实业、办文教、练新军、开交通等近代化事业所造成的经济、社会及观念形态的深刻变化。在研究对象上,他不仅详尽梳理湖北革命党人的活动,而且对立宪派、汉族官僚、满洲亲贵、西方列强的诸般举措,也有深入分析。该著在精心构筑宏大叙事框架的同时,还对过去记载错误或模糊不清的历史关键细节探微考辨,例如:湖北第一个革命团体是吴禄贞主持的花园山聚会而非科学补习所;《大江报》时评《大乱者,救中国之妙药也》的作者是黄季刚而非詹大悲;汉口宝善里革命机关失事是 10月 9 日而非 10 月 8 日;打响辛亥第一枪的是程正瀛而非熊秉坤,等等。

在研究辛亥首义为何发生于革命党人力量并不特别强大的湖北武昌的过程中,冯天瑜注意到其与张之洞治鄂有着非常重要的关系。张之洞祖籍河北南皮,1889 年后出任湖广总督,在此苦心经营近 20 年,殚精竭虑,成效卓著,将湖北武汉地区建成为富于近代气息的全国先进之区,他本人亦有"劳歌已作楚人吟"的感叹。由于张之洞其人对湖北及武汉地区近代化事业的突出贡献,冯天瑜的地方史志研究自然将其列为重点研究对象。在他所著的《张之洞评传》中,以张氏"身系疆寄之重四十年"的不凡政治生涯为经,以其学术、经济、军事、外交、教育和文化思想为纬,以办"洋务"、倡"中体西用"说为重点,全面廓清这位身处古今中西大交汇时期的"过渡型"历史人物思想变化和发展的脉络,深刻揭示其思想、个性、行为的种种矛盾,点明其集儒臣与能吏于一身,兼开新与卫道于一体的人生之旅的特征,准确评判其在中国近代历史上的特定地位。冯天瑜特别指出,辛亥首义之所以成功于湖北武昌,在相当程度上可以说是张之洞开办洋务,力行新政,"种豆得瓜"的结果,是历史辩证法的伟大胜利。

4.历史文化语义学研究

在长期的文化史研究过程中,冯天瑜深刻地领悟到,"中外历史上产生的术语,是学术发展的核心成果,人类在科学及技术领域的每一项进步,都以术语的形式在各种自然语言中记载下来,一个专业的知识框架,有赖结构化的术语系加以构筑。因而,术语,尤其是术语系,成为科学知识和技术知识的宝库,是精密思维得以运作、学科研究得以开展的必要前提。"①进入 21世纪之后,冯天瑜集中投入精力,开展历史文化语义学研究。

关于"历史文化语义学"的内涵,他解释说:"语言是人类历史中形成的文化现象,故语言从来与历史文化脱不开关系。而在构成语言的语音、语法、语义三要素中,语义的历史性和文化性又最为深厚。""我们今天研习的语义学,承袭训诂学辨章学术,考镜源流的传统,又赋予现代语用性与思辨性,较之偏古典语义的训诂学,其探讨领域更为深广,包括字音、字形与意义的关系、语言与思维的关系、语义构成的因素、语义演变的法则等等都在其研讨范围。而这种研究既然与意义发生关系,也就必然与历史及文化相交织,因为意义深藏在历史与文化之中。……陈寅恪'凡解释一字,即是作一

---

① 《新语探源》,中华书局 2004 年版,第 12 页。

部文化史'的名论,昭示了'历史文化语义学'的精义。我们探讨时下通用的关键词的演绎历程,其意趣并不止于语言文字的考辨,透过运动着的语言文字这扇窗口,我们看到的是历史文化的壮阔场景,故这种考辨展开的是婀娜多姿的文化史。这一艰巨而饶有兴味的工作,显然需要多学科的学者联手共进,相得益彰,决非仅属某一学科的禁域。"①

在《新语探源——中西日文化互动与近代汉字术语生成》一书中,冯天瑜从汉字文化圈这一大背景出发,考察了汉字文化与日本的互动关系,与西方文化(尤其是佛教文化)的交流关系,分析了历史上汉字"借词"的诸种情形,展示了语言变迁背后所蕴含的历史文化动因。他重点分析了明末清初、清末民初近代新语的生成状貌,既研究这些新语的字音和字形,更探讨它们与"意义"的关系。该著对"革命"、"文化"、"文明"、"经济"、"形而上"等词语的个案考察,引征了许多珍贵资料,新意迭出。

冯天瑜历史文化语义学研究的最重要成果是 50 万言的巨著《"封建"考论》。针对学术界长期以来对"封建"一词的泛用,他首先确认"封建"本义及西义,在此基础上,梳理"封建"概念演绎的轨迹,对其作历时性的动态研究,考察这个原本创制于中国,又在近代中国及日本借以对译 feudal 的新名,在中国逐步演化的具体过程,尤其致力于探讨几个导致概念变更的关键时段(清民之际、五四时期、大革命失败后几年间、五种社会形态说流传中国时期)的社会—文化生态,以及在此环境下的语义迁衍。他的目的是,从概念的历时性演绎及中外对接的过程中窥探"封建"被泛化的社会—文化因缘,并提供一种取代泛化"封建"的改良设想。

冯天瑜的研究结论是:周秦之际以下直到晚清,中国历史的走向,虽有曲折起伏,然其"非封建"趋势则是清晰的。因此,用"封建"来命名这两千余年的中国社会形态是不正确的,应当更正。关于新的历史阶段、历史分期如何命名,他提出四条命名标准,即:制名以指实、循旧以创新、中外义通约、形与义切合。根据这一标准,他认为,秦至清两千余年的中国社会形态,宜命

---

① 《"历史文化语义学"刍议》,载冯天瑜等主编《语义的文化变迁》,武汉大学出版社 2007 年版,第 1 页。

名为"宗法地主专制社会"，亦可简称"皇权时代"。而整个中国历史的分期，可大致划为原始时代——封建时代——皇权时代——共和时代。

三、学术理路与治学心得

冯天瑜曾在一篇记录自己"心路历程"、"学术理路"的文章《地老天荒识是非》①里，特别论及清人姚鼐的一段名言："学问之事，有三端焉，曰：义理也，考证也，文章也。是三者，苟善用之，则足以相济；苟不善用之，则或至于相害。"他从中得到的启示是：一个以学问为事业的人，应当有理论准备，得以攀登时代的思想高峰，对错综复杂的研究对象获得理性的真解和创造性的诠释；应当有广博的知识积累，占有丰富的材料，并具备辨析材料的能力；应当锤炼语言，长于词章，要有贾岛"二句三年得，一吟双泪流"的追求。总之，义理、考证、文章三方面，是他"潜心探究，乐此不疲的所在"。

结合文化史研究的实际，他认为，就义理而论，阅读前贤的理论杰作是重要一途。从先秦诸子、希腊群哲到现代各思想流派的代表作均应涉猎，尤其需要钻研历史哲学论著。"我较用力于王夫之的《读通鉴论》和黑格尔的《历史哲学》二书，在史学理论与方法上从中获益匪浅。"接触每一史学论题，都要自觉树立一种理论上的追求，在考察先辈对此论题已有的理论成就的基础上，试图求得深入一层的诠释。

就考据而论，他认为，应作"考据家之考据"与"一般学者之考据"的区分。"我既钦佩乾嘉学者的渊博和谨严，又不愿追其故迹，将生命全然消耗在名物训诂和一字一句的疏证上。然而，考据精神和考据方法又是十分必需的。对一切以学术为鹄的的人来说，都有占领材料，进而对材料去伪存真、去粗取精的必要。""总之，辨析材料决非考据家的专利，而是全体学者的必修功课。对于史学工作者而言，即以'实录'为治史目标，也就格外需要相当的考据功力。"

---

① 载张艳国主编《史学家自述》，武汉出版社1994年版。

就文章而论,他认为,前人对此有两种极端之论,扬雄以为是"雕虫小技","壮夫不为";曹丕则认定是"经国之大业,不朽之盛事"。"平情而论,作为表达思想的手段,词章重要,自不待言。"中国有文史不分家的传统。追求词章之美者,非唯文学家,史学家孜孜于此且文采斐然者也代有其人。"我甚钦仰前辈史家的文质彬彬,不满新旧八股的呆板乏味,虽自叹才情欠缺,却心慕手追,力图文章有所长进。叙事纪实,务求清顺流畅,娓娓道来;辩驳说理,则讲究逻辑层次,条分缕析。"总之,就文章而论,史学不同于哲学,而较近于文学。"除史论以外的历史著作,哲理最好深蕴于叙事背后,主题更应贮藏于事实展现和形象描绘之中。"

在《地老天荒识是非》一文中,冯天瑜还谈到"贯穿古今与打通中西"的治学眼光与境界问题。他特别强调,史学工作者要想在学业方面上有所突破,除兢兢业业于专攻方向之外,还应当"左顾右盼",使专攻方向获得比较参数和开阔的前景。这样,许多问题方能求得通解。以清代学术为例,其实为整个中国学术的缩影,因此,就清学论清学,难明究竟;唯有考镜源流,对阳明心学、程朱理学、两汉今古文经学乃至先秦诸子学有一个贯通的认识,才能明白清初复宋之古,清中叶复汉唐之古,清末复西汉之古,进而上溯先秦孔孟之古的因由所在。不仅如此,他还指出,即使研究"纯粹"的中国问题,如先秦典籍的形成与特征,也有必要打通中外,于比较中窥探奥秘。总之,治史者不能自闭门户,而应将古今中外尽收眼底。对于学者个人来说,可以侧重宏观,也可以侧重微观。前者应当吸取别人的微观考察成果,上策是自己选择切关宏旨的微观问题,从第一手材料抓起,使得宏观把握免于"空穴来风"之讥;后者有必要借鉴别人的宏观视野,上策是把自己探讨的专门问题置于纵横比较的网络之中。他归纳说:以有限生命去了解无穷的中外古今,当然力不能企。唯一的弥补之路是学习。"学习他人比一味鄙薄他人要困难得多,却又有益得多。"长于宏观者往往批评微观研究者的细琐,长于微观者往往批评宏观研究者的空泛。其实,双方都不可忘记从对方那里汲取自己所缺乏的学养——宏观研究者应予补充的"精密",微观研究者必须借助的"博大"。双方应当携手共进在"即器求道"、"观象索义"的学问途中。

　　冯天瑜曾言："天将降大任于治史者，必先精思义理，苦心考据，擅长词章，并致力于三者间的'相济'，于宏大处着眼，从精微处着力，方有可能成就'表征盛衰，殷鉴兴废'的良史。"①以此可探得冯天瑜的学术理路一二。

　　冯天瑜从事中国文化史研究取得的成果贡献与学术影响，与其家学渊源和天资禀赋有关，他个人的勤奋努力也是促成因素，但更关键的是，他数十年始终以学术为自己的基本生活方式和生存状态，专心致志，潜心治学。由"而立"、"不惑"、"知天命"，一路走来，心无旁骛；以古稀之年，依然笔耕不辍，不假手于人，借助先进的电子书写板，一字一句，一行一段，一文一著，皆自得之。学问之事就是其生命意义的全部，或者就是生命本身。这已经不是什么"积极拼搏"的人生姿态，而是一种从容淡定的人生境界。他以学术为生命的人生境界，为学人树立了榜样。

四、主要论著

独著：

《上古神话纵横谈》，上海文艺出版社，1983 年

《中国思想家论智力》，湖北人民出版社，1983 年；（西班牙文版）上海外语教育出版社，1986 年

《明清文化史散论》，华中工学院出版社，1984 年

《中国文化史断想》，华中理工大学出版社，1989 年

《元典：文本与阐释》，台湾文津出版社，1993 年

《中华元典精神》，上海人民出版社，1994 年

《"千岁丸"上海行——日本人 1862 年的中国观察》，商务印书馆，2001 年

《新语探源——中西日文化互动与近代汉字术语生成》，中华书局，2004 年

《"封建"考论》，武汉大学出版社，2006 年；（修订版）中国社会科学出版社，

---

① 《地老天荒识是非》，张艳国主编《史学家自述》，武汉出版社 1994 年版，第 34 页。

2010 年

《冯天瑜文集》,武汉大学出版社,2009 年

《中国文化近代转型管窥》,商务印书馆,2010 年

《中国文化生成史》,武汉大学出版社,2013 年

合著:

《辛亥武昌首义史》,湖北人民出版社,1985 年

《中国古文化的奥秘》,湖北人民出版社,1986 年

《中华文化史》,上海人民出版社,1990 年

《中华文化史》,台湾桂冠图书股份有限公司,1993 年

《中国学术流变论著辑要》,湖北教育出版社,1991 年

《张之洞评传》,南京大学出版社,1991 年

《文明的可持续发展之道——东亚智慧的历史启示》,人民出版社,1999 年

《晚清经世实学》,上海社会科学院出版社,2002 年

《解构专制——明末清初"新民本"思想研究》,湖北人民出版社,2003 年

《辛亥首义史》,湖北人民出版社,2011 年

代表性论文:

《从明清之际早期启蒙文化到近代新学》,《历史研究》1985 年第 5 期。

《道光咸丰年间的经世实学》,《历史研究》1987 年第 4 期。

《张之洞从清流党到洋务派的转变》,《历史研究》1991 年第 3 期。

《经史异同论》,《中国社会科学》1993 年第 3 期。

《从元典的忧患意识到近代救亡思潮》,《历史研究》1994 年第 2 期。

《近代民主主义的民族文化渊源》,《近代史研究》1994 年第 4 期。

《略论中西人文精神》,《中国社会科学》1997 年第 1 期。

《〈新青年〉"民主"诉求之特色》,《北京大学学报》1999 年第 4 期。

《"封建"概念辨析》,《社会科学战线》2006 年第 5 期。

《唯物史观在中国的早期传播及其遭遇》,《中国社会科学》2008 年第 1 期。

《张之洞与戊戌维新》(日文),日本《中国 21》,1998 年《戊戌变法与中国现代化专号》。

《儒学的经世传统》(韩文),韩国《韩中实学史研究》,韩国实学研究会
　　1998 年

《中日西语汇互动间"经济"概念的变迁》(日文),日本京都《日本研究》第
　　31 集

　　　　撰写者:何晓明,湖北大学教授,博士生导师,湖北省炎黄
　　　　文化研究会副会长。

葛荣晋

　　葛荣晋,1935 年 8 月生,河南省济源市五龙口镇北官庄村人。1956 年考入中国人民大学哲学系,1960 年毕业,即留校任教。1987 年破格晋升为教授,1993 年被评为有突出贡献的中青年专家,享受国务院特殊津贴。曾任中国人民大学东方文化研究所所长,现任中国人民大学哲学院、国学院教授,中国哲学和中国管理哲学专业博士生导师,国际儒学联合会顾问。

一、主要研究领域、社会兼职和获奖情况

葛荣晋从事中国哲学、东亚实学和中国管理哲学教学与研究 50 余年，是东亚实学和中国管理哲学的主要开创者，国内外知名的中国哲学、东亚实学和中国管理哲学专家。

葛荣晋的哲学兴趣广泛。他对中国哲学研究既强调对传统哲学思想的宏观把握和逻辑梳理，又注重探究特定历史时期的实学思潮，挖掘中国传统文化的管理智慧与经济价值。由此形成了他的三个主要研究方向，即中国传统哲学研究（特别是传统哲学的范畴体系研究）、东亚实学研究和中国管理哲学研究。在这三个学术领域，他都论著颇丰。

葛荣晋先后担任的主要社会兼职有：中国实学研究会会长、名誉会长，中华孔子学会副会长，中华炎黄文化研究会理事、学术委员，中国道学文化研究会学术顾问，国际儒学联合会理事、学术顾问，中国孔子基金会理事、学术顾问，中国哲学史学会理事，中国道教学院客座教授，《中国哲学史》杂志副主编，中国许衡研究会名誉会长，中国社会科学院东方文化研究中心特约研究员，北京大学韩国学研究中心特约研究员，武夷山朱子学研究中心顾问，安徽大学道家文化研究所顾问，湖北省武当文化研究中心顾问，福建厦门篔簹书院顾问，河南开封大学宋文化研究所名誉所长，河南省老子学会顾问，《中州纵横》杂志顾问，洛阳大学东方文化研究院特约研究员，山东曲阜师范大学孔子文化研究院兼职教授，陕西省关学与实学研究会顾问，河北省董仲舒思想研究会理事等。并担任香港大学客座教授，香港中国文化研究院荣誉院士、学术顾问，香港道教学院客座教授，台湾《海峡评论》编辑顾问，日本国际老子学会顾问，韩国国际南冥学会副会长，马来西亚南方学院学术顾问兼校外考委，马来西亚孔学研究会学术顾问等。

葛荣晋的著作曾多次获奖，主要有：《中国哲学范畴史》1987 年获中国北方十五省市哲学社会科学优秀图书奖，1988 年获中国人民大学优秀科研成果奖。《中国哲学通史》（3 卷本）1991 年获中国人民大学优秀科研成果奖。

《明清实学思潮史》(3 卷本)1991 年获"光明杯"全国优秀图书奖二等奖，1992 年获全国古籍优秀图书奖一等奖。《中国实学思想史》(3 卷本)1994 年获北京市优秀图书奖社科类二等奖，1995 年获第九届国家图书奖、国家教育委员会优秀学术著作奖、首届"中国大学出版协会"装帧设计优秀奖，1996 年获北京市第四届哲学社会科学优秀成果奖一等奖。《陆世仪评传》1998 年获河北省第六届哲学社会科学优秀成果奖。《儒道智慧与当代社会》1998 年获北京市第五届哲学社会科学优秀成果奖二等奖。《中国哲学范畴通论》2002 年获全国社会科学优秀学术著作奖。

二、主要学术成就

下面根据葛荣晋的三个主要研究领域，从中国传统哲学研究、东亚实学研究和中国管理哲学研究这三个方面，对其学术成做一简单梳理和介绍。

1.中国传统哲学研究

葛荣晋对中国传统哲学的研究呈现出两大特点：一是注重展现中国哲学的范畴系统和逻辑体系，二是关注中国传统哲学思想的问题内涵和社会价值。前者表现为他的中国哲学范畴体系研究，主要代表作是《中国哲学范畴史》和《中国哲学范畴通论》，后者则是他的先秦两汉思想研究，代表作是《先秦两汉哲学论稿》。

作为哲学认识网络上的节点和思想按照自身逻辑展开并自我表述的基础，研究哲学范畴的发展意义重大。任何一种成熟的哲学体系背后都有一套完整的范畴系统做支撑。这一点，东西方哲学并无二致。西方哲学由于其根深蒂固的知识论立场，很早就自觉认识到范畴在思想中的基础性地位并进行了专门研究；中国哲学家对此则缺乏自觉意识，并未对其使用的范畴加以系统梳理。因此，整理与研究中国哲学范畴体系便成为中国哲学现代化的必然要求，也是当代中国学者的历史使命。在这一学术领域，葛荣晋是一位先行者。早在上世纪 80 年代，他便出版了《中国哲学范畴史》一书。该书是我国改革开放以后，以新的研究范式系统探究中国哲学范畴体系的第一部力作。填补了相关研究领域的空白,获得了海内外学界的高度称赞。在此成果基础上,葛荣晋经过进一步的思考和探索,增补了 20 世纪 90 年代新发现的中国哲学原典,于 2001 年出版了《中国哲学范畴通论》一书,将中国哲学的范畴研究推向了新的高度。

该书认为,天人关系是中国古代哲学家思考问题的出发点和归宿,也是中国哲学发展的主轴。因而,作者以"究天人之际"为线索,按照"天—人—天人合一"的逻辑顺序,在充分占有哲学文献的基础上,分析了中国哲学的 28 个(对)基本范畴,论述了它们的语词和来源、发展过程和核心意义。在此基础上,作者进一步论述了中国哲学范畴体系所具有的七大特点,即客观性、统一性、层次性、历史性、两重性、延续性与间断性,从而展现出了中国哲学范畴体系的全貌,实现了中国哲学的范畴自觉。

葛荣晋立足于他对范畴体系的思考,又撰写了《先秦两汉哲学论稿》一书。该书一开篇便以范畴为导向,阐述了先秦两汉时期中国哲学的基本问题,指出这两个时期的思想既有承继性又有差异性:诸如天人、力命、义利、性情等范畴,是这两个时代的思想家共同关心的话题,有关礼法与古今的争论则仅见于先秦诸子,形神与知性的问题则只是两汉学者的论域。作者进而以这一判断为基础,以流派而非专人为研究对象,全面细致地分析了先秦诸子、黄老道学、董仲舒以及王充等人的思想,从而打破了"两军对垒"和"人头列传"的传统研究范式,以新的问题视角展现了秦汉时期中国哲学的面貌。

2.东亚实学研究

东亚实学研究,是葛荣晋重点关注、开拓创新的学术领域。作为当代中国实学研究的开创者,在这一方面论著颇多。既有对中国实学思想发展脉络的全面揭示,又有对代表性实学家的个案研究,还有对中日韩东亚实学的总体概述,这些著述共同构成了完整的实学发展谱系。

在中国实学史研究方面,最早的是葛荣晋与陈鼓应、辛冠洁组织了数十位专家学者,历时数年而出版的三卷本《明清实学思潮史》。葛荣晋最为突出的贡献,是他所著的简装本《中国实学文化导论》和他所主编的《中国实学思想史》。《中国实学思想史》不仅界定了中国实学的内涵和研究领域，而且通过思想史的梳理，呈现出了实学的发展脉络及其与同时期其他思潮的互动过程，从而厘清了中国实学研究的问题场域，促使实学研究由"模糊"走向"清晰"，由"失范"走向"规范"。

在该书的"导论"部分，葛荣晋对实学的定义、起止时间和主要内容等基础性问题，做出了明确的回答。什么是"实学"？他的回答是："实体达用之学"，即以"经世致用"为根本目的，推崇切实学问，提倡实修功夫，反对佛、道的空虚寂灭之说和宋明理学末流的肆意放荡、弃绝实践、专务口耳记诵之学的弊端。他进一步指出：实学之"实"，包括本体之实、心性之实、工夫之实与实践之实等多重内涵。实践之实又可分为经邦济世之实、质测之实与考据之实等。实学核心意涵的完整呈现，使其它实践论域也得到清晰的界定。

在此基础上，葛荣晋厘定了中国实学的起止时间。他认为，实学所抨击的对象是佛、老和理学末流，这意味着两者处于同一个时期。因此，中国实学应始于宋初儒学复兴之时。近代康有为、梁启超、严复、曾国藩与张之洞大致处于同一时代。他们面对晚清的"三千年未有之大变局"，提出的社会改革设想是不同的。前者的主张已经属于近代的启蒙思想，与传统的实学在性质上有根本区别。因此，实学终于清末洋务派"中体西用"的改良思潮。换言之，实学贯穿于宋元明清四朝，大致经历了800余年的时间。因而他认为，诸如"实学起于先秦汉唐，终于鸦片战争之前"的观点，是不准确的。

葛荣晋进一步将中国实学划分为"北宋至明代中叶"、"明中叶至清代乾嘉年间"和"晚清时代"三个历史时期，并指出这三个历史时期思想关注的重点是不同的。在第一阶段，实学的目标是解决汉唐以来儒学衰落而佛道盛行的社会现实。因此，它既强调本体的实在性，又关注经济问题，这使得它与北宋理学的发展多有纠缠；第二阶段是实学的成熟与鼎盛阶段，此时的实学面对心学末流的渐趋空疏和朱子学沦为士子博取功名之工具的社会现实，极力强调切实学问，既充实完善了气本论，又开掘出质测之学和考据之学，使得"实学"的内涵得到进一步扩展与深化；第三阶段则是中国传统实学向近现代转化的时期，它对西方科学技术的引进和对本土士人议政传统的倡导,为中国进一步接受民主与科学这两大近代价值做了铺垫。

立足于以上的分析,葛荣晋全面梳理了自胡瑗"明体达用之学"到洋务派"师夷长技以制夷"之论。他与其他学者一起,以超过160万字的篇幅,四编四十七章的规模,不仅论述了中国八百余年的实学发展史,而且描绘了中国实学对日本、朝鲜的思想影响。值得注意的是,该书的视野十分广泛,除了论述张载、王廷相、王夫之的实学思想、程朱理学与陆王心学、明末的西方科学思想的传播以及乾嘉考据学这些人们熟悉的学说之外,还涉及到王应麟的深宁学派、欧阳守道与文天祥的巽斋学派、明代兵学与中医学的发展等以往中国哲学研究很少涉及的部分。这使得该书对中国实学思想的研究,无论是从广度还是从深度上,都在本领域具有开创补缺的重要学术地位。

葛荣晋基于对中国实学发展的全面了解,还对其中的重要代表人物——王廷相和陆世仪进行了专案研究,撰写了多部学术著作。

《王廷相和明代气学》,是葛荣晋研究王廷相实学的代表作。王廷相是明代著名哲学家、明代气学的重要人物。但是,由于现有的明代哲学研究大多是以心学为重点,对王廷相的实学研究较为有限,因而葛荣晋的研究为我们展示了明代思想中不为人所熟知的另一个侧面。他认为,王廷相的气学直接承自张载,将元气作为自身哲学体系的最高范畴。王廷相生活在理学发展相对成熟的明代中叶,因而他的气本论合理地说明了理气、道气及气与太极的关系,妥善地解决了程朱理学中"析理气为二"的矛盾,建构了内容更为全面、逻辑更加严谨的明代气学,这是王廷相超越张载之处。这一看法将王廷相的思想放在气学发展的总体脉络中,通过考察气学与理学的互动过程,客观而准确地实现了王廷相气论的学术定位。另外,葛荣晋对王廷相的论述本于气论又不局限于气论,还包括了王廷相的经济思想、政治主张、科学思想以及道德历史观和文艺理论等诸多方面,展现了王廷相思想的全貌。同时,葛荣晋还梳理了气学思想在明代的整体发展过程,介绍了韩邦奇、杨慎、吴廷翰以及高拱等人的气学思想,扩展了对明代气学乃至明代哲学的认识。

《陆世仪评传》是葛荣晋与王俊才合著的另一部专论,它将关注的焦点对准了清初学者陆世仪。陆世仪是清初著名理学家,然而学界以往对明清鼎革之际的儒学研究多集中在东林学派和顾、王、黄三大儒上,对"二陆"(陆世仪和陆陇其)关注不够,因而此书的出版具有重要学术意义。

此书虽是考察陆世仪思想的学术专著,然而并未就事论事,而是首先介绍了明末清初思想界的两大特点,即崇朱贬王和实学思潮的高涨,并分析这种思想动向产生的时代背景,进而指出,陆世仪的思想同时受到这两方面的影响,因而"他是清初朱子学家中最具有实学色彩的理学家,是清初理学实学化的最典型的代表人物"。遵循这一思想底色,此书系统梳理了陆世仪的气本论、工夫论、史论和时评、自然科学与技术科学以及兵学思想,并通过比较陆世仪与黄宗羲、陆陇其对待陆王心学的不同态度,不仅首次展现了陆世仪思想的全貌,而且透视了明末清初学术发展的整体趋势,进而印证了葛荣晋对实学发展之第二阶段基本特征的判断。此书构成了葛荣晋实学研究之整体的有机环节。

中国明清实学的社会影响力,随着时间的推移,逐渐超越中国,扩展到了韩国、日本和越南等国,使它成为东亚文明圈共同接受并认可的东亚实学,深刻影响了当地的学术思想。因此,完整和系统的实学研究,不应忽视东亚其他国家。对此,葛荣晋教授亦有着清醒的认识,他所主编的《中日实学史研究》、《中韩实学史研究》和《韩国实学思想史》,就是力求突破单一民族的视域,探求中国实学在日、韩两国传播接受、逐步本土化过程的有益尝试。在这三部著作中,葛荣晋与来自中、日、韩三国的学者共同梳理了由李退溪、曹南冥开创,中经洪大容、朴趾源发展,终结于开化运动前的崔汉绮、南秉哲的朝鲜实学体系;讨论了以新井白石、横井小楠为代表,经过德川幕府时期发展并在幕末维新时期产生过巨大影响的日本实学思想。这三部书的学术意义,就在于它们开启了东亚学者共同进行本地区实学的研究,是一次高水准的国际学术合作。在这三部著作的编纂和出版过程中,作为主编的葛荣晋付出了大量的精力,他的工作为当代中国的实学研究做出了开拓性的贡献。

3.中国管理哲学

中国管理哲学,是葛荣晋学术研究的另一着力点。在人们的一般印象中,管理学特别是企业管理是一门实践色彩浓厚的西方现代科学,似乎与中国传统哲学思想关系不大。但在事实上,当考察中国历史上很多成功商人或商帮(如晋商、徽商等)的经历时,就会很明显地看到,他们之所以能获得成功,一个很重要的因素就是自觉地体现了中国传统文化中的合理精神,如"正己正人"、以诚待人、先义后利、"有为而治"、"无为而治"等。葛荣晋以敏锐的眼光洞察到这一点。所以,他从 20 世纪 90 年代便开始积极挖掘中国传统哲学中的管理思想,并促成其现代转化。他将多年的思考凝聚于《中国哲学智慧与现代企业管理》这部著作之中,2006 年由中国人民大学出版社出版。

《中国哲学智慧与现代企业管理》旨在探寻中国管理思想的哲学基础、基本原则和主要内容,并在此基础上与西方现代管理学进行对话,以彰显各自的优点。在本书绪论中,葛荣晋明确指出,当代中国的管理思想必须要走"综合创新之路",要求做到"以我为主,合璧中西,会通古今,自成一家",而不能盲目地照搬西方企业管理思想。究其原因,是因为中国是崇尚价值理性的"德性文化",而西方则是推崇工具理性的"智性文化"。这使得两者的经营管理模式有着很大不同:中国式管理,信奉"以人为本"的原则,这里的人是道德、理想和智慧兼备,具有完整理想人格的大写之"人",而西方管理则是"以物(欲)为本",强调对象化思维。哲学价值观念的重大差异,使得中国的企业经营者,在管理时不可能照搬西方重视管理流程和技术手段的方法,而必须实现"修己以安人",即在完善自身修养的基础上,提高管理水平,通过将管理技术上升到技艺乃至艺术的层面来探索激发每个人的工作积极性的有效措施。而要实践"以人为本"的管理理念,在管理模式上就必须坚持"有为而治"与"无为而治"相统一的理念。这意味着管理者不是事事都要亲力亲为,必须分清何者当为,何者不当为,这是中国式管理的特质。

以此为根据,葛荣晋剖析了道、儒、法、兵四家思想中蕴含的管理智慧:道家侧重揭示有与无的辩证统一关系,由此引申出"有为"与"无为"相结合的管理原则;儒家重视人的德性培植,要求企业家不断提升自我素质,实施德性管理,尊重并激励下属,实施柔性管理;法家强调"法、术"制度对人的约束作用,由此衍生出刚性管理,以刚柔相济的手段实现管理效能的最大化;兵家"避实击虚"、"攻心夺气"、"奇正相合"等用兵之道,都是可用于商战的制胜之法。综上所述,葛荣晋在本书中既明确了中国管理原则的核心价值,又揭橥了多彩的管论模式,呈现出了中国管理哲学的整体面貌。葛荣晋在中国管理哲学领域的研究,具有开创性的意义,被誉为"中国管理哲学第一人"。

综合言之,葛荣晋的学术研究,在中国哲学范畴体系、东亚实学和中国管理哲学这三大领域,都做出了突出的具有开创性的重要贡献。他的学术成就,以及他从事中国哲学研究五十余年所表现出的严谨的治学态度、深厚的学术功力和敏锐的问题意识,使他被学界誉为"20 世纪中国知名哲学家"。

三、主要论著

个人代表作:

《葛荣晋文集》(十二卷),收录 18 部学术专著,社会科学文献出版社,2014 年

《葛荣晋学术论著自选集》(四卷),收录 4 部学术专著,中国人民大学出版社,2014 年

《王廷相生平学术编年》,河南人民出版社,1987 年

《中国哲学范畴史》,黑龙江人民出版社,1987 年

《王廷相和明代气学》,中华书局,1990 年

《陆世仪评传》(王俊才合著),南京大学出版社,1996 年

《清代社会与实学》(吕元骢合著)香港大学出版社,2000 年

《中国哲学范畴通论》,首都师范大学出版社,2001 年

《中国实学文化导论》,中共中央党校出版社,2003 年

《中国哲学智慧与现代企业管理》,中国人民大学出版社,2006 年

《中国管理哲学导论》,中国人民大学出版社,2007 年

《先秦两汉哲学论稿》,中国人民大学出版社,2014 年

主编著作：

《中国哲学通史》三卷本,中国人民大学出版社,1987—1990 年

《明清实学思潮史》三卷本,齐鲁书社,1999 年

《道家文化与现代文明》,中国人民大学出版社,1991 年;台湾新文丰出版
　　公司,1993 年繁体字版

《中日实学史研究》,中国社会科学出版社,1992 年

《老子は生まている》,日本东京地涌社,1992 年

《中国唯物论史》,副主编,河南人民出版社,1994 年

《明清实学简史》,社会科学文献出版社,1994 年

《中国实学思想史》三卷本,首都师范大学出版社,1994 年

《张载关学与实学》,西安地图出版社,2000 年

《韩国实学思想史》,首都师范大学出版社,2002 年

发表论文情况：

　　　　1965 年—2014 年,在中国大陆重要报刊(如《哲学研究》、《新华文
摘》、《孔子研究》、《中国哲学史》、《国际儒学研究》、《社会科学战线》、《教
学与研究》、《中国人民大学学报》、《中共中央党校学报》、《光明日报》、《红
旗文摘》等),港台地区重要学术杂志(如台湾的《大陆杂志》、《哲学杂志》、
《东亚文化》、《孔孟月刊》、《哲学与文化》、《鹅湖》;香港的《弘道》等)以及
国外重要学术刊物(如加拿大的《文化中国》、马来西亚《南方学院学报》、
韩国《人文研究》、《退溪学报》、《中国学报》、《东洋学研究》等),发表学术
论文共计 369 篇。

撰写者:葛荣晋

郭齐家

郭齐家,1938年10月生,湖北省武汉市人。中共党员。北京师范大学教育学部教授、博士生导师,曾任中华孔子学会副会长。现任北师大珠海分校法政学院教授，国际儒学联合会顾问。1993 年 10 月国务院始发政府津贴并颁发证书。长期从事中国传统文化教育的教学与研究，主讲"中国教育史"，1989 年以"中国教育史课程教学质量"项目获北京师范大学优秀教学成果奖，1997 年被评为北京师范大学"师德先进个人"，2011 年 9 月被评为"全国优秀社会科学普及专家"。

一、求学——尊师重道

　　我这一生是很幸运的。从小除了受到家庭的温馨、父母的恩爱和良好的家庭教育影响之外，我也受到了良好的学校教育。1945 年 9 月抗日战争胜利之后，我就进入了武昌保安街小学（曾改为武昌四小）。这是一个老学校，我的叔叔、姑姑和哥哥都曾上过这个学校，老师们很敬业、很爱学生，也比较有教育教学经验。学校的老师对我们家的情况也很熟悉，都认为我们郭家的孩子很老实、很用功。1950 年 9 月我考上武汉三中（后改名为湖北教育学院附中、武汉市九中），这个学校虽然是新建的学校，但老师也很负责任，很多青年教师有活力，积极性高，这个学校就在武昌张之洞路紫阳湖畔，距离省体育场、省图书馆很近，我的初中三年就是在这所学校度过的。1953 年 9 月我考上了湖北省武昌实验中学高中部，这是湖北省最著名的学校之一，历史悠久，传统深厚。学校有"八大金刚"，即八位德高望重、名声显赫的优秀老师，在这"八大金刚"带动下，全校教师整体水平很高，教风学风很好。由于我对这些老师师德的感恩和崇敬，决定了我在高三毕业时报考了北师大教育系，立志做一个优秀的教师。1956 年 9 月我考上了北师大教育系学校教育专业，四年大学本科学习期间，虽然受到"反右"、"大跃进"等政治活动的影响和干扰，但由于北师大教育系的教师整体水平和学生的整体素质比较好，我还是受到了良好的教育专业的学习和训练。1960 年 7 月毕业后留系任助教，等于继续在教育系学习，继续向老师们请教。

　　1961 年中共中央宣传部和国家教育部、文化部在北京召开了一个"高等学校文科和艺术院校教材编选计划会议"。当时中宣部周扬副部长根据中央工作会议的精神作了动员报告，目的是调动各方面的积极性，努力促进大学文科的建设和发展。这次会议决定由北师大教育系编写《中国教育史》教材。1952年高等院校院系调整后，北师大教育系教育史教研室集中了一批有名的教授，如邱椿、邵鹤亭、毛礼锐、瞿菊农、陈景磐等。北师大党委和校领导根据中央文科教材建设会议的精神，指示教育系一方面组织力量编写《中国教育史》教材；另一方面，决定在教材编写的基础上，招收"中国教育史研究班"。由于几位老先生忙于编写教材与招收培养研究生的重大任务，他们都需要助教帮助做些助手工作，如借阅图书资料、组织开会讨论以及联系沟通、资料抄写整理等事宜；而且他们没有时间和精力给本科生上课了。于是我们这几位年轻助教就要充当老先生的助手，协助他们作些琐碎的事务工作，同时还要承担本科生的"中国教育史"的教学任务。我刚毕业不久，马上要给本科生上课，这就叫"逼上梁山"。

由于压力大，思想格外紧张。这一段时间，老先生们给中国教育史研究班上课，我只要是能挤出时间都尽量去听这些课，并认真记笔记；老先生开会讨论编写教材工作，我也尽量参加作记录，整理会议纪要，从中受到教益，增加了许多专业知识，提高了学科见识。我还到中文系、历史系、政教系去听一些相关的课，扩展专业知识，提升学术水平。例如我系统听了中文系陆宗达老先生讲的《孟子》。我还到资料室找程舜英先生讨教《四书》和其他古籍。毛礼锐先生给本科生讲《中国古代教育论著选读》，我当他的助教，协助答疑、批改作业等。瞿菊农先生在编写教材过程中需要一个助教，我也主动去给他当助手。瞿先生承担的任务是"宋元明清"的教育制度和教育思想，我也向他请教。瞿先生把他写的讲稿和发表的文章给我看，他还给我开了一个书单，让我找些书看。我按图索骥，在图书馆——查询，这个书单到现在我还一直保留着。它是历史的见证，恩师的传道授业体现在这张发黄的"草稿"纸上。

1963年我和教研室比我年长的一位青年教师曹剑英互助合作编写了《中国古代教育史》讲义（油印本），现在我还保留了一份，这也是我在诸位老师传道授业教诲下的一本记录。这份讲义一直写到1840年鸦片战争之前的清代的教育。如果没有教育系教师群体的良好师德和学风，如果没有这群教师的传道授业、手把手地教我，我是很难打下"中国教育史"的专业基础的。所以文革结束之后，我能顺利地恢复讲授"中国教育史"专业课，并于1984年在《北京师范大学学报》上发表了《宋明理学道德教育思想散论》等论文，1987年在教育科学出版社出版了《中国教育思想史》，同年开始指导"中国教育史"方向的硕士生，1992年被评为"正教授"，1995年被聘评为"博导"，这一切都不是偶然的。所以我怀着感恩的心情写下这段早年的回顾，告慰我的家族长辈亲人及恩师们的在天之灵！

二、开放——融入"国学热"

1985年6月，当时教育部所属的中央教科所一位老干部韩达同志，联系了"中国老年历史学会"，在其下设立了一个"中华孔子研究所"（"中华孔子学会"的前身），暂借了北京孔庙（后转到国子监）一间房作为临时办公室，聘请了一些志愿者义工，联系了北京的北大、清华、人大、师大、社科院以及山东、陕西、河北等全国各地的一些文科学者、教师，组织大家开展有关孔子、儒学、中国传统文化的研究。张岱年先生是北大教授、知名学者，韩达多次拜访岱老，聘请他任"中华孔子研究所"所长。通过他又联系了周谷城先生、冯友兰先生、梁漱溟先生、张申府先生、贺麟先生、陈岱荪先生、邓广铭先生、季羡林先生、任继愈先生、白寿彝先生、赵光贤先生等著名学者。这些老先生形成一支雄厚的学术力量，成为"中华孔子研究所"的坚强后盾。我记得当时召开成立大会，开了四五天，北京与外地来了几百名专家学者，请上述著名学者演讲，气氛热烈，盛况空前，有力地推动了"国学热"。像这样的大会，两三年开一次，中型会议每年开一次，小型会议每年开二、三次。韩达聘请北大、清华、人大、师大、社科院各出一人，组成"秘书处"。我是师大推举的代表，任副秘书长，负责分工联系师大的专家学者。于是我经常骑自行车，来往于师大与北京孔庙、国子监之间，这就有机会接触各位专家学者了。

　　有的老先生讲话,我基本上听不懂,如冯友兰先生、贺麟先生;有的老先生讲话,我大部分听不懂,如梁漱溟先生、张申府先生;然而张岱年先生讲话,我基本上都听懂了。"中华孔子研究所"的大会、中会、小会,他基本上都参加了,而且参加必讲话。当时,他讲得最多的是孔子和儒学在中国文化、哲学中的地位和价值。譬如他曾说:"尊孔的时代过去了,把孔子当作神的时代一去不复返了;批孔的时代也过去了,把孔子当作鬼的时代一去不复返了;纪念孔子、研究孔子的时代来到了,把孔子还原为一个人——一个思想家、教育家的时代来到了!"他还把中国文化、中国哲学与西方文化、西方哲学作比较,他说以孔子、儒家为代表的中国文化、中国哲学的特点是:"一天人,同真善,合知行,重人生而不重知识,重了悟而不重论证,既非依附科学亦不依附宗教"。

　　这些论述,我以前闻所未闻,真是"闻君一席话,胜读十年书"。我参加了"中华孔子研究所"的一系列学术活动,聆听了岱老以及很多专家学者的高论,可以说是顿开茅塞。我把这些收获、体会很快融入我的"中国教育史"的教学和学术研究之中。如我1987年出版的《中国教育思想史》就融入了以上的思想收获,在该书的前言中我融入了前辈们的一些学术观点:"中国教育思想,从古代到近现代,连锦数千年,除了时代的差异,历史发展阶段的差异之外,还有地域、民族的差异。例如在同一春秋战国时期出现了风貌迥异的区域文化教育——邹鲁、三晋、燕齐、荆楚文化教育。在此基础上形成了作为汉文化教育基因的儒、墨、道、法各家的教育思想。除了汉文化教育外,还有少数民族的文化教育。中国教育思想史,既反映了汉民族文化教育的理论水平,也反映了各兄弟民族文化教育的理论水平。没有多民族大家庭的不断交流,多次大规模的碰撞、渗透、竞争、融合,也就没有中国教育思想史的发展。此外,除了上层的、贵族的、官办的教育外,还有下层的、民间的、私人办的教育;除了一般的道德、知识教育之外,还有专门的科技、艺术方面的教育。总之,无论从纵向还是从横向考察,中国教育思想的发展总是具体的、历史的、丰富的、多元的、多民族的、多地域的、多层次的立体网络。"

1990 年后，"中国孔子研究所"更名为"中华孔子学会"，由民政部正式批准，挂靠教育部，教育部仍让中央教科所指导我们的工作。张岱年先生由"所长"变为"会长"。汤一介先生还有其他几位学识渊博的先生任副会长。我们几位"副秘书长"也被提拔培养，成为"副会长"或各部的主任、副主任。"中华孔子学会"比"中华孔子研究所"影响更大，召开了多次国际和国内的学术讨论会，开展国际国内的学术交流活动，出版了很多学术著作，也重视中国传统文化的普及和宣传活动。为了推动青少年儿童读中华文化经典，张岱年先生在晚年还亲自题写："中华文化经典基础教育系列丛书"。我担任编辑部主任。第一套《中华文化经典基础教育诵本》于 2004 年由高等教育出版社正式出版，共 12 册，内容丰富，包括《孝经》、《诗经》、《书经》、《礼记》、《易经》、《春秋》、《论语》、《大学》、《中庸》、《孟子》、《荀子》、《春秋繁露》、《中说》、《通书》、《近思录》、《朱子语类》、《朱子大全集》、《传习录》、《阳明全书》等，都是选其精华、精粹部分，出版后对海内外影响甚大。编者在《后记》中说："十万之文，经典精华尽在是；十二之册，圣贤法言萃乎此。唯愿吾中华儿童手持一编，读之读之再读之，而他日君子之国、大同之世，必在此朗朗读书声中也！"这是诸位老先生和国人的愿望，也是中华孔子学会为普及、弘扬优秀传统文化、实现中华民族的伟大复兴所做的一份贡献！

三、探讨——中国教育史的发展线索与鲜明特色

习近平主席在 2014 年 2 月 24 日主持中共中央政治局学习会时说："要讲清楚中华优秀传统文化的历史渊源、发展脉络、基本走向，讲清楚中华文化的独特创造、价值理念、鲜明特色，增强文化自信和价值观自信。"

我对"中国教育史"的发展线索与鲜明特色有如下认识。

中国教育史包括两方面的内容，一方面是教育实际的发展历史，另一方面是教育思想和理论发展的历史。教育实际，包括历代的文教政策、措施，教育制度与选士制度，社会上的教育变革以及教育家的教育实践活动等，它的发展和演变受当时政治、经济与哲学、科学、文化等条件的制约和影响。

教育思想、理论、教育思潮及其流派，它的发展则是客观教育史实、教育活动在理论上的反映。二者是相互影响、相辅相成、紧密联系的，共同反作用于中国社会的政治、经济、科学、文化，影响着中华民族的生存和发展。

中国古代社会重视道德教育，重视道德培养，注重气节与操守，讲究崇高的精神境界，提倡发奋"立志"与"舍生取义"的精神，强调道德责任感与历史使命感，宣扬那种孜孜不倦，临事不惧，不计成败利钝，不问安危荣辱，以天下为己任的宽广胸怀，把个人完成的社会责任作为个人道德的自我完成。这容易形成一股强大的社会凝聚力，逐渐形成了一个长远而深厚的教育传统，上起孔孟老庄，中经禅宗，下迄宋明理学，都特别注重道德教育与自我修养，都是以自我的认识和控制为努力的主要目的。立志有恒，克己内省，改过迁善，身体力行，潜移默化，防微杜渐……形成了一系列具有独特风格的道德教育与道德修养的手段。中国古代教育家重视培育真实的精神修养，树立道德风范，其影响力是无法低估的。他们曾在漫长的中国古代历史上教育、感染、熏陶了多少仁人志士，成为中国教育史上经常起进步作用的重要传统，闪烁着灿烂的光华。总的来说，中国古代的教育思想，大致有以下三个显著的特色。

1.综合观，即大教育观

中国古代教育家很早就认识到教育这一系统是整个社会大系统中的一个子系统，许多教育问题实质上是社会问题，必须把它置于整个社会系统中加以考察和解决。而教育问题的解决，又必然促进整个社会的发展和进步。

孔子十分重视教育，把人口、财富、教育当成"立国"的三个要素。人口是最基本的，一个国家首先是人口，有了人口就有了生产力，就有手来生产；第二是发挥人的作用，使他们富裕起来，以满足人们消费的需要；第三是教育，有了物质生活的基础，才能发展教育，把教育搞好了，一个国家才算治理好了。孔子认为，在发展生产使广大人民群众富裕之后，唯一的大事是"教之"，即发展教育事业。他从"国之本在家"的思想出发，重视家庭伦理和社会道德——"孝悌忠信"，看到了教育对于治理国家、安定社会秩序所产生的重大作用。这种把教育放在治国治民的首要地位的认识，把个人的道德修养和社会道德水准的提高看成是治国安邦的基础的思想,是十分深刻的。

《学记》把教育的作用概括为十六个字:"建国君民,教学为先"、"化民成俗,其必由学"。意思是,建立国家管理人民,教学优先发展。教化老百姓形成良风美俗,必须要抓教育,这个不可忽视。认定教育的作用包涵相互联系的两个方面:一是培养国家所需要的人才,一是形成社会道德风尚,形成良风美俗。这可以称得上是中国古代关于教育作用思想的概括和总结,至今仍不失其借鉴意义。

2.辩证观,即对立统一观

中国古代教育家强调把道德教育放在首要地位,但同时也不忽视知识教育的作用。

孔子说:"君子怀德"(《论语·里仁》),"君子务本,本立而道生","行有余力,则以学文"(《论语·学而》);同时,孔子又说:"好仁不好学,其蔽也愚"(《论语·阳货》),"仁者安仁,智者利仁"(《论语·里仁》),"未知,焉得仁?"(《论语·公冶长》)没有智慧,没有知识,怎么得到仁德呢,德非常重要。但是,知识也不能忽视,所以,这是辩证的统一。董仲舒说:"仁而不智,则爱而不别也;智而不仁,则智而不为也。"(《春秋繁露·必仁且智》)这就是中国古代的德智统一观,首先是道德教育及其实践,其次才是知识教育。德育要通过智育来进行,智育主要也是为德育服务,德育与智育之间存在着相互依存、相互渗透、相互影响、相互统一的关系。道德教育也是这样,道德观念的认识与道德信念的建立之间也存在互相矛盾、对立统一的关系。如孔子说:"知及之,仁不能守之,虽得之,必失之。"(《论语·卫灵公》)认为道德观念虽然认识了,如不能保持它,即使得到了,也定会丧失。这就是说,道德观念如果只停留在认识阶段,而不能转化为信念,那么道德就失去了规范行为的作用。知识与才能之间也存在既矛盾又统一的关系。唐人刘知几说,一个人如果有学问而无才能,好比拥有巨大的财富却不会经营它;如果有才能而无学问,则像本领高超的工匠,没有刀斧和木材,也无法建造宫室。

明人徐光启说:"昔人云:'鸳鸯绣出从君看,不把金针度与人'。吾辈言几何之学,正与此异,因反其语曰:'金针度去从君用,未把鸳鸯绣与人。'"

(《几何原本杂议》)过去保守的人,制作出绣花品给你,但是不把制作绣花品的方法告诉你。徐光启说现在把绣花的方法、思路告诉你,比给你一个现成的绣花品还要让你受益。徐光启强调培养才能的重要,认为教学不仅只是讲一些现成的知识,而且还要培养学生的思辨能力,掌握科学的方法。

3.内在观,即强调心的内在道德功能或内在自觉性

中国古代教育思想的显著特点是启发每一个人的内心自觉,教人如何"做人",如何在现实生活中实现其"治国平天下"理想的入世精神。强调的是对自身的肯定,人不仅与天地相参而且顶天立地,追求"同天人"、"合内外"(即殊相与共相统一、主观与客观统一)。在这种"天人合一"之中得到一种最高的、理智的幸福。

中国古代教育家提出一种"做人"的道理,"做人"的要求,"做人"的方法,并让人从中得到"做人"的乐趣,表现出人的崇高精神境界。这是教育的根本点,所以古人讲"极高明而道中庸",既有高明的理想,又有踏踏实实的行为,强调的是"自律",而不是"他律"。重视"为仁由己"、"自我修养"、"自省"、"自反"、"慎独",最后是"自我完善",自我求取在人伦秩序与宇宙秩序中的和谐。

中国古代教育思想追求价值之源的努力是向内、向自身而不是向外、向上,不是听上帝的召唤,亦不是等待佛祖的启示。重视其内在的力量,重内过于重外,这是一个值得注意的教育特色。

中国传统文化教育及其价值系统,精深而博大,弥漫着一种强力磁场,导发出诱人的魅力。中国的真正崛起和为世人所瞩目,应该建立在对整个中国古代文明(包括中国古代优秀教育遗产在内)的再发现与再认识的基础之上,忽视了这一点我们将要犯极大的错误。历史虚无主义思潮会泯灭民族精神的再殖力,民族的创造力将会枯萎,它不但使我们丧失社会主义意识形态对国家利益与人民生活的保护,同时也将使我们丧失一国人民赖以生存于世的基本精神资源。中国古代优秀的教育遗产,也是一种"资料",一种"资源",或称之为"历史资源",甚至还可能是一种"动力资源",就好像煤、木柴一样,假如能把它用得很好的话,它就可以变成现代发展的一个动力。

　　我们不应当妄自菲薄,不要以为自己民族传统的东西统统不如人,中国古代教育遗产中有许多好的东西应当去发掘和整理,那是一个无限丰富的宝藏。可以设想,建立具有中国特色的社会主义教育理论体系,很有可能是兼有中国古代传统教育精华的崭新教育理论体系,它必将在世界教育史上放出异彩。

　　我们今天深入挖掘中国传统教育思想中有价值的观念和成功的理念,对于当前加强和深化教育改革、完善中华优秀传统文化教育、培养创新人才有重要的借鉴意义与参考价值,其目的是为了实现"中国梦","实现中华民族的伟大复兴"。

四、主要论著

个人专著:

《中国教育思想史》,教育科学出版社,1987 年;(英文版)外文出版社,2009 年

《中国古代学校》,天津教育出版社,1991 年

《中国古代考试制度》,商务印书馆 1997 年增订版

《中国古代教育家》和《中国古代学校和书院》,北京科技出版社 1995 年

《文明薪火赖传承——儒家文化与中国古代教育》,山东教育出版社,2011 年

《中国教育的思想遗产:回望春秋战国》,教育科学出版社,2012 年

《中国教育的思想遗产:回望汉唐》,教育科学出版社,2012 年

《中国教育的思想遗产:回望宋元明清》,教育科学出版社,2012 年

《中国教育的思想遗产:回望民国》,教育科学出版社 2012 年

《中国教育史》上下卷,人民教育出版社,2015 年

主编:

《中外教育名著评价》,山东教育出版社,1992 年

《中国教育史研究·宋元分卷》,华东师范大学出版社,2000 年

《中国教育传统与教育现代化基本问题研究》,北京师范大学出版社,2003 年

《中国教育通史－宋辽金元卷》,北京师范大学出版社,2013 年

《中华传世家训经典》壹—肆卷，人民日报出版社，2009 年

代表性论文：

《宋明理学道德教育思想散论》，《北京师范大学学报》1984 年第 3 期

《评朱陆之争》，《北京师范大学学报》1990 年第 6 期

《阳明学研究的一个突破——儒学的转折》，《中国社会科学》1993 年第
　　1 期

《中国传统文化与当代市场经济》，《中华文化论坛》1995 年第 3 期

《论中国传统教育的基本特征及其现代价值》，《北京师范大学学报》1995
　　年第 5 期

《论唐文治教育思想的价值和现实意义》，《教育研究》1996 年第 4 期

《儒家的教育思想传统与未来教育》，《山西师大学报》1999 年第 4 期

《中国传统教育哲学与全球论理》，《教育研究》2000 年第 11 期

《弘扬和培育民族精神与国学启蒙》，《湖南省社会主义学院学报》2004 年
　　第 3 期

《社会主义荣辱观与"好学近知，力行近仁"》，《吉林师范大学学报》2006 年
　　第 3 期

《儒家文化与中国古代书院》，《孔子研究》2009 年第 3 期

《中国传统教育思想精华及其现代意义》，载《部级领导干部历史文化讲
　　座》，国家图书馆出版社 2014 年版

撰写者：郭齐家

黄 济

　　黄济（1921.7.20－2015.1.8），曾任北京师范大学校务委员会委员，教育学部教授，博士生导师，中国共产党党员，著名教育学家，国务院学位委员会第二届教育学、心理学学科评议组成员，国际儒学联合会顾问，中国教育学会教育学研究会第二、三、四届副理事长，北京教育学会第二、三届副会长。1991年开始享受国务院特殊津贴，2011年荣获"全国教育科学研究突出贡献奖"，被誉为"新中国马克思主义教育理论的开拓者之一"，"新中国马克思主义教育哲学的奠基人"，"中国特色社会主义教育哲学的担纲者"，"中华传统文化教育的守望者"。

一、儿时儒学启蒙

黄济出生于胶东历史文化名城即墨西阁里。原姓于,名鸿德,"德"为辈分,"鸿"乃鸿雁之鸿,即"雪泥鸿爪"之鸿,尝撷取苏东坡"人生到处知何似,应似飞鸿踏雪泥,泥上偶然留指爪,鸿飞那复计东西"诗意,将自己的论著喻为"雪泥鸿爪",也曾以"雪鸿"为笔名发表文论。外祖父乃忠于前清的遗老,尝饱读经书,有秀才功名,只是不肯教"洋书",恪守"君子固穷"之圣训,不免家境贫寒。外祖父为其起乳名"真子",概有做"真人"不做"假人"、做"真君子"不做"伪君子"之意,这对黄济均有不少激励。其母亲黄氏自幼生活穷苦且染肺疾,但勤劳质朴,在于氏家族待人和善,是备受称道的贤良女性,不幸早故。黄济后取"黄"姓,实有纪念母亲之意;名曰"济","道济天下"之济。黄济一生,不特抱有"济世"之志,而且有"修己安人"之实。

他在同辈中是长子,是于家当然的继承者。当家的二祖父于延绣对其抱有厚望,呵护有加,管教甚严,要求"行为有礼貌,讲话有分寸","站有站相,坐有坐相";"食不语",用餐时也不得发出"吧唧吧唧"声;不得浪费食物,若丢有饭粒,必须捡起来吃;吃菜吃近处,不得连着夹菜吃;做力所能及事务而不得叫苦喊累。由此,他初步养成了礼貌待人、慎于事而讷于言、勤俭耐劳的良好习惯,并保持终生。

黄济自认其二祖母苏氏为真正启蒙老师。尽管苏氏"不识字、无文化",但性格敦厚,善与人处,懂得许多历史和神话故事。所讲述的"牛郎织女鹊桥相会"的故事,引发了黄济对天宫的憎恨和对喜鹊的爱意,平添了对牛郎织女这对劳动男女的同情心,也为后来理解相关诗文提供了背景知识。如后来读到苏小妹与秦少游完婚时所作"百年良缘在今宵,诸君何必苦相熬。可怜织女河边立,速放女郎渡鹊桥",就自然与童年听到的"牛郎织女鹊桥相会"的故事联系起来。苏氏所讲述即墨先贤李毓昌因查赈反贪而就义的故事,在黄济幼小心灵中树立起一座浩气丹心的丰碑,产生了敬仰和爱慕之情。

　　1927年,黄济不到7岁时,由其父送到一位秀才开办的教馆读私塾。入学第一件大事是向大成至圣先师孔子磕头,在幼小的心灵中就树立起了孔夫子的圣人形象。他常言及:"我第一个头是给孔夫子磕的。"确乎如此。私塾学习和背诵的主要内容是《三字经》《百家姓》《千字文》等蒙养教材以及《论语》《孟子》等儒家经典,由此初步打下了国学根基。

　　1929年,他师从远房四伯父和继母之父江敦荃,主要学习《四书》和《五经》中的《诗经》和《书经》等经书。1934至1936年春,对黄济国学积累影响最深者,即墨著名老秀才朱子勃老师来家馆讲授经、史、子、集,涉及不少典故、故事,补讲了从前只背不讲的经书,讲授了作文和诗词写作等方面的知识。黄济后来写成《诗词学步》,即得益于当年朱老先生的教导。朱子勃是位品质高尚、循循善诱而颇有创见的良师,黄济从中获得的不只是古典知识,而且有爱生如子的品质,还有那"学古而不泥古,尊儒而不排他"的创造性和批判精神。影响黄济终身的国学积累主要源于上述八九年私塾。

二、求索人生路

　　1936年春,黄济年十五,正当"志于学"之年,由私塾转入即墨县里考院小学五年级读书,开始接受现代教育。1938年初夏,家乡山东即墨沦陷。在一位教师的推荐下,他报名参加了一支家乡的游击队,在游击队里做政训工作。尽管他在这支游击队里的工作时间不长,但是受到了最真实的抗日教育和爱国主义教育,奠定了他一生对于国家和民族的热爱与忠诚。

　　1939年春,他经人介绍进入青岛礼贤中学读书。礼贤中学前身叫礼贤书院,1900年由德国人创办。黄济入学时,礼贤中学的主持人是德国人黎德(译名)。黎德利用当时德国与日本的关系,以"未正式开学"为由,关门授业,避免日本人的骚扰。在德日轴心国关系的保护下,一些具有爱国之志的教师汇聚到礼贤中学,唤醒同学们的社会责任感和国家使命感。"在这所闭门授业的私立学校中,可以安心读书,更可以谈论国事,甚至可以谈论抗日。……正因为如此,在抗日战争期间,不少礼贤中学的学生从'沦陷区'奔向国民党统治的'后方',去寻求抗战之路。到解放战争期间,又有不少同学从国民党统治区奔向解放区去寻找光明之路。"2001 年,黄济在自己 80 寿辰时写了一首《七律·明志与自励》,其中有一句是"一生两投任评说",所表达的就是在礼贤中学进步教师的影响下,参加抗日、追求进步的一生。"两投"即是指他在抗日战争时期投奔国民党统治区,在解放战争时期又从国民党统治区投奔华北解放区。"任评说"有两层含义:一是他坚信自己所走过道路的正确性,即坚信自己在民族危亡之际与当时无数进步青年一样走上抗日之路的正确性,坚信自己在解放战争时期摆脱国民党统治走向华北解放区的正确性;另一方面是对建国以后历次政治运动中因自己一生"两投"而蒙受种种怀疑与批判的总回答。总的来看,从考院小学到礼贤中学的学习经历,已经逐步使他从一个旧社会、旧家庭的长子转变为一位关心国家和民族命运的进步青年。

1941 年,他从礼贤中学毕业。为维持家庭生活,他回到自己的母校——考院小学充任教师,教授三年级的国文、算数,并担任班主任工作。这是他教育生涯的开始。从那时算起,他在杏坛耕耘了 70 多年。经过向别人请教和反复练习,他渐渐掌握了基本的教学技巧,并使用得得心应手,教学工作也颇有成就。第二学期,即被提升为五年级的教师,教授国文、算数并担任班主任。进入第二学年,他又继续担任毕业班的教师并担任班主任。在小学,只有工作最认真负责且有成绩的老师才被委任为毕业班教师,学校对其重视程度可见一斑。由于考院小学处于沦陷区,难免会有一些奴化的教育,这使得他觉得"有愧国家和民族"。在这种思想的驱动下,他不久即与另一同事离开母校,转赴国民党游击区的何陋乡小学任教。这种不在沦陷区执教的态度鲜明地表达了他从教之初朴素的价值立场和爱国情怀。

1943 年 7 月,黄济结束了短暂的小学教员生活,告别家乡,通过敌伪封锁,远赴安徽阜阳国统区寻找新的人生道路。在阜阳,他被保送进入山东省第一临时中学读高中二年级。进入该校学习的都是一些从山东沦陷区逃出来的青年人,深切地关心着国家和民族的命运。山东第一临时中学的生活是艰苦的,经常缺衣少粮,学习和生活设施简陋。尽管如此,该校还是聚集了一批进步的教师,他们的一言一行对于青年学生来说起到极大的教育作用。据黄济回忆,"当时的临中生活,虽食糠粃,铺草席,但有良师的教诲,益友的砥砺,在学业上的长进,又今非昔比,所以是贫而乐,居而安,学业与思想都有长足的进步。"在山东第一临时中学学习期间,他参加了进步学生社团"尖兵社",并响应当时国民党政府"青年从军"的号召,参加了青年军。这两件事情尽管都发生在国统区,但是从当时抗日的整个形势和青年人的心态来说,都是进步的,后来历史也给予了公正的评价。

1945年,黄济从山东第一临时中学毕业,参加青年军。在毕业前夕,他写了一篇《自传》,回顾了自己的家世和已经走过的道路,对国家和民族危机表达了深切的关怀,对当时的教育现状进行了激烈的批评,并初步确立了自己教育报国的志向。

1946年9月,黄济从青年军复员后,选择了到当时的北平师范学院(今北京师范大学)教育系学习。"当时之所以选择北京师范大学主要有两个理由:其一是以前做过教师,并认为教育清高;其二是看透了国民党军政的腐败,绝不沾边。"当时他也可以去北京大学教育系读书,但他认为北大教育系更多的是培养教育界的官吏,而自己并无意为官,只想做个教员,还能和青年人交朋友,故最终选择了北师大。"读了北师大后,就定了作教师的终身志愿。深知作'经师'不易,作'人师'更难,希望能在这两方面加强修养,'学为人师,行为世范'是我永远追求的目标。"(《黄济口述史》)在北师大学习期间,他与同班同学共同发起成立"农村教育研究会",力图在振兴农村教育、服务农村建设方面有所贡献;参加了反对国民党特务杀害进步同学的抗议游行和静坐活动,表达对国民党政府的义愤;参加了进步同学组织的合作社。

1948年7月,经清华大学地下党组织的介绍,他同当时许多进步青年一样,奔赴华北解放区;8月初,入吴玉章执校的华北大学政治教育部学习,毕业后转师范教育部学习教育学,开始了他一生中最光明的生活,奠定了他后来贯穿一生的马克思主义世界观、人生观和价值观。

三、风雪挺且直

从参加革命到"文革"结束，在这 30 年中，黄济的生活里有晴天，也有阴雨，甚至是暴风骤雨，雪上加霜。然而，他以儒者风范，傲然挺立。

1949 年 3 月，他随学校进入北平（今北京市），结束了华北大学的学习生活，留校工作，任华北大学教七班的班行政（即班主任工作），后任教三班的班行政，从事对新招收的知识分子的思想教育工作，正式开始其大学教师的生涯。同年冬，被分配到教育教研室，从事教育理论研究工作。

1950 年春，华北大学改名为中国人民大学，设教育学教研室，黄济即任教育学教研室教师，开始其教育学教学和研究的生涯。当时，中国人民大学教育学教研室有一位参加过"十月革命"和"卫国战争"的苏联专家叫波波夫，他指导人民大学的教育学科建设，这给黄济提供了难得的学习苏联教育学的机会，使他成为我国解放后较早系统学习和研究苏联教育学的学者。同年暑期开始，他协助波波夫和王焕勋为"教育专修班"讲授教育学。同年，他在《中华教育界》11 期上发表《体罚和自觉纪律》一文，这是他公开发表的第一篇学术论文，终其一生，公开发表学术论文近 200 篇，出版学术专著 10 多部。

1952 年 3 月，我国高等教育系统开始院系调整，辅仁大学、燕京大学、人民大学等高校的教育系都成建制地合并到北京师范大学。黄济为"大学教师专修班"讲授教育学，随后为教育系本科开设教育学课程。自 1952 年至 2003 年带完最后一位博士生，他在北京师范大学教育系工作岗位上奋斗了 50 余年。他到师大之初，担任教育学组副组长，1956 年开始担任教育学教研室副主任、主任，"文革"后，担任过北京师范大学校务委员、校学位委员会和职称评定委员会委员，教育学和心理学学位委员会分会和职称评定委员会分会副主席。为我国教育学科建设作出了突出贡献。

1955 年初，教育部调黄济到筹建中的"教育行政学院"（现国家教育行政学院）工作。此后，历经人生曲折，如其自述："从肃反开始，到'文革'结束，肃反、反右、批修、整党、四清,直到'文革',受审查和挨批判几乎无一幸免。到'文革',更是算'总账',住'牛棚',受尽了各种屈辱和摧残,但也经受了无数的锻炼和考验。"在这种严峻的政治斗争中,他对于组织上审查的问题实事求是,不掩盖,不回避,不诬陷,保持了一个共产党员和教育学者高尚的情操和气节。

1963 年,集中国传统教育思想、马克思主义教育思想、苏联教育理论和中国教育实际及自身教育实践经验编撰而成的《教育学讲授纲要》,由北京师范大学出版社出版。

四、花甲展新姿

改革开放为知识分子带来了施展才华的机遇。年近花甲的黄济焕发了青春,收获了累累果实。1978 年以后,他主编或合作主编了十几本学术著作,其中有的获国家图书奖和省部级教育科学研究成果一等奖。培养了博士生、硕士生 20 余名,他们大都成为院校学术骨干,有的在教育行政岗位上担当重任。

1979 年 3 月 23 日至 4 月 13 日,教育部、中国社会科学院在北京联合召开全国教育科学规划会议,教育部委托北京师范大学和华东师范大学着手进行教育哲学教材建设,北京师范大学由黄济负责。

1980 年春,他参加了华东师范大学教育系开办的"教育哲学培训班"。秋,他在北京师范大学为 77 届开设新中国第一堂"教育哲学"课,教育哲学在新中国成立 30 年后重新回到高等院校的课程体系中。1981 年,他在《北京师范大学学报》第 2 期发表《关于教育哲学研究的几个问题》,鲜明地指出对中国传统的教育哲学遗产"必须用科学的态度来对待。在批判继承中一定有吸取、扬弃和发展。只有这样才能做到古为今用"。

1982 年,他完成并出版了《教育哲学初稿》,这是新中国第一本教育哲学专著。在完成《教育哲学初稿》的过程中他深切地意识到,"要建立具有中国特色的教育哲学学科体系,就不能不研究中国传统的教育哲学思想",在《教育哲学初稿》不少章节中,融入了丰富的中国传统教育哲学思想。同年,他与顾明远共同主编的《教育学》由人民教育出版社出版。

1983 年,黄济在《辽宁高等教育研究》第 5 期发表《坚持和发展毛泽东同志教育思想中的几个主要问题——纪念毛泽东同志诞辰九十周年》,阐释了毛泽东同志《论新阶段》中"提高人民的民族文化与民族觉悟","以民族精神教育新后代"的思想;提出了"我们在教育工作和教育科学研究中,必须坚持在马列主义的思想指导下,博采古今中外百家之长"和"走继承、借鉴、创新之路"的主张。

1984 年 12 月,为了发扬"尊师重教"的优良传统,提高教师地位,他与北京师范大学诸教授联名,正式提议设立教师节。不久,全国人大通过决议,将每年 9 月 10 日定为教师节。

1985 年,他在《教育哲学初稿》基础上形成的《教育哲学》,由北京师范大学出版社出版。该书荣获北京市哲学社会科学优秀成果一等奖,被教育部评为优秀教材并获二等奖。同年,作为教育科学分支副主编完成的《中国大百科全书·教育卷》出版。

1986 年,他在《北京师范大学学报》第 5 期发表的《试论传统教育与现代教育》一文中确信:"优秀的古代教育遗产,不仅是我国传统教育思想中的精华,也是对世界人类文化宝库和教育思想的重大贡献"。1987 年 3 月,他主编的《当代教师百科》由浙江教育出版社出版,深受教师们的欢迎。

1988 年,《教育研究》第 11 期发表他与陆有铨合作撰写的《我国教育哲学建设的回顾与前瞻》一文中明确提出:"挖掘和整理我国的教育哲学思想,是建立具有中国特色的教育哲学一科所必不可少的一项工作";确信"一部中国的教育哲学思想史,为教育哲学学科的建立提供了极为丰富的历史遗产"。

1989 年,他在《高等师范教育研究》第 3 期发表《中国的美育传统与时代要求》,将"如何正确地认识过去,继承和发扬民族的优秀遗产"列为新时代的新任务。1990 年,他在《高等师范教育研究》第 1 期发表《简论对中国传统文化的认识和态度》,强调弘扬中华民族优秀文化,提高民族自尊心、自信心和自豪感。

1991 年,他开始享受国务院特殊津贴。在《北京师范大学学报》第 6 期发表《关于教育功能的几个问题》,强调"讲中国的文化传统,中华民族的民族意识与国民性格等等都离不开儒家思想的影响";"发扬中华民族的优良传统,树立民族自信心和进行爱国主义教育已成为当务之急"。他在文中介绍了国际社会对中华传统文化的推崇,指出"发扬中国对世界文化曾经做过、而且目前还在做出的巨大贡献已成为一个带有国际性的问题。作为中国人在讲教育与文化的关系时更不应忽视自己的优良文化传统。"

1992 年 10 月,他赴加拿大多伦多大学参加跨文化国际学术研讨会,并就中国传统文化的国际意义作专题发言。11 月,他应邀出席在湖南师范大学举行的全国教育哲学专业委员会暨学术讨论会,与全国各地 30 多位代表探讨"当代教育观念的更新与教育哲学理论构架"。

1993 年,适逢李毓昌先贤遇难 185 周年,国家人事部举行"清官与廉政问题"座谈会,黄济联想儿时记忆,撰文《浩气存宇内丹心照千秋——缅怀李毓昌先贤兼论清官》,来凭吊先贤,昭示后昆。

1994 年春,他为研究生和访问学者多次集中讲授中国传统教育哲学思想。6 月,与宋德民、韩钟文主编的《中国传统教育哲学思想概论》由河南教育出版社出版。该书全面阐明中国传统教育哲学思想形成发展的过程及其特点;深入研究了中国传统教育哲学的基本问题;精辟论述了中国传统教育哲学思想的"天人合一""政教统一""文道结合""知行合一"等范畴。在此基础上形成的《教育哲学通论》中的第一编"中国传统教育哲学思想",实现了中国特色教育哲学的体系化,使教育哲学有中华文化之根,中华民族之魂。在《北京师范大学学报》(人文社会科学版)第 6 期发表的《中国古代教育哲学思想的发展历程及其主要特点》一文,确信"要建立具有中国特色的教育哲学,就必须研究中国古代的教育哲学思想"。

1995 年,他在《家教报》第 6 期发表《为曹操说几句公道话》一文。在《北京师范大学学报》第 5 期发表的《关于教育传统现代化的几点思考》,对传统教育的利弊作了深入分析,对中国教育现代化的进程作了历史回顾,就变革传统教育、推进教育现代化提出建议。

1996 年,他参加香港中文大学举办的"道德与公民教育"研讨会,所提交论文《中国古代道德教育传统概述》收入《道德与公民教育:东亚经验与前瞻》一书。与王策三主编的《现代教育论》由人民教育出版社出版。该书强调现代教育的中国哲学基础,避免将现代教育与传统教育对立。该书先后荣获普通高等学校第二届人文社会科学成果"教育学一等奖"和"第四届吴玉章人文社会科学优秀奖"。12 月,《中国传统教育哲学思想概论》荣获北京市第四届哲学社会科学优秀成果一等奖。

1997 年 7 月,他撰文《一代宗师——纪念无产阶级教育家成仿吾同志诞辰 100 周年》。下半年,多次应邀与郭齐家、王炳照、曲士培等教授参加国家教育行政学院论证会,选取孔子、孟子、荀子、董仲舒、韩愈、朱熹、颜元、严复、康有为、梁启超、蔡元培、陶行知、徐特立、吴玉章等形成"中国历代教育家"铜雕。

1998 年,他在《北京师范大学学报》第 3 期发表《对教育本质问题的再认识》一文,深刻阐明传统与现代化的关系、本土化与国际化的关系、多元化与一元化的关系。8 月,由他担任主编、陆有铨、潘伯庚担任副主编的《教育大辞典》之《教育哲学》分册由上海教育出版社出版。11 月,他所著的《教育哲学通论》由山西教育出版社出版,先后荣获中国教育学会"东方杯"教育科研优秀成果一等奖,全国第二届教育科学优秀成果一等奖等。

1999 年,他所著的《教育哲学通论》荣获国家新闻出版总署颁发的第四届国家图书奖。该书坚持"古今贯通,中西融合"的研究思路,对中国传统教育哲学思想和西方教育哲学流派作了系统的梳理和评价,还着力回应当前教育面临的实际问题,构建出具有中国特色、中国风格、中国气派的教育哲学体系。他指导完成并作序的《教育学的文化性格》由山西教育出版社出版,并荣获全国首届高等学校优秀博士学位论文指导教师奖。

2000 年,他在《北京师范大学学报》第 1 期发表《20 世纪中国教育学科的发展》,指出继承和发展我国优秀教育遗产的关键问题是"如何找到优秀遗产与现代化结合的契机";"丢掉本国的历史遗产,就会使教育失去民族的特点"。他指导完成并作序的《教师伦理学专题——教育伦理范畴研究》由北京师范大学出版社出版。6月,因右手骨折而用左手先行撰写,耗时三年多完成的新著《诗词学步》由山西教育出版社出版。11月,出席国家教育行政学院与北京东方道德研究所、香港中文大学香港教育研究所共同主办的"公民与道德"国际学生研讨会,提交并发表《传统美德与师德修养》一文,从师德修养方面论述了中国优秀师德传统的重要价值,并结合时代要求赋予新的内涵。

2001年7月,汇聚黄济六十年研究成果的《雪泥鸿爪:黄济教育文选》由北京师范大学出版社出版;随之,教育学院举办"祝贺黄济先生从教六十周年暨21世纪中国教育哲学研讨会"。同年,他与劳凯声、檀传宝主编的《小学教育学》,由人民教育出版社出版。

2002年,他在《教育研究与实验》第4期发表《再谈中国教育哲学》一文,提出:"既然是中国教育哲学就不能不带有中国的特色。这种特色除了着眼于我国现实问题之外,不能忽视对中国优良文化教育传统的批判继承,从而实现国际化与本土化的结合。"5月,赴成都出席全国教育科学"十五"规划国家重点课题"主体教育与我国基础教育现代化发展的理论与实验研究"开题论证会,并以"主体教育研究应关注人的社会性和坚持辩证思维"为题做主旨报告。

2003年,作为"九五"国家重点课题成果,他与郭齐家主编的《中国教育传统与教育现代化基本问题研究》,由北京师范大学出版社出版。他在书中提出了"把中国教育传统这一历史前提和资源转化为现代化的'源头活水'"的历史使命。

2004年7月,他指导完成并作序的《孔子的中庸教育哲学》由中央编译出版社出版。9月,《教育研究》刊发他的《构建中国特色、中国风格、中国气派的教育哲学》一文;《中国教育报》刊发他的《我们怎么对待"中庸"》一文。10月,他所著的《历史经验与教育改革》由人民教育出版社出版。书中期望教育工作者"要做到'诲人不倦',首先要'学而不厌',要不断提高自身的修养,要了解学生,要正确处理好师生的关系,要成为'经师'与'人师'结合的典范。"

2006 年,受《中国教师》主编劳凯声之约,他为《中国教师》2006 年第 5 期至 2008 年第 15 期"古典文化专栏"撰稿,后在此基础上形成《国学十讲》。9 月,应邀出席北京师范大学教育学院举办的教育哲学国际学术研讨会开幕式;出席国家教育行政学院庆祝第 22 个教师节学术研讨会并作主旨发言,倡导以孔子为师,做经师与人师统一的典范。在《教育科学论坛》11 期撰文《如何看待"国学热"》,认为"这股热潮的出现,是弘扬民族文化传统的一件大好事,应当肯定。作为一个中国人,对于国学一无所知,或知之甚少,甚至有的还数典忘祖,无论如何也是说不过去的。"强调科学地分类对待历史遗产:有的"可以完全继承",有的"需要去粗取精、择优吸取",有的在当时或许是需要的但"绝不能应用于今日"。而且反对"厚古薄今",否则后果会"得不偿失"。

2007 年 12 月,他远赴山东青岛、莱西、青州、济南,沿途讲学,考察国学教育开展情况,拜会米光盛、潘伯庚等故友,这是他最后一次远行。期间,他在莱西为全市 200 多位校长和教师代表以"学习孔子哪些教育思想以及如何学习"为题作报告;在青州参加"中华传统文化教育论坛"开幕式并致辞,表示愿与大家一道毕生致力于推进国学教育,期望大家集思广益,切磋琢磨,不断取得佳绩。

2008 年,他在《中国教育学刊》第 1 期发表《再谈如何看待"国学热"》一文,10 月,《新华文摘》全文转载。文中提出:"国学热"的发展过程中,要防止"发高烧",要掌握一个"度";更要对症下药,不要乱开药方,避免误导。"尊儒"就是要敬畏儒学,其中包括儒家经典和圣贤。儒学在中国思想文化发展中长期处于主导地位,发挥过积极作用,理应对其代表人物孔子抱以温情和敬意。他主张"学习中国传统文化,应以儒家为主,兼顾他家。"认为儒、道、墨、名、法、阴阳、农、纵横、杂及小说"十家",对宇宙、人生、政治、军事、伦理、道德、哲学、逻辑等各方面,无不涉及,形成了一个多元的精辟的文化宝库。

2009 年 9 月,他在《中华传统文化与青少年素质教育研究》"读后感"中主张:"我们是要学古,而不是复古;要执信,而不是迷信;要重效果,而不是重形式。""不泥古"，就要处理好古今中西关系，注重传承中发展，借鉴中创新。

2010 年 5 月，他为北京师范大学教育家书院题词："一曰学而不倦，二曰诲人不倦，三曰不敢为天下先"，并在揭牌仪式上做释义发言，还为"价值教育研讨会"以"如何继承优良传统既为经师更为人师"为题作报告。7 月，《黄济口述史》由北京师范大学出版社出版。同月，他所著的《国学十讲》由江苏教育出版社出版，这是他在世时出版的最后一部专著。该书从蒙学读物到四书五经，从诸史到诸子，从诗词文章到谜语对联，都有涉及，因其丰厚的生活阅历及多年来的思考，文中常有发人深省的论述和独辟蹊径的解读。《世界教育信息》第 9 期发表他撰写的《三论"国学热"——关于国学学科的建制和学习中遇到的问题》。他强调，不仅要学习经书，还要注重史、子、集，尽管经学重要，但"国学中有许多重要的思想是来自'子'书，而不是来自'经'书"；不仅要重视儒家，还要重视道家、墨家和法家的思想。"在'独尊儒术'的思想指导下，其他各家中一些重要思想也被忽视"。实际上，"在哲学方面，道家有重要贡献；在科技方面，墨家远胜于儒家；在儒法之争中，也常有'外儒内法'或'王霸道杂之'；如此等等。"强调"对少数民族文化宝库的发掘"，认为在中华民族文化的发展中，"以汉文化为主，并不等于汉文化唯一，在五十六个民族的大家庭中，学习国学，不应忽视对少数民族文化宝库的发掘。"

2011 年，他与劳凯声主编的《王焕勋教育文集》由江苏教育出版社出版。9 月，荣获"全国教育科学研究突出贡献奖"。冬季，他冒着严寒骑着三轮，每周到北京师范大学，义务为教育学部教育哲学方向的硕士、博士研究生主讲"学《大学》"、"学《中庸》"、"学《论语》"、"学《孟子》"、"学《易》浅识"等，共计三十多课时。12 月，他率众弟子编撰的《中华文化经典导读丛书》由江苏教育出版社出齐，其中包括：《国学十讲》《蒙学新读》《四书解读》《诸经品读》《诸子选读》《文赋释讲》《小说别裁》《诗词赏析》《曲剧品评》，受到学界高度关注。同年，他着手写作《四书通解》，其后大致形成《论语》和《孟子》解读初稿。

2012 年 1 月 8 日,他出席由北京师范大学教育学部与江苏教育出版社联合主办的"《中华文化经典导读丛书》出版发行座谈会",阐释丛书编写"全"、"简"、"准"三原则,表达了他本人对于传统文化经典学习的态度:"学古而不泥古,尊儒而不排他"。6 月,《教育学报》第 3 期发表他与研究生于超合作撰写的《学〈易〉浅识》一文。9 月 27 日,出席国家教育行政学院国学教育研究中心成立大会暨"清源国学讲堂"开讲活动,题赠"学古而不泥古,尊儒兼顾百家"条幅并现场释义,还就国学教育研究中心的建设提出建议。其后,欣然同意担任国学教育研究中心荣誉主任。

2013 年,他开始倾力主编《中华国学教育经典丛书》,撰写其中的《古文启蒙》和《诸经选读》部分章节。8 月,《中国教育科学》刊发他撰写的长达 3 万多字的《在中小学如何开展国学教育》;9 月,出席北京师范大学教育学部新生开学典礼,并以老子所言三宝"一曰慈,二曰简,三曰不敢为天下先"为主旨劝勉后学。

2014 年 3 月,完成《中华国学教育经典丛书》体系设计。6 月,《中国教师》第 11 期发表他与于超合作撰写的《略论建设有中国特色的社会主义教育》,强调重视吸收我国古代优秀的文化教育遗产。9 月,国际儒学联合会第五届会员大会上,他被聘为国际儒学联合会顾问。10 月,受国际儒学联合会和国学教育研究中心之邀,他帮助审读教育部新编义务教育阶段语文、品德、历史等教材,并就如何将古代经典和诗文有效融入品德教材之中提出建议。同月,为老伴完成《周密小传》,并促成周密老师 65 年入党心愿之实现。同年冬,不慎摔伤,颈部错位。住院期间,他为增强《诸经选读》的可读性,强忍伤痛折磨,研读《战国策》。《中华国学教育经典丛书》的撰写出版,《四书通解》的完成出版,成为他临终未了的心愿。

黄济一生不遗余力地推动中华传统文化的研究与传承。在长期面对偏激的历史虚无主义与浅薄狂妄的进化观时,他曾动情地说,"不加分析,笼而统之得出'中国文化落后'论,把中华民族的优良文化传统一笔抹煞,把中国人民的国民性涂得一团漆黑,灭自己的志气,长别人的威风,数典忘祖,于国于民何益?"上个世纪 70 年代末,作为"新中国教育哲学的拓荒者",他在完成《教育哲学初稿》的过程中就深切意识到，"要建立具有中国特色的教育哲学学科体系，就不能不研究中国传统的教育哲学思想"。他以高度的文化自信与学者勇气，在《教育哲学初稿》不少章节中，深入挖掘了中华文化教育的"源头活水"，融入了丰富的中国传统教育哲学思想。他把进行传统文化教育，弘扬优秀传统文化，看成是提高民族自尊心、自信心和自豪感，向青少年学生进行爱国主义教育的重要内容。在他看来，中华民族有着五千年悠久的文明和用之不竭的文化宝藏。他在耄耋之年承担了中国教育学会"十一五"规划重点课题"中华传统文化与青少年素质教育研究"，以高度的文化自觉，怀着对传统文化的温情与敬意，热切关注并积极推动国学教育，不辞劳苦。已逾九十高龄的他对此十分关心，不仅积极了解中小学校开展传统文化教育或国学教育的实际情况和问题，而且自己也开始将研究的重点转移到传统文化经典的重新阅读、考证、诠释、介绍和教育上来。他在开设传统教育哲学课和国学讲座之余，先后著成多部著作，主编《中华文化经典导读丛书》；近年倾力主编《中华国学教育经典丛书》，撰写了其中的《古文启蒙》和《诸经选读》部分章节。直到弥留之际，仍牵挂着《中华国学教育经典丛书》和《四书通解》的完成与出版工作。他为中华传统文化教育的发展与推广殚精竭虑，守望一生。

撰写者：于建福，国家教育行政学院教授，国学教育研究中心
　　　　　主任，国际儒学联合会宣传出版委员会主任。
　　　　　于超，北京师范大学教育历史与文化研究院博士生。

黄 钊

黄钊，1939年生，湖北省黄梅县人。曾任武汉大学政治与行政学院副院长兼思想政治教育系主任；现任武汉大学中外德育研究中心主任，国际儒学

联合会顾问及湖北省炎黄文化研究会顾问,湖北省孔子学术研究会副会长
等职。曾先后被国内多所大学和相关研究机构聘为客座教授或特约研究
员,参加过一系列国际性或全国性学术讨论会,并被邀赴香港、台湾地区以
及韩国、法国的相关高校作学术访问或讲学、交流,在学界享有相应声誉。
是武汉大学思想政治教育博士点奠基人之一,先后指导硕士、博士研究生数
十名。长期从事中国传统文化的教学与研究,先后主持国家教委人文社会
科学研究项目"中国传统思想道德的现实价值研究"和教育部人文社会科学
十五规划项目"我国优秀传统德育思想的继承与创新研究"等。研究成果多
次获省部级及相关部门颁发的社会科学优秀成果奖,主要有:《儒家德育学
说论纲》获教育部社科中心颁发的"高校德育创新发展研究成果一等奖";
《中国古代德育思想史论》获"第九届湖北省社会科学优秀成果二等奖"与
"武汉大学第十三届人文社会科学优秀成果特等奖";《道家思想史纲》获中
国大学出版家协会颁发的中南地区大学出版社优秀学术著作一等奖等。

一、在道家哲学研究领域奋力攀登

黄钊 1966 年毕业于武汉大学哲学系哲学专业(本科)。此后,曾被分配到
云南省东川市第二中学任教,1976 年秋调入中共云南东川市委党校,1978 年 4
月加入中国共产党,1979 年秋被任命为党校理论教研室副主任及副科级理论教
员。1982 年调入湖南湘潭大学哲学系任教,同年晋升讲师。1987 年调入武汉大
学政教系,1989 年晋升副教授,1993 年晋升教授,1997 年起担任博士生导师。

黄钊到湖南湘潭大学哲学系以后,在教学与研究中,爱上了老庄学术,
认为道家哲学思辨性很强,能给人以智慧的启迪,便以此作为他的治学方
向,奋力探求。到 1980 年代中期,已发表多篇有关《老子》的学术研究论文,
开始引起学界关注。接着,他又先后撰成《帛书〈老子〉校注析》和《道家思想
史纲》两部专著。下面分别做简单介绍。

1.《帛书〈老子〉校注析》及其学术成就

《校注析》是 1984 年春受湖南省全国《老子》学术思想讨论会筹委会的

预约而应命撰写的。为不负重托,他在认真钻研古今一系列注《老》之书的基础上,全力投入该书写作。夏日汗浸稿纸,仍然目不斜视,笔不停挥;冬日寒袭筋骨,仍在伏案凝思,潜心稽考。就这样,从春到夏,从秋到冬,终于按计划完成了全书初稿。1985 年 11 月中旬,全国《老子》学术思想讨论会在湖南省湘潭市拉开帷幕。该书稿作为一份献礼,送到了会上。出乎作者的意料,它在会上受到重视。出席会议的一些著名专家学者(如杨超、王沐、傅白芦等①)纷纷在大小会发言中,对该书稿予以热烈赞扬,相关媒体在报道大会盛况时,还特别点到该书稿“在会上受到好评”。会后,作者对书稿作了字斟句酌的修改。但好事多磨,原出版计划被一拖再拖,直到 1991 年才由台湾学生书局正式出版。书稿出版时,著名国学大家任继愈先生亲自为之题写书名;著名道教学者王沐先生以八十高龄的耄耋之年,热情为之作序;武汉大学著名教授萧萐父先生也欣然挥笔题辞。出版后在国内外产生了较好学术反响。

《校注析》以 1973 年在长沙马王堆出土的帛书《老子》甲、乙本为底本,参阅多种相关今本《老子》,对之作了系统的校正、注释、评析,是一部较为规范的校注帛书《老子》之作。作为一部注《老》之书,其突出特点是对帛书的文献价值作了客观而公允的评价,既肯定它对校正今本《老子》具有重大参考价值,也指出了它自身的某些缺陷,认为必须参照今本对之予以认真修整,以补其短。作者还针对当时学界出现的“唯帛是从”②之风,给予了批评与抵制。例如,帛书《老子》,在篇序方面,是《德经》在前、《道经》在后,全文没有分章。而黄钊注本,却对之有所改变,坚持《道经》在前、《德经》在后的篇序,且参阅今本,对全文予以分章,显示出与他种校注帛书本不同的风格。特别是在纠正帛书的缺失方面,用力甚勤,给人以治学谨严、不随波逐流的印象。王沐先生曾在其《序》中称赞该书“比较各家同异,去取严谨;分析古今注释,态度冷静公允”;萧萐父先生在《题辞》中也赞扬该书“综覈诸家传本,较论异同得失,扬摧古今,慎重裁断”;武汉大学文学院教授李中华先生

① 　按:杨超系四川省原政协主席、四川大学兼职教授、著名老学研究专家;王沐系中国道教协会专家、著名研究员;傅白芦系中国社会科学出版社原总编、著名研究员。

② 　“唯帛是从”之风,指当时学界有人夸大帛书的文献价值,主张要以“帛书之是为是,帛书之非为非”,即强调一切以帛书为据来校勘今本《老子》。

在其书评文章中亦说:"该书资料收集之齐备,文字校正之谨严,词语诠释之细密,义理阐说之精微,以及善取众家之长的宽容态度,同流行诸家注本比起来,确有其独到之处。"①这些评述,都从不同视角,高度肯定了《校注析》的学术成就。可见,将《校注桥》看作是"继严灵峰、张松如、许抗生、陈鼓应诸先生论著之后对帛书《老子》系统校释方面又一新成果"(萧萐父语),完全符合客观实际。

2.《道家思想史纲》及其学术成就

《史纲》是在完成《校注析》初稿之后才提上日程的。在 1985 年举行的全国《老子》学术思想讨论会上,有学者倡议,应当尽快组织力量,编一部反映我国道家思想发生发展历史的著作。这个倡议,说出了许多哲学史工作者的共同心愿。为了将之变成现实,由黄钊牵头,邀约相关学者组成"道家思想史编写组"。编写组先后有 16 人加入,他们分别来自全国十所大学和两所科研机构。除由黄钊担任主编外,还推荐了四位副主编②。大家按黄钊撰成的《编写大纲》分工协作,经过四年多的艰苦努力,完成初稿后,由黄钊通读定稿。书稿以齐清定的模式送到湖南师范大学出版社,该社领导十分重视。经安排专人审稿通过后,即于 1991 年 4 月付梓问世。该书出版时,国学大家张岱年先生曾亲自为之题写书名,武汉大学萧萐父与唐明邦两先生亦热情分别为之作《序》、《题辞》。

《史纲》的顺利出版,在我国学术文化史上算是完成了一件大事。它的直接贡献,就是填补了我国学界关于道家思想发展史研究的学术空白。该书不仅系统探讨了道家思想产生的学术渊源,阐明了中国古代各个时期不同道家学派的学术创造概况,而且勾划出道家思想在中国文化史上发生发展的历史轨迹,清晰地描绘出道家思想与其他学派之学术思想互争、互补、互融的学术进程。这无疑有助于充实和完善中国文化史的整体面貌与宏观构架,因而显示出作者学术探求的重大价值,曾在学界引起较强反响,例如:

---

① 李中华:《老子研究的新成果》,《武汉大学学报》1992 年第 6 期。
② 他们是:广西师范大学政治系杨达荣同志、江西社会科学院哲学所郭树森同志、西南师范大学哲学系杨义银同志、四川南充师范学院哲学系李刚兴同志。

《国内哲学动态》、《江西社会科学》、日本《东方》杂志、《武汉大学学报》、《管子学刊》以及在香港出版的《道家文化研究》等海内外有影响的学术刊物,都先后刊出相关学者的书评文章,从不同角度对该书的学术贡献给予了高度肯定。这些都为从整体上评价该书,提供了有力的学术佐证与支持,从而引起了海内外学者对该书的普遍认同。

二、对中国传统德育思想的全面挖掘

1987年底,黄钊从湖南湘潭大学哲学系,调入武汉大学思想政治教育系。专业的转换,使他的科研方向不得不作相应的调整:由原来研究中国哲学史,改为研究中国德育思想史。这一变动,对于他来说,的确是专业探求上的一次重大转折。他不得不重起炉灶,另立门户。好在他原来在哲学史方面的功底,可以为他研究德育思想史奠定一个基础。因而,他很快地适应了新的变化,下决心通过对中国德育史的教学与研究,来为现实的思想政治教育专业建设服务。他深刻地认识到,德育是人类文明的产物,不仅今天存在,而且历史上已经存在了几千年。今天的思想政治教育专业要逐步得到完善,必须借鉴前人在德育建设方面的优秀遗产,使古为今用,纳陈创新。他指出:"中国传统德育遗产,渊源无比深广,内容极其丰富。从宇宙观,到政治观、道德观,都可以找到皓如红日、光彩四射的宝贵遗产","我们今天的社会主义德育理论,要得到进一步的发展,除了从总体上坚持马克思主义的德育原理、原则外,还必须吸取中国传统德育遗产中的合理因素,以扩宽和丰富社会主义德育理论体系。"①基于这一认识,近20年来,他把自己的主要精力,放在开发传统德育资源方面,先后著成《中国道德文化》、《儒家德育学说论纲》和《中国古代德育思想史论》等重要著作,为全面挖掘中国传统德育思想作出了自己的贡献。

1.关于"中国道德文化"的深入探讨

中国古代德育思想同中国传统道德关系十分紧密。为了深化对中国传

---

① 黄钊:《再论借鉴中国传统德育思想之于德育学科发展的必要性》,《学校党建与思想教育》2010年第3期。

统道德的认识,黄钊把"中国道德文化"作为自己的研究课题,旨在从文化学视角,对中国传统道德进行相应的探讨。他明确认识到,"道德文化是人类文化最重要的标志,它构成了人类内在的最深刻需求之抑恶扬善的精神力量,促成人类文明由低层次进入高层次乃至更高层次。"这就充分揭示了道德文化在人类文化建设中处于核心的重要地位。围绕《中国道德文化》的研究,他着重阐明了以下几个重要问题:

第一,阐明了中国道德文化的"研究范围"和"研究宗旨"。他说:"道德文化所涉范围极宽,凡我们民族的道德文化起源、道德的构成体系、道德价值取向、道德具体规范、道德生活实践、道德风俗习惯、道德范畴的演变以及道德教育方法与道德行为的评估等,都属于道德文化研究的范围。我们之所以要研究道德文化,旨在揭示人类社会运用道德规范、进行道德生活实践、实现社会文明与进步的客观过程及其规律,以便使道德文化在人类精神文明建设中,发挥应有的积极作用。"①

第二,阐明了中国道德文化的丰富内容。黄钊说:"我们民族的道德文化内容极其丰富。它起源于不同的学派,实践于不同的民族,生衍于不同的时代,表现为不同的形式。就不同学派的道德学说而言,有儒家道德文化、墨家道德文化、道家道德文化、法家道德文化,以及后起的佛家及其他不同学派的道德文化;就道德文化的领域而言,有社会公德文化、职业道德文化、家庭美德文化;就社会形态而言,有原始氏族时代的道德文化、奴隶制时代的道德文化、封建时代的道德文化、半封建半殖民地条件下的道德文化;就民族而言,有汉民族的道德文化、有各兄弟民族的道德文化,等等。纵观我们民族的道德文化传统,可以说是以儒家道德文化为主体,以墨家、道家、法家、佛家以及其他学派道德文化为补充,构成了一个十分庞大的道德文化体系。"②这些论述,从宏观上客观地揭示了中国道德文化的表现形式及其丰富内容。接着,他又以一系列体现道德精神的成语为例,揭示"天下为公"、"仁者爱人"、"见利思义"、"自强不息"、"厚德载物"、"勤劳俭朴"、"威武不屈"、

---

①　黄钊等:《中国道德文化·导论》,湖北人民出版社 2000 年版。

②　黄钊等:《中国道德文化·导论》,湖北人民出版社 2000 年版。

"杀身成仁"、"舍生取义"……等20余条道德理念的文化内涵,为人们从微观上探讨道德文化,提供了有价值的参考。

第三,揭示了中国道德文化的基本特征。黄钊认为,中国道德文化集中体现了中华民族的人生价值追求,它有自己鲜明的个性和优点,就其倾向性而言,至少有如下五大特征:其一,它以"尚道"精神作为指导原则;其二,它的理论建构遵循我们民族的整体思维路向;其三,它的精华是真善美的统一体;其四,它的优秀部分成为中华民族精神的载体;其五,它的优秀成果具有超历史、超地域的特征。对于这五大特征,黄钊分别一个个作了具体论证。认为这五大特征或优点,"从特定角度揭明了中国优秀道德文化的纯真价值及其长期存在的合理性和必然性"①。

2.关于"儒家德育学说"的重点阐发

黄钊非常重视儒家德育学说,专门撰成《儒家德育学说论纲》一书。他认为,儒家德育学说是中国传统德育学说的主干,其内容之丰富,思想之深刻,影响之长远,都是其他学派的德育学说所无法比拟的。特别是儒家学者所大力倡导的一些优秀道德精神,对于激发全民族的浩然正气,陶冶人们高尚情操,培育国民美好品行,都有永不磨灭的重大价值。我国历史上一代代英杰贤哲、仁人志士所表现出的高风亮节和道德情操,可以说都同儒家在德育实践中所倡导的高尚道德精神的熏陶与培育分不开。因此,"我们继承与弘扬我们民族的优秀德育成果,首先要继承与弘扬儒家的优秀德育成果"②。正是基于这些认识,黄钊积极投身于对儒家德育学说的上下求索。通过精读孔孟之书,思其旨,辨其理,明其术,鉴其道,深感儒家德育学说博大精深,值得好好研究、发掘。并从以下几个方面进行了深入探析。

第一,深入探索了儒家德育学说的理论渊源。黄钊明确认为,儒家德育学说的最终源泉,乃是《五经》。为了阐明这一问题,他认真阅读了《易经》、《诗经》、《书经》等相关儒家经典,从中摘引大量资料,借以论证儒家德育学

---

① 黄钊等:《中国道德文化·导论》,湖北人民出版社2000年版。
② 请参阅黄钊:《儒家德育学说论纲》之《自序》和第四篇《儒家德育学说与当代》,武汉大学出版社2006年版。

说同《五经》的渊源关系。他认为,儒家《五经》是中华民族远古文明的沉淀。儒家德育学说既然深藏于《五经》之中,则展示了它同我国远古文明的内在联系,从而说明儒家德育学说具有深厚的民族传统和文化根基。

第二,从纵向角度梳理了儒家德育学说发生发展的历史轨迹:一是重点阐述了先秦儒家学者孔子、孟子、荀子等,对创立和发展儒家德育学说所作的理论贡献;二是对秦汉以降历代儒家学者在继承和发展儒家德育学说方面所作的理论创造进行了个案探讨。其中,重点阐述了汉代的贾谊、董仲舒、扬雄,隋唐时期的王通、韩愈、李翱,北宋的周敦颐、张载、程颢、程颐,南宋的朱熹、陆九渊,明代的陈白沙、王阳明,以及明清之际的黄宗羲、王夫之、李二曲等人的德育学说。这就从纵向视角展示了中国古代儒家德育学说发生发展的历史轨迹,为人们全面掌握儒家德育学说,提供了有益的参考。

第三,对儒家德育成果作了重点评价。为了发掘、总结儒家德育学说,黄钊用了相当精力,对儒家一些德育遗产,作了重点评述,包括"儒家德育理论与方法"、"儒家德育学说的文化价值"、"儒家所倡导的廉政理念"以及"儒家关于家庭伦理"的构想等等,分别作了画龙点睛式的评述。在评价中,他坚持了两分法,既充分肯定了儒家德育成果的正面作用,说明它的可继承性;又对其中的某些封建杂质,给予了必要的批评。这就避免了肯定一切或否定一切的片面性,从而显示了他的独到之功。

第四,把研究的落脚点放在儒家德育成果的现代转换及其现代价值的发掘上。黄钊认为,"儒家德育理论既是中华民族传统德育理论的核心组成部分,又是世界上影响卓著的重要德育理论之一。随着世界文明进步的发展和我国国际地位的提高,儒家德育理论必将在世界文明的大潮中,日益显示其特有的光辉。而要达到这一目的,我们不能不考虑它在未来的发展,重视对它的现实价值的开发,促其尽快实现现代转换。"①为此,黄钊从理论上阐明了三个相互联系的问题:一是论证了儒家德育学说实现现代转换的必要性;二是论证了儒家德育学说实现现代转换的可能性;三是论述了促使儒

① 请参阅黄钊:《儒家德育学说论纲》之《自序》和第四篇《儒家德育学说与当代》,武汉大学出版社 2006年版。

家德育学说实现现代转换的主要方法与途径。这就从理论上阐明了实现儒家德育学说的现代转换与发挥儒家德育学说现实价值的密切关系：一方面，儒家德育成果存在现实价值，这是其实现现代转换的客观基础；另一方面，儒家德育成果完成现代转换，这是其实现现代价值的必要手段。两者相辅相成，不可分离。

3.关于"中国古代德育思想史"的系统梳理

在深入研究儒家德育学说发展轨迹的同时，黄钊还把研究的触角伸入到整个中国德育思想史。他认为"德育"有广义和狭义之分。狭义的"德育"，仅指道德观教育。广义的"德育"除包括道德观教育之外，还含纳世界观教育、政治观教育、人生观教育、价值观教育等内容。为此，他以广义"德育"为标尺，对中国古代不同历史时期、不同学派、不同思想家的德育思想，作了概括性的发掘、总结，从而著成《中国古代德育思想史论》一书。在书中，他从两个层面展开自己的研究：

一是发掘总结古代思想家关于德育理论方面的成果。主要包括思想道德教育"本体论"、"依据论"、"价值论"、"内容论"、"评估论"等相关的理论构建问题。所谓"本体论"，指的是从宇宙观角度，揭示思想道德教育形成的本原问题；所谓"依据论"，指的是从认识论角度，阐明思想道德教育的理论依据问题；所谓"价值论"，指的是从价值观角度，阐明思想道德教育的社会功能、历史作用问题；所谓"内容论"，指的是从教育学角度，阐明向被教育者传授的德育基本内容，其中主要包括社会规范、道德取向、人生追求、政治向往等方面的内容；所谓"评估论"，指的是从比较学的角度，对思想道德教育的效果予以正确评估，具体说来，就是对某一思想道德教育实施的成效，作出客观评价。以上"五论"，集中表达了古代思想家对德育理论所作的学术思考。思想家们通过对这些问题的不同回答，为我们留下了千姿百态的德育理论遗产。

二是发掘总结古代思想家关于德育方法方面的成果。"德育方法"，指的是人们在进行思想道德教育实践中，应当运用的方式、方法、原则等。我国古代思想家不仅创造了系统的思想道德教育理论成果，而且也创造了与之相对应的思想道德教育方法成果。它大致可以分为两大类：一类是关于受教育者自我教育的方法，如儒家学者所倡导的"学思并重"法、"反省内求"法以及"慎独"、"主敬"、"立诚"、"改过"等方法；另一类是教育者对被教育者实施教育的方法，如儒家学者所倡导的"因材施教"法、"循循善诱"法、"人格塑造"法、"环境陶冶"法、"情感熏陶"法以及"导之以德"、"齐之以礼"的方法等。这些方法，在我国古代德育实践中，都曾产生过积极影响，值得认真发掘、总结。

　　古代思想家关于德育理论和德育方法方面的思想遗产，是发掘、总结中国古代德育思想史的现实基础。有了这个"现实基础"，就为研究中国古代德育思想史提供了"可能性"。但是，要把这个"可能性"变为"现实性"，还必须付出艰苦的劳动。为此，黄钊近十余年来，几乎全身心地扑在《史论》一书的写作上。关于这一情况，他在该书的《自序》中曾这样写道："这部书的写作，是在我的晚年完成的，经历了从'花甲'到'古稀'的年龄演进。""多年来，虽年老体衰，眼花耳闭，却迎寒送暑，孜孜以求。直至'衣带渐宽'、'须眉变白'，也无怨无悔。总的感受是：'十年寒与暑，温凉我自知。甘作孺子牛，躬耕未敢辞。'"正是在这股精神的支撑下，该书顺利出版。全书共计 138 万字，涉及古代思想家约 120 余人，可称得上是"鸿篇巨制"。

三、在治学方面的鲜明特色

　　上述有关黄钊"在道家哲学领域奋力攀登"以及"对中国传统德育思想的全面挖掘"的相关情况，均从不同侧面反映了他对中国传统文化奋力探求的重要成果。但这些只是其学术成就的一部分。他在其他许多方面还有自己的独到之处，因篇幅所限，兹不罗列。这里着重谈一谈他的治学特色。

　　一是广博精深。黄钊涉猎广博，对中国传统文化之儒、道、释各个领域，都有钻研，且达到较高境界。关于儒、道方面的研究，上面已多有涉及。此外，他在《周易》研究、佛学研究方面也很用功，发表了《易经——中国传统文化的活水源头》、《东山法门的开创，标志禅宗的正式形成》等重要论文，还参与了 1994 年秋在黄梅召开的首届禅宗国际学术会议的组织工作,并与萧萐父先生合作主编了《禅宗与东山法门》一书,为确立黄梅东山在禅宗发展史上的重要地位,作出了自己的贡献。

二是回应现实。黄钊并不是一位只埋头研习古代故籍的书斋式学者,他十分关注现实,特别重视挖掘中国传统文化的当代价值,为建设社会主义精神文明服务。他认为,我们研究传统德育不是为了装门面,而是要借传统德育遗产之"箭",射中国德育建设之"的",也就是要促进古为今用,返本开新。在他的大多数著作和论文中,都充满强烈关注现实的浓厚气息。如他在上述的三本著作中,都辟有专门章节讨论传统文化的现代价值。他还撰成《论中国古代宗教道德在当代的现实价值》[①]一文,集中阐明宗教的"奉献意识"、"行善意识"、"制欲意识"、"宽容意识"的现代价值。这都表明黄钊关注现实,回应现实需要的理论情怀。

三是彰显人文。黄钊认为,我国传统德育遗产中,蕴涵有无比厚重的人文精神,对之认真发掘总结并予以继承发扬,对于拓宽与丰富当代德育人文理念,提高当代德育的影响力,有着不可低估的重大价值。因此,他在挖掘古代德育思想的现代价值的同时,十分注重传统文化中的人文精神的彰显,在他的文章中,总是以饱满的热情阐释、讴歌中华民族文化遗产中所蕴涵的无比丰富的民族精神和人文精神。认为这些精神都集中表达了中华民族文明进步的人文追求,的确引人入胜,激人向上,值得好好继承。与此相一致,黄钊还特别重视传统文化的宣传普及工作,他特别主编有《国学语录》[②]一部和《国学经典诵读》[③]三册,为广大传统文化爱好者及青少年学习国学提供了有益的普及式读物。

四是注重方法。作为思想教育学科的学者,黄钊对德育方法给予了特别的关注。他十分重视对先贤德育方法的发掘与总结。他认为,中国古代思想家多重视德育方法的设计与运用。如孔子所倡导的"因材施教"法、"举

---

① 载《世界宗教研究》1996 年第 3 期。
② 《国学语录》,人民出版社 2011 年版。
③ 《国学经典诵读》三册(含初中一册和高中一、二册),湖北教育出版社 2013 年版。

一反三"法、"愤启悱发"法等属于"循循善诱"式的德育方法；孟子所倡导的以"反求诸己"、"反身而诚"、"求其放心"等为特色的"反省内求"法；此外，墨子、老子、庄子等，也都在德育方法方面有自己的独特创造。为此，他认真对之予以用功发掘，仅《中国古代德育思想史论》一书，所涉方法的内容就达六分之一的分量。这都表明他对方法的偏爱，是一大特色。

　　黄钊教授数十年如一日，在传统文化领域辛勤耕耘，上下求索，不懈进取。天道酬勤，他终于取得令人瞩目的学术成就，先后独著或主编学术专著十余部，并在《中国哲学史研究》、《世界宗教研究》、《佛学研究》、《光明日报》、《中国教育报》、《武汉大学学报》、《中州学刊》、《湖北社会科学》、《江西社会科学》等重要报刊发表学术论文180余篇，可谓成果丰硕，著作等身。据此，我们用"浩首穷经勇求索，传统学术谱新章"两句话来概括黄钊教授的学术追求及其成就，他是当之无愧的。

四、主要论著

《帛书老子校注析》，独著，台湾学生书局，1991 年

《道家思想史纲》，主编，湖南师大出版社，1991 年

《中国古代政治思想史纲》，独著，武汉大学出版社，1992 年

《三德教育论纲》，主编，武汉大学出版社，1997 年

《中国道德文化》，主编，湖北人民出版社，2000 年

《儒家德育学说论纲》，独著，武汉大学出版社，1996 年

撰写者：佘双好，武汉大学马克思主义学院教授、博导、院长。

黄明同

　　黄明同,1940 年出生于广西合浦（原属广东）。曾先后在广东师范学院和华南师范大学等院校任教。后调入广东省社科院,任孙中山研究所副所长、哲学研究所所长,研究员。并担任孙中山基金会第二届理事会秘书长、"广东历史文化名人丛书"编委会主任兼副主编,以及国际儒学联合会顾问等。

一、学术简历

　　我出生于一个归侨家庭。祖父是 1931 年回国的侨工,从南洋回乡后买地、开作坊和店铺。他常以其海外经历给儿孙进行家教,给我童年灌输了许多新理念。母亲因婚后不能如愿上学而把一生的夙愿寄托在儿女身上,我虚龄 6 岁就被送进小学,考中学时不得不把年龄加大一岁。1957 年进入了华南师院中文系。

1961 年毕业,被分配到广东师范学院中文系任教。后遇经济困难,高校进行调整,我被调到广州业余大学中文系。"文革"期间,阴差阳错,转行教哲学。1978 年,调入华南师范学院(后改名华南师范大学)马列主义教研室,担任政治经济学课程的教学。1980 年被推荐到哲学所承担中国哲学史课程。我要求脱产进修。1980—1982 年,先后在中山大学和复旦大学脱产进修,师从著名学者李锦全与潘富恩二位教授,专攻中国哲学。

1980 年,开始从事科研与研究生的教学工作,经常参加中国哲学史的学术会议,文章上了国家级刊物。1985 年评为副教授,同年,参与筹办中国哲学史学会第三次年会,筹办期间与中山大学丁友兰教授赴京,到张岱年、任继愈和石峻三位先生的家听取意见。1996 年,参与"岭南近现代思想研究中心"的组建,成立广东第一个岭南文化研究机构,担任秘书长。正是事业发展如意之时,中哲史课被砍,我也于 1988 年被调入广东省社科院孙中山所,终结了大学教坛生涯。

1990 年被任命为孙中山所副所长,1992 年被评为正研究员,调任哲学所所长。在社科院期间,完成了匡亚明主编的"中国思想家评传"的约稿《陈献章评传》(25 万字)。在孙中山思想研究方面,从经济思想到哲学、文化等,出版了专著 5 本,发表论文 20 余篇。2011 年,主持编辑《广东省志·社会科学志》(100 万字);2011 年"孙中山建设哲学"获国家社科基金立项;2004 年,担任"广东历史文化名人丛书"(50 种,共计 500 万字)副主编,以及编委会主任,负责编务工作。

2007 年,担任孙中山基金会第二届理事会秘书长,在任期内打造了 4 个品牌,即"'天下为公'两岸行"活动、"中山大讲坛"、学术研究活动、"光明工程"。2011 年主持纪念辛亥革命 100 周年三大系列活动,其中大型的学术研讨会、两岸青年"寻觅孙中山革命足迹",有较好的社会效应。两次组织召开

"从孔子到孙中山"的学术研讨会,开拓传统文化研究的新思路。2013 年组建广东省岭南心学研究会,担任会长。主持校勘编辑《湛若水全集》,完成300 余万字书稿,并积极参与文化普及工作,在广州、中山、江门、增城、南昌、台北、香港等地讲学,策划与组织两届"甘泉文化节"。现任国际儒学联合会顾问。

二、主要研究领域及学术观点

30 多年来的研究领域主要是在中国哲学与岭南文化,尤其是孙中山研究与岭南心学的研究,有一定的突破。

1.王船山研究

论文《王夫之历史哲学》,发表于《哲学研究》1982 年第 10 期。在认真阅读史料的基础上,采用辩证方法,梳理其历史观的逻辑发展路径:天—人(世)—心—伦理—尊君。论文指出:"王船山历史哲学完整、独立的体系,其有着自身的逻辑","但其中又包含着难以解决的矛盾",既"提出历史进化论,揭示人类社会发展的过程与规律","注重了历史发展的客观必然性和人的主观能动性的统一",但是"又要维护'心'在传统历史观中的至上性","由心引出纲纪,又从纲纪引出尊君","最终陷入了圣人创造历史的英雄史观"。论文不同意称王夫之为"启蒙思想家",也不同意称之为"理学家"。1982 年冬在湖南王船山学术研讨会期间,湖南人民出版社约请把文章写成专著,与吕锡琛合作,于 1986 年出版专著《王船山历史观与史论研究》(20 万字)。中国社会科学院谷方先生在《中国哲学年鉴》上发文作了评介。

2.陈献章研究

1986 年,《中国思想家评传》编辑部约写《陈献章评传》,于 1998 年南京大学出版社出版。陈献章是广东唯一入祀孔庙的硕儒,人称白沙先生,他拉开了明代心学的序幕。白沙心学具有开拓意义,但由于种种原因,学界对陈缺乏研究。广东虽有两次白沙研究热,对其心学性质进行研讨,但争议甚大，或认为唯心论，或认为唯物论，各执己见。《陈献章评传》以第三种观点出现，是一个突破，得到广东学界普遍认可。书中明确提出，陈献章"上承濂溪之学，又糅合二程、朱、陆、张诸家之学说，融儒、释、道为一体"，"提出了'以道为本'、'心具万理'，且又'天地一气'、'道通于物'的虚实互参的新哲学体系，创立'江门学派'"。书中还全面剖析其政治思想、教育思想与人生哲学，是大陆第一部系统研究陈献章的专著。创新点主要有：研究方法上，排除"非此即彼"的"二分法"，采用"亦此亦彼"的系统方法；学理上，揭示陈献章特有的开放、兼容与创新的文化精神，以及其学说融汇儒释道的多元特色，突出白沙学既虚又实，既承认"心"的主控性，又承认心外"鸢飞鱼跃"的物质客观性，展示白沙学与陆王学的区别。此书出版后，李锦全教授发表书评予以肯定。

2013年，出版专著《明代心学开篇者——陈献章》。该书以陈的生平为线索，学理上则进一步阐述白沙心学是"心外有物"的心学，有别于"心即理"、"心外无物"的阳明心学，并设了专章比较白沙与阳明之异同，开拓了明代二心学流派的比较研究；又明确提出由陈献章开篇的明代心学，是中国早期的启蒙思潮。书中专论了湛若水作为衣钵传人，对先师学说的继承与弘扬，及其创立书院传播白沙学，使江门学派跨越岭海；还就一些学界的争议进行辨析，如陈献章师从吴与弼，未及一年返乡，称"未知入处"，吴对他是否有帮助？对这一争议比较大的问题作了回应。该书不仅受到学界的关注，还因其可读性强而成为通俗的心学读本，受到广大读者欢迎。

2015年出版的《岭南心学——从陈献章到湛若水》，是系统研究岭南心学的第一本专著。其超越前两部专著之处：一是明确界定了岭南心学，阐述了白沙心学的内涵及其创新性，详细阐述湛若水如何继承与弘扬白沙学，使之完善化、系统化、精微化；二是明确提出明代心学发展的基本进程是白沙心学——甘泉心学——阳明心学，即白沙开创，甘泉发展，阳明集大成；三是提出陈湛心学与阳明心学是明代心学的两大流派，由于创立的时间与地区的差异而存在相异之处，书中对异同作了比较；四是明确提出明代心学是中国早期的启蒙思潮，是明代社会改革促使商品经济发展而带来的思想硕果，反映了商品经济的发展,是对人性平等、渴求自由与思想解放的时代呼声;五是提出明代心学具有现代性,进行现代转换,可使之直接服务于当今的软实力建设。该书得到岭南文化研究的专家李权时教授的较高评价,认为是一部填补学术空白点的著作。阳明学研究专家吴光教授同意书中关于明代心学的启蒙性的观点。

3.孙中山研究

有关孙中山研究,先后出版了多部专著,并发表了一批论文,共计 100 多万字。在研究方法与学术观点上,均有所突破。在方法上坚持"亦此亦彼"的系统方法,对孙中山思想进行具体的、实事求是的、合乎历史的公允评价,并敢于冲破领袖人物或权威人士的定论。

(1)关于孙中山的历史定位

主流观点把孙中山称作"民主革命先行者",是"资产阶级思想家",其经济纲领是"主观社会主义客观资本主义",并称之为"大炮"、"空想"。2010 年 8 月 9 日《北京日报》刊登我的文章(原稿以"重新解读孙中山"为题,刊出时题为"中国民主革命的伟大先行者,中国近代化的先驱、中国文化转型中的界碑式人物——一位不被'帽子'遮蔽的孙中山")。文章"从挂孙中山像说起",为孙中山摘除"大炮"、"空想"、"资产阶级"与"资本主义"4 顶帽子,对孙中山的历史定位除了原有的"革命先行者"外,增添了"中国近代化的先驱"和"中华文化现代转型中的界碑式人物";文章认为孙中山是伟大的革命家,还是具有超前性与创新性的思想家,最后归纳了其十大思想亮点。文章刊出后,有中华国学网、中华网、中国新闻网、腾讯网、凤凰网、哲学论文网、政治论文网等十多家网站转载或节选刊载,点击者众多,并引发网上互动。

(2)关于孙中山的思想拐点

孙中山"与时俱进",不断依据时势变化而调整思路,以顺应历史潮流。从"维新"到"革命"是一拐点,从"民族"、"民权"二主义,到添加"民生"的"三民主义",又是一拐点。论文《孙中山思想的大拐点——从西方模式到中国特色路》在 2011 年 10 月 10 日《广州日报》发表。文中指出孙中山在 1895 年伦敦蒙难获救后停留欧美,他目睹了西方工业化之后社会贫富对立、财富被垄断、工人罢工游行,又在大英图书馆阅读社会主义思潮的著作,"在观察、感悟和反思中,重新审视了西方社会,思考中国的发展道路",于是明确提出"中国不能再走西方的老路",要"不致再蹈欧美今日之覆辙",强调摘西方文明之"善果",避西方之"恶果"。文章指出,1905 年《明报发刊词》首次提出了"民族主义"、"民权主义"与"民生主义"的政治主张,同盟会的"总章"明确表述为"驱除鞑虏,恢复中华,创立民国,平均地权"。这一思想拐点,是借鉴儒家的"均富"、"民本",而与西方的先进思想结合,提出了实施民生主义以避免社会贫富对立,并确保"主权在民"的主张。

(3)关于民生主义的性质

1991 年发表论文《孙中山的民生主义性质的再探索——民生主义的多维性》,提出孙中山的民生主义具有多种属性,非单一性质的社会制度,具体便是"民生主义='国家社会主义'(即'集产社会主义')=德国俾斯麦的'国家社会主义'(实则国家资本主义)=列宁的新经济政策(即国家资本主义)=英、德、美战时国家社会主义(实则国家垄断资本主义)=孔子的大同主义(即'天下为公'的大同社会)≠马克思主义的社会主义"。之后,在专著《孙中山经济思想研究》等论著中,再次阐述这一观点。民生主义是三民主义的重要组成部分,也是学界在解读中争论最多的部分。学界的主流观点是依据列宁在《民粹主义》一文中提出的"主观社会主义客观资本主义"的说法,本人如上观点的提出,是对主流观点的挑战,曾得到著名学者沈渭滨教授的肯定,其《民生主义研究的回顾》(《江海学刊》2007 年底 4 期),回顾了民生主义研究的过程,指出党的十一届三中全会以来,"学术界对孙中山社会主义的理解,出现了与以往主流观点不同的看法";文中以颇长的篇幅引述了我的论文观点,指出我是依据孙中山本人对民生主义的多元解释,而认定孙中山的民生主义是集诸种社会主义之所长而构想出来的理想社会,给民生主义赋予了多种属性,明确肯定我"不同意把它归之为资本主义和资产阶级主观社会主义之类的说法",是孙中山研究的一大突破。

(4)关于现代化建设蓝图与系统思维方法

1996 年,出版了与卢昌健合著的《孙中山经济思想研究》,2006 年重版时改名为《孙中山经济思想——中国建设前瞻者的思考》。该书的理论突破主要有：关于建设目标——民生主义，及其性质的多元性；关于土地制度，是"平均地权"与"耕者有其田"的互补，从时空互补上编织中国的土地改革蓝图，既变革历史遗留的土地问题，又防止工商业发展后由于土地垄断而带来贫富对立；关于资本制度，是"节制资本"，既"发达国家资本"又允许中小企业的发展，即要营造以公有制为主导，多种经济成分并存的所有制模式；关于现代化的建设蓝图，指出孙中山以世界视野构建了新中国建设计划，"一个以港口、铁路、河运建设为先导，以机器、冶炼为重点，粮食、衣服、居室、行动、印刷工业同时并举，三大经济区域同时开发、协调发展的宏大的经济建设系统工程"。书中指出蓝图有空想成分，但更有可行性，对蓝图是否具有可行性这一学界争议已久的问题作了回应，并以台湾在 20 世纪 60 年代腾飞，以及大陆改革开放以来的事实，说明其计划的超前性与前瞻性，说明孙中山是中国现代化建设的先驱。专著的出版，得到学界权威人士的关注，著名经济学家国务委员吴象、著名经济学学者曾牧野、著名孙中山研究专家张磊为该书撰写了序。书中的一些观点和图表常被一些年轻人抄用或引用。

研究孙中山经济思想时，发现其系统思维方式，于是撰文《浅论孙中山的系统思维观》，后以"孙中山建设哲学"申报国家社科基金课题，2002 年获批立项，2006 年出版《孙中山建设哲学——中国现代系统思维的开启及运用》。书中阐述了孙中山建设哲学的基本内涵：系统建设观、开放建设观、协调建设观、均衡建设观、和谐社会观，并剖析其建设哲学产生的思想渊源与社会历史背景，揭示其建设哲学的当代价值。这是学界对孙中山系统思维及其应用进行研究的第一本专著，不仅拓展了孙中山研究的视野，也是对孙中山思想的时代性、深刻性与理论性的高度肯定，是对孙中山的公允评价。

在 2000 年中山市召开的研讨会上，著名学者、原西北大学校长张岂之教授的发言，便肯定论文《浅论孙中山的系统思维观》有创意；后来"孙中山建设哲学"课题结题时，有学者诘难这一选题，张岂之先生则表示了对课题的极大支持，先后四次写信给予鼓励，并对书稿的修改提出具体意见，并回应某学者的诘难，明确指出"这个项目，着重探讨孙中山关于建设时代哲学的探索,是有必要的;从一个新的角度来研究,很有意义";"'革命'与'建设',是振兴中华的两大步骤,在'建设的大业'中必须强调协调、和谐、稳定","着重研究孙中山先生的社会建设观","是有意义的,也许这是孙中山研究工作中创新的一个点"。

(5)关于中华文化的现代转型

与几位年轻人合作的专著《孙中山的儒学情结——中华文化的承传与超越》,是旧题新做,但有所突破与创新。书中深入探讨孙中山的三民主义学说,如何把西方的先进思想与中国儒家的核心理念结合而后创新,系统全面地剖析了三民主义对儒学与西方学说的吸取及其中的创新,并揭示孙中山在中国文化发展进程中的历史地位。孙中山面对"西学东渐"而出现中华文化向何处去的困局,能兼收古今中外的优秀文化而创新,创立既有民族特色,又富有时代精神的"三民主义",实现了中华文化的现代转型。书中明确提出,孙中山是革命家、政治家,也是推进中华文化现代转型的界碑式人物,其"兼收众长,益以新创"的开放文化观,至今仍有启迪意义。张岂之、张磊、李锦全诸位教授,对该书的开拓性给予了肯定。该书在社会上也引起一些反响,北京一位离休少将读了此书,十分敬佩孙中山并高度评价其三民主义,亲自给作者写邮件,并派助手联系作者。一本学术著作,得到非学界读者的关注,是学术与社会接轨的体现。

三、主要论著

独著:

《陈献章评传》,南京大学出版社,1998 年

《明代心学宗师——陈献章》,广东人民出版社,2005 年

《南岳先贤——湛若水》,广东人民出版社,2010 年

《明代心学开篇者——陈献章》,上海古籍出版社,2013 年

《岭南心学——从陈献章到湛若水》,上海辞书出版社,2015 年

《孙中山建设哲学——中国现代系统思维的开启》,社会科学文献出版社,

2006 年

《超越时空的思想智能——重新解读孙中山》,广东教育出版社,2011 年

合著:

《王船山历史观与史学研究》,湖南人民出版社,1986 年

《孙中山经济思想研究》,广东人民出版社,1996 年

《孙中山经济思想——中国建设前瞻者的思考》,社会科学文献出版社,
2006 年

《孙中山的儒学情结——中华文化的承传与超越》,社会科学文献出版社,
2006 年

《康有为早期遗稿述评》,中山大学出版社,1988 年

代表性论文:

《孙中山哲学的特点与性质》,《学术研究》,1985 年第 4 期

《试论孙中山文化观产生的历史背景》,《广东社会科学》1989 年第 2 期

《试论孙中山开放文化观》,《哲学研究》1990 年"中国哲学史专刊"

《王夫之的历史哲学逻辑初探》,《哲学研究》1982 年第 10 期

《船山的"治乱论"刍议》,《船山学报》1984 年第 4 期

《朱熹的治乱大循环论》,《中州学刊》1985 年第 4 期

《孔子的和谐哲学与东方的管理模式》,(台湾)《中国文化月刊》第 129 期
(1990 年 7 月)

《王船山历史观与近代文化取向》,《广东社会科学》1993 年第 4 期

《论岭南陈湛理学》,《中国哲学史》1994 年第 2 期

《陈白沙哲学思想的思路与走向》,《广东社会科学》1995 年第 1 期

《阳明心学与白沙心学之异同——兼论明代心学之历史贡献》,《中国哲学
史》2013 年第 3 期

《阳明心学与陈湛心学之异同》,《浙江社会科学》2015 年第 12 期

撰写者:黄明同

贾顺先

　　贾顺先,1926 年 10 月生,汉族,四川南充人,中共党员。历任四川大学哲学系中国哲学史专业助教、讲师、副教授、教授,中国哲学史教研室主任,《四川大学古典文献研究丛刊》编委,担任哲学系研究生和美国、日本、德国博硕士进修生导师,兼任国际儒学联合会理事、顾问,全国中国哲学史学会第一、二、三、四届常务理事,国际中国哲学会大陆西南资讯中心负责人,四川省中国哲学史研究会名誉会长等职,科研成果多次获省部级奖。

一、个人简介

贾顺先高中毕业后,从 1949 年 9 月开始,先后任四川南充县的小学教员、教导主任和校长,由于教学有方,成绩优异,被评为南充县模范小学教师。1952 年 9 月考入四川师范学院学习,毕业后任南充县中学教员。1958年 8 月为了支援祖国建设,奉国务院令调到青海教师进修学院,任哲学教员。1960 年 9 月,考入北京的中国人民大学哲学系研究生班。1963 年 10 月毕业后,分配到四川大学哲学系任教。

贾顺先治学勤奋,以"路漫漫其修远兮,吾将上下而求索"为座右铭,长期从事中国传统哲学的研究与教学工作,在中华传统文化、儒学、蜀学、中国哲学等领域影响广泛,受到学术界的普遍尊敬。他坚持辩证法,提出了哲学家的二重性和东西方文化交流互补、融合创新等问题,发表论文 40 篇 60 多万字,并出版专著(含古籍整理)10 部,参编教材 1 部。曾多次应邀参加在美国、日本、韩国和中国香港、台湾等地召开的国际学术会议,其学术研究工作与成果受到国内外学界与各级政府的充分肯定与赞扬。1992 年 10 月,成为享受政府特殊津贴专家,其学术成果《宋明理学新探》、《退溪全书今注今译》荣获四川省哲学社会科学优秀科研成果二等奖(1990 年、1996 年),《略论老子的"道"》、《宋学新探》荣获四川省哲学社会科学优秀科研成果三等奖(1984 年、1986 年),其参编的教材《中国哲学史》荣获国家教委"优秀教材一等奖"(1988 年)。

二、主要学术成就与贡献

贾顺先的治学大致可分为前后两个时期,前期(1970—1992 年)着力于中国哲学、儒学史、蜀学等领域的研究,后期(1992 至今)主要围绕儒家的当代价值、儒学与世界文明等展开。

(一)中国哲学与儒学史研究

　　贾顺先认为,哲学家的思想具有二重性,唯物主义与唯心主义、辩证法与形而上学之间并非只有斗争,而是存在着相互依存、渗透、转化等复杂关系。

　　1979年,在山西太原召开的全国哲学史讨论会上,贾顺先发表了《关于唯物主义与唯心主义的斗争、依存和转化的问题》一文。他认为,唯物主义与唯心主义之间并非截然对立,而是存在斗争、依存、统一、转化等多重关系。"它们之间并不是水火不相容的,而是通过相互刺激,迫使对方加深对问题的认识,相互吸取对方提出的对自己有用的资料,以克服自己的片面性,或充实自己的体系,从而推动哲学史由低级阶段向高级阶段的发展"。1981年,他又发表了《关于唯心主义评价问题的几点看法》,进一步指出对唯物与唯心应一分为二来看待,"唯物与唯心、辩证法与形而上学,它们总是通过既相互依存、渗透,又相互斗争、转化这种关系来推动着人类认识的发展。有我无彼,有彼无我,各不相干,唯物、唯心各自运动变化,这种情况是不符合人类认识发展的真实历史的。"此后,他更是把这种辩证哲学思想自觉运用于儒学史与儒学人物研究之中,先后发表了《宋代理学中的辩证法及其特点》《论朱熹哲学思想的二重性》《论宋明理学的二重性》《试论柳宗元哲学体系的二重性》《宋明理学新探》等研究成果。这些论著坚持辩证法,秉承实事求是之精神,反对因人为因素而对历史事实做片面评价,主张对历史人物不仅要批判,而且要在批判中看到其思想的合理性,"如果只片面地强调二者之间斗争,把一部哲学史单纯地看作是'唯物主义战胜唯心主义的斗争史',只强调斗争,而否认人们在认识的长河中,它们之间还有互相依存、互相转化这些客观事实,也是错误的"。尤其值得关注的是《宋明理学新探》一书,该书不囿旧说,不仅对宋明理学的代表人物思想进行了系统研究,而且还上溯唐代,将柳宗元、韩愈、李翱等人视作宋明理学思潮的先驱者。通过对宋明理学的产生、性质和二重性进行深入探讨,主张不能仅仅批判唯心主义形上体系,而是要发现这些思想体系中的积极因素与合理成分,如爱国主义、道德修养等。此外,该书还专列一章介绍宋明理学在东西方的传播和影响。全书使用唯物辩证的科学方法,实事求是地评价历史上的哲学流派及其学说。反对把哲学家、哲学流派写成一种固定不变的脸谱和类型,重在根据原始文献,按其本来面目和思想类型,揭示其哲学思想中错综复杂的矛盾状况,反对隔断历史而空谈创造发展。张岱年先生对本书的价值立场,给予了充分肯定:"许多哲学史工作者对于唯心主义理学采取了全面否定的态度,恐怕并不符合实事求是的原则。……《宋明理学新探》对于唯心主义理学,进行了辩证的分析,这是可贵的,这是近年宋明理学研究的新成果。"这些研究论点与方法可以说一扫长期以来中国哲学、历史人物研究中保守、僵化的研究风气,为中国哲学、儒学史研究新局面的开拓,做出了重要贡献。

(二)蜀学传承与蜀学人物研究

20 世纪 80 年代,当时各省地方学术思想研究方兴未艾,贾顺先与戴大禄启动了《四川思想家》计划。该书于 1988 年由巴蜀书社出版发行,全书梳理了上起西汉严遵,下至近代吴虞公的 20 位蜀学名家,对他们学术方法、思想贡献与不足等展开了全方位和多角度的研究。书中《前言》更是对巴蜀文化的历史和特征进行了总结概括。他指出,"自汉、唐、宋、元、明、清,到现代'五四运动'时期,四川都涌现出一批又一批时代的佼佼者。他们在融合黄河流域的齐鲁文化和长江流域的楚文化中,使富于伦理道义论辩的孔孟思想和混然朴实富于哲理的老庄思想,以及充满忧国忧民思想的屈原辞赋等特色都融为一体,创造出了四川思想文化的独特风貌。""到了近代,由于西学东来,引起了整个中国思想界激烈的变化,四川的学者……许多人纷纷东渡日本或远赴西欧求学……在怎样对待中西文化的问题上,他们中有的人主张全部抛弃中国的固有文化,全盘接受西方文化;但多数人则是将西方文化与中国文化结合起来,于是便形成了中西文化相融合的这一特点。"书中部分章节更是直呼"蜀学"之名。该书史料详实,论证充分,持论有据,初步廓清了蜀学发展的历史流变,揭示了许多被忽视而又具有重要地位的人物与思想的变化动态,填补了以往研究之不足。在全面展示巴蜀文化特色的同时,又紧扣中华文化发展脉络。尤其难能可贵的是,该书虽为学术论著,却饱含着满满乡情,"悠悠桑梓情,拳拳赤子心",字里行间寄托着编者对巴蜀文化、蜀学历史的浓浓深情。

在关注蜀学发展流变的同时,贾顺先对蜀学人物的研究也用力颇深,以杨慎研究为其中之代表,就杨慎的哲学思想、文学思想、考据学思想等发表了系列论文。1990 年,他与台湾林庆彰教授启动了《杨慎研究资料汇编》计划,并于 1992 年由台北中研院文哲研究所出版发行。该书收集了 20 世纪 80、90 年代以来研究杨慎的资料百余篇,涵盖期刊、论文集、辞典等多种文献资料,分上下两编。上编收录较通俗的资料,分生平事迹、文学成就、作品赏析、其他等四类;下编收录较具学术价值的资料,分生平与著作、学术思想、文学成就等三类,各类文献均按发表时间先后排列。可以说,此书对 20 世纪 90 年代初及之前的杨慎研究成果作了一次全面检视,比较全面系统地整理收集了杨慎研究的各类资料,成为辅翼《杨升庵丛书》等文献整理著作的重要资料,也为研究杨慎和明代学术史提供了极大便利,开创了两岸学者合作的良好示范。

(三)儒家文化与世界文明研究

20 世纪 90 年代后,面对日益广泛的文化接触与碰撞,如何处理儒家文化与世界文明的关系,发扬儒学之所长等问题日益突出。为此,他撰写了《关于中西文化的斗争、融合和发展创新问题》、《宋代哲学对东方思想文化的影响》、《论儒学与西方文化的交流、互补与创新》、《儒学与世界文化和人类和平》等系列学术论文,深入探讨世界各国文明和谐相处之道,试图为世界文明冲突寻找出路。他指出:"各个国家、民族所处的地理环境、政治、经济、发展情况有千差万别,因此在思想文化上,只能走多元并存、交流互补、融合创新的道路","今后世界文化的发展,绝不是'全盘西化'和'东方压倒西方',而是走取东西方文化之长而舍其短的道路。各种不同甚至互相对立的文化思想,在对立、斗争中,通过彼此不断的发展、变化,逐渐融合为一种更新的文化,看来是世界文化发展的规律"。他认为儒学的主要思想是"修身、齐家、治国、平天下",重视人的价值,强调友爱、合作,主张仁政,反对暴政;主张和平,反对侵略,是以"仁"为核心的学术思想,实现天下太平的"世界大同"是儒学的最高思想境界。儒家文化对亚洲各国(越南、朝鲜、日本等)产生了极大影响,同时也是欧洲启蒙思想家的重要思想来源,由此足见"儒家思想具有广泛现实的世界意义,世界需要儒学提供未来发展所需的精神食粮"。他既反对"全盘西化",也反对复古倒退的国粹主义。他在回答台湾《国文天地》杂志举办的"海峡两岸论'五四'"的专题讨论中明确指出:"《河殇》忽视了'五四'后世界文化和中国实际的发展变化,片面地强调蔚蓝色的西方社会的道路,无视中国本身的特点和东方各国,如日本以及亚洲四小龙经济发展的现实,把农业文明与工业文明,把中国的传统文化与发展现代经济的工业化道路绝对对立。而且重复'五四'时期早已提出,并经过实践证明是行不通的'全盘西化'道路,特别将中国五千年来以黄河流域为首的古代文明,与长城以及古代宫殿城池等建筑,都武断地一律斥之为是'封闭''保守'的象征。这是违反科学发展的事实,与'五四'提倡的科学、民主精神不符合的"。只有"集中东西方人的共同智慧,从平等协商、和平共处入手,方能制止战争,实现世界和平"。

(四)儒学研究中的"国际视野"

为进一步弘扬以儒家为代表的中华优秀传统文化之精髓,1991 年,贾顺先与韩国退溪学研究院签订协议,全面启动《退溪全书今注今译》计划。该项目为国家新闻出版署"八五"重点图书规划项目,计划将朝鲜李朝理学名家李退溪(1501—1570)所著《退溪全书》(约 120 万字)译注成现代汉语。李退溪为朝鲜朱子学的代表人物,他的思想是中国朱子学在国外的一个重要分支,他全面继承了朱熹的哲学思想,被誉为"东海朱子"。由于历史的原因,解放后的中国学者鲜知其人。在韩国国际退溪学会的推动下,中国陆续涌现了一批退溪学研究者,而贾顺先主编的《退溪全书今注今译》(8 册,约 500 万字),与现代韩语版的《退溪全书》几乎同时完成,在海内外形成了一股研究热潮。上海《新民晚报》在 1992 年 9 月 23 日的书评中盛赞该书为"中韩文化交流增添了异彩"。韩国退溪学研究员理事长李龙兑、院长安炳周 1992

年 7 月 24 日来信说:"为退溪学和朱子学以及东方文化,你们打开了宝贵的
真门户","在东方文化史上建立了一座金字塔"。可以说,贾顺先以其独到
的学术眼光和宽广的国际视野,开创了我国传统学术研究与国际合作的经
典范例,为中国学界提供了难得的研究资料,成为国内韩国儒学研究的代表
人物,张岱年先生称赞该书"为退溪哲学思想的研究做出了重要贡献"。

(五)儒者的经世情怀

1999 年 10 月,贾顺先在北京参加世界儒学大会时,看见一群小学生背
诵《论语》,他与参会的中外学者为之热泪盈眶。然而,原版《论语》为语录汇
集,既不按问题性质分类,也显示不出孔子思想的内在关系,单纯地背诵不
便于广大中青年和青少年的阅读与国际交流,更难以全面把握儒家学术的
实质要领,难以从思想深处养成儒家的人生观和齐家、治国、平天下的才能。
有鉴于此,贾顺先有了《论语新编注译》的想法。会后,他向张岱年先生商谈
此事,张先生认为"编撰《论语新编注译》,这是大好事",表示"完全支持"。
他与学生潘大德、唐平等深入研究,以《礼记·大学》中"修身"、"齐家"、"治
国"、"平天下"的思维结构,将《论语》新编为五章,即"仁者爱人"的人生观,
"有教无类""诲人不倦"的教育思想,"父慈、子孝、人和、主俭"的"齐家"主
张,正己任贤、德治为主、刑罚为辅的治国策略,圣贤治世、世界大同的政治
理想。此书 2001 年 6 月由四川大学出版社出版。2009 年 7 月,更名为《论
语新编诠释》,由巴蜀书社再版。书中明确指出《论语》的核心思想是"仁",
"孝悌"是实现"仁"的根本,"礼"是社会公认的行为准则,而"以德治国",注
重德治与感化具有重要价值。全书加注、加译,编排新颖,张岱年先生称赞
该书"分类摘抄论语的章节文句,显示孔子思想的理论体系"。不仅如此,该
书出版,正值我国"以德治国"方略全面实施之际,此书着眼点在"大众",落
脚点在"普及",对中华优秀传统文化的普及与弘扬,创新与转化,对维护国
家的长治久安具有十分重要的现实意义。

贾顺先从事学术研究与教学 60 余载,他自觉将马克思主义原理与传统
文化研究相结合,并根据哲学辩证法来指导教学与科研,在坚持马克思主义

基本原理的同时,又能与时俱进地提出新问题、新见解,思维敏锐,眼光独
到,见解精辟,学风严谨。他为人宽厚,奖掖后进,为我国哲学社会科学事业
培养了一大批优秀人才,充满了对祖国和人民的热爱,美国斯坦福大学谢幼
田研究员曾以赵煦的诗"有足纵横一万里,此心上下五千年",盛赞贾顺先的
学术贡献与献身精神。

三、主要论著

代表性著作:

《论语新编诠释》,与潘大德、唐平合著,巴蜀书社,2009 年

《庄子思想新探》,巴蜀书社,2008 年

《儒学与世界》,四川大学出版社,2006 年

《论语新编注译》,与潘大德、唐平等合著,巴蜀书社,2001 年

《退溪先生文集考证校补》,贾顺先主编,刘伟航著,四川人民出版社,1998 年

《退溪全书今注今译》(8 册),主编,四川大学出版社、四川人民出版社,1992—
　　　1996 年

《杨慎研究资料汇编》(2 册),与林庆彰主编,台北中研院中国文哲研究所,
　　　1992 年

《四川思想家》,与戴大禄主编,巴蜀书社,1988 年

《宋明理学新探》,四川人民出版社,1987 年

《中国哲学史》两卷本,参编,承担"宋明理学"部分,人民出版社,1982 年

《青衫客诗稿》,载《儒学与世界》,四川大学出版社,2006 年

《东游访学记》,载《儒学与世界》,四川大学出版社,2006 年

代表性论文:

《论儒学与西方文化的交流、互补与创新》,《四川大学学报》2001 年 1 期

《关于中西文化的斗争、融合和发展创新问题》,《中华文化论坛》1994 年 4 期

《宋代理学研究的新进展》,《文史杂志》1993 年 4 期

《儒学对日本企业文化的影响——兼论传统文化与现代化建设的关系》,

《四川大学学报》1990 年 4 期

《杨慎的"求实"哲学》,《孔子研究》1988 年 4 期

《略论王学的合理因素》,《中国哲学史研究》1988 年 2 期

《论杨慎的文学思想》,《四川师范大学学报》1988 年 1 期

《论宋明理学的二重性》,《四川大学学报》1988 年 1 期

《从〈贞符〉看柳宗元哲学体系的矛盾》,《四川大学学报》1984 年 2 期

《独具新风的思想家——杨慎》,《中国哲学史研究》1984 年 2 期

《儒释道的融合和宋明理学的产生》,《四川大学学报》1982 年 4 期。

《论方以智的自然观》,《光明日报》,1982 年 2 月 27 日。

撰写者:郑伟,历史学博士,现任四川大学古籍整理研究所助理
研究员。

尤潇潇,历史学硕士,研究方向:历史文献学。

李 申

李申,1946年生,河南省孟津县人。1969年哈尔滨工程学院原子物理系毕业。1970年在抢救山火中负伤,立二等功。1986年中国社会科学院研究生院世界宗教研究系毕业,获哲学博士学位。1992年被评为研究员,1999年被评为国家有突出贡献专家。2003年任上海师范大学教授。现任国际儒学联合会顾问,曾任中国无神论学会副理事长兼秘书长。

一、主要研究方向、承担项目和获奖情况

李申的主要研究方向为中国古代哲学、自然科学和宗教学。曾参加国

家社科基金项目"中国哲学发展史",国务院特别委托项目"中华大典·哲学典"、"中华大典·宗教典"。自己独立完成项目有:国家社科基金一般项目"中国古代哲学与自然科学"、"中国儒教论";国家社科基金重点项目"中国儒教史"。

所著《易学与易图》作为"易学智慧丛书"之一获中国图书奖,学术价值不高。《简明儒学史》、《宗教史》曾获省部级奖项,学术价值一般。唯《周易图说总汇》获民间组织"国际易学研究院""伯昆奖",学术价值较高。其评奖者为张岱年、任继愈、席泽宗等,发奖者为中国社会科学院院长。

二、主要学术经历和学术成就

以下按学术经历和研究历程分别叙述之。

1.学位论文

1981年,硕士论文《王夫之与老庄哲学》,认为王夫之在遍注六经及注释张载《正蒙》之外,致力最多的,是研究老子、庄子。其目的,在于批判王守仁思想的根源。完成论文同时,简注和今译了王夫之的《老子衍》,这是历史上唯一的批判老子哲学的著作,1990年、1992年被巴蜀书社先后以《老子衍今译》、《老子衍全译》为名出版。

1986年完成博士论文《中国古代哲学和自然科学》,1989年出版。该书否定了中国古代哲学和自然科学无关的传统判断,认为自然科学不仅是唯物主义的思想基础,也为唯心主义提供着发展平台。其观点被认为是对传统观念的突破。关于董仲舒天人感应学说的基础是当时自然科学新发现的论述,被认为是其中最精彩的部分。

博士论文只写到魏晋南北朝,此后又申请国家社科基金项目,完成续卷隋唐到清代的写作,出版社定名《中国古代哲学与自然科学》。此书后来由上海人民出版社合为《中国古代哲学和自然科学》一册再版。

2.参加《中国哲学发展史》写作

作博士论文同时,参加任继愈先生主编的《中国哲学发展史》秦汉、魏晋南北朝两卷的写作。除担任其中"哲学和自然科学"部分之外,还被分配写作汉代陆贾、贾谊、司马迁的哲学思想,两汉之际的谶纬思想,魏晋南北朝时期关于形神关系的讨论。

此后又参加《中国哲学发展史》隋唐卷的写作,负责哲学和自然科学以及道教哲学部分撰写。

3.理清司马迁的冤案

在写作司马迁哲学时,发现司马迁被刑,乃是完全的冤案。1990年,因《光明日报》发文称"司马迁替变节投降的李陵辩护,是他的一大污点",遂著文反驳:(1)司马迁陈言时,李陵只是被俘,并没有变节投降;(2)司马迁是被汉武帝质询时答问,并非主动辩护;(3)汉武帝后来发现了自己对李陵、司马迁的处置错误,一方面提拔司马迁官职,另一方面派四万人马专门接应李陵回国。只是由于接应者的无能和撒谎,加上汉武帝私心作祟,才使这本来应成为千古佳话的光荣事迹成为更大的悲剧。而司马迁的为人和他的为文一样,都是同样的伟大。由于当时的"不争论"政策,文稿被退回。任继愈先生将此文推荐给《争鸣》杂志,并把属于辩护性质的标题《司马迁何罪之有》改为《司马迁的冤案和汉武帝的私心》,在文后又加上"平心而论,是汉武帝对不起李广、李陵祖孙三代人"。

因为此事事关中国历史上汉武帝、卫青、霍去病、霍光、苏武、李广等一系列一级人物,数十年后,笔者又把此事的来龙去脉及其理论分析撰成《太史公遭李陵之祸》一文,最后被收于大连图书馆百年纪念文集中。编者肖文立认为此文是优秀的历史学论文,遂发于其本人博客,至今网上犹在。

为广泛宣传此事,本人还撰成小说《飞将军之家》。惜哉文学功力不深,至今未能出版。

4.遭遇道教研究

在撰写唐代道教部分时,由于原来撰写道教部分的作者退出,遂由我接替道教哲学写作。

写作过程中，我发现，历史上，道家就是道教，得到主编任继愈先生肯定。因此种认识，遂于此后撰成《道教本质论》一文，《道教本论》一书。由于出版时删除了三分之一。此后又将全稿以《道教简史》为名，由广西师范大学出版社出版。

在此期间，关于道教研究，还曾撰有《黄老道家即道教论》，发表于《世界宗教研究》。著有《怎样得道成仙》、《道教洞天福地》等书。《怎样得道成仙》曾被误解为宣扬神仙思想，特异功能。一看才知道，本书所述，乃历史上追求成仙的失败过程，具有相应的学术价值。

5.遭遇《周易》研究

1988 年，应朋友之邀，参加一个"《周易》与中医学术讨论会"。会上大讲易学如何影响着中国医学，甚至认为《周易》是医学的源头。我一时不知如何应对，只是支持了一位研究生作大会发言时，说《周易》和中医没有什么关系，也不是医学的源头。

回到北京，又被邀参加"天地生人"学术报告会。报告者说《周易》中有一个"一分为二、二分为四……"的"太极序列"，和近现代科学发现种种密切契合，可以用来预测地震云云。我感觉更加离谱，并要求也作一次报告。组织者为此组织了一场辩论会。参加者约一百多人，支持我的，仅有一人。我的主要论点是，研究《周易》，应分清哪是原书本有的，哪是你自己的见解，不可把你自己体会出来的东西说成是书中本有的。辩论过程很精彩。组织者原说要把录音整理后全文发表，然而后来却说录音坏了。我很遗憾。

会议前后，正是所谓"《周易》热"的高峰时期，我决心写一本"周易与自然科学"，理清当时广泛流传的有关《周易》与科学和哲学的不实之词。而当时的"《周易》热"浪潮中，特别热的又有《河图》、《洛书》和《太极图》。不少论著都说那黑白点《河图》是伏羲画卦的根据，其中有近现代科学的种种理论。那阴阳鱼《太极图》也有近现代科学的一切理论，甚至包含着尚未发现的科学理论。只要熟读《周易》，特别是弄清《河图》、《太极图》，就可以使中国称霸世界，使 21 世纪成为中国的世纪。

从清朝初年开始,学界就认定,作为宋代理学开山祖师的周敦颐的《太极图》,其来源是道教;特别是道士陈抟,曾将《无极图》刻于华山石壁,周氏《太极图》就是《无极图》的改装。

研究中我发现,所谓陈抟《无极图》以及一系列道教的《太极图》,均出在周敦颐《太极图》之后,而那阴阳鱼《太极图》,更是元末明初才出现的东西,并且原名《河图》。

这两件事,促使我写了一本《周易》与哲学和自然科学的书,出版时,出版社的朋友定名为《周易之河说解》。关于《太极图》等问题的考证,则应出版社要求,写成通俗读本《话说太极图》。张岱年先生认为,如此重要的学术问题,应写成学术本,定名《易图考》。本书对于主要易图来源的考证,已得到国内外学术界的普遍认可。作《易图考》所用的资料,也应国际易学联合会会长朱伯昆先生要求,集为《周易图说总汇》,获国际易学联合会最高奖项。

我在《周易》研究领域的主要工作,除了易图考证之外,就是抵制了把《周易》和自然科学生拉硬扯在一起的种种不实之词。自《周易之河说解》出版后,所谓"科学易"的声浪逐渐消沉。

6.进入自然科学史研究

我的博士论文答辩时,自然科学史研究所所长席泽宗先生是委员之一。后来,卢嘉锡院长主编大型《中国科学技术史》,席先生负责其中《科学思想卷》的写作,邀请我参加。该书共七章,原分配我写两章。后因其中一位同志出国,由他负责的两章遂陆续也交我撰写。部分稿件交给席先生以后,席先生遂把他负责的隋唐部分也交由我写。这样,全书七章,我撰写了五章。

《中国科学技术史·科学思想卷》获得"郭沫若历史学奖"二等奖。

由撰写《中国哲学发展史》哲学与自然科学部分,到博士论文《中国古代哲学和自然科学》,到参与《中国科学技术史·科学思想卷》写作,使我广泛接触了中国古代哲学、宗教和科学方面的原始材料,并且对长期以来学术界普遍认为"中国古代无科学"的断言发生疑问,遂决心撰写一部不讲技术、只讲科学问题的《中国科学史》。《中国科学史》于近年完成,将由广西师范大学出版社出版。科学出版社邀请的审稿人认为,该书是国内"领先水平"。

7.进入儒教研究

1978年底中国无神论学会成立大会上,任继愈先生作《儒教的形成》学术报告,第一次公布了他的最新发现:儒教是宗教。第二年在太原召开"文革"以后中国哲学史研究第一次全国性学术讨论会。作为会上四个主题报告之一,任继愈先生《儒教的形成》使我有豁然开朗的感觉。然而由于我仅仅是研究生,不仅功力不够,而且要先完成学位论文,又参加《中国哲学发展史》的写作,必须按步就班地完成自己的任务,所以多年中无暇顾及此事。而学术界则从太原会议以后,在十几、二十年的时间里,几乎是众口一词地反对、批判儒教是教说。

有一次我去参加一个会议,进门时,几个人似乎正在谈论儒教问题,见我进来,主持者遂说道:李申是任先生的学生,他知道儒教的事,让他讲讲。边说边噗哧一笑。主持者学问认真,为人忠厚,然而也以一笑了之的态度对待儒教是教说。严肃的学术问题成为人们的笑料,是我难以平静的,而我也从此自觉地进入了儒教研究领域。

我最终接受了儒教是教说,是在我看到正史中的《礼志》之后。稍微接触传统文化研究的人都知道,儒家最重要的工作,就是"制礼作乐"。孔子对礼的重视,也是尽人皆知。然而,礼是干什么的? 或者说,礼的内容是什么? 我似乎从未见有人深究。然而正史中的《礼志》明明白白地记载着,中国古代的礼,其主要内容,就是确定该祭哪些神,如何祭祀。这,就是儒者们所制定的礼,是儒者们最重要的工作。在对儒教问题有了基本认识的基础上,我撰写了《关于儒教的几个问题》,发表于《世界宗教研究》。

本来我只是准备写几篇文章来阐述儒教问题,可是现实使我不得不做出更进一步的决定。

上世纪九十年代末,中国社会科学院整顿,要把世界宗教研究所的儒教研究室合并到哲学研究所的中国哲学史研究室,理由是儒教不是宗教,儒教研究室也不研究宗教。儒教研究室是任继愈先生创立的,必须保住这块全国唯一的儒教研究阵地。而要保住这块阵地,唯一的办法是证明儒教就是宗教。为此,我提出要撰写《中国儒教史》,两年为期。经过争取,该项目获得了社科基金资助。两年后,项目完成。1999年,上卷出版。第二年,下卷出版。

书出版后头一年,学术界几乎都是好话。其最高评价是:这是传统文化研究领域里的哥白尼革命,划时代的贡献。不只一人主动为该书撰写书评,称其为新的里程碑。第二年,批评出来了。认为该书是"豆腐渣工程",而且是"国家级的豆腐渣工程"。对立的评论,一面捧到天上,一面打入地狱,争论也就特别的激烈。而在回应"豆腐渣"评价的争论中,我几乎是一人面对众人。

争论持续了整整一年。其结果,是赞成儒教是宗教的学者越来越多。2002年10月,我撰写了《〈中国儒教史〉遭控周年祭》,发在网上,算是我自己给这场争论作的总结。此后的零星争论,就不太重要了。

这场争论的另一后果,就是我于2002年年末离开了世界宗教研究所,到上海师范大学任教。

《中国儒教史》出版以后,蒋庆教授发文主张在中国复兴儒教统治,国家干部都必读儒经;世界宗教研究所成立"儒教研究中心"。有人网上发文,说李申和蒋庆是一丘之貉。李申证明儒教是教,蒋庆主张儒教治国。方克立教授告诉作者,他俩不是一丘之貉。而我,也只到弄清历史本貌为止。至于人们如何对待这个结论,是我管不着、也无法管的事。

为进一步确认儒教是宗教的观点。我主编了资料丛书《儒教资料类编丛书》,已出版了十几本;主编了《儒教哲学丛书》,一套六册。

2006年8月,在当时主持国际儒学联合会工作的杨波先生和秘书长曹凤泉先生、学术委员会主任周桂钿教授的支持下,国际儒学联合会和我所在的上海师范大学联合召开"儒学、儒教和宗教学"学术讨论会。这件事,我至今心存感激。因为这既是学术会议,也是我们一些学生和同事向任继愈先生祝贺90寿辰的行为,只是祝贺的心愿只能藏在心里。

8.旁及佛教研究

因为在世界宗教研究所,作研究生时就学过一点佛教知识。参加《中国哲学发展史》写作以后,曾写过两篇与佛教相关的论文。不过是副业,所以浅尝辄止。上世纪九十年代,师兄弟赖永海主持一个佛经翻译项目,有一天告诉我,他把留给自己作的《坛经》今译让我来作。我认真研究了此前的几个校本,发现他们共同的缺点是随意改动原文,造成许多错误。于是先认真作了个敦煌《坛经》校本,定名《敦煌坛经合校》;然后又今译了《坛经》,由台湾方面出版。并撰写了《敦煌三校本读后》,批评以往校本擅改古籍的错误。据说此文发表以后,我的《坛经》译本在台湾销量大增。

9.由无神论到《宗教论》

1996 年,奉导师之命,参加中国无神论学会工作。当时面对的有神论,主要是所谓特异功能大师或称气功大师们。工作中我发现,从古到今,被称为"神"的对象,并不都被认为是精神性的存在,所以仅仅用唯物主义的哲学对付不了它们。神的主要标志,是被认为具有超自然力,而特异功能就是超自然力。这也是那些特异功能大师们后来纷纷自称为神的内在逻辑。而什么是神,和什么是价值一样,在本学科,都具有核心理论的意义,我为此感到安慰。为了批判有神论,也为了进一步论证儒教是宗教,我撰写了三卷本的《宗教论》。

由于在宗教学和无神论研究中我注重基础理论钻研,最近中国无神论学会委托我担任《科学无神论原理》执笔。该书被作为社科基金特别委托项目,已撰成初稿。在学会相关讨论中,得到好评。其主旨,是要证明神的不存在,同时回答学界长期流传的"我们证明不了神的存在,您也证明不了神的不存在"。

10.资料整理

任继愈先生主张我们这一代,要为下一代作好资料工作。遵先生指示,我先后参加了由任继愈先生亲自担任主编的《中华大典·哲学典》、《中华大典·宗教典》的编纂,担任常务副主编,并担任其中《儒学分典》、《儒教分典》的主编。亲自标点了约两千万字,审阅六千万字。

后来又应任继愈先生指派,参加《中华大藏经·下编》工作,担任其中

《论衡部》、《史传地志部》的组稿和审稿工作。《论衡部》是从古代儒者文集中选取涉及佛教的文章,《史传地志部》中,有"金石"一类,是选取古代碑文中有关佛教的文字。两者均有重要的学术价值,目前已基本完工。两部分加在一起,共约三千至四千万字。

11.儒学研究

到上海师大以后,为适应教学需要,编写了《简明儒学史》作教材。为说明儒学的基本内容和性质,以原始材料为基础,编写了《儒学基础读本》。前者曾获上海市教材三等奖,后者没有什么反应。其观点,主要是认为儒学是治国平天下之学。

12.归宿于哲学

上述一切研究,围绕的核心,仍然是中国哲学。上世纪,曾撰《隋唐三教哲学》。数年前,又撰成《道与气的哲学》,因为我认为道、气,是中国哲学两个最重要的范畴。抓住这两个范畴,可以涵盖其他。本书实际上也是一本中国哲学简史。

今后如天假以年,拟从传统哲学中挖掘一些现在仍然正确的东西。如再有精力,想在一般哲学理论上做点工作。

本人的工作性质是基础研究,只到弄清古代文化本来面貌为止。对于弘扬儒学,未能做什么特别工作。如果有人看了本人有关儒学的专著而引起对于儒学的兴趣,那也可算是对弘扬儒学的贡献吧。

三、主要论著

代表性著作:

《中国古代哲学和自然科学》,上海人民出版社出版,2002 年

《周易之河说解》,知识出版社,1992 年

《易图考》,北京大学出版社,2001 年

《周易图说总汇》,华东师范大学出版社,2004 年

《中国儒教史》上下卷，上海人民出版社。2000 年

《中国儒教论》，河南人民出版社，2004 年

《敦煌坛经合校简注》（简注由方广锠作），山西古籍出版社，1999 年

《宗教论》三卷，中国社会科学出版社，2006 年

《宗教简史》，广西师范大学出版社，2012 年

《道教简史》，广西师范大学出版社，2013 年

《简明儒学史》，中国人民大学出版社，2006 年

《老子衍全译》，巴蜀书社，1992 年

《孟子全译》，巴蜀书社，2001 年

《四书集注全译》，巴蜀书社，2002 年

《隋唐三教哲学》，岳麓书社，2007 年

《中国科学技术史·科学思想卷》（合著），科学出版社，2001 年

撰写者:李申

李锦全

李锦全,1926 年 2 月 9 日生,广东东莞人。中山大学哲学系教授,中国哲学专业博士生导师,享受国务院颁发的政府特殊津贴。历任中山大学哲学系中国哲学史教研室主任，副系主任、系主任；兼任中国哲学史学会常务理事，国际儒学联合会理事，中国孔子基金会理事兼学术委员会委员，广东省社会科学界联合会主席团成员，广东儒学研究会会长等。现任国际儒学联合会顾问，广东省社会科学界联合会顾问，广东无神论研究会会长。出版学术专著 13 种，合著 8 种，主编若干种，论文两百多篇。1988 年《中国哲学史》教材获国家教育委员会高等学校优秀教材奖一等奖；1994 年《儒家思想哲理化的历史进程》获广东省优秀社会科学研究成果奖一等奖；1998 年《海瑞评传》获广东高校人文社会科学研究成果奖二等奖；1999 年《岭南思想史》获广东省哲学社会科学"七五"规划课题优秀成果奖二等奖，《人文精神的承传与重建》获广东省第六次优秀社会科学成果奖二等奖；2005 年获 1992～2003 年度广东省哲学社会科学优秀成果奖特别学术成就奖；2011 年获"广东省首届优秀社会科学家"称号。

一、成长经历

　　像许多老一辈学者一样，李锦全的青少年时代是在民族危亡、国家动乱中度过的。1938 年 10 月，日军的铁蹄践踏到了南方，东莞县城沦陷，东莞县立中学流亡外地。李锦全停学困居家中，长达 4 年。可在恶劣的情境下，他阅读了大量文史书籍，养成了关心社会民瘼的忧患意识，注意到了中国历史上农民起义的平均平等与皇权主义之间的矛盾两重性，并深深地影响了日后的中国哲学史研究。譬如，戴震的《孟子字义疏证》曾用"以理杀人"批评宋明理学，但这种负面效应的社会体现在学者们的高文典册中一般难以找到，倒是许多小说、野史有着淋漓尽致的描述。李锦全的《"命"与"分"——从清代小说的几个事例看宋明理学对后期封建社会的思想影响》一文就运用蒲松龄《聊斋志异》、纪晓岚《阅微草堂笔记》、夏敬渠《野叟曝言》等清代小说、野史中的具体事例，形象地透视了宋明理学对后期封建社会产生的巨大思想影响。李锦全"以文史证哲学"的学术论文娓娓道来，生动活泼，在中国哲学史研究领域中别具一格。

1945 年,李锦全进入高二。那时,成绩好的去学理科,成绩差的才学文科,但酷爱文史的少年李锦全偏偏不服气。高中毕业时,他的各科平均成绩高居全校第三名,而且拿高分的都是数理化。不过,到 1947 年报考大学时,青年李锦全犯难了,因为行医出身的父亲希望他去学医,而他的兴趣系于文史。李锦全报考了广东省立文理学院中国文学系和中山大学历史系,并被两校同时录取,最后他选择了孙中山先生亲手缔造的中山大学。

就读中山大学历史系的 4 年里,李锦全修读过刘节的殷周史、阎宗临的世界古代史,陈锡祺的中国近代史以及丘陶常、杨成志开设的课程,四年级时破例获准拿研究生奖学金,并兼任系文物室主任梁钊韬的助手,近 5 万字的本科毕业论文《中大历史系文物室入藏唐代石刻目录(附跋文)》由岑仲勉指导。经过老师的教导和个人的努力,他初步掌握了历史文献学、考据学以及文字训诂等方面的基本功,为后来从事历史研究打下了基础。

系主任刘节在李锦全 1951 年 7 月大学毕业时要他留系。因新中国成立初期,国家需要干部,当年大学毕业生由国家统一分配,他到武汉的中南文化部文物处工作。1952 年,他被派到北京参加文化部、中国科学院考古所和北京大学联合主办的第一期考古工作人员训练班。训练班的班主任是裴文中,任课及指导实习的老师有贾兰坡、安志敏、夏鼐、郭宝钧、王仲殊、梁思成、莫宗江、阎文儒、宿白、唐兰、张政烺、陈万里、赵万里、马得志、陈公柔等人。训练班多取用现场教学法,并到大同、云冈、洛阳、郑州等地作考古实习,时间虽短,收获颇丰。从北京回到武汉后,1953 年又受命到长沙参加过 8 个月的古墓葬发掘,主持当年发现有文字竹简的仰天湖 35 号墓的清理工作。

1954 年大行政区被撤,命运割断了李锦全与考古工作的职业关联。是年 10 月,他调回中山大学历史系中国史教研室,室主任是杨荣国。杨荣国 1956 年出任系主任,历史系成立了中国思想史教研组,李锦全开始以“中国古代思想史”作为自己的研究方向。杨荣国的《中国古代唯物论研究》、《中国十七世纪思想史》等论著,对他产生了重要影响。1960 年中山大学哲学系复办,李锦全和中国思想史教研组其他成员跟随杨荣国转到哲学系,进入中国哲学史教研室工作。此后,李锦全在“工作证”的意义上隶属于哲学系,在

"学科专业"的意义上归属于中国哲学。1978 年晋升为副教授,1983 年晋升为教授,1986 年被国务院学位委员会批准为中国哲学专业博士生导师,1992年起享受国务院颁发的政府特殊津贴,2000 年退休。

二、主要研究领域和学术成就

李锦全的研究领域宽广,贯穿整个中国传统文化。其中国传统思想文化研究包括三个部分:一是以"问题"为中心的学术沉思,二是"矛盾融合、承传创新"的哲学史观,三是中国传统文化的现代转型。

(一)以"问题"为中心的学术沉思

《中山大学学报》1956 年第 4 期发表李锦全的第一篇论文《古史辨派的疑古论述评》,从此,他一直带着鲜明的问题意识从事学术研究,针对学术界各个时期流行的"问题意识"做出了"自我回应"。

1.历史发展动力问题的史学辨析

20 世纪 70 年代末期,历史发展动力问题为史学界热烈讨论。刘泽华、王连升的《关于历史发展的动力问题》认为马克思主义经典作家在肯定阶级斗争是历史发展动力的同时,还强调生产斗争是更为重要的推动力。李锦全指出:"从唯物史观来看,可以承认生产斗争在历史发展中的最终决定作用;但从唯物辩证法的观点来看,在阶级社会中阶级斗争应该是推动历史发展的根本动力。这两种论断因为是属于不同的范畴,本来是可以并行不悖的。"据此,他撰写了《关于阶级社会中历史发展的动力问题》。该文被 1979年的《中国历史学年鉴》予以介绍,并作为首篇文章收入《中国农民战争史研究集刊》第 2 辑,在史学界产生了一定的影响。

农民革命政权问题也是改革开放之后史学界讨论的热门话题,李锦全对此发表过一系列论述。其《试论封建社会中"农民政权"的经济基础》指出:"我承认在中国封建社会中曾经存在过短暂性的农民政权,并且在局部范围内,不同程度地曾经有过它自己的经济基础,并不等于承认在社会发展史上,在封建社会之外还有个农民社会;也不等于说,劳动农民的个体所有制,可以作为独立的生产方式来取代封建生产方式。"即使以今天的眼光看,这一史学辨析也是深刻和理智的。

中国历史上规模最大、影响最深的太平天国运动一直是学界研究的重点,李锦全一直关注其学术动态,发表过 9 篇专论。其《试论洪秀全思想及太平天国政权的两重性》指出:农民和地主在封建社会中是对立的统一体,反映在思想和主张上就是革命性与封建性、平均平等与封建特权诸因素错综复杂地结合在一起,太平天国起义即是带有此种矛盾两重性的农民政权。因运用矛盾两重性诠释农民政权,具有拨乱反正的特殊意味,这一观点被1982 年的《中国历史学年鉴》列为五种代表性意见之一。

2.有神论与无神论的思想通向

1980 年,李锦全到武汉参加中国无神论学术讨论会,提交《陶渊明无神论思想试探》,通过深入分析陶渊明自然观上的无神论追求和社会观上的宿命论取向这一思想史个案,该文认为:"在马克思主义创立历史唯物主义理论之前,唯物主义和无神论思想一般只能表现在自然观方面,如果超过这个界限,涉及社会人事问题,就会陷入唯心主义的宿命论,从实质来说也是通向了有神论。"无神论与有神论在旧唯物主义无神论者那里并不存在不可逾越的鸿沟,这一认知有力地冲击了 1949 年后"左"倾的中国哲学史研究范式,充满了实事求是、思想解放的治学新貌。文章在《中国哲学史研究》1980年创刊号发表后,1982 年的《中国哲学年鉴》进行了特别介绍。

"无神论与有神论的思想通向",不仅体现在王充、陶渊明等旧唯物主义无神论者身上,而且也体现在老子、庄子等旧唯心主义有神论者身上。在研究老庄哲学性质及其评价的多篇论文中,尤其是在与张松如、赵明的学术争鸣过程中,李锦全认为:由于反对上帝神创世界的人不一定是唯物主义者,承认创世说的人不一定都认为有个形象化的上帝来创造世界,所以,老庄哲学研究的深化势必涉及无神论与有神论的思想通向这一理论思维教训。正如《从老、庄论"道"的性质谈到无神论与有神论的思想通向问题》指出:"老庄用所谓天道自然来代替神创世界,固然有其无神论并通向唯物主义思想的一面；但他们的世界观最终是归根复命、任天安命，自然的天道终于变成了司命之神，这就是老庄哲学的神学特色。"此论自成一家之言，东京大学教授池田知久在日本《东方学》杂志上以此作为中国庄子研究的一种代表性观点。

3."儒法互补"的理性评判

1919 年后的很长一段时期，人们往往认为封建专制主义来源于孔孟之道，甚至将两者等同起来，把批判封建专制等同于批判孔孟之道。"文革"结束后，罗世烈发表的《封建专制主义不是孔孟之道》认为：似乎儒家尽讲民主，唯有法家才讲专制；似乎在中国奴隶社会中，奴隶主阶级实行的是民主体制，到地主阶级登上历史舞台的封建社会后，才出现专制政体。李锦全的商榷文章《实事求是评价先秦儒法两家的思想》强调指出：一方面，以中国历史上奴隶主阶级的统治和地主阶级的统治，作为民主与专制的分水岭，不符合历史事实；另一方面，将民主与专制作为儒法两家的分水岭，并且处处说成根本对立，同样不符合历史事实。

实事求是地评价儒法两家的"思想异同"，目的是为了高屋建瓴地把握儒法互补的"文化结构"。李锦全的《论我国传统思想文化中的儒法互补问题》认为：中国传统思想文化的形成，固然是以儒学为主体的纲常名教、伦理道德不断丰富，完善、发展的历史，但在这一过程中，儒家思想不可能完全实行自我封闭，它不得不接受各家思想的冲击，在矛盾中融合，在互补中前进；其中，法家在秦汉以后并不是"儒、道传而墨、法废"，相反仍是封建统治思想的一手，而且根据不同的需要在不同人物的思想上表现出与儒学互补的历史痕迹。"儒法互补"的实质是"儒表法里"、"儒主法辅"，李锦全的这一整体把握有助于人们理性地认识传统中国的文化结构。

4.儒学哲理化进程的历史建构

儒学的性质是什么？儒学是不是宗教？任继愈的名作《朱熹与宗教》断言，南宋的朱熹正式完成儒教的建立这一历史使命，朱熹的为学是宗教而非哲学。李锦全撰写了《是吸收宗教的哲理，还是儒学的宗教化？》的回应文章,指出:既然科学与生产力水平的提高是哲学从宗教中分离出来的主要条件,一个学派在其早期就应该宗教的味道浓些,越往后哲学的味道将越多,但儒家为何先秦时期还可以算是哲学流派,而从董仲舒到朱熹却越来越演变成了宗教呢?难道宋代的科学与生产力水平反不如先秦吗?难道中华民族的认识史是越来越朝着宗教化方向发展吗?

对"儒学宗教化进程"的逻辑性质疑直接促成了李锦全对"儒学哲理化进程"的历史性建构。一方面,佛教传入中国后,为了自身的生存和发展不得不走向中国化与世俗化一途,但我们不能由此将宗教的世俗化与儒学的宗教化相提并论,更不能因为佛教与儒学在隋唐以后的合流趋势就以为儒学在向着宗教演变,并最终成为宗教而不是哲学。另一方面,在儒、道、佛合流的历史情形下,许多儒家学者譬如朱熹的思想跟佛、道密切相关,但我们更应注意到朱熹对宗教思想中成佛做祖、修仙入道部分的抛弃,对宗教思想中理论思辨部分的吸收,尤其是将宗教性思辨改造并提升到哲理化高度来为儒家伦理进行哲学论证。简言之,"儒学哲理化进程"本质上是以儒学为主干的中国传统思想文化博采众长、独出己意的艰辛历程。

5.思想史与哲学史的联系和区别

哲学史研究的"纯化"与"泛化"是1983年首届全国中国思想史学术讨论会关注的重要话题。李锦全做了《试论思想史与哲学史的联系与区别》的专题报告,指出:如果说"哲学史"或"思想史"是两个不同的学科,那么,学术界历来对以"哲学史"或"思想史"做书名并无严格区分,其内容也彼此含糊不清,这种情形值得深思。他认为:"思想史主要是研究各个历史时期反映或提出解决当时社会矛盾的各种思想,特别是接触到当时社会矛盾焦点的思想,因而也可以说,思想史是各个历史时期社会矛盾的认识发展史。哲学史则主要是研究各个历史时期,人们用理性思维形式表达的关于自然、社会和思维运动的一般规律的认识,这是根源于社会矛盾却主要表现为围绕思维和存在关系问题而展开的认识辩证运动,因而也可以说,哲学史是各个历史时期哲学认识的矛盾发展史。"

(二)"矛盾融合、承传创新"的哲学史观

"矛盾融合、承传创新"是李锦全长期从事中国哲学史的心得体会及其秉持的哲学史观,其《矛盾融合承传创新——论中国哲学、传统思想文化发展的特点》系统介绍了这一包含矛盾两重性、矛盾融合论、承传创新观等三个层面的哲学史观。

1.特定思想体系内的"矛盾两重性"

任何思想家建构自身的思想体系,莫不心怀"逻辑一致性"的良好愿望。但是,由于受到特定时代背景、个体认知水平等多种因素的影响和限制,几乎每一个思想家都在一定程度上表现出"矛盾两重性"。李锦全以先秦思想史为例,对特定思想体系内的"矛盾两重性"的客观事实与作为主观愿望的"逻辑一致性"相反动的历史现象进行了分疏。譬如,孔子提出了人格道德上的平等要求,却主张社会政治上的等级秩序,使得自身思想体系在人际关系中陷入矛盾两重性;儒家一般是尊君的,但孔子、孟子、荀子均具有君臣对等、从道不从君的革命性思想,使得儒家在君臣关系中陷入矛盾两重性。老子对现实统治者进行过激烈批判,但又构思了"道常无为而无不为,侯王若能守之,万物均自化"的治国之术,显示了对现实统治者既欲毁之、又要成之的矛盾两重性。墨子一方面提出"非命",主张"尚力",另一方面宣扬"天志",倡导"明鬼",在自然观上暴露了矛盾两重性。这些分析表明:与"逻辑一致性"的主观愿望相比,"矛盾两重性"的客观事实更能揭示思想史或哲学史的真实面貌。

2.不同思想群落间的"矛盾融合论"

"矛盾两重性"主要针对个体或同质的思想家特定的思想体系,"矛盾融合论"侧重的是不同思想家或思想流派之间的思想关联。《矛盾融合,承传创新——论中国哲学、传统思想文化发展的特点》一文勾勒了不同思想群落间的"矛盾融合论"的一般表现。一种表现是主观自觉的批判立场。例如,对于儒家、墨家、法家的思想主题,老子都进行过"抽象"的批判;对于墨子的

兼爱与杨朱的为我,孟子给予过"具体"的鞭笞。另一种表现是客观必然的融合趋势。从孔子、老子都以"无为而治"作为最高层次的政治理想,儒家墨家法家都反对"损不足以奉有余",到荀子的礼法相融、汉初黄老之治的道法结合、董仲舒的儒法互补,尤其是到魏晋玄学统合儒道思想以建构自身理论体系,隋唐佛学借鉴儒家伦理以适应中华传统社会……有力地说明了"在矛盾中融合"是思想史发展过程中的普遍规律。

3.想想史进化历程中的"承传创新观"

思想家个体是"点",不同的思想流派是"线",整个思想史是"面"。在"点"的意义上,"矛盾两重性"昭示了个体思想家之思想体系的"悖谬特征",足以展现整个思想史叙事在思想家个体那里的本真面目;在"线"的意义上,"矛盾融合论"表征了不同思想群落之思想交锋的"对话风尚",足以映现整个思想史叙事在不同思想流派那里的吊诡意味。中国思想史又在波浪中进化,朗现出思想史进化历程中的"承传创新观"。其一是"禅宗中国化"。李锦全认为:慧能创立的南派禅宗,之所以能够完成佛教中国化的艰辛之旅,并成为中国传统哲学文化的重要组成部分,原因就在于它既未简单比附儒家伦理,也没有生搬硬套佛教教义,而是使本土的儒家伦理资源在矛盾性的解构中得以融合,尤其是使外来的佛教教义在承传性的建构中得以创新。其二是"宋明理学哲理化"。他认为:佛教在东汉传入中国后就对儒家思想提出了严峻的挑战,这一挑战体现于心灵的号召力和义理的深刻性两个方面。宋明时期,业已完成中国化之旅的佛教对于儒家学者的挑战更为强烈,激发儒家学者在矛盾性的解构中去吸纳比自身更为精致的佛教义理,进而在承传性的建构中成就了宋明理学的哲理化之维,使得宋明理学在儒学发展史上成为继先秦、两汉之后的又一座里程碑。以上两例表明,李锦全的"承传创新观"合理地诠释了整个中国思想史叙事的"进化品格",睿智地论证了中国古典哲学之为哲学的"合法性存在"。

(三)中国传统文化的现代转型

20世纪80年代以来整个时代置身于社会转型与文化转型的时代格局

之中。李锦全认为:我们研究中国传统文化,既非发思古之幽情,也非为学术而学术,而是试图探索传统文化在建设现代化过程中究竟能起怎样的作用。在他看来,明清启蒙思想、现代新儒学思潮可以视为中国传统文化向现代转型的两个范例。

1.明清启蒙思想的客观评析

欧洲启蒙思潮和中国明清之际处于同一个历史时段,但两者之间显然不太存在"影响研究"的可能,倒是"比较研究"有可能进行,如梁启超的《清代学术概论》和侯外庐的《中国思想通史》。从梁启超到侯外庐的"比较研究"实质是"比拟研究",因为它不仅将明清之际的思想运动比拟为欧洲启蒙思潮,而且将顾炎武、黄宗羲、王夫之、戴震等知识者比拟为启蒙思想家。李锦全的《论黄宗羲民主启蒙思想的历史地位》、《如何理解戴震启蒙思想的近代意义》、《试论王船山思想在中国传统文化中的历史地位与作用》,对此提出了学理性的挑战。

李锦全对"启蒙思想"定义为:"凡对封建蒙昧主义思想有所突破和批判,能给后来代表新兴资产阶级要求的思想家有所启迪的,可以不同程度地称之为早期启蒙思想或是起到某些启蒙作用的思想。"他认为:顾炎武、黄宗羲、王夫之、戴震思想中的许多内核对中国近代资产阶级革命起到了启蒙作用,但是,不独《明夷待访录》"既非民主斗士的革命宣言,也非封建遗老的复古挽歌,它是一个抱有救世安民之志的知识分子,经过对历史回流的反思,能反映出时代变革精神的思想结晶",而且"戴震并不是一个自觉的启蒙思想家,他并没有要改变封建制度的认识,也没有预见到资本主义社会的到来,只是在客观影响上他的某些观点对近代学者起到一些启蒙作用"。尽管梁启超、章太炎、刘师培、胡适、侯外庐等人曾经运用近代意识来理解戴学,然而,这却是戴震同时代的人难以办到的,即使戴震本人也未必意识到自己的思想具有近代思想解放以至平等革命等方面的精神内涵。李锦全经由"启蒙思想"与"启蒙思想家"的联系和区别,对梁启超、侯外庐出于时代变革需求而层累地形成的"比拟范式"予以了学术维度的重新改造。

2.现代新儒学思潮的理智反思

贯穿于整个 20 世纪的现代新儒学深刻关联着从传统到现代的时代主题,改革开放后成为学术重心。"现代新儒学思潮研究"1986 年被立项为国家哲学社会科学研究基金"七五"规划重点课题(1992 年又被列为"八五"规划重点课题),由方克立与李锦全共同主持,至今已经有大量高水平的研究成果问世。李锦全的《现代新儒学思潮的历史评价》一文,体现了他对现代新儒学思潮的理智反思。港台现代新儒家的精神纲领是"返本开新",树立道德主体是"本",开创民主制度是"新",力图经由以传统儒家心性之学为根本的"老内圣"开出民主、科学的"新外王"。李锦全指出:港台现代新儒家以道德文化决定论作为理论依据,"而这条路经过历史实践证明是行不通的";"如果认为儒家思想可以开发出资本主义社会,这似乎是一种倒果为因的说法","我觉得在中国讲儒学复兴,那是难以做到的"。

李锦全对传统文化的价值评判,反对过度诠释,坚持实事求是。他以为明清之际"有"早期启蒙思想但"无"启蒙思想家,以为现代新儒家的"在场"值得肯认但其"方向"是错误的,这就很好地把诠释和实事统合在了一起。反对过度诠释是真正的阐释者最基本的要求,坚持实事求是是务实的建构者最必需的本色。也正是从此逻辑地出发,李锦全试图历史地去整体把握中国传统文化与现代化的相互关联,以促进中国传统文化的现代转型。

三、"君子儒"的学境与人品

在不同的问题意识导引下从事的一系列备受瞩目的学术研究,使得李锦全成为专业意义上的"学人";将个别的、具体的、微观的学术研究上升为整体的、抽象的、宏大的哲学史观,使得李锦全成为学科意义上的"哲学史家";把书斋里的学问与强烈的时代担当感有机地结合起来,使得李锦全成为当代意义上的"建设者"。学人、哲学史家、建设者组合成了李锦全的"学术儒"形象,同样,"君子儒"李锦全的学境与人品也十分值得人们用心地咀嚼、真切地感悟。

1.治学方法上的"杂中求专"

马克思主义哲学史家杜国庠与青年们谈治学,特别主张"博而后约"。受此影响,李锦全补充了"杂中求专":首先"杂而博",以拥有拓展的巨大空间;然后"专而约",以进入深化的专业境界。"杂而博"理所当然地"逻辑地在先","专而约"水到渠成地"历史地在后"。李锦全在其众所周知的"哲学史专家"身份之外就有过许多出人意料的"杂家行为"。他不是历史学家,但自1960年转入哲学系工作后的20多年里,一直参加广东历史学会的活动,并一度出任副会长;他不是诗人,却于1999年出版了诗词专集《思空斋诗草》(存诗682首);他还作为唯一的哲学系教授参加了中文系主办的龚自珍文学思想全国性学术研讨会,发表过《"命"与"分"——从清代小说的几个事例看宋明理学对后期封建社会的思想影响》《读东坡词记苏轼的人生旨趣》《试论龚自珍思想矛盾的两重性——读龚定庵诗词兼论其在中国近代文学史上的地位》等跟小说、诗词密切相关的著论。"贯通文史哲,铸成一家言",可谓李锦全一生治学的显著特色。

2.学术研究中的"合作品格"

尽管学术研究具有相当明显的个体操作性,但在现代大学体制中,课题攻关越来越离不开团体合作性。在半个多世纪的学术生涯中,李锦全与他人进行过多项学术合作。20世纪50年代末至70年代中,他与陈玉森、吴熙钊在杨荣国指导下合著了《简明中国思想史》、《简明中国哲学史》、《简明中国哲学史》(修订本);70年代末至80年代初,他与萧萐父联合九所院校一起主编了影响广泛、颇受好评的两卷本《中国哲学史》教材;80年代中至90年代初,他与方克立共同主持了国家社科基金重点规划课题"现代新儒学思潮研究"。不计个人得失,善于与人合作,这是凡跟李锦全合作过的学者们的一致评价。

3.心灵深处的"道法自然"

"文革"期间,如果以左、中、右排队,李锦全排中。他不是政治上的"风派",其居室一直挂着一副对联:"宠辱不惊,任庭前花开花落;去留随意,似天上云卷云舒。"他也不是事功上的"风派",其诗集的《自序》有云:"寄身世于流水行云,托遐思于美人香草。"与以"寄庐"名其寓所、以"东官寓形子"号其自身相比,"道法自然"更能恰如其分地写照这个阅历丰富、学识独特的老人心灵深处最本真的追求。心灵深处的"道法自然",使李锦全赢得了同行们的尊重、学生们的敬爱以及社会的景仰。东京大学教授池田知久极其推重李锦全的道德文章,曾说:"在中国到处都可遇到问我可否去日本讲学的名家,像李锦全这样毫无商业气名利心的文人实在太少了。"如果说淡泊名利诠释了"道法自然"的社会基础,日常生活中不汲汲于功名利禄的学者自然会将更多的时间花在阅读和研究上——"杂中求专"获得了其时间条件,即使跟人一起进行研究也会具备良好的合作精神——"合作品格"拥有了其人性保证。就李锦全而言,治学方法上的"杂中求专",学术研究中的"合作品格",都在心灵深处的"道法自然"这里得到了本体证明。

1996 年,李锦全的《七十初度,俯仰前尘,戏成四律》之三曰:"笑傲尘寰七十年,湖山又见散游仙。非关入世超流俗,且往寻根是宿缘。大地苍茫谁是主,人情幻变孰为先? 休言造化知无限,乐道终归法自然。"2000 年,其《参加江西铅山纪念朱子诞辰 870 周年国际学术会(新鹅湖之会),贺诗两首》之二云:"鹅湖景物历沧桑,朱陆当年辩论场。至理只求能累洽,斯文何必畏参商。周程派衍源流远,洙泗遗风道脉长。今日群儒来雅集,中华学术费评章"敞开了李锦全"学术儒"的一面。

四、主要论著

代表性著作:

《中国哲学史》上下卷,与萧萐父主编,人民出版社,1982—1983 年

《海瑞评传》,南京大学出版社,1994 年

《人文精神的承传与重建》,广东人民出版社,1995 年

《陶潜评传》南京大学出版社,1998 年

《中国哲学史纲要》,外文出版社,2000 年

《李锦全自选集》1—3 集,中国文联出版社,2000—2001 年

《李锦全自选四集》,延边大学出版社,2001 年

《李锦全自选集》,广东人民出版社,2007 年

《现代思想史家杨荣国》,中山大学出版社,2013 年

《李锦全集》,花城出版社,2013 年

代表性论文：

《是吸收宗教的哲理,还是儒学的宗教化?》,《中国社会科学》1983 年第
　　3 期

《试论思想史与哲学史的联系与区别》,《哲学研究》1984 年第 1 期

《现代新儒学思潮的历史评价》,《现代哲学》1990 年第 2 期

《如何理解戴震启蒙思想的近代意义》,《天津社会科学》1992 年第 3 期

《矛盾融合承传创新——论中国哲学传统思想文化发展的特点》,载《今日
　　中国哲学》,广西人民出版社 1996 年版

　　　撰写者：杨海文,中山大学学报编辑部编审,主要研究中国哲学。
　　　　　　魏航,广东交通职业技术学院思想政治理论课教学部
　　　　　　讲师,主要研究中国哲学。

李学勤

　　李学勤,1933年生于北京,曾任中国社会科学院历史研究所所长、研究员,第九届全国政协委员,第二至四届国务院学位委员会委员,并任国家文物鉴定委员会委员至今。另外还担任清华大学、四川大学、南开大学、中央美术学院、山东大学、湖南大学、西北大学等国内多所高校的兼职教授。1986年被推选为美国东方学会荣誉会员,1997年当选为国际欧亚科学院院士(曾为该院中国科学中心主席团成员)。现为中央文史研究馆馆员,清华大学教授、出土文献研究与保护中心主任、出土文献与中国古代文明研究协同创新中心主任,中国文字博物馆馆长,中国先秦史学会名誉理事长,楚文化研究会名誉理事长,国际儒学联合会荣誉顾问等。

一、主要学术经历和获奖

李学勤,1945 年北京兴华小学、1951 年北京汇文中学毕业,1951 年秋考入清华大学哲学系。由于他在 1950 年前后自学甲骨文,做了《殷虚文字》甲乙编的一些整理缀合工作,1952 年秋院系调整后,他到中国科学院考古研究所,参加编著《殷虚文字缀合》(1955 年出版),是为学术生涯的开始。

1953 年末,李学勤转到中国科学院历史研究所(后属中国社会科学院)工作。从 1954 年至 2003 年 7 月,历任研究实习员、助理研究员、研究员,1985 年至 1988 年任副所长,1991 年至 1998 年任所长。中国社会科学院学术委员会成立后,任第一、二届委员。他在改革开放以后还多次赴欧美亚澳国家及港台地区任教讲学,如 1981 年任英国剑桥大学克莱亚堂(学院)客座院士,1985 年任日本关西大学客座教授,1988 年任澳大利亚国立大学远东系客座研究员,1990 年任加州大学(伯克利)校聘教授,1994 年任泰国华侨崇圣大学名誉教授,1998 年任美国达慕思大学蒙哥马利基金教授,2001 年任台湾清华大学中文系客座教授,2003 年任韩国明知大学客座教授等。2003 年起全职回母校清华大学工作。

1996 年起主持国家九五科技重点攻关项目“夏商周断代工程”的研究工作,是该项目的首席科学家、专家组组长。2009 年起承担教育部重大攻关项目“出土简帛与古史再建”,2015 年至今正在主持国家社会科学基金重大招标项目“五一广场出土东汉简牍的整理与研究”的科研工作。

1984 年获国家“有突出贡献的中青年专家”称号,1991 年获国务院“政府特殊津贴”,2001 年获“九五国家重点科技攻关计划突出贡献者”称号,2002 年获“全国杰出专业技术人才”称号。2013 年获首届“汉语人文学术写作终身成就奖”和本年度“孔子文化奖”,2014 年获首届国学大典“全球华人国学奖终身成就奖”,2015 年获第四届“吴玉章人文社会科学终身成就奖”,2017 年获第三届“会林文化奖”。

从 20 世纪 50 年代起,已出版各类学术专著 40 余部,发表学术论文

1000多篇。他的著作有很多获奖,如他所著的《夏商周年代学札记》在2002年荣获全国高等学校第三届人文社会科学优秀成果一等奖;他主编的《清华大学藏战国竹简(壹)》荣获2015年度教育部"第七届高等学校科学研究优秀成果奖一等奖";专著《文物中的古文明》获北京市第十一届哲学社会科学"优秀成果奖二等奖"等。

二、主要研究领域和学术成就

李学勤是从研究甲骨文而走上学术道路的,但是他最早去中国科学院历史研究所工作时,是作为著名马克思主义历史学家侯外庐先生的助手。他参加了侯外庐先生主编的《中国思想通史》第一、二、三、五卷的修改和第四卷的编写,并在学术思想史领域做了广泛探索,写了一系列有关文章。受侯先生影响,李学勤非常重视提高自己的理论修养,他曾下了很大的功夫研读马克思主义的经典理论著作,而且通晓国内外各种学术理论和方法。他常说,一个人不见得要做理论的工作,但必须有理论的高度,在研究过程中可能考证的只是一个字,但心里得想着一个大的事儿。正是有了这样的理论造诣与自觉,他在从事具体的实证研究过程中,能够把宏观和微观紧密结合,看到和发现别人没有注意到的细节,并上升到理论的高度加以认识,发人所未发。

在20世纪50、60年代,李学勤在从事学术思想史研究的同时,仍然利用业余时间从事中国上古史和古文字学等方面的研究,发表了一批有很大影响的论文,例如1956年在《谈安阳以外出土的有字甲骨》一文中鉴别出西周的甲骨文;1957至1958年在《评陈梦家〈殷虚卜辞综述〉》、《帝乙时代的非王卜辞》等文中提出殷墟甲骨分期的新观念("同一王世不见得只有一类卜辞,同一类卜辞也不见得属于一个王世"),并提出"非王卜辞"的问题;1958年在《近年考古新发现与中国早期奴隶制社会》一文中推测洛达庙文化(今称二里头文化)属于夏代;1959年在《战国题铭概述》中对于战国文字做了综合考察,促成了战国文字这一学科的建立;他的第一部专著《殷代地理简论》

借鉴董作宾先生《殷历谱》的排谱方法，而以历史地理线索贯穿，在运用甲骨来研究殷代地理方面取得了开创性的成绩，对于甲骨分期也有新的见解。

20世纪70年代起，李学勤参加了郭沫若先生主编《中国史稿》的修订工作，后又参加了马王堆汉墓帛书、云梦睡虎地秦简、定县八角廊汉简等多批出土简帛的整理研究工作，80年代以后还参加了张家山汉简的整理，为这些新出土资料的整理研究做出了重要贡献。

改革开放以后，李学勤的科研工作更加繁忙，在20世纪80年代初的短短数年间就先后出版了《中国青铜器的奥秘》、《东周与秦代文明》、《古文字学初阶》等专著。从那时候一直至今，他几乎每月都能有新的科研成果推出，取得了令人瞩目的众多成果。他提出的许多学术观点，如"重新估价中国的古代文明"、"走出疑古时代"等，在学术界产生了持久深远的影响。他还常常赴世界各地访问讲学，考察流散世界各地的中国文物。他与世界各国的汉学家建立了良好的关系，并合作整理出版流散海外的甲骨、青铜器等资料，方便国内学者的研究和利用。

1996年起，他主持了国家九五科技重点攻关项目"夏商周断代工程"，这一项目通过以自然科学与人文社会科学相结合的方法，来研究中国历史上夏、商、西周三个历史时期的年代学，在海内外产生了强烈的反响。2003年他回母校清华大学工作以后，不仅在清华大学开设了众多的研究生课程，而且继续推进各项研究工作。2008年，在他的积极建议和有力推动下，清华大学入藏了流散海外的一批重要战国竹简（现通称清华简），从那时起至今，他一直在主持清华简的整理与研究，同时继续在上古史、甲骨、金文、战国文字、简帛、学术史等领域开展卓有成效的研究工作。

从上可知，李学勤的学术兴趣爱好十分广泛，又因为自身的学术经历从事过许多学术领域的研究，被学术界誉为是"百科全书式的学者"，拥有很高的学术威望。他长期从事中国古代历史文化的研究工作，对于许多学科领域都有独到的研究和贡献，尤其致力于中国上古史、考古学和古文字学的研究，在先秦秦汉史、甲骨学、青铜器及金文、战国文字、简帛学、学术思想史等各个领域都做出了突出的贡献。

　　李学勤的研究领域虽然广博,但是却有一条主线贯穿于其中,即:以探索中国古代文明的奥秘作为自己的研究重心。他曾说:"我所致力的领域,常给人以杂多的印象,其实说起来也很单纯,就是中国历史上文明早期的一段,大体与《史记》的上下限差不多。问题是对这一段的研究不太好定位,有的算历史学,有的算考古学,还有文献学、古文字学、科技史、艺术史、思想史等等,充分表明这个领域学科交叉的综合性质。这一领域,我想最好称为'中国古代文明研究'。"①

　　在具体的研究工作中,李学勤无论是在具体的考证研究还是在理论方法上都有很大的建树,大致说来,他的学术成就主要体现在:

　　中国古代文明的重新评价。过去长期流行于学术界的观点,是中国古代文明形成于商代。李学勤不同意这种看法。他在长期从事古代文明的研究过程中,根据考古学的最新发现,认为中国文明时代的开端要比商代早许多,并在 1980 年提出了"重新估价中国古代文明"的主张。这一重新认识、重新估价中国古代文明的思想贯穿于他整个学术研究过程之中。比如,他根据历年来众多的考古发现,对于中国古代的文明起源及其早期发展作了许多讨论;他还提出对中国古代文明进行区域性的研究,并提出了"文化圈"的设想。

　　比较考古学和比较文明史的倡导。李学勤指出,中国文明是整个人类文明的重要组成部分,而且一直延续至今,独具特色。研究人类文明的起源,就不能不研究中国文明的起源,如果忽略了中国文明的起源,就不能全面地了解和认识人类文明的起源问题。相反,如果不把中国文明放到人类文明的大背景中去考察,对中国的文明也很难有深入透彻的理解。因此他一直主张将中国古代文明与世界古代文明加以比较研究,同时也一直提倡在掌握中国考古学成果之外,去认识和了解外国的考古学,借鉴外国考古工作的理论、方法和技术,更好地认识中国考古学几十年历程中形成的自身特色,发挥我们的长处,弥补我们的不足。在这些方面,他身体力行,出版了《比较考古学随笔》等著作,进行了比较考古学、比较文明史的有益探索,并主持翻译了《外国考古文

---

① 　李学勤:《中国古代文明十讲·序言》,复旦大学出版社,2003 年。

化名著译丛》，把世界考古学研究的一些最新成果介绍到国内。

玉器研究。玉器在中国古代有着特殊重要的地位，近几十年来在全国各地出土了大量的玉器材料，李学勤利用这些考古发现，对于玉器做了很多研究工作，比如他讨论良渚玉器纹饰与商代青铜器饕餮纹的关系、良渚文化刻划符号与文字起源的关系；考察含山凌家滩玉版与古代的八方观念及宇宙观的关系；从广汉与成都金沙的玉器讨论蜀与各地的关系；以益门村玉器的蟠虺纹看春秋战国时期蟠虺纹的发展，等等。他还对全国各地出土的牙璋做了对比研究，并对流散海外的许多玉器做了深入研究。

甲骨学研究。李学勤最早从事的就是甲骨学的研究。20世纪50年代，他缀合、整理殷墟发掘所获的甲骨，用排谱法研究甲骨文反映的史事和历史地理，并首创殷墟甲骨的"非王卜辞"说。此后，他又就历组卜辞等问题提出两系九组的新分期法。他还首次鉴定出西周的甲骨文，并对周原地区所出土的西周甲骨的特征、文字释读、性质及族属等问题发表了许多见解，为西周甲骨的专门研究奠定了基础。他在甲骨学的研究中，强调要把甲骨作为一种考古遗物全面加以研究，不仅要注意有字甲骨，也要注意无字甲骨，并重视甲骨的出土地层、坑位及钻凿形态等方面的综合考察。

青铜器及金文研究。李学勤是当代青铜器及金文研究方面的大家，他一贯主张，对于青铜器的研究不应以金文为限，而需要对青铜器的形制、铭文、字体、纹饰、功能、组合、铸造工艺等方面作综合研究，并在金文的释读及青铜器的分期、分区、分国别研究中取得了很大成就。他还利用金文以及甲骨材料，对商周时期的礼制、职官、家族、法律、土地制度等方面的问题作了许多探索。另外，过去许多学者都强调商周之际存在着剧烈的变革，李学勤根据青铜器材料以及商周甲骨所反映出来的共同性，并结合古代典籍的记载，认为商周之际虽然有所变化，但更多的是文化的承继和发展。

战国文字及出土简牍帛书的研究。李学勤在20世纪50年代就对战国时期的古文字资料进行综合研究，促成了古文字学领域新的分支——战国文字研究的建立。70年代以后，全国各地出土了战国至秦汉时期的大批简牍帛书，李学勤参与了多批出土文献的整理工作，并撰写了《简帛佚籍与学

术史》等一大批研究论著。2008 年,清华大学入藏了一批战国时代的竹简
(通称清华简),内容主要是先秦时期的经、史类文献,学术价值重大。李学
勤是清华简整理研究工作的负责人,为整理和研究这批珍贵文献付出了大
量的心血。当前,清华简的整理工作进展顺利,而李学勤在整理过程出版的
《初识清华简》等书则代表了当前清华简研究工作的最高水平。

古籍文献与学术史研究。20 世纪新出土的大批简牍帛书,为古文献及
学术史的研究提供了极为宝贵的材料。有鉴于此,李学勤一直主张根据众
多的出土文献对学术史加以重写。他自己身体力行,对于《易》学、《尚书》
学、楚文化、黄老之学、秦汉之际学术文化的传流等诸多学术史上的重大问
题提出了精辟的见解。他还根据出土文献中所反映出来的古书情况,为许
多过去被疑为是伪书的古籍"平反",指出:古书的形成往往经过很长的过
程,不能用静止的眼光看待;过去不少古书被疑为伪书,其实往往是与古书
的整理情况有很大的关系,不应轻易加以否定。

"走出疑古时代"的提出。晚清以来的疑古思潮曾在历史上产生了积极
影响,但由于一些学者疑古过甚,许多观点已被今天的考古发现所否定。李
学勤的高明之处在于,他除了利用新发现材料来推动研究工作的深入进行
之外,还进一步从理论的高度对疑古思潮进行了反思,指出,我们今天的古
代文明研究需要从考古发现的实际出发,不仅要在具体研究上重新审视前
人的已有结论,而且在指导思想上也需要摆脱一些旧的观念的束缚,走出疑
古时代。应该说,李学勤的"重新估价中国古代文明"与"走出疑古时代",二
者是密不可分的。他在 20 世纪 90 年代主持的"夏商周断代工程",从某种
意义上也可以看作是"走出疑古时代"后在新的历史时期对于古代历史和文
明的重建。

文物鉴定及海外所藏中国文物的研究。李学勤是通过甲骨学的研究走
上学术道路的,在这一过程中,他自然而然地对各个时期的考古文物和古文
字材料都十分关注,并经常走访国内外的文博单位,在文物鉴定方面积累了
丰富的经验,对于许多文物的真伪和年代提出了独到的见解。近年来,国内
的文物盗掘和流失情况十分严重,作为国家文物鉴定委员会成员,他做了大

量的文物鉴定工作，为国家及时从海外抢救购回流失的国宝做出了重要的贡献。他还利用多次赴海外访问和讲学的机会，考察国外公私机构珍藏的中国古代文物，对它们进行介绍和研究，写成了《四海寻珍》等论著。他还与著名汉学家艾兰教授等人合作，编辑了《英国所藏甲骨集》、《瑞典斯德哥尔摩远东古物博物馆所藏甲骨文字》、《欧洲所藏中国青铜器遗珠》等著作，将这些珍贵材料介绍给国内读者。

国际汉学的研究。汉学是指国外学者对于中国历史、语言、文化的研究，在国外已有数百年的发展历史，已经成为一门成熟的学科。不少汉学家对于中国古代历史文化有着独特的研究视角和方法，对我们的研究有着重要的借鉴作用。从20世纪70年代末以来，李学勤多次赴海外讲学研究，与国外的汉学家们开展积极的对话和交流，并不断向国内报道国际汉学界的最新研究动态。他还一直倡导在国内建立国际汉学这门学科，对国际汉学进行学术史的研究。他主持建立了清华大学国际汉学研究所，主编了《国际汉学著作提要》、《国际汉学漫步》、《法国汉学》等著作和刊物。在李学勤等人的推动下，对国际汉学的研究已经成为当代文史研究者的共识，国际汉学研究得到了长足发展，已经成为了一门学科。

李学勤虽然没有专门从事儒学的研究，但是他的这些工作对于儒学研究的贡献却是非常之大。对于儒学的地位和作用，李学勤有着深刻的认识和精彩的总结。他多次指出，中国的传统学术文化（国学）虽然是三教九流，无所不包，然而占据主要地位的是孔子及其开创的儒学，而儒学的核心则是经学。儒学、经学的开创者，自然是古代文明的集大成者孔子，孔子总结了唐虞三代的文化传统，创立了儒学，特别是其经学，成为传统优秀文化的中心和象征。李学勤充分利用各种出土材料，将孔子与儒学置于中国古代文明的广阔背景中，论证了孔子思想的深度、高度和"集大成"特征。他还利用出土简帛资料，确定了孔子与六经的关系，指出，由孔子整理传世的六经是儒家思想理论的源头活水。他的《周易溯源》一书，是一部从考古学、文献学的角度考察《周易》的精深之作，对于《易》学的起源、孔子及其后学与《易》学的关系、马王堆帛书《周易》的经传内容等做了丝丝入扣的分析，在《易》学研究中做出了重大贡献。他对郭店简、上博简中儒家文献的研究,很好地解决了孔子与《诗经》的关系,并勾勒复原了孔孟之间儒学发展的众多学术问题。他主持的清华简儒家经典的整理研究工作,则为儒学的研究提供了大量重要的新资料。他对清华简《保训》"中"的思想研究,对清华简和《逸周书》中《祭公》篇的"德"的讨论,则为儒家思想的渊源研究提供了重要的依据。他对秦汉之际学术文化传流研究和汉代今古文的研究则廓清了人们对汉代儒学发展的种种误解。他指出汉代的纬学是经学的一部分,纬学并非起于哀、平之际……这些见解对于当代纬学的研究起到了正本清源的作用。他还第一次揭示了汉代以后孔子后裔世守家学而自成一个学派的事实,勾勒了汉魏孔氏家学传承的线索,充实了儒学研究的内容,丰富并加深了人们对于孔子世家的认识。他对宋代的理学和清代的汉学也做了细致的研究,并对宋学与清代学术的得失做了中肯平实的分析,有助于我们客观认识宋学和清代学术的学术地位和贡献。

李学勤还积极参加当代儒学建设和发展的各项工作,比如,他非常支持《儒藏》的编撰工作,认为《儒藏》的编纂是未来儒学研究和新发展的必要依据和起点,并担任了其中"出土文献卷"的主编工作;他非常支持国家汉办主持的儒家经典的英译计划,并提出了许多中肯的建议;他还多次发文和讲演,对于当今的"国学热"发表了自己的看法,并对如何研究国学提出了建设性的意见。

三、主要论著

代表性著作:

《东周与秦代文明》,文物出版社,1984 年初版、1991 年增订版;上海人民
　　出版社,2007 年、2016 年新版

《古文字学初阶》,中华书局,1985 年版,2003、2006、2013 年再版

《新出青铜器研究》,文物出版社,1990 年版;人民美术出版社 2016 年增订版

《周易溯源》,长春出版社,1992 年初版;巴蜀书社,2006 年修订版

《简帛佚籍与学术史》,台湾时报文化出版企业有限公司,1994 年初版;江
　　西教育出版社,2001 年简体字版

《走出疑古时代》,辽宁大学出版社,1994 年初版,1997 年修订再版;长春
　　出版社 2007 年新版

《中国青铜器概说》,外文出版社,1995 年

《四海寻珍》,清华大学出版社 1998 年

《重写学术史》,河北教育出版社,2001 年

《中国古代文明研究》,华东师范大学出版社,2005 年;2009 年再版

《青铜器与古代史》,台湾联经出版事业股份有限公司,2005 年

《文物中的古文明》,商务印书馆,2008 年

《通向文明之路》,商务印书馆,2010 年

《三代文明研究》,商务印书馆,2011 年

《夏商周文明研究》,商务印书馆,2012 年

代表性论文:

《论清华简〈楚居〉中的古史传说》,《中国史研究》2011 年第 1 期

《论"妇好"墓的年代及有关问题》,《文物》1977 年第 11 期

《帝辛征夷方卜辞的扩大》,《中国史研究》2008 年第 1 期

《考古发现与古代姓氏制度》,《考古》1987 年第 3 期

《新见楚王鼎与"曾国之谜"》,载《青铜器入门》,商务印书馆 2013 年版

《荥阳上官皿与安邑下官钟》,《文物》2003 年第 10 期

《清华简关于秦人始源的重要发现》,《光明日报》2011 年 9 月 8 日

《孔子之言性与天道》,载《孔子文化研究》卷一,上海文化出版社 2007 年

《严遵〈指归〉考辨》,载《历史文献研究》(新 6 辑),北京师范大学出版社 1995
　　年版

《〈今古学考〉与〈五经异义〉》,载《国学今论》,辽宁教育出版社 1991 年版

撰写者:程薇,历史文献学博士,任职于清华大学出土
文献研究与保护中心。

刘宗贤

刘宗贤,山东省社会科学院儒学研究所研究员,曾任儒家哲学与伦理重点学科带头人,山东社科院孔子文化研究中心主任。兼任山东孔子学会理事,香港孔教学院院董,香港《亚太语文教育学报》国际咨询委员会委员,国际儒学联合会顾问,浙江社会科学院国际阳明学研究中心兼职研究员,广西朱熹思想研究会特邀研究员,广东信孚教育集团客座教授,福建漳州师范学院儒学与传统文化研究所所长等。

一、学术简历

刘宗贤 1970 年毕业于北京大学东方语言文学系，1980 年以中国社会科学院全国统一招考的研究人员资格任职于山东社会科学院。1983 年晋升助理研究员，1988 年晋升副研究员，1995 年评聘为研究员。2008 年退休。

多年从事中国哲学史和儒学研究，主要研究领域为宋明理学，其中尤着力于陆九渊、王阳明心学。近年来研究儒学与传统文化、儒学与当代中国的发展问题，及当代东方儒学。先后主持山东省社会科学规划"八五"项目"儒家伦理与当代中国的社会稳定和文明发展"、山东省社科规划项目"儒学传统与中华民族精神、民族凝聚力问题研究"，以及国家社科规划项目"当代东方儒学的现状、特点和发展趋势"研究、国家社科规划项目"王阳明与阳明学派系列研究·阳明学与当代新儒学"。出版学术著作多部，并在海内外刊物发表学术论文百余篇。其中专著《当代东方儒学》获山东省社科优秀成果一等奖（2005 年），专著《陆王心学研究》获山东省社科优秀成果二等奖（1998 年），并获华东地区优秀哲学社科图书一等奖，北方十五省市哲学社科优秀图书奖。论文《儒学伦理精神及其现代意义》、《儒家人文思想群我关系的辩证机制》、《试论王阳明心学的圣凡平等观》先后获山东省社科优秀成果三等奖。

曾于韩国、瑞士、美国、印度等地，及香港、澳门、台湾地区作学术访问和交流。1995 年赴韩国参加退溪学国际学术会议，1997 年赴香港参加庆回归"孔子思想与 21 世纪国际学术研讨会"，1999 年 6 月至 8 月到瑞士兰德高等学院作访问学者，为该校道德教育专业硕士研究生开设儒学讲座，2004 年 11 月至 12 月应美国夏威夷大学东西文化交流中心及夏威夷亚洲和太平洋研究学院邀请作学术访问交流，讲演题目为《展望 21 世纪中国儒学的发展趋势及其前景》，2007 年 11 月应台北中研院中国文哲研究所邀请赴台参加"明清文学与思想中的情、理、欲"国际学术研讨会，作大会主题报告《阳明道学革新与良知说的情、理、欲机制》。事迹被收入《中外名人词典》、《世界文化名人词典华人卷》、《Five Hundred Leaders of Influence》等。

二、我的儒学研究之路

我的儒学研究起步于山东社科院。1980 年,在中国社科院的主导下,全国各省市社科院统一招考研究人员,以壮大社科研究队伍,重振在"文革"中遭到破坏的中国社会科学研究事业。当时已过而立之年的我,在山东北三区的一个偏僻县工作,得知这一消息后,很兴奋,禁不住想再尝试一次,找一个自己喜欢的专业求得发展。我报考的专业是中国哲学,方向是宋明理学,经考试被录取,这就是我在社科院的研究岗位。

印象最深的有两三件事。一是入院不久,我所在的哲学所为我们中哲史研究室组织了一次学习进修活动。每个人选择中哲史专业中的一个人物写一篇文稿,在室里宣讲,接受领导和大家的评论。当时我选的是汉代董仲舒,一个在儒学乃至封建社会意识形态中举足轻重的人物,写了洋洋上万字,下了很大功夫,直到今天,我还保留着这份底稿。更为重要的是,它对我的专业研究起了一种引路的作用。似乎告诉我,搞社科研究就要像这样,从基础做起,扎扎实实的。特别是对于我,一个对自己的新专业,从零起步,边学边干的人。

印象最深的第二件事,是我第一次写论文。我 1981 年参加全国第一次宋明理学研讨会,提交的论文是《王阳明实践道德说初探》,后来被收入会议论文集出版,这是在赵宗正老师的指导下修改的,参会也是和赵老师一起去的。会上见到了哲学界大师级的人物冯友兰、石峻等,以及张立文、方立天等,聆听了他们的演讲,感受了浓浓的学术研究氛围。

第三,印象最深的是我写《陆王心学研究》这部书的经历。这是以我上述第一篇论文作基础拓展的研究。当时赵宗正老师只在一个小字条上,写了除王阳明以外心学史上陆九渊、陈白沙、湛若水的名字,我就以此为框架开始了课题情况的调研、资料收集、论文写作,以及修改、定稿乃至出版的漫长历程。当时社科院资料欠缺,我手头只有我先生蔡德贵从山大借来的《王文成公全书》,及本院《四库全书》收录的一些人物资料。另外,当时也不像现在可以用电脑查阅,都是跑图书馆,手抄、复印、照相。记得一部湛若水的著作《甘泉文集》,我就是来回骑自行车,中午在外吃饭,跑山东大学图书馆一个星期才查完的。而历来王阳明的研究资料,则是坐火车到北京首都图书馆去收集的。1983年开始写作,到1994年修改、抄写、充实、定稿,历时十余年;当然,我的大批有关陆王心学的文章,也多是在此期间投稿或发表的。最难忘的是北京大学教授张岱年先生,在1994年初夏,当我携书稿专程去北京向他索序时,他刚过完85岁大寿。进入望九之年的他,竟那样不辞劳苦冒着六月的酷暑,认真阅读拙稿,欣然赐序。先生这种奖掖后学的长者风范,一直激励我在研究学问的路上奋进,探索。

上世纪80至90年代,我专注于阳明心学的研究。80年代中期以后,大陆儒学研究重新兴起,90年代以后我逐渐把研究转向儒学研究。当然,这也缘于1986年适应形势社科院正式成立了儒学研究所,我们有了专业的研究队伍,有了与国际、国内交流的平台。山东是儒学的发源地,是儒家大师孔、孟、荀研究的前沿。因此,我开始研究儒学,也把目光集中于孔子思想、孟子思想。但对孔子的仁学伦理结构,孟子的人性论、心性说,我往往会从中国哲学的特点,儒家文化对中国人思维方式的影响去思考,总想探讨中国传统文化、儒家思想还能不能重新回到中国人的精神生活当中,这似乎成为我的一个心结,也是我后来展开儒学研究的一个逻辑起点。由这个起点,我关注儒学大体有这样一个思路:

儒家伦理思想与中国人的思维方式;儒家文化传统与中国人的精神生命,儒家思想在当代中国还有没有生命力;儒学在当今世界多元文化共存发展中的地位,儒学作为精神文化资源,能否成为全球伦理;儒学与中国现代化的关系,在中国现代社会转型中的地位和作用。

对于上述问题,我以为,儒学注重人的伦理特性,强调人人都要有社会责任心,并进行道德自律,以维护社会的理性秩序,建立长久的社会文明。以这种价值观为核心的文化体系,造就了中华民族源远流长的历史,并形成了中华民族的巨大凝聚力。我发现儒家人文思想注重对个体群体关系的辩证认识,而这正是常常被人们忽视了的儒家伦理的活力所在。

　　近些年,愈演愈烈的"文化热"和"儒学热"促使我更多地思考了儒学的兴衰及儒学研究的命运问题。我以为,当今世界性的东方文化热和儒学热的本身,就说明了儒学是有价值的。但是在中国近代以后几经批判和打倒,有着大起大落命运的儒学,还能不能在普通中国人的精神生活中占有位置?在经历了"文革"的致命打击后,孔子作为中国人精神文化先师的地位,还能不能在中国人心目中重新树立起来?21世纪乃至更远的未来,儒学还有没有生命力,今天的儒学研究又将何去何从?这一系列问题启发我思考,并由此对中国儒学及儒学研究在中国的发展前景问题做出回答。

　　我以为今天儒学在中国的重新兴起,不只是中国自身的现代化对它的需求,也是当今世界文化多元共存的融合趋势对它的选择。世界越来越小,变成了地球村,不同民族的人们在交往交流中渴望了解对方的文化已经形成一种趋势。中国的改革开放为中国文化走向世界提供了条件,中国经济的发展,中国的日益强大又为中国人与其他民族国家的人交往增强了自信,奠定了坚实的基础。我感到中国文化、中国儒学又面临一次新的选择,即走向世界的选择。中国有自己的文化底蕴,中国人民有自己的性格气质,而儒学作为中国历史上的主流文化与中国人的道德、精神、生命息息相关,这也就是尽管经过了"文革",人们仍然往往把中国与孔子联系在一起的原因。它也说明,孔子在中国文化中的地位是抹不掉的。当今人类共同面临的问题,都有待于发扬各民族文化中的精华来求得共同解决,而儒学作为有源远流长历史的一种民族文化传统,既有自己的优势,也有自己的使命和责任。儒学过去的辉煌,后来的衰微,现在的复苏,都表明它的生命力;儒学是包含着中国人生命气质的一种世界性文化资源,它像一座富矿,蕴藏着对现代人的精神生命、未来人类社会发展有积极意义的恒常价值。因此,我们对它的责任不是褒贬和摒弃,而是开采和提炼,通过自觉的文化选择,促成它的积极转换,使它在人类未来的文化发展过程中作出新的贡献。

　　儒学作为一种精神文化资源的实质,是在当今世界多元文化共存发展的背景中突显出来的,所以儒学研究也应该走出中国,走出东方,走到世界的大文化氛围之中。

三、当代东方儒学研究

儒学本是东方的一种古老的学术文化，其成为当代的话题并引起世人的关注，乃是 20 世纪 80 年代以后的事。70 年代东亚经济起飞，特别是 80 年代以来东亚现代化的推进，显示出一种有别于欧洲的"集团主义人文类型"的现代化模式，不仅令西方经济界瞠目，而且使得许多西方人士意识到：亚洲今天发生的种种革命性变革背后，有一个传承数千年的历史背景。今天，我们欲在世界历史进程中追寻儒学变化的踪迹，必须具备东西方文化对比的大视野。应该说，东方文化与东方哲学，即是我们了解东方儒学的大背景。

从当代东方儒学复兴的启示，可以看到东方儒学成为东西方共同瞩目的研究对象是在当代的事，然而东方儒学作为东方学中的一个学科概念的成立，却是有着深厚的全球文化背景，和久远的历史文化渊源的。

《当代东方儒学》是国家社科基金项目"当代东方哲学的新进展——当代东方儒学的现状、特点和发展趋势研究"的最终成果。由我和蔡德贵主编，一起完成的有儒学所学科成员梁宗华、杨晓伟、路德斌、冯克利等，蔡德贵的学生王佃利、牟宗艳等。两方面的专业特长，一个是儒学，一个是跨文化与宗教研究，形成了完美的结合。诚然，承接这样一个带有创新性的课题，对于我们是有相当难度的。研究的课题背景广阔，内容宽泛，地域和时间上跨度大，需要翻阅的资料多，难度都超过想象。课题组成员全心全意地投入，历经三年的研究和撰写，于 2002 年 4 月完成了书稿。人民出版社大力支持，在 2003 年 12 月春节之前新书得以面世。

《当代东方儒学》所研究的当代东方儒学，主要指中国和朝鲜、日本、越南等儒家文化圈国家的儒学，新加坡等以华裔为主要构成民族国家的儒学，以及泰国、印度尼西亚、马来西亚和阿拉伯地区等其他东方国家所受儒学的传播和影响。历史上，东亚等国家曾受孔子和儒家文化的深刻影响，形成

"儒家文化圈国家"共同的文化意识；近代以来，面对西方先进的科技文化和民主思想的冲击，这些国家都有一个共同的调整传统思想、重新进行文化整合的过程，因而儒学与现代的关系问题是它们共同面对的时代课题。《当代东方儒学》所研究的问题大体分为三个部分：

第一、绪论部分。论述东方儒学孕育、形成、发展、衰微，以及在当代复苏的大背景，即东方文化与东方儒学。在这一部分，特别论及了东亚东方文化和西方文化两大文化体系和四大文化圈（希腊罗马欧美文化圈、中国文化圈、印度文化圈和阿拉伯伊斯兰文化圈）的概念，以及东方文化的特点，东西文化交流，东方文化体系内部各国文化的相互影响和交融，东方社会与东方哲学的现代转型及东方价值观等问题，意在说明东方儒学的"东方"，更多的是就历史、文化传统而言的。我们引入德国存在主义哲学家卡尔·雅斯贝斯关于"轴心时代"的观点，以此说明世界多元文化具有的不同精神资源、不同潜力和不同发展脉络，并以此作为儒学的世界性研究、儒家传统的现代转化等问题讨论的广阔背景。

第二、当代东方儒学的现状、特点部分。主要研究儒学的原创价值（元价值），以汉字与汉文化圈为逻辑起点，阐述东方儒学的形成和展开，并展示近代以来儒学的维系和发展——中国现代新儒家，当代东方国家和地区的儒学，儒学与东亚模式，以及东方儒学的层次、差异及共同价值观等。以儒学与东亚模式为基点，探讨儒学在当代社会的转型。

第三、当代东方儒学的发展趋势。主要提出以下观点：儒学宗教化趋势，儒学实用化的趋势，儒学在世界多元文化中对话、沟通、互补的趋势，儒学在世界多元文化中定位的趋势，儒学与马克思主义相容、相通，儒学创新与马克思主义创新健康互动的趋势，以及当代世界全球化趋势与儒家伦理成为普世伦理的可能性。

该书出版以后，众多杂志和报纸发表述评，推介这部著作。其中丁冠之先生认为"这部著作的突出贡献，是为《当代东方儒学》的研究建构了一个理论体系和内容框架。……在该书的论述中，作者提出了许多独立创新的见解，如对东方、东方哲学、当代东方儒学的界定，对儒学与宗教关系的论述，儒学实用化问题,儒学在世界文化中的定位,儒学能否成为普世伦理的问题,以及儒学发展的六大势的论述和展望等,都有使人耳目一新之处。"①刘蔚华先生认为"立足于世界范围从综合的角度重点对'当代东方儒学'作视野开阔的大叙事,尚属仅见,这可以说是该书的第一个贡献。其次是这部书力求揭示儒学从中国走向世界的精神辐射能力的一些带有规律性的论点。例如,他不满足于一般性的叙述东方各国儒学,而是把东方儒家文明作为一个整体来考察,着重探讨当代东方儒学的现状、特点、和发展趋势。"②

综上所述,《当代东方儒学》以对东方文化及东方哲学的全面论述,为儒学铺垫了世界文化的大背景;从儒学的原初价值观,及汉文化圈的基本概念,为当代东方儒学的研究奠定了扎实的理论基础。著作的主体部分,从纵横两方面研究了当代东方儒学的现状和特点:东方儒学的形成和展开,中国现代新儒家的形成和发展,当代东方国家和地区的儒学,及儒学与东亚模式的关系,东方儒学的共同价值观等;并研究了儒学与宗教关系、儒学实用化问题,当代西方儒学观和改革开放以后中国大陆的儒学研究等问题,提出了当代东方儒学发展中现实的和可能的六大趋势。该著作在从哲学与文化及宗教结合的角度研究儒学方面有所创新,是目前国内比较系统地研究当代东方儒学的第一部专著。具有较高的学术水平和重要的学术价值。2005 年获山东省社科优秀成果一等奖。

四、主要论著

代表性著作:

《陆王心学研究》,山东人民出版社,1997 年

《中国儒学》,与谢祥皓合著,四川人民出版社,1993 年;台湾水牛出版社,
　　1995 年

《当代东方儒学》,与蔡德贵主编,人民出版社,2003 年

---

① 丁冠之:《世界性课题:〈当代东方儒学〉》,载《光明日报》2004 年 6 月 10 日。
② 刘蔚华:《儒学的远行:读〈当代东方儒学〉》,载《孔子研究》2005 年第 1 期。

《儒家伦理——秩序与活力》，齐鲁书社。2002 年

《理学要义》，光明日报出版社。1996 年

《良知的呼唤——王守仁心学觅踪》，明天出版社，1993、1994 年

代表性论文：

《陆、王"心即理"思想比较》，《东岳论丛》1988 年第 3 期

《试论融会道家自然之说的陈白沙心学》，《东岳论丛》1990 年第 6 期

《湛、王心学异同论略》，《孔子研究》1994 年第 1 期

《陆九渊与杨简》，《中国哲学史》1996 年第 4 期

《退溪的《西铭观》与仁之体用说》，韩国《退溪学报》89 辑，1996 年 3 月

《宋初学术的文化整合倾向》，《哲学研究》1996 年第 11 期

《明代初期的心性道德之学》，《中国哲学史》1999 年第 2 期

《试论王阳明心学的圣凡平等观》，《哲学研究》1999 年第 11 期

《21 世纪：儒学的地位及儒学研究的发展》，《中国文化研究》2000 年第 3
    期（秋之卷）

《当代东方儒学兴起的背景——东方文化与东方哲学》，《孔子研究》，2003
    年第 1 期

撰写者：刘宗贤

楼宇烈

楼宇烈，1934年12月10日（农历十一月初四）出生于浙江杭州。北京大学哲学系暨国学研究院教授、博导，北京大学宗教文化研究院名誉院长。兼任教育部社会科学委员会委员，全国古籍整理出版规划领导小组成员，全国高校古籍整理研究工作委员会委员。曾任国务院学位委员会学科评议组成员，中国宗教学会副会长，孔子基金会理事、学术委员会委员，中华炎黄文化研究会理事、学术委员会委员，国际儒学联合会顾问等。

一、成长经历

楼宇烈祖籍浙江省嵊县（今嵊州），出生于杭州，出生后不久，便随家人到了上海。生于江南水乡的楼宇烈，从小兴趣广泛，早期的教育使他爱上古典诗歌、散文，甚至自然科学，因此文理科都很好，对各类知识的广泛涉猎，再加上能做到刻苦钻研，使他见识广博，眼界开阔。但这让他在高考填报志愿时感到非常纠结。后来，年轻的楼宇烈在《毛泽东选集》里看到"哲学是社会科学和自然科学的总和"这句话，于是决定读哲学。他曾说道："我 20 岁以前，什么都喜欢，觉得一切都很有意思，想来想去最终选择了哲学，因为哲学是学中之学。"

1955 年，楼宇烈于上海浦光中学毕业后，顺利考入北京大学哲学系哲学专业本科，并幸运地师从冯友兰、任继愈、张岱年等国学大师学习中国哲学，与儒学、佛学、道学的缘分也因此而开始。经过多年对中国哲学的研究，楼宇烈对中国传统文化有着特殊的感情，尤其在求学的过程中，对佛学产生了浓厚的兴趣。

1960 年，大学毕业后，楼宇烈留校任教，到如今已经 50 多年。在数十年如一日的教学生涯中，他也经历过各种坎坷。作为一个嗜书如命的人，在某一段时间里文化生活却贫瘠到了极点，能读的书只有《毛泽东选集》、马列著作，或是一遍遍地读《新华字典》。但时至今日，提起那些年，楼宇烈却没有一丝怨天尤人。在他看来，人生在世，有很多东西个人是无能为力的，能掌控的只是在大环境中如何把握好自己。他说，人生需读"无字之书"，正是那些经历帮助他认识了各种各样的人，也认识到那个时代各种思维方式的局限。

这些经历让楼宇烈在治学中，有着比一般人更为开阔的胸襟，更为高远的眼光。早年他研究中国哲学，精心研读荀子、王弼的著作，他的《王弼集校释》是一部公认的学术经典。他对康有为论著进行整理和汇编的著作就达 7 种。在研究哲学的过程中，他发现中国哲学的问题无法离开佛教，于是将研究兴趣转向佛学，参与主持编选的《中国佛教思想资料选编》影响了国内年轻一代的佛学研究者。但是面对曾经的辉煌成就，他却谦虚地说："它过时了。"

在日常生活中，这位常穿简单中式布衣，饭食粗疏，朴实清净，宇内奔走以传道授业,并且乐在其中的老教授也严格要求自己身体力行地实践传统文化。他爱好昆曲、古琴、茶艺,在很多人眼中,这些都是风雅和时髦的事,但在他看来,这是理解传统文化的途径,"中国的文化很一致,都是表意的,寄托着创作者的理念,又能让欣赏者从中得到共鸣。"2003 年起,他在自家门口租了一套小屋,起名"国艺苑",招收对中国传统艺术有兴趣的学员,教授的科目就是昆曲、古琴、茶艺,他忙里偷闲时常亲自领着大家唱昆曲,对于中医、茶道,他亦如数家珍。

楼宇烈是中国文化真诚的倡导者和实践者,他不仅创立国艺苑,还兼任北京大学校内外几家中国文化社团的顾问和指导,退休后仍常年奔波各地讲学,80 多岁高龄仍然不辞辛劳,亲自奔走,致力于传播与弘扬中国传统文化。除了在北大授课外,他还擅长以演讲的方式表达学术思想,经常出席各类学术活动或者电视节目等。他说:"我给自己提了个要求,在公众场合的演讲既要让没有任何知识准备的人能听得懂,又要让专业人士觉得有新意。"

二、主要学术研究和学术贡献

楼宇烈对中国传统文化的研究十分广泛,是当代为数不多精通儒家、释家、道家等诸家学问的学者。他在谈到"儒释道"三家时说道:大约从东晋开始至隋唐时期,中国文化逐渐确立了以儒家为主体,儒释道三家既各自独标旗帜,同时又合力互补以应用于社会的这一基本格局。这一格局一直延续到了 20 世纪初。所以,可以这样说,中国传统文化是儒释道三家鼎足而立、互融互补的文化。

对于如何研究中国的传统文化,楼宇烈一贯主张"用整体综合的方法研究中国传统文化",并常讲述"四通八达"的道理。他说,研究中国文化的学者先要"四通":中西东、古近现、儒释道、文史哲,四个方面需要打通。只有"四通",才能"八达"。研究任何一门科学,不能只局限于本学科的文献,要打开宽阔的视野。研究中国文化也一样。要从中国文化的方方面面,整体性地体会其深层的、内在的共同特性。楼宇烈研究中国传统文化所使用的"整体综合法",还包括他对艺术和中医的推崇。他常说,"伦理、艺术、哲学、宗教四者殊途同归",而且他希望大家都能学点艺术,昆曲、古琴、书法、茶道……。他认为,艺术素养能影响一个人的人生观与价值观,甚至会影响到思维方式①。针对中国哲学讲究整体联系的特点,他提出"三家、三科、三学"的见解。"三家"即儒、释、道三家;"三科"即文、史、哲三学科;"三学"即天、地、人三学。他对自己的研究生也提出三个要求:第一,读原典。第二,系统掌握读原典方法,了解该学科原始资料全貌。第三,讲究原则性的方法,强调整体文化环境的考察,从世界范围内了解本学科现状。

楼宇烈为自己编选的"中国哲学研究论文集"取名"温故知新",映衬出他学术人生的基本格局。一方面,他总在从事古籍的整理与研究,把中国源头性的基本典籍,概括为"三四五六",以便初学者入门。三指"三玄":《周易》《老子》《庄子》;四指"四书":《大学》《中庸》《论语》《孟子》;五指"五经":《诗》《书》《礼》《易》《春秋》;六指六部佛典:《金刚经》(含《心经》)、《维摩诘经》《法华经》《华严经》《涅槃经》《坛经》。另一方面,他为文治学,锐意创新,不求量多,务求撰文要有针对性,要有不同于前人的学术心得,对改革开放以来我国的国学研究,起到了承先启后、开拓风气的作用。

楼宇烈认为"学术既要提高,也要普及"。他的学术论文篇篇都有资料的基础,文风朴实,既能提出不同于前人且令人怦然心动的新解,又从来不用"一惊一乍"的时髦术语。比如,那本流传甚广的《中国的品格》完全没有学术著作的晦涩,而是以口语的方式,阐述了他对中国传统文化的领悟。如果没有太多的接触,学术界对他的印象,大抵如此:一板一眼,以资料说事。

下面从儒、佛、道三个方面来概述楼宇烈主要的学术研究和学术贡献。

1.儒学思想研究

楼宇烈早年研究荀子思想。早在 1979 年,他就统稿出版、发表了《荀子

---

① 李四龙编:《人文立本:楼宇烈教授访谈录》,北京大学出版社 2013 年版。

新注》一书和《中国儒学的历史演变与未来展望》《儒家思想与官僚文化》、《荀子礼乐论发微》等论文，在学术界有较大影响。

在楼宇烈的学术思想中，"人文精神"占据很重要的地位。他认为，中国文化的核心，强调人在天地万物中的核心地位，突出了人本主义精神，这一特征又是通过人文教育形成的。从某种意义上说，中国文化所特有的品格就是"人文精神"。他在《中国的品格》一书中写道："所谓人文精神，有两个突出的特点。首先，人文是相对于神文和物文来讲的。中国人更注重的是精神生活，而不是受神、物的支配，因此中国文化'上薄拜神教，下防拜物教'，使人的自我价值得到了充分的体现。其次，人文精神更多是强调礼乐教化。中国讲究人文教育，而不是武力和权力的压制。"他认为，中国宗教也是一种人文性比较强的宗教，重视人自身在超越问题上的主动性，重视人的主体性，强调个性化的体悟。

楼宇烈认为，儒家非常重视人的努力，儒家有一句话叫作"尽人事，听天命"。"听天命"不是消极的意思，而是指一件事情有时机成熟与不成熟的问题，时机成熟了就行了，就可以实现了；时机不成熟呢，可能一时还实现不了，但是不能因此就放弃自己的努力，因为努力实际上也是在创造时机，你没有机遇不能成功，但是这个机遇也不是坐等来的，必须要"尽人事"，只有"尽人事"才能够创造一些机遇。儒家就是这样一种生活态度。他将儒家的价值观念归纳起来，即"见义勇为，见利思义，舍生取义"，也就是说要在奉献中实现自我，实际上这就是怎样成为一个真正的人的问题。孔子认为只要做到这三条，就可以算成人了。这也可以说是儒家对整个人生的价值观。儒家的思想从治国到处理人际关系，一直到个人的生活态度和修养等方面，都有一套非常周全的理论。

20世纪80年代，楼宇烈在中国近现代哲学的研究方面成果丰硕，他花大力气整理康有为的论著，编校出版了"康有为学术著作选"七种，对康有为、杨文会、胡适等人的思想做了深入的研究。《试论近代中国资产阶级改良派的哲学思想》《胡适的中古思想史研究评述》等文，持论公允，推动了这些领域的学术研究。

2.佛学思想研究

20 世纪 80 年代后期以来,楼宇烈将研究兴趣转移到佛学,潜心研究佛教 20 余年。由他一起主持编选的《中国佛教思想资料选编》迄今已出四卷十册,满足了我国学者最基本的文献需求,也几乎影响了国内年轻一代的所有佛教学者。禅宗思想研究,是他用力最深的佛学领域。早在 80 年代末、90 年代初,他就曾组织《宗门武库》的读书小组,培养了一批有志于禅宗研究的年轻学者。他的《敦煌本〈坛经〉、〈曹溪大师传〉以及初期禅宗思想》、《神会的顿悟说》、《禅宗"自性清净"说之意趣》等文,考据精严,深化了 20 世纪的禅宗史研究。[①]

楼宇烈的中国哲学与佛学研究,十分注重内心的体悟与日常的修养,借用"人间佛教"的理念,主张建设"人间哲学",以"人文精神"为思想的归宿。他把自己的佛学论文集也取名为"中国佛教与人文精神"。他的《佛教与现代人的精神修养》、《佛教的人文精神与人间佛教》、《论中国传统文化的人文精神》等文,对当前脱离现实生活的学风起到了纠偏补救的作用,引起了广泛的共鸣。他一贯主张要对中国文化进行总体上的综合研究,包括要从艺术和中医等角度切实感受中国文化的精神。他多年来长期担任"北京昆曲研习社"主委、名誉主委,2003 年又倡议建立了北京大学京昆古琴研究所,并任所长。他还将学术研究与实践相结合,组织古琴、昆曲的学习和示范表演,为积极推介昆曲、古琴这两项我国"世界人类口头与非物质遗产"做出巨大贡献。

楼宇烈认为佛教的核心作用在于化导世道人心。他曾说:佛教学术化是一个误区,佛教界真正需要的是真知灼见,而不是规范。在某种程度上,必须打破规范才可能有真知灼见。同时,他非常强调佛教自身的定位和功能,认为目前社会对于宗教、信仰,还存在很多认识上的差异,也包括宗教与科学的关系问题,他认为佛教和科学不要争长短、比地位,各自把自己的定位定好了,把自己的本职工作做好,才是最重要的。他也希望当今各个宗教

---

① 《楼宇烈学术成就简介》,载《江汉论坛》.2007 年第 5 期。

之间能够有一个很好的对话交流,通过对话达成一定的共识,从而让我们的社会变得和谐安宁。

结合中国的国民性,楼宇烈认为,佛教要想在现实社会中发挥积极作用,必须做到三个字:净、静、敬。第一个"净"是干干净净的"净",也是清净的"净"。佛教认为世界的本质就是清净,自性本来清净,而为客尘所染。修行的目的就是回归清净的本性。第二个"静"是安安静静的"静"。安静在佛教里面是熄灭贪嗔痴,达到涅槃寂静的最高境界。第三个"敬"是恭恭敬敬的"敬",也是"六和敬"的"敬"。敬是相互尊重,也是感恩的体现。他认为,现在佛教界乃至整个社会都缺少"净、静、敬"。如果寺院能够从这三个字做起,不仅会给人非常清净的感觉,让人油然生起敬畏之心,还可以化导世俗,通过信众影响整个社会,社会风气就会得到很大的改善。这是佛教对社会非常重要的、甚至是目前最大的一个贡献。

3.道家思想研究

楼宇烈也长期研究魏晋玄学、老庄哲学。很早就发表了《郭象哲学思想剖析》、《玄学与中国传统哲学》等论文,在学术界产生较大影响。1980 年出版的《王弼集校释》是他的成名之作,现已成为一部公认的学术经典。他把玄学的"得意忘言"视为中国文化根本的思维特征,在学术研究中注重把握古典文献的内在精神,而不是停留在语言文字的表面。

他认为,道家思想在整个中国传统文化中有很深的影响,是其中一个重要的组成部分,其核心思想是要遵循天地万物的自然本性,强调自然无为,反省自己,因势利导。老子所说的"道法自然"不是指自然界,而是指自然而然、事物的本性。所以道家思想的精华正是"时变是守"。他在《中国的品格》一书中写道:道家在某种程度上,就是强调顺从人的本性才是最重要的。"道"就是属于整个天地万物的共同的自然本性。而"德",就是指每个个体从道那里得到的天然本性。道德的"德"也就是得到的"得",德者得也。得之于哪儿呢?得之于天道。老子强调要尊重天地万物,包括人在内的一切事物自然的、天然的本性,实际上就是以此来批评或批判儒家所倡导的仁义礼教的规范。

对于道家道教的当代意义,楼宇烈认为,人们受现代社会思想的影响常讲人不能听天由命,强调人定胜天,这是造成今天所有问题的根源,也是对道家思想的误解。"天命"即是天道,"老君曰:大道无形,生育天地;大道无情,运行日月;大道无名,长养万物;吾不知其名,强名曰道。"道生万物,是自然规律。人们只有掌握并遵循世界万物发展的规律,而不是受欲望所支配,我们的生命、我们的社会才能越来越健康,这是道家的核心理念。充分阐发、弘扬道家和道教的思想对于今天各种冲突矛盾的解决有着积极意义。

三、主要论著

代表性著作:

《中国文化的根本精神》,中华书局,2016 年

《花开莲现:〈心经〉大智慧》,中华书局,2016 年

《名家讲国学》,与人合著,中国大百科全书出版社,2016 年

《中国的品格》,四川人民出版社,2015 年

《宗教研究方法讲记》,北京大学出版社,2013 年

《孩子必读的中华历史文化故事》,名誉主编,北京大学出版社,2013 年

《周易注校释》,中华书局,2012 年

《老子道德经注》,中华书局,2011 年

《中华文明史》,与人合著,北京大学出版社,2006 年

《温故知新——中国哲学研究论文集》,商务印书馆,2004 年

《王弼集校释》上下册,中华书局,1980 年

《康子内外篇(外六种)——康有为学术著作选》,中华书局,1988 年

代表性论文:

《五四时期批判封建旧道德的历史意义》,与张岱年合署,载《纪念五四运动六十周年学术讨论会论文选》,人民出版社 1980 年版

《汤显祖哲学思想初探》,载《汤显祖研究论文集》,中国戏剧出版社 1984 年版《胡适禅宗史研究评议》,《北京大学学报》1987 年第 3 期;(日本)

《曹洞宗宗学研究所纪要》创刊号 1988 年 3 月；（韩国）《六祖坛经的世界》，韩国民族社 1989 年 12 月（文末增一"补记"）

《儒家"节欲"观的现代意义》，《北京大学学报》1991 年第 1 期；（韩国）《退溪学报》第六十八辑 1990 年 12 月

《人生佛教生活禅》，《法音》2011 年第 6 期

《中国宗教的特点》，《中国宗教》2014 第 1 期

《格调传统意境出新》，《中国书画》2014 年第 2 期

《中国文化中以人为本的人文精神》，《北京大学学报》2015 年第 1 期

《佛教中国化的启示》，《中国宗教》2016 年第 10 期

《佛教对中国哲学的影响》，《佛教文化研究》第 4 辑，江苏人民出版社 2016 年版

文字整理：国际儒联顾问联络委员会秘书朱晨

蒙培元

蒙培元,1937年1月30日生,甘肃庄浪人。长期任职于中国社会科学院哲学研究所,任研究员、博士生导师。曾任中国社会科学院哲学研究所中国哲学教研室主任,中国哲学史学会副会长,《中国哲学史》杂志主编、顾问。美国哥伦比亚大学、哈佛大学、中国台北中研院文哲所访问教授,香港中文大学客座教授,国际儒学联合会顾问。长期从事中国哲学史、中国哲学理论研究。出版专著10余部,发表论文200余篇。其中,《理学范畴系统》、《中国心性论》、《中国哲学主体思维》等专著均被译为韩文在韩国出版。

一、成长经历

　　蒙培元出生于甘肃庄浪的一个农村家庭,兄弟姐妹五人,他排行老三。上有两位兄长,下有一弟一妹。祖父是清朝末年的贡生,在县里设塾讲学,民国初年,曾任庄浪县女子学校第一任校长。父亲是一位读书人,毕业于兰州优级师范学校,曾在县中学里教国文课。母亲是有一定文化背景的家庭妇女。父亲为人耿介,因得罪了当权者而丢了中学的教职,到附近乡村的一所私塾里教书。他8岁开始随父亲到私塾里去念书,但诵读的不是《三字经》、《百家姓》等蒙学之书,也不是"四书五经"之类的儒家经典,而是一些古典文学和历史书,在不知不觉中产生了对古书的兴趣,开始翻阅家里留存的一些线装书,隐约中希望做一个有学问的人。

　　蒙培元进入小学是直接从四年级读起的,在所有的课程中他最喜欢近于游戏的数学。进入初中,语文、历史、地理之类的课程使他获取不少人文方面的知识。高中时,教育体制和要求明显地发生了变化,理科成为主课,占了优势,而文科成为副课。在这种情况下,他也以理科为主攻方向,高考时选择了理科,1957年被北京大学录取。1958年,由于色弱的原因,不适合学习地质学,转至哲学系。

　　他是带着对北京大学、对蔡元培的憧憬而进入北京大学的,入学之始,迎来了"反右"、"大跃进"一个接一个的政治运动,哲学系所受到的冲击也最大。到了"三年困难时期",倒是能坐下来读些书了,但是,课堂上讲授的,是唯物主义与唯心主义的斗争。郑昕、冯友兰等知名教授的课,凡是能选的课,他都尝试选听。郑昕在课堂上要么是在讲康德之前,先对康德进行批判,要么就是痛哭流涕地自我批判。即使是冯友兰当时撰写的《中国哲学史新编》(正式出版后改名《中国哲学史新编试稿》),也要表明是在"脱胎换骨"之后写成的。这就是说,无论西方哲学还是中国哲学,都只能在"唯物主义与唯心主义斗争"这一公式下讲授与写作。

　　在这样有限的读书学习过程中,蒙培元对哲学有了一点粗浅的了解。

对西方哲学史,产生了兴趣,觉得里边不仅有思辨的理论知识,还有很强的逻辑推论的方法。中国哲学则让他感觉更亲切、更有情趣,这与从小受传统文化的熏陶有关系。而最终选择了中国哲学史作为主攻方向,冯友兰的影响是很大的。1963年本科毕业,他选择报考冯友兰的研究生,被录取。

冯友兰教育学生,学习期间就是如何"打基础"、"练基本功",以及如何"扫清拦路虎",学好外语和古汉语。并列出一个读书计划,从古到今一长串读书目录。冯友兰强调,在读古书时,首先不是批判,而是读懂,要站在古人的立场,"优游涵泳"理解古人的意思,理解之后再批判,这实际上就是"同情的理解"。同时强调要随时了解学术动态,了解学术研究的状况及其进展,全面了解别人的研究成果,做到"心中有数"。于是,蒙培元进入了研究生三年"打基础"的学习生活,比较系统地读了一些书。

1966年毕业,"文革"开始,未予分配,蒙培元在思想上也陷入了完全的迷茫。1968年,他被分配到天津教中学,被工宣队称为"修正主义苗子",一面教书,一面接受改造。但他始终不愿意放弃所热爱的专业,决心重新回到中国哲学、文化的精神世界。于是,他白天给学生上课,晚上就一本书一本书地从头读起,书不够,就到市图书馆去借。就这样,他一直坚持了整整10年,从未间断,并从中找到了乐趣,也为日后从事学术研究打下了坚实的基础。他于远离学术的地方,如一叶孤舟,在风雨中飘摇。在那个中国文化受到全面摧残的时代,他依然对其心存敬意,情有独钟,并且相信中国哲学、文化不可能被彻底打倒。

这时候,蒙培元已在北京成家,但直至1979年,才得以由津返京。起初在北京大学出版社工作,第二年(1980年),转至中国社会科学院哲学研究所,得以专心从事学术研究。此时,中国迎来了改革开放,所谓开放,不仅仅是经济上的开放,首先是观念的开放、思想的解放,这对搞研究的人来说,尤其重要。随着学术交流的进一步开展,港台和海外新儒家的著作在大陆也能够看到了,蒙培元以极大的热情读了他们的著作,开拓了研究视野。

在不断扩展研究视野的过程中,蒙培元逐渐形成了一个想法,就是既要了解西方哲学,又不能依傍西方哲学;既要相互比较,又不能相互比附;既要相互吸收,又不能相互替代。哲学中既有普遍性的问题,又有特殊性的问题。所谓普遍性,是由特殊性表现出来的,是在不同民族、不同文化的特殊境遇中形成的,是有不同的提问方式和解决方法的,是用不同的语言表述的,这就是所谓多元化。研究中国哲学,首先要在比较的视野中揭示中国哲学特殊的义涵和价值。前辈学者的贡献在于使中国哲学走进近代化、现代化,能够与西方哲学进行对话。但是,他们留给我们的任务也在这里,即我们如何摆脱西方哲学的影子,走出自己的发展道路?学术研究的生命力在于创新,要经过自己的独立思考而言之有据。

基于这样的认识,蒙培元于 20 世纪 80 年代出版了他研究宋明理学的代表作,《理学的演变》和《理学范畴系统》。《理学的演变》对于理学历史做出了不同于传统的解读,特别是在朱熹理学与阳明心学的关系问题上,提出新解。该书奠立了他在中国哲学史研究领域的学术地位。此后,蒙培元转入中国哲学本体的问题的思考,将研究视野集中于心灵哲学这一领域,《中国心性论》、《中国哲学主体思维》、《心灵超越与境界》、《情感与理性》等著作,都是从不同侧面对于相关问题的思考。生态哲学,则是蒙培元关切的另一个领域,《人与自然——中国哲学生态观》即为此而作。其中既有对于中国哲学观念的理解,也有强烈的现实关切。

2002 年,蒙培元于哲学研究所退休。退休后仍密切关注学术研究动态,敏锐地捕捉着哲学领域相关问题,思考、笔耕不辍,《朱熹哲学十论》等专著,都是退休之后出版的。只要身体条件允许,他的这种思考就会一直进行下去。

二、主要研究领域和学术成就

蒙培元是一个哲学家,也是一个中国哲学史家。哲学思考离不开对于哲学史相关问题的梳理,蒙培元对理学涉猎尤多,早期的《理学的演变》、《理学范畴系统》,近年的《朱熹哲学十论》,是他在理学研究领域的代表作。前两者是对理学学派历史与理论体系的梳理,具有很高的学术价值。后者虽然是一个理学家的个案研究，却是以一个哲学家的视角回到朱熹，对于古今、中西哲学的永恒话题给出自己的理解。蒙培元始终在中西比较的视域中思考相关哲学问题，他提出中国哲学是境界形态的，而非实体论的。中国哲学的核心在于心灵哲学，心灵的核心问题是情感与理性的问题，二者在中国哲学里是统一的。他既对哲学的理论问题有独到的理解，同时，也有强烈的现实关怀。中国哲学生态观相关问题的探讨，就是奠基于这一现实关怀之上的。

1.宋明理学的思想梳理

《理学的演变》是蒙培元的第一部专著，是对朱熹以后理学历史演变的梳理。中国古代哲学成熟于宋明理学，对于理学研究而言，朱熹与王阳明是关键。当时学术界的主流观点认为，理学分程朱理学与陆王心学两大派，区分的根据是，程朱派主张"性即理"，陆王派主张"心即理"。按照前一说，理只能"具"于心而为性，但心并不是性，不是理；按照后一说，心便是性，便是理。前者以理为本体，后者以心为本体。被称为"新理学"代表的冯友兰，被称为"新心学"代表的牟宗三，对此均无异议。

蒙培元以为，朱熹确实主张"性即理"，而理是最高本体，可称之为理本论。但是朱熹也有明显的心学思想。这不仅因为朱熹很重视心的问题，对"心"有很多论述，而且因为朱熹曾明确提出心本体的思想，这正是判定朱熹有心学思想的主要根据。朱熹不仅有"心具理说"，而且有源自程颐的"心体用说"，即以心之本体为性为理，而以心之作用为情为知。这里所说的"心体"，不是形体、体段之意，而是本体的意思。从这里可以得出一个结论，从本体的意义上说，心就是性，就是理，这是毫无疑问的。朱熹的"心即太极"、"唯心无对"之说，就是从这个意义上说的。

根究前人所探讨的理学与心学的对立，蒙培元以为它是以西方的主、客二分的思维方式来理解宋明理学，即认为理是客观的、外在的，心是主观的、内在的，因此有客观与主观、他律与自律之分。但是在中国哲学与宋明理学中并没有这种明显的主客二分。理学的根本宗旨，是心物、内外合一之学，是性无内外、理无内外，亦即内外一理的天人合一之学。这才是中国哲学的特质所在,也是朱熹哲学的特质所在。

在《理学的演变》中,蒙培元指出,从理学发展历史的角度看,王阳明思想是从朱子学演变而来的,更确切地说是朱子学分化的结果。从理学发展的内在脉络看,阳明心学是为了解决朱子学中如何实现"心与理一"的内在矛盾而出现的。这对于以王阳明心学为直接源于陆九渊的传统说法是一个挑战,这种挑战是奠基于扎实的史料梳理之上的,体现了论者的学术工夫。该书出版于 20 世纪 80 年代初,某些思想仍有时代的烙印,但它对于朱子以后理学历史的梳理,至今仍有很高的学术价值。同时,他对于朱子学与阳明学关系提出的新见,也逐渐被越来越多的研究者所接受。

如果说《理学的演变》是历史的纵向的研究,《理学范畴系统》则是对理学思想的横向研究。"范畴"是从西方哲学翻译过来的,有其自身的含义,中国哲学有没有西方哲学意义上的范畴? 蒙培元认为,从最广泛的意义上说,中国哲学也有自己的范畴。但是,在使用这个概念的时候,要非常慎重,要意识到中西哲学之间的区别。其最大的区别,就是由范畴及其关系所代表的思维方式的不同。因此,他不仅仅是去解释每个范畴的含义,而是要揭示各范畴之间的有机联系,从思维方式的角度说明中国哲学的本质特征,重点在于范畴系统,而不是范畴本身。各个范畴都是在相互关系中存在的,并且形成一个有机系统,而不是一个个的孤立存在。这种联系正体现了中国哲学的最基本的思维特征,即"天人合一"的整体思维,这与西方的分析思维有很大的区别。

该书分为理气篇、心性篇、知行篇、天人篇四部分,将几十对重要范畴分置其中进行讨论,各篇乃至每篇的各对范畴之间,都有不可分割的相互联系。理气篇是讲所谓宇宙本体论的问题,但它又不能离开人的问题,它只是全部范畴系统中的一个基本前提,必须过渡到心性篇才算完成。而心性篇是讲人的问题的,关于人的问题的诸范畴处在全部范畴系统的中心地位,但它们又不是与理气篇诸范畴相互分离和对立的。知行篇范畴具有方法论的意义,是天人之间的过渡环节,但它们又不能被说成是纯粹的方法论,而是与人的存在问题密切相关的,其本身既是实践的,又是目的性的。最后,天人篇则是全部范畴体系的完成，即"天人合一"境界的实现，其中的诚、仁、乐代表了真、善、美，三者又是统一的。因此，整个范畴系统，最后以真、善、美统一的"天人合一"境界为其终结。这就是理学家们的共同诉求，没有例外，这也是理学范畴系统何以可能的原因和根据。

2.心灵哲学与情感哲学

在完成《理学的演变》和《理学范畴系统》之后，蒙培元转入中国哲学的问题研究。他认为，天人关系问题是理学也是中国哲学的基本问题，而其核心问题则是心性问题。因为实现"天人合一"境界实际上是人自身的问题，靠人的心性修养。实践问题当然很重要，但是，实践的主体是人，而人的存在本质在于心性，心性问题确实是理学的核心问题。

在这个问题上他显然受到当代新儒家特别是牟宗三的启发，特别是《心体与性体》一书。他很早就从汤一介那里借到了这本书，认真阅读之后，觉得牟宗三以心性问题贯穿整个理学，单独进行研究，并提出系统判别，这是一个贡献。他虽然并不完全同意牟宗三的观点，但是以心性问题为解剖理学的关键问题，这一点正是在牟宗三的启发之下认识到的。接着而来的问题是，心性问题是不是仅仅受佛学的刺激或挑战而成为宋明理学的核心问题？它有没有一个自身发展的内在线索？于是，他完成了《中国心性论》一书。其中包括儒、道、佛三家的心性思想及其相互关系，本书填补了中国心性论研究的一个空白，彰显了中国哲学的特点。

这里又涉及一个中国哲学中的主体性问题，这是心性问题中不可回避的问题，又是当时中国哲学研究中争论的热点问题之一。在这个问题上，有对立的两种观点。一种观点认为，中国哲学有主体思想；另一种观点认为，中国哲学没有主体思想。两种观点针锋相对。蒙培元认为，两种观点虽然对立，但是有一个共同点，就是用西方哲学，特别是西方近现代哲学的主体论来衡量中国哲学，实际上是用西方的认识论观点讲主体思想。按照这种观点，主体与客体的界限是分明的，是对立的、二分的。所谓主体只是认识主体，主客关系是认识与对象的关系。

蒙培元认为，中国哲学有主体思想，但不是这种意义上的主体思想，于是又完成了《中国哲学主体思维》一书。他在"前言"中说："我之所以提出主体思维的问题，并把它作为中国哲学最根本的思维去研究，并不是通常所谓认识论的意义上来理解的，我是从中国哲学的基本特点着眼来理解这个问题的。""中国哲学的特点，恰恰在于它不是主张主客体的分离和对立，而是主张二者的统一或合一。在这样的统一中，人是占主导地位的。换句话说，它要解决人的问题，而不是客观对象的问题。"这样，实质的问题就变成：不是中国哲学有没有主体思想的问题，而是有什么样的主体思想这样一个问题了。这本书虽然只是一个小册子，但产生了较大的影响，多次再版、重印。

既然中国哲学与西方哲学有很多重要区别，那么，中国哲学究竟是一种什么形态的哲学？这就是蒙培元进一步要探讨的问题。研究中国哲学的人，几乎无不谈论本体论的问题；但是，很多人将本体与实体等同起来，认为本体就是实体，本体论就是实体论，换句话说，是在西方主流哲学的意义上讲中国哲学的。他在研究过程中逐渐发现，用西方的实体论讲中国哲学，会有很多困难。

那么，究竟如何理解中国哲学所说的"形而上"和"形而下"与"本体"的关系呢？蒙培元认为，"形而上形而下"与"体用"这两对范畴，不是在同一个层面上说的。前者是从逻辑认识的层面上说的，即"形而上者"是经过逻辑抽象之后的观念形态的东西；后者是从存在层面上说的，即"本体"是一切存在的根源。用现在的话说，"形而上者"是认识的问题，"本体"则是存在的问题。中国哲学并没有以认识中的观念为真实的"存在"，而是以"本体"为真实的存在，也就是说，"本体"才是"形而上者"据以存在的基础，而"本体"就是本根的意思，如同树之有根，木之有本。体用、本末本来是不分的，如同一棵树，自根至叶，连成一体。因此，"形而上"与"形而下"也是不分的。这也就解决了所谓"动"与"静"的关系问题。如果单从"形而上"的观点看，可以说"道"是静止不动的，但是从本体的角度看，就不能说"道"是不动的，而只能说"天道流行"、"道体流行"，即由功能而显其存在。总之，在中国哲学中，只有一个世界，没有两个世界，即没有西方哲学那种本体与现象的二元对立。

基于这样的认识,他完成了《心灵超越与境界》一书,提出中国哲学是境界形态的,不是实体论的。所谓"境界",是指心灵存在的方式,从这个意义上说,中国哲学也可以说是心灵哲学。心灵不是身体之外的另一个东西,如"灵魂"之类,也不是某些人所说的"心智"问题。境界是心灵的自我超越,可以称之为"形而上"的世界,但并不是脱离现实世界的另一个世界,如"观念世界"之类。它是存在论的,不是观念论的。

此前,冯友兰与牟宗三都很重视中国哲学的境界问题,冯友兰以仁为最高境界,牟宗三也以"仁体流行"为既存有既境界的形态。这就出现了一个问题:所谓"存有"和"境界",既是两种形态,又如何能够统一呢?问题就在于,"实在"也罢,"存有"也罢,是不是实体论的?如果是实体,就很难成为境界形态的哲学,而只能是西方式的"实有论"、"实在论"或"观念论"。如果中国哲学是非实体论的,就能够成为存在意义上的境界论,而不只是主观的精神或认识。中国哲学确实有所谓宇宙本体论的问题,有"实在"的问题,这是儒、佛、道共同的。而佛、道所说的"空"和"无",并不是空无,也不是"不存在",而是以负面形式所表述的无形迹的"存在"。儒家所说的"有",也不是实体性的"实有",而是以正面形式所表述的普遍的价值世界如仁与诚,它们是有存在论的基础的。正如朱子所说,理(即道)并不是"实有一物",它也具有"无"的形式,是有与无的统一。

正是在这样的追问之下,蒙培元认为,儒、道、佛都是境界形态的,不只是佛、道两家或佛家才是境界形态的。既然这样,中国哲学是境界形态的哲学就可以成立,这是《心灵超越与境界》所解决的问题。但是,所谓"心灵存在"又是什么呢?这是进一层的追问。这个追问是实质性的,不是逻辑推论性的,正是在这样的追问与思考之下,他完成了《情感与理性》一书。

蒙培元所说的"存在",是从生命意义上说的,是指生命存在,不是一般所谓"存在"。他认为,从生命存在的意义上谈中国哲学,可能更符合中国哲学的精神。这里有受到西方存在哲学的启发的因素,但是,他并没有用存在主义解释中国哲学。中国哲学并不仅仅是讲"存在"本身的问题,而是讲人的存在及其意义、价值的问题,存在与本质是不能分开的,既不是"本质先于存在"的本质主义,也不是"存在先于本质"的存在主义,而是"本质即存在"的生命哲学。

心灵是生命存在的最集中体现,因此,中国哲学家们都很重视心灵问题。在生命及其意义的问题上,完全可以谈心灵的存在问题。心灵首先是存在的,同时又是有意义的。人的存在亦即心灵存在的最基本方式不是别的,就是生命情感。情感是最原始、最基本的,同时又是最"形而上"的,它是可以"上下其说"的。谈生命问题而不谈情感,这就如同观花而不观蕊一样,是难以理解的。中国哲学特别是儒家哲学之所以重视情感,以情感为其全部学说的立足点,原因就在于此。

从孔子的仁学到孟子、荀子的人性学说,从宋儒的心性之学、性理之学到王夫之、戴震的性情、理欲之学,无不以情感为其基本内容。理学家都很重视"形而上"之性、之理,但是,如果离开了情感,所谓性,所谓理,便无从谈起。虽然在儒家哲学中,对心、性、情、理等的关系有不同的解释,但是,实现性与情、理与情的统一,则是他们的共同主张。为什么会如此?因为他们所说的性、理,都是以情感为内容的道德理性、价值理性。这也就从一个侧面说明儒家所主张的理性,不是纯粹的认知理性,不是纯粹的形式,而是情感理性,是有内容的形式。不是概念式的抽象理性,而是不离"日用伦常"的具体理性。这也就与西方的理性主义区分开了。由此,蒙培元在提出中国哲学是境界形态的之后,又提出中国哲学特别是儒家哲学是情感型的,而非认知型的这一看法,并在《情感与理性》中进行了讨论。

中国哲学是情感型的,是诗性的,是追求艺术人生的,但是,他并不认为中国哲学是反理性的浪漫主义。浪漫主义是西方哲学中与理性主义相互对立而又依存的一个流派,它们有一个共同的背景,就是情感与理性的对立与二分。中国哲学则是情感与理性的统一。理性不是脱离情感,向外发展,以建立认识主体、获得客观知识为主要任务,而是与情感结合在一起,知情合一,反思自身行为之当与不当,以建立德性主体为主要任务。

3.生态哲学与现实关怀

蒙培元特别关注生态问题和生命问题,《人与自然——中国哲学生态观》就是对这一问题的集中探讨,可以视为他研究中国哲学的一次总结。这里既有对中国哲学"原问题"的探寻,也有强烈的现实关怀。他认为中国古代哲人们有一种伟大的生命意识、生命关怀,而这一点正是现代人所缺少的。这种意识并不必然地包含着对现代化的否定,而是关系到如何走现代化道路的问题。但是,它对"现代性"所蕴涵的人类中心主义是有批判意义的。

蒙培元内心有一种生态情结,看见有人任意砍伐树木,残忍地杀害动物,随意浪费资源,制造垃圾,对自然界只有掠夺而不尽义务,只求满足欲望而无同情之心,以致造成沙漠化、空气污染、气候变暖等生存条件越来越恶化的情况,他会感到非常痛心,也很担忧。在当下环境问题日益凸显的今天,这不是什么发思古之幽情,也不是"杞人忧天"。

蒙培元认为,生态问题不仅具有实用意义,同时是一个深层次的理论问题。在他看来,中国古代哲人不仅关心当时的现实问题,而且从理论上解决了人与自然的关系问题,解决了人在自然界的地位及其作用的问题,从而也就解决了人类应当怎样生存,即"生存方式"的问题。这个问题对于现代人而言,不仅没有过时,而且具有更加特殊的现实意义。中国的"天人合一"论,具有非常丰富的内容,我们还远远没有认识清楚。如果仅仅从西方哲学的某种模式出发,对之进行解释,就更加难以认识清楚。中国的"天人合一"学说,既有历史层面的内容,又有超越历史的永久价值,这是需要人们认真反思的。

有鉴于此,蒙培元提出了"回到原点"的问题。所谓"回到原点",绝不是回到过去,回到前现代甚至古老的农业社会,而是回到中国文化的根源问题,跨越历史的鸿沟,从而走向未来,认真克服现代化中出现的问题。他认为,我们在现代化的过程中之所以出现很多可悲的问题,不是由于背负了传统文化的太多包袱,而恰恰是由于丢弃了传统文化中的有价值的精神资源。对于中国哲学的"天人合一论",毫无疑问需要做出现代的解释;但是,这种解释从根本上说,是使它深层的内在意蕴充分展开,从而发挥其应有的功能。

　　"天人之际"的问题，实质上是人与自然的关系问题，其核心是"生"的问题，即生命及其生命创造和价值的问题。自然界是有生命的，是一切生命及其价值的根源，哲学要回答"人从何而来，到何处去"的问题，就应当从这里寻找答案。自然界不仅有"内在价值"，它所创造的一切生命都有各自的价值，有其生存的权利。人固然是"天地之心"，是万物中之最贵最灵者，但是，人之所以贵，之所以灵，并不是凌驾于自然之上，对自然界的万物进行无情的掠夺，以满足无限膨胀的欲望，而是对自然界负有神圣的使命，关爱万物，保护自然，由此实现人与自然的和谐统一，这才是人类最理想的生存方式。人的创造性不在于征服自然，而在于"人文化成"、"参赞化育"、实现"天地万物一体"的仁的境界。这是中国哲学对人类做出的贡献，是国人所应有的自觉。

4.个案研究

　　完成《人与自然——中国哲学生态观》一书之后，蒙培元应出版社邀约，撰写了两本小册子《蒙培元讲孔子》、《蒙培元讲孟子》。这两本书都是在"原问题"的思考之下写成的，就是说，是在"究天人之际"这一"轴心文化"的"原型"之下，重新对孔子、孟子其人其学进行解读。他认为，无论是孔子的仁学和敬畏天命之学，还是孟子的人性论及其所表现的主体思想，只有在这一"文化原型"之下才能说清楚。而孔子、孟子作为儒家创始人及其弘扬者，对现代人的最重要的贡献，也在这里。

　　蒙培元的最近一部专著，则回到了早年的理学研究领域，是对于理学的集大成者朱熹的个案研究，这就是《朱熹哲学十论》。在这本书中，他罗列了朱熹哲学的十个重要问题，同时也是中西哲学的永恒话题。比如，从朱熹的理气论探讨一个世界还是两个世界的问题，指出只有一个真实的世界而不是两个世界，改变了以往套用西方哲学解释朱熹，以他的理气论为二元论的流行观点。再如，通过阐释朱熹的"理一分殊"说，来解释世界的统一性与多样性问题，为"多元一体"的文化格局提供了重要的理论依据。通过对朱熹的"所以然"与"所当然"之理的分疏，来解决存在与价值的统一问题。

　　在蒙培元关于朱熹哲学的个案研究中，我们能够看到他对此前所提出的心灵哲学、情感哲学、生态哲学的相关问题的进一步思考。如对于朱熹心体用说、心统性情说、仁说、心与理一说等相关问题的诠释,都是此前思考的心灵哲学的整体性特征、中国哲学的境界形态、情感与理性的统一、中国哲学生态观等相关问题的进一步思考与深化。

5.传道、授业、解惑

蒙培元是一个思想家,也是一个教育者。限于他所任职的中国社会科学院的性质,学生不多,10 多年的时间,带过 2 个硕士生,4 个博士生。退休后,在山东大学带过 1 个博士生。学生虽然不多,但他总是于入学之初认真负责地做好每个学生的培养计划。硕士生是打基础的阶段,中国社会科学院没有统一的课程设置,专业课计划均由导师安排,专业课的老师也都是导师出面邀请。蒙培元利用哲学研究所的条件,想方设法聘请到相关领域的研究专家来为学生授课。培养计划之中,少不了一个涵盖广泛的书目,借此以培养学生独立学习、独立思考、独立研究的能力。

他给学生直接授课不多,培养学生的主要方式是以聊天形式探讨相关问题。借聊天,培养学生学术研究的问题意识,发现问题,思考问题。学生们读一本书,触动了思想的某处灵感,对某一问题有了新的思考,对有些问题不得其解,乃至于什么也读不下去,思想一片懵懂,都会在和老师的聊天中受到某种启迪、激发。在谈话过程中,蒙培元首先是一个足够好的倾听者。不管学生思考的问题多么零乱、不成熟,表述的语言如何难以达意,他总是能够敏锐地捕捉到学生言说、思考的问题的要害,或通过追问使相关问题清晰化,或引导学生在已有的思路上将问题进一步深化,或者让学生给出所思考问题的更多可能性。这就是循循善诱,是一种本真意义上的思想游戏。

对于学生来说,蒙培元也首先是一个最好的读者。学生们专业课的结课论文,以及平时写的文字,他总是认真阅读,文中的错别字乃至误用的标点,总是代为更正。文章的好与坏,并不会给出结论性的评判,他关心的还是文章中的问题意识、思考问题的相关视角。至于评判文章好坏的标准,在于它所提出的问题有没有价值,有没有深入地思考,有没有足以触发人的思想灵光。所以，他的学生从事的研究领域或有不同，取得的学术成就有大有小，但同样在思想的道路上苦心孤诣地探索，努力尝试发现问题，思考问题，这就是思想上的薪火相传吧。

三、主要论著

《理学的演变》，福建人民出版社，1984 年

《理学范畴系统》，人民出版社，1989 年

《中国心性论》，台湾学生书局，1990 年

《中国哲学思维方式》，人民出版社，1993 年

《中国哲学主体思维》，东方出版社，1993 年

《心灵超越与境界》，人民出版社，1998 年

《情感与理性》，中国社会科学出版社，2002 年

《国学举要·儒卷》，湖北教育出版社，2002 年

《人与自然——中国哲学生态观》，人民出版社，2004 年

《蒙培元讲孔子》，北京大学出版社，2005 年

《蒙培元讲孟子》，北京大学出版社，2006 年

《朱熹哲学十论》，中国人民大学出版社，2010 年

撰写者：任文利，哲学博士，副研究员。

牟钟鉴

中国孔子基金会
China Confucius Foundation

　　牟钟鉴,1939年9月生于山东烟台。1966年起在中国社会科学院世界宗教研究所工作。1987年调转到中央民族大学,为该校哲学与宗教学学院教授、博士生导师,学术带头人。1992年起享受国务院颁发的政府特殊津贴。兼任国家社会科学基金项目评审组专家,中国宗教学会顾问,中国孔子基金会学术委员会主任,国际儒学联合会顾问,中国人民大学孔子研究院学术委员,尼山圣源书院荣誉院长,香港全真道研究中心顾问,国家行政学员兼职教授,国家宗教事务局培训中心兼职教授等。曾获全国优秀教师、全国民族团结进步模范个人称号,北京市高等学校教学名师奖,第三届中国高校人文社会科学优秀成果奖一等奖,第五届吴玉章人文社会科学奖一等奖,

2012 年度孔子文化奖等。

一、成长经历

牟钟鉴出生在山东烟台一个耕读代传的小康之家。当时正值抗日最艰苦时期,幼年的他在烟台乡下经历过日军的残暴,亲族中有长辈惨死于日军刺刀之下。他小学 4 年生活在国民党统治下的青岛,目睹过美国大兵的耀武扬威和街头大批流浪的难民与乞丐,并亲身经历了青岛解放的重要时刻。新中国成立后,开始和平建设,他随母亲回到烟台读高小,从此在新社会下成长。牟钟鉴的祖父是当地有名的善人,以接济贫苦为乐,受到乡里敬重。父亲为人忠厚,终生笃信孔子之道,写有不少相关诗文,享年 93 岁。牟钟鉴曾写了一首《悼父诗》,其中感念父亲:"尊孔读经,褒扬先贤","关切黎庶,时弊是眈",并称父亲为"民间儒者,林野文渊"。母亲是远近赞誉的贤妻良母,德寿双兼,而今已有百岁高龄,仍然神清体健。牟钟鉴为母亲祝寿而写的《慈母颂》称道她:"巍峨如山仁,柔和似水亲。数代皆仰赖,不积亦不矜……功德何其多,亲疏皆沾恩","家教温而雅,家风和且淳"。牟钟鉴生长在这样一个道德家庭里,以父母为启蒙之师,从小养成了温和好善的品格和热衷文化的志趣。

1951 年牟钟鉴考入久负盛名的烟台二中。当时的烟台二中蓬勃而有朝气,教师尽职敬业,学生尊师苦学,德智体全面发展。高中《文学》课本从《诗经》开始依次介绍古典诗文,老师一字一句讲解,学生一首一篇背诵,就此在牟钟鉴心中植下了经典文化的种子。牟钟鉴从中小学时代即习惯思索,遇到问题喜欢连问几个为什么,总想刨根究底,包括宇宙之际、社会之变、生命之谜,形成了探讨根源性问题的兴趣,想学点哲学。高中学业成绩文理兼优的他,不顾当时"学会数理化,走遍天下都不怕"的舆论压力,自主报考了北京大学哲学系并被录取,从此走上只有极少数人才选择的以"思想"为主业的人生道路。

1957 年牟钟鉴进入北京大学哲学系读书,本科修完又续读中国哲学史

专业的研究生,前后 8 年。那是一个充满崇高理想、革命热情的年代。风气
所致,破旧立新成为课程内容的主调。当时的校园并不平静,一入学便赶上
"反右"斗争,而后政治运动频繁开展,"教育革命"冲击教学,学生不能安心
学习,经常陷于苦闷和困惑。好在北大有浓厚的读书风气和求索奋进传统,
加上赶上三年困难时期,社会批判运动出现间歇,"文革"风暴到来之前尚有
一段平静,同学们终于能够潜心读书,顺利完成学业。1952 年院系调整后的
北京大学哲学系,集中了一大批来自全国各大学从事中国哲学和西方哲学
研究的著名教授和学者。中国哲学史学科有:冯友兰,汤用彤、朱谦之、黄子
通、张岱年、宗白华、周辅成、任继愈、朱伯崑等。西方哲学史学科有:洪谦、
朱光潜、郑昕、熊伟、任华、张世英、汪子嵩、吴允增等。初期老教授被强调要
改造思想,不受重用,1956 年以后开始陆续走上讲台,与学生有较多接触。
牟钟鉴恰恰在这个时期入学学习哲学,这对他和他的同学们可说是天赐良
机,使他们能够接近接受学术名家的教诲,有了一个高起点。当时学生与老
教授接触存有疑虑,却又被他们的学术和气象所吸引,自觉不自觉学到不少
知识和治学之道。牟钟鉴听过冯友兰的中国哲学史,张岱年的宋明理学,朱
光潜的西方美学史,任华、张世英的西方哲学史,朱伯崑的中国哲学史史料
学,黄枬森的列宁《哲学笔记》,汪子嵩的毛泽东哲学思想,这些都是一年或
一学期的课。此外还有专题讲座,如郑昕讲康德哲学,熊伟讲存在主义,任
继愈讲佛学。研究生期间选修了中文系朱德熙、周祖谟的课,历史系田余
庆、许大龄的课。牟钟鉴在北大求学期间也听过众多名人的讲座,这些人中
有政治家陈毅、彭真,文史学家郭沫若、周扬,美学家王朝闻,哲学家王若水
等。牟钟鉴也常到校外听学术讲座,包括吴则虞讲训诂,贺麟讲黑格尔哲
学,方华讲逻辑学等。当时北大哲学系教学以马克思主义哲学为主轴,虽然
受苏联影响,教条主义比较严重,但牟钟鉴通过学习掌握了一些辩证唯物论
的理论方法,特别是其中强调用社会生活尤其是生产方式解释文化事象的
唯物史观,和透过现象抓住本质以及认识是一个无止境发展过程的辩证观
点,对于他后来用以观察社会问题、进行学术研究和克服教条主义,是有很
大帮助的。老一辈学者中对牟钟鉴影响最大的是冯友兰。从本科生到研究

生,他有 8 年之久生活在冯友兰身边,虽说不是嫡传弟子,但在治中国哲学应具备中华神韵,兼综中西的理路、态度、方法乃至通达明快的话语表述等方面,他从冯友兰那里获得的教益却是最多的。

1965 年牟钟鉴从北京大学哲学系中国哲学史专业研究生毕业,1966 年进入中国社会科学院(前身为中国科学院哲学社会科学部)世界宗教研究所工作。在这里,他经历了"文革"和改革开放两个截然不同的历史时期。他的人生也同国家民族的命运一样跌宕起伏,遭遇了和平时期生存环境中意想不到的复杂多变,特别是经受了"文革"灾难的煎熬,曾经在生死边缘上走过。恰恰是这些磨难,锤炼了他的学人心性,打掉了稚气,促其在学术与人生之路上走向成熟。"文革"后期,他开始有机会做一些专业工作;改革开放后,才真正获得了从事学术研究工作的良好环境。这一阶段他的学术研究以中国传统哲学为重心,兼及宗教学理论和宗教史。

1987 年牟钟鉴转入中央民族学院哲学系(现发展为中央民族大学哲学与宗教学学院)从事教学和研究,一直到今天。在中央民族大学工作的 20 多年,既是牟钟鉴的学术收获期,又是他旺盛的学术创造期。他的学术领域进一步拓展,在中国宗教史、宗教学理论特别是社会主义宗教问题、民族宗教学的研究上不断耕耘、探索,做出了开拓性贡献,在海内外产生了较大影响。

二、主要研领究域与学术成就

牟钟鉴的主要学术领域为中国传统哲学、中国宗教史、宗教学理论。他大半生的学术历程是一个不断探索与反思、不断实现自我超越的过程。他以哲学和宗教学的研究为职志,去探索宇宙、社会、人生的奥秘。但他在经过了曲折艰辛的求索之后感到,宇宙之谜的谜底是永远不可知的,社会与人生并没有一条确定不移的道路,人们只能在漫漫人生之旅中上下求索,不断地获得一些有益于社会和人生的启示,使自己和周围的人安心受用,改善生活质量,而无法勾画出可以令所有人满意的清晰的终点。他给自己的定位是：中华文化的探索者。要在探索中不断反思，在反思中继续探索，摔倒了再爬起来走，不能停步，更不应倒退。

1.学术理念

在学术探索的曲折道路上，牟钟鉴经过系统的反思，实现了两次大的理念性的转变与突破。第一次是摆脱"苏联模式"和"五四"文化激进派的束缚，回归中华文化前后相续、有因有革的传统。从大学直到"文革"结束，他处在一个矛盾状态：在内层性情上保持着温和理性的气质，在外层认识上追随着革命激进的反传统的潮流，想努力学习做一名批判旧世界的斗士式的学者，却总是达不到当时社会主流的要求。"文革"的教训，促使他深刻反思并幡然醒悟。他认识到，"文革"把反传统主义推向极致，也充分暴露了民族虚无主义的莫大弊害。文化偏激主义的破坏，较之文化保守主义的落后，其对国家民族的危害要甚于百倍。保守文化也许会延续新陈代谢，然后可以慢慢加以改良；扫荡文化则会断裂传统，使整个民族精神上无家可归，还可能倒退到野蛮。文化是维系民族的纽带，文化亡则民族亡，而这正是当年殖民主义和帝国主义在中国实行文化殖民所希望达到的目的。"五四"激进人物喜欢讲"礼教吃人"，殊不知"左"倾狂热也可以"吃人"，以致连文化的根系一同吃掉。凡经历过"文革"浩劫的人，莫不为此而痛心疾首。牟钟鉴认为，中华文化厚重久远，乃是人类一大精神宝库。如同所有的文化一样，其发展过程有起有伏，不能因其一时之衰，而判其毫无前途，我们不能"抛却自家无尽藏，沿街持钵效贫儿"（王阳明语）。从20世纪80年代初起，牟钟鉴以理性和温性走进中华文化，走上文化改良的道路。有人把他划归"文化保守主义"群体，他则自称"文化改良主义者"，因为"文化改良"既包含坚守优良传统，又包含剔除陈腐成分，还包含不断创新。他主张，学术工作的重点要放在推陈出新上面，这比简单化地批判要难得多，却最能有效地推进文化建设事业。他在反思中照会了当初的"真我"，一个温良中和的人，性情与认知终于取得统一。从他的哲学史、宗教史的一系列著作中，以及有关文化、文明讨论的文章中，能够看出其思想观念转变的轨迹，看到他阐扬中华文化价值、接续民族文化命脉的艰苦努力。

　　第二次突破是 20 世纪 90 年代以来,在多元文化和中西比较中摆脱西方话语的支配,寻找中国模式,探索中国特色之路。改革开放以来,出现新的气象,中华学术有了新的生机,逐渐进入国际交流平台。同时,主导的话语权仍在西方,影响所及,以致中国学人判定中华文化的优劣,也要以西方价值观为标准。有些中国学者不自觉地照搬西方理念,以及文、史、哲、宗的学科分类标准,套用在中国人文学术研究与学术分类上,扭曲或肢解了中华传统学术,甚至不承认国学的正当性。有鉴于此,牟钟鉴提出,应重新审视中、西文化的优长与不足,正确处理二者关系。在他看来,西方近现代文化具有两重性,其人文学术的优点是理性主义和个性解放,它所提供的民主、自由、法治、理性、人权等普世价值,以及它的学术成果、教育理念、学科分类、教育体制和教学方式,许多内容已成为全人类的财富,我们应认真吸纳,用中国特色的形态加以体现,不如此中国就无法进入现代文明行列。可是西方近现代文化又有明显的不足,就是欧洲中心论和斗争哲学,其主导世界潮流的结果,往往造成族群冲突加剧,地区流血战争不断,军备竞赛继续进行,经济与生态危机转嫁给不发达国家,人类前途堪可忧虑。牟钟鉴认为,虽然西方学术文化占据国际学界中心舞台以及忽略与贬低东方和中国文化的局面不会在短期内改变,但中华文化博大精深,历史悠久,其天人一体、天下一家、仁爱忠恕、和而不同的精神,其在涵养人性品德、协调人际关系、兼顾各方利益、柔化族群矛盾、爱护自然方面所具有的超前的大智慧,正可以纠正西方文化的偏失,成为国际通行的公共规则和当代文明转型期普世价值的重要补充。同时,中华学术的传统与成果也是今日中国发展新学术的必备要素和资源。我们今日的研究工作,应当有国际的视野、战略的眼光,又要有民族文化的自觉和自信,在中西文化互释互补、平等对话中,主动掌握话语权。

2.学术使命

　　摆脱了“苏联模式”、“反传统”思潮的束缚和西方话语霸权的影响,牟钟鉴明确地把自己的学术事业定位于中华文化兴衰沿革的历史中,自觉承担起继往开来、综合创新的学术使命。

（1）尊师重道，承接前辈学者的学术统绪

牟钟鉴说，当代学人必须承接前辈学者的学术统绪，吸取老一代学者的学术营养，才能真正有所创新。他有幸在北大学习时得到了上一辈大师级学者们的教诲，而这些大学者经历了中国千古以来之巨变，开拓出贯通古今、融汇中西的现代学术之路。他们的所思所得、所问所答，皆关乎整个时代和社会的走向，文化的出路。他们的学问堪称精深，成就令人敬慕，达到的高度尚须今人努力攀登。如不能认真继承这份丰厚遗产，我们这一代无法继续前行。牟钟鉴主张，我们研究中华思想文化，除了根植于先秦孔孟老庄古典，还要返回近现代思想大家，包括：严复、康有为、梁启超、谭嗣同、孙中山、章太炎、熊十力、梁漱溟、贺麟、冯友兰、钱穆、张岱年、方东美、牟宗三、唐君毅、徐复观等人的思想，涵泳其学，有所觉解。尊师是由于重道，重道必须尊师。学者的工作应当是：原其道而得其魄，吐其故而纳众新，明其体而达世用。因此，他曾专门著文《儒学继承与创新的三种途径》，主张按照"返本开新"、"综合创新"、"推陈出新"的三新之方，把中国的学术传统接续起来，把新统发展下去。

（2）旧邦新命，以复兴中华文化为己任

冯友兰家里有一副对联："阐旧邦以辅新命，极高明而道中庸"。这是冯友兰自己一生的写照，表达了一个哲学家强烈的社会责任感，他的学术研究就是要阐发中国古典哲学的精神和具有永恒价值的思想，为新时代哲学的发展和社会进步提供文化营养。牟钟鉴受冯友兰的影响，不愿做考据之学和辞章之学，也不热衷为学术而学术，而是喜欢做义理之学和经世之学。研究中国哲学总是带着强烈的现实关切，努力跟上时代的步伐，力图把历史与当代贯通起来，通过自己对古典的觉解，使中国哲学具有真实的活的生命，能帮助当代青年吸收一些贤哲的智慧，更好地思考现实问题，共同推动中华文明的当代转型。他提出，研究中华文化的学者，有责任阐扬中华精神，致力于道德理性的提倡，改变当代社会信仰与道德普遍缺失的状态，为重建中华主流文化和礼仪之邦，为增强中华民族的凝聚力、创造力做出自己的贡献。他自己所写的《儒学价值的新探索》、《走近中国精神》等书，就是在前行路上留下的一些印迹。他的《重建诚的哲学》、《儒家仁学的演变与重建》、《弘扬儒家仁爱通和之学》、《儒家朋友论与新人际关系》、《儒道互补与安身立命》等文章，集中体现了他的文化理想，引起学界的反响和社会的共鸣。

（3）比较中西，提炼中国模式的经验

牟钟鉴认为，民国时期人文大师的主要历史贡献就在于"融汇中西、贯通古今"八个大字。中国学界长期以来被西方话语所笼罩，有些中国学人用所谓"西方模式"来否定中华文化，中华历史文化研究被曲解、变形，其民族性和现代意义被抹杀，乃至中国哲学和宗教的合法性也成了问题。中国大陆还曾长期使用苏联斯大林、日丹诺夫话语来解释中国哲学发展史，简单划分出唯物主义与唯心主义两大阵营、两条路线，把孔孟、程朱、陆王作为唯心主义来批判。有鉴于此，牟钟鉴提出，中国学者应当有跨文化的视野，同时主动向世界提供文明发展的中国模式和中国经验，不能只做西方学术的传译者。他认为，中国人文学术与西方人文学术进路不同，需要平等对话和互补。就哲学而言，中国哲学与西方哲学的侧重点不同，中国哲学的中心在人生哲学而不在认知哲学，不是以思维与存在的关系、主体与客体的关系为主题，因此知识论、逻辑学不发达；而以人格养成、境界提升为主题，因此人性论、修身论发达。20世纪80年代，他曾组织学界朋友合写过《中国传统人生哲学纵横谈》一书，列出"价值观"、"人性论"、"人格论"、"命运观"、"生死观"、"苦乐观"、"朋友论"、"修身论"、"善恶论"、"忠孝观"、"婚姻观"、"养生论"、"解脱论"十三个专题，进行研讨，以体现中国哲学的特质、优势和现代价值。他还认为，中国历史上并没有如西方历史上那样相对独立发展的哲学史传统，而有包含哲学在内的综合性的思想史传统，因此中国哲学史最好能够写成中国思想史，而冯友兰晚年的《中国哲学史新编》就是朝这个方向拓展的代表作。

在宗教学方面，20多年来，他借鉴西方宗教学成果，从中国宗教和世界宗教的实际出发，在比较中思考中国宗教文化模式问题。他将世界文明概括为四大主流模式：一是以基督教为底色的欧美模式，二是以伊斯兰教为覆盖的阿拉伯模式，三是以印度教为主导的印度模式，四是以儒学为底色、儒道互补为基脉、儒佛道三教合流为核心的中国模式。而西方学者撰写的世界宗教史和论中国宗教的著作,以基督教为背景框架,与中国文化有很大隔膜,论及中国宗教,或曰中国宗教是个大杂烩,或曰中国只有世俗迷信无宗教,或曰儒学无超越性,是现代化的阻力等,皆不得其要领。他提出,中华民族的文化自有其统绪和结构,是多元化的有机整体,又是绵延不绝的流动长河。中华宗教文化乃至整个中华文化的模式是"多元通和",它是建立在中华民族多元一体格局基础之上的、以中和之道为精神方向的文化模式,其特点是具有较鲜明的综合性、融通性和人文理性;人道引导神道,政教关系是政主教辅;宗教自古就是多教、多神、兼信,包纳各民族民间信仰,没有一神教传统;哲学与宗教、宗教与宗教之间的关系,和谐是主旋律,而且渐行渐近,通而不同;以敬天法祖为基础性信仰,以人本主义儒学为主轴,向外开放,不断吸收外来的宗教和哲学,包括一神教,并使之中国化,成为多元和谐的因素。温和主义是主流,信仰之间的矛盾不易引起冲突与对抗,外来一神教受仁和精神的影响,逐渐减弱其排他性,成为其他信仰的好邻居。中华文化多元通和模式是我们应当继承和发扬的优良传统,也会为建设多民族多宗教的和谐世界提供中国的智慧和经验。他的著作《探索宗教》、《走近中国精神》,以及他主持撰写的《民族宗教学导论》、《中国宗教通史》等,都体现了他思考和提炼中国宗教文化模式的努力,这一学术贡献也得到学界越来越多的认同。

3.治学方法

"涵泳古典,入其内而后有觉解"是牟钟鉴最主要的治学态度和治学方法。他在北大读书时,以冯友兰、张岱年、朱伯崑为代表的中国哲学研究传统,是历史与理论兼治、资料与观点并重。他们是一流的哲学史家兼哲学家,对中国文化史和哲学史的史料备熟于心,如数家珍,同时又深刻理解,精于提炼。这对牟钟鉴影响至深,他始终牢记、一直品味并受用至今的是,他在研究生学习期间冯友兰指导他和同学们,学习古典要"涵泳","涵泳"的本意是水中潜游,引申到做学问,就是要求学者深入到研究对象和原典之中,潜心品味体会,尔后达到在其中自由穿行。朱熹曾谓研讨古义要"涵泳玩索,久之当自有见"(《朱子语类》)。冯友兰不同意带着成见去读书,要学生顺着古人的思路去想,弄清本义,然后再作评论,这是一种"入其内而后觉解"的功夫。汤用彤曾提出研究佛教的十字训:"同情之默应"、"心性之体会",这正是涵泳的精神。牟钟鉴后来在学生和青少年中也努力倡导涵泳古典,在课堂上、媒体上和其他场合,他不断地强调研读原典的重要意义,可谓循循善诱、语重心长。他提示青年人:经典需要终身阅读,每读一次都会有新的体会。阅读古典要抱有敬意,塌下心来细读、熟读、体味,不急于评判,要借其辞而悟其意,以便增加今人的涵养,激发出更大的创造力,这是治学的着力点。他在 90 年代初曾会同张岱年提出国学书目 85 部,编成《中国思想文化典籍导引》一书向社会推广;他还著文《谈谈"读经"》,对青年一代提出研读中华文化经典的殷切希望,众多网站予以转载,产生了广泛的社会影响。

牟钟鉴说,冯友兰在指导他学习时,不一味灌输知识,而是强调态度和方法,就好比"点石成金",学生不必热心索要现成的金子,而要学会点石的本领,即所谓"授人以渔"。这让他受益无穷,并在后来成为他自己的施教方法。关于读书方法,牟钟鉴提出,读书有两种:精读与泛读,经典作品精读,一般作品泛读;原创性作品精读,介绍性作品泛读;代表性作品精读,流行性作品泛读。一篇好文章,一个好观点,抓住不放;故弄玄虚、陈陈相因的论著不读。这样才能把有限的时间用在刀刃上。关于广博与专精的关系,他认为,为了适应综合研究的需要,中华人文学者需要专精与广博结合,在诸多学科之中,以本学科为主,兼顾他科(如人类学、文化学、政治学、社会学等);在儒、佛、道三教中,以一教为主,兼顾二教;在一教之中,以专题为主,兼顾通论;还要兼顾各少数民族的文化,这可以用季羡林提出的"大国学"的概念来理解。有人称牟钟鉴为杂家,但实际上他是在杂多之中坚守主攻方向,用己之长,避己之短,而非驰心旁骛。

他指出,经学史上常有两派之争,义理派斥训诂派为"支离",训诂派斥义理派为"空疏",实则可以互补,相得而益彰。朱熹的《四书集注》就是训诂与义理统一的成功典范。所以牟钟鉴主张,治中国思想史必须训诂与义理并重,不迷信权威,善于选择和推出新解,成一家之言。

4.学术成就

在综合创新的基础上,牟钟鉴以陈寅恪提倡的"独立之精神,自由之思想"为座右铭,尊重而不依傍他人,保持学者的独立人格和自由空间,努力开拓个性化的学术之路。他认为,创新是学者的责任,否则研究没有意义。牟钟鉴著述等身,学术成果丰硕,而他的著作和文章没有教条化、公式化和人云亦云的东西,都是自己思想和体验的表达,都蕴含着时代的问题和精神。他在学术上有着诸多开创性的贡献,择其要者,可以分述如下:

(1)提出"宗法性传统宗教"概念。他根据中国文化发展史,运用丰富的文献、民俗和考古资料,打破文化史研究的定论,在 20 世纪 90 年代初提出,中国历史上存在一种为社会大众普遍接受并绵延数千年而不绝的正统大教,即宗法性传统宗教。这个以敬天法祖为核心的宗教,在中国历史上作为基础性信仰而存在,佛教、道教以及其他外来的宗教都是在与宗法性传统宗教的融合、调适中得以立足和发展的。"宗法性传统宗教"的提出,澄清了"儒学宗教说"造成的理论混乱,敬天法祖是宗教,儒学则是带有宗教性的人学,两者有交叉,但统绪有别,并非一回事,从而使得中国宗教史乃至文化史从整体上得到了合理的解释,有利于人们更好地把握中华民族的性格特征和文化特征。

(2)提出中华文化的"多元通和模式"。认为中华文化从结构上看,儒学是主干,儒道互补是基脉,儒佛道三教是核心,其他宗教是外层,形成以人道为本,以神道设教,人文哲学与宗教信仰并立互动的格局,造成儒家、道家与佛教、道教相须互摄的态势。"多元通和"也是一种文化生态,它是多元的又是和谐互渗和开放的,内部形成有中心有层次的结构。这一生态模式是良性的,符合自由平等和平友爱的精神,符合人类文明前进的方向。

(3)提出中华大道的特色和本质是"中和之道"。其在儒家,为大中中和之道;其在道家,为阴阳中和之道;其在佛家,为因缘中和之道。"中"是以人为本,顺乎潮流,合乎民心,不走极端,无过与不及之失,谓之"时中";"和"是承认事物的多样性、平等性和共生互补性,促其协调发展,谓之"兼和"。

(4)提出"新仁学"初步构想。他上承孔子、孟子,中接朱熹、王阳明,下续谭嗣同、熊十力、冯友兰,提炼出"新仁学"的六句要义:"以仁为体,以和为用;以生为本,以诚为魂;以道为归,以通为路"。把仁学历史演进的不同阶段中所包含的"仁爱"与"和合"、"生命"与"真实"、"道源"与"通达"的内涵揭示出来。

(5)提出"温和无神论"概念,以此表达中国特色社会主义宗教观,划清与法国战斗无神论的界限,超越苏联的"宗教鸦片论"和"与宗教斗争论"的激进主义。它是无神论的,又能尊重他者的信仰,包括有神论的宗教,形成和谐关系;它维护人们选择信仰的基本人权,并以开放的心态吸收各种宗教与非宗教文化的思想营养。宗教学者对待宗教的态度,既不是信仰宗教,也不是反对宗教,而是用理性去说明宗教。多年来他在宗教理论方面的工作,就是致力于破除歧视,提倡包容,发挥宗教文化的正面功能。

(6)创立民族宗教学,将以往平行发展的民族学与宗教学从理论上结合起来,为中国特色宗教学增添了一个新的分支学科。作为这个新学科的标志性成果,《民族宗教学导论》一书已由宗教文化出版社于 2009 年出版。作为创建民族宗教学学科的领军人物,牟钟鉴所做的工作是:第一,确定这个学科的宗旨与核心理念是"族教和谐,多元互补";第二,追寻它的中外历史学术渊源;第三,承接中国学者积累的学术成果;第四,明确它的研究对象、范围和方法;第五,阐释它的主要概念之内涵和外延;第六,围绕民族与宗教互动关系的主轴提出它的主要议题和思路;第七,提炼中国宗教文化的"多元通和"模式。民族宗教学的框架结构已经初步搭建起来,开始用于大学教学实践,在社会上也产生了良好影响。《中国民族报》对这个学科及其成果的评论是:幼苗虽小,却有远大前程。

三、在学术研究中提升人生境界

儒、道、佛的学问都是生命的学问。中国哲人历来就有"以身载道"的传统,知识和德性在他身上统一而不可分。牟钟鉴就是这样一位具有典型中国哲学气质的当代学者。无论是学界的同仁、他的学生,还是社会各界的朋友,大家谈起牟钟鉴,无不对他的道德文章表现出高度的敬仰和称颂。大家与他接触,不仅能感受他是一个学养深厚的学者,更觉得他是一个兼具儒者风范和道家气象的真人,一个温厚谦和的朋友和长者。

冯友兰认为哲学的功用不在增加实际的知识,而在于提高心灵的境界,并发挥中国传统哲学的精神而提出人生"四境界"(自然境界、功利境界、道德境界、天地境界)说。牟钟鉴很认同中国传统的境界哲学,并以"知行合一"为人生追求。他曾自述:在探索哲学的理论发展时,不忘记与自身的人生价值追求、心态优化相结合,不忘记"明体达用"的目标,使研究不游离于社会现实之外。如此去做,既可以自家受用,据以安身立命,把圣贤和大师的智慧部分地转成自己的智慧,在人生旅途上发挥助益作用,又可以把所思所悟融入著书立说、研讨讲学之中,与他人分享,与读者发生共鸣,从而回报于社会。他又说,如果有人问我:你的信仰如何? 我可以明白地告诉他:在政治方向上相信社会主义,向往普遍实现社会公平、正义,共同富裕,人民都过上幸福而有尊严的生活。在人生态度上,以儒道互补为价值取向。儒家是进取的哲学,它使我有社会责任心,关心国家民族和人类的命运,努力参与社会的文明建设,有敬业乐群的精神。道家是内敛的哲学,它使我恬淡豁达,在进取时不忘舍弃,在入世中能够超脱,进退自如,从容自在,不丧失自我,努力开拓属于自己的精神空间。这就是今天的真我,过得充实而愉快。

在当今个人功利主义大行其道的时代,儒学面临着被工具化的危险。针对这一问题,牟钟鉴明确地提出自己的主张:儒学研究不是普通的职业工作,乃是安顿心灵、理顺中华民族文化生命的神圣事业。他对自己的要求是:"用儒家的精神做儒家的事业"。儒学如不能感动自己,亦不能经由自己感动他人。他说,按照冯友兰"四境界说"的要求,做人应当不断提升精神境界。对多数人而言,关键的一步是从功利境界上升为道德境界,不再以名利权势为最高追求和快乐,而觉解到应承担的社会责任,以利益社群、创造开拓为最大幸福,在精神和事业中寻找乐地,这样,人生就有了超出个人的意义。中华人文学者尤其应当率先进入道德境界,以自身的人格和气象展示中华文化的魅力。

四、学为人师,行为世范

牟钟鉴常说他以从事教师职业为人生之大乐。他不仅以为学与为人的统一来要求自己,也以之来教书育人。他认为当代的中国哲学讲坛,师的第一位责任是原道和传道。

在别人看来,牟钟鉴以自己的学术积累来从事教学,完全可以轻松发挥,材料可以信手拈来,但他从来都不是这样"轻松"。每次讲课前他都认真备课,重新取舍材料,并把自己研究的新成果和新体会融入到教学中。他注重培养学生的独立思考能力,重视对学生进行读书方法和从事研究的方法训练,常对学生说,既要夯实基础,又要发挥青年人的优势,勇于创新,希望你们将来都能超过我。他在中央民族大学任教 20 多年,多次获得国家级和市级的优秀教师奖,被评为教学名师。他谈到自己的从教体会时,令人印象最深的一句话就是:"全国各民族的家长把孩子送给我们来教育,是对我们的信任,我们要对人家负责任。"最朴素的语言,透露的却是一位名师的厚重和大气。

牟钟鉴对学生在学业上的要求是认真严格的,但他极少用严厉的态度和语言来要求学生,而是注重在教学中及与学生的交往中用自己的治学态度来影响学生。他指导的硕士生、博士生们在下面交流时都有共同的感受:跟牟老师学习,由不得自己不勤奋、踏实,因为从心底里怕对不起老师。

他注重学生的人格养成,总是结合教学,用人生哲学的道理教育学生,要求他们做一个真诚的人、一个心灵健康的对社会有益的人。在"传道、授业"之外,牟钟鉴更是学生的"解惑"者,学生们在成长中遇到的问题总喜欢找他谈心,他也特别善于发现和体会现在的青年人在生存和发展的矛盾中面临的压力,不仅在思想上帮他们疏通困惑,而且只要力所能及,都尽力帮助他们去解决实际困难。他的家常常成为学生们切磋学业、交流思想的场所,更是他们慰藉心灵的港湾。对于亦友亦父的牟老师,学生们不仅尊敬他,更是在内心深处爱戴他。一届届的学生毕业后,不管身处何地,在什么岗位工作,常常会把自己工作、学习和生活的情况向他汇报,每次听到学生们事业有成、生活幸福的消息,他都由衷地感到欣慰和满足。他认为,教师从事的是"树人"的事业,能够体会到其他事业所不能有的成就感。

　　牟钟鉴如今已年逾七旬,有时还受到健康状况的困扰,但作为一个以复兴中华文化为己任的探索者,他没有停下脚步,仍然在进行着思考、进行着学术创作,并尽己所能支持公益性学术机构做传播儒学的工作。他说:"我的人生和为学仍然是进行时,继续走在探索的道路上,我会在探索中不断反思,乐学不厌,过则勿惮改,使思想尽可能保持活跃状态。"

五、主要论著

个人专著:

《〈吕氏春秋〉与〈淮南子〉思想研究》,齐鲁书社,1987 年

《中国宗教与文化》,台湾唐山出版社,1995 年

《中国道教》,广东人民出版社,1996 年

《走近中国精神》,华文出版社,1999 年

《儒学价值的新探索》,齐鲁书社,2001 年

《宗教·文艺·民俗》,中国社会科学出版社,2005 年

《探索宗教》,宗教文化出版社,2008 年

《老子新说》,金城出版社,2009 年

《涵泳儒学》,中央民族大学出版社,2011 年

《在国学的路上》,中国物资出版社,2011 年

《当代中国特色宗教理论探讨》,甘肃民族出版社,2013 年

《新仁学构想》,人民出版社,2013 年

与人合著:

《概说中国宗教与传统文化》,中国社会科学出版社,2005 年

主编:

《道教通论——兼论道家学说》,齐鲁书社,1991 年

《中国思想文化典籍导引》，副主编，中央党校出版社，1994 年

《中国宗教通史》，社会科学文献出版社，2000 年

《民族宗教学导论》，宗教文化出版社，2009 年

撰写者：王志捷，北京市委党校（北京行政学院教授），主要从事
中国思想史的研究和教学。

潘富恩[①]

　　潘富恩,1933 年 12 月 6 日生于浙江省温州市。复旦大学哲学系教授、博士生导师。曾担任校学位委员会委员、哲学系学术委员会主任,全国中国哲学史学会理事,国际儒学联合会理事,全国高校古籍整理研究工作委员会委员,《辞海》(第二版至第六版)编委,中国哲学史分科主编。现为国际儒学联合会顾问。

---

①　在《20 世纪中国知名科学家学术成就概览》哲学卷第三分册(总主编钱伟长,本卷主编是汝信,科学出版社出版)一书中记载了潘富恩的事迹材料,本文主要依据这一材料进行压缩、增删编撰而成。

一、个人简历

潘富恩出生于一个知识分子家庭，父亲潘子章早年由美国人创办的教会学校——艺文学堂毕业后到上海三育神学院就读，后来成为基督教浙南教区的牧师，擅长英语及古诗词，颇具辩才，然年甫四旬患肺结核病逝。潘富恩时值 6 岁，因避日军飞机轰炸，一家人随母亲由温州城内迁居郊外，即原永嘉县上河乡，也正是南宋永嘉学派巨子叶适的故乡，现属温州市瓯海区。母亲徐淑良是产科医师，自开诊所独自抚养子女。在乡下从事医务工作近 70 年，口碑甚佳，于 2004 年无疾而终，享年 101 岁。潘富恩就读当地的中心小学，每逢寒暑假，母亲命他去邻村的一位姓丁的秀才处习读《三字经》、《幼学琼林》之类的童蒙读物。年渐长，母亲要求他背诵《古文观止》中的《桃花源记》、《陋室铭》、《卖柑者言》等。在母亲的监督下，潘富恩从小接触到古文知识。1948 年考入瓯海中学高中部，后来转学至南京中华三育学校，顾实先生在给学生上第一课时，就要求学生用文言文写自传，全班同学中唯有潘富恩尚能用"之乎者也"写成一篇，甚为顾先生赏识，因而亲授《说文解字》、《昭明文选》，鼓励潘富恩打好文言功底，说："文选烂，秀才半"。潘富恩的国学基础就是这样奠定的。

后来考入上海学院中文系，加入新民主主义青年团，1952 年院系调整，上海学院并入复旦大学中文系，毕业后留校担任政治课助教，旁听了苏联哲学家的课，攻读了一些马列原著。1956 年筹建哲学系，潘富恩赴北京大学进修中国哲学史，冯友兰任哲学教研室主任，张岱年为副主任。张岱年是潘富恩中国哲学史的启蒙老师。1957 年 3 月 12 日潘富恩在《光明日报》上发表了《叶适的唯物主义认识论》。

潘富恩于 1958 年下放农村，与当地女青年产生爱情，结为夫妻，至今已为钻石婚。因妻子三代出生贫农，在"文革"中省去了很多麻烦，三个子女一直都在乡下的岳父家生活。每逢农忙季节，潘富恩都要骑着自行车往返于城乡参加农业生产劳动，含辛茹苦 20 载，因此而获得了"农民教授"的雅号。

直至 1984 年落实知识分子政策,潘富恩才将家属农转非调入复旦大学。

潘富恩 1955 年毕业留校,1963 年升为讲师,1985 年晋升为教授,担任中国哲学史教研室主任,自 1985 年至 2000 年连任系学术委员会主任,1990年被国务院批准为博士生导师。他的主要研究方向是先秦哲学和宋明理学。他执教半个世纪以来,曾先后开设中国哲学史(通史)、先秦哲学、中国古代辩证法思想史、中国古代认识论史、宋明理学以及程朱思想专题等课程,其授课不事声华,素重典籍史料的疏解考证等基本训练,由此阐幽索隐,再作义理的扶发,学风稳健,成果丰厚。他的学术研究始终结合教学实践,是一位"教"和"研"有机结合的并行者。

自 20 世纪 80 年代以来,撰写出版了《中国哲学论稿》、《吕祖谦思想初探》、《潘富恩自选集——上海著名学者文集》等,还主编《中国学术名著提要》(哲学卷)。《中国理学》(1—4 卷),对某些中国古代哲学命题与学派作了较深入的探讨,尤其对北宋二程(颢、颐)的洛学和南宋吕祖谦的婺学的研究,多有创获。

二、主要学术经历与学术贡献

(一)"学而不厌,诲人不倦":指导培养 34 名博士和 10 多名外国贤达

潘富恩认为他一生最大的幸福是成为张岱年的入室弟子,一生最钦佩的是张岱年的道德文章。张岱年曾对他讲过这样一番话:"学中国哲学史,有一条是头等重要的,这就是要学做人。"对此,潘富恩时刻铭记在心,在教书育人中践行如何为人师表,如何"文以品行为先"。潘富恩就是这样任劳任怨、不辞辛苦地甘做人梯,"学而不厌,诲人不倦",培养出许多国内外知名乃至著名学者的教授。

20 世纪 80 年代后,潘富恩开设了一系列中国哲学史方面的课程,分别给本科生、硕士生、博士生讲授,但内容上分不同层次,深浅不等,方法上也

因讲授对象之不同而不同。他非常重视典籍史料的疏解考证等基本功训练,同时又重义理上的阐释和分析。

1959 年夏,潘富恩协助严北溟主讲中国哲学史课程,并担任新中国成立后第一位苏联留学生季塔连科的辅导教师,为季塔连科讲授中国哲学原著课程。根据季塔连科的要求,每星期上 4 次课,每次 3 小时,给他讲中国哲学原著,潘富恩一字一句地讲,季塔连科一字一句地译记。季塔连科非常刻苦用功,因日以继夜地学古汉语,竟有一段时间弄得耳朵发聋,后来他说话也常常"之乎者也"起来了。在两年半时间里,潘富恩根据孙诒让《墨子间诂》讲解墨子,直至季塔连科完成《墨子思想研究》学位论文答辩为止。季塔连科归国后,中苏关系公开破裂,潘富恩与他从不通信息。时隔 20 年后的1980 年,季塔连科作为苏联外交都的高级顾问,随团在北京谈判两国关系正常化问题,借此机会他个人要求来复旦看望老师——胡曲园和潘富恩。安排见面的那天上午,季塔连科热情地与与潘富恩拥抱。后来才知道,20 年前,季塔连科的《墨子思想研究》出版后第一版印了 5 万册,他因此获得副博士学位,又得到科学博士学位和科学院院士头衔。并担任了苏联科学院远东研究所所长、全苏苏中友好协会第一副主席。1989 年年底至 1990 年年初,季塔连科邀请潘富恩以"苏联科学院的客人"身份访问了莫斯科。2015年 7 月 24 日中央电视台第四套节目又一次重播了《前苏联科学院院士、全苏苏中友好协会副主席季塔连科和他的中国导师潘富恩》的纪录片。季塔连科是潘富恩的学生,又是朋友,他们之间一直保持着友谊。

1980 年潘富恩被评为副教授,正值日本国立新泻大学派来一位助教授即副教授到复旦大学当高级进修生,名叫深泽助雄,他原来的研究方向是印欧比较哲学,来华研究的专题为宋明理学,学校指定潘富恩作为他的指导教师,当时潘富恩还是副教授,这就成了副教授指导副教授。这促使潘富恩更加竭尽全力将自己 20 多年研究宋明理学的心得毫无保留地传授给深泽助雄,他们常常谈到深夜而不觉疲倦。潘富恩引领他参加各种学术会议,并特地介绍他拜会了张岱年先生。潘富恩辅导他用中文撰写了两篇具有较高价值的论文。一篇是《日本近代研究宋学的概况》,1981 年发表于《浙江学刊》;

另一篇长达 2 万余字的《宋学与印欧哲学比较》，经潘富恩和张立文推荐，在《中国哲学史研究》上发表，引起中、日学界的重视。深泽助雄回国前夕，为了表示感激之情，竟然向潘富恩行了三次五体投地的叩拜礼，此事被中国哲学史界传为佳话。

1993 年，潘富恩赴台湾参加"两岸文化思想与社会发展研讨论会"。会议期间，台北的《民生报》对大陆学者的学术报告作了详细报道。有一天晚上，潘富恩被告知，有个外国神甫要来拜访自己的老师。他当时颇感纳闷，一见面，原来是 80 年代初他指导的比利时高级进修生尼古拉·司汤达，汉名为钟鸣旦。钟鸣旦在复旦学成归国已经 10 年，先后获哲学博士、神学博士，在巴黎大学神学院、台湾辅仁大学神学院任教。这时他恰在辅仁大学，从报上得知潘富恩来台，特来相见，师生见面，彼此甚为高兴。当年钟鸣旦跟随潘富恩研究明清之际西学东渐的问题，以明末杨廷筠思想为论文的选题撰写博士论文，潘富恩给他讲"程朱陆王"的理学和心学，引导并帮助他跑遍上海图书馆、浙江图书馆，不仅到南京、北京等地查阅资料，还到杨廷筠故乡一带寻觅遗迹，去泉州、福州参观实习。钟鸣旦完成了《明末天主教儒者杨廷筠》约 50 余万字的学位论文，回国后取得博士学位，并用中英文两种文字分别在比利时罗汶大学和香港先后出版，后来他还曾任罗汶大学汉学系主任。

此外，潘富恩指导的外国留学生还有德国的翟开林（汉名），他的研究方向是中国古代时空观，在潘富恩的指导下，他现在已经是德国知名的汉学家。潘富恩还指导过德国的瞿开森（汉名），现已成为有一定知名度的汉学家。还有德国的甘弗（女）和韩涛、法国的华岚、意大利的莫妮卡，以及攻读硕士学位的日本的山本康雄、铃木敬子（女）、韩国的金京玉（后转博士）、南美洲秘鲁的拉斐尔、非洲的马里等。2002 年 9 月 3 日《人民日报》（海外版）以"执教半世纪——桃李遍五洲"为题报道了潘富恩一生教学和科研的生涯。

潘富恩不仅指导外国留学生，也指导国内的进修教师或访问学者，国内有来自昆明、厦门、广州、宁夏、拉萨、乌鲁木齐、重庆等地高校和科研院所的，其中有回族、彝族、维吾尔族的教师和学者，有学中国哲学史的，有研究如何与本民族的思想结合方面的课题。潘富恩从不以师长自居，而是以学友间的关系共同切磋。现在潘富恩的这些学生都在各自的岗位上发挥着重要作用，有不少已经到了退休年龄。

潘富恩对自己的学生十分宽厚，致力于培养他们独立科研能力，从不用条条框框束缚他们，使得他们各因其才自由发展。潘富恩说："按朱熹的话来说，教师只能作个见证人，做个引路的人，有疑难处共同商量而已。"潘富恩把学生当作朋友看待，他说："师者友也"。"亦师亦友"是他带学生的观念上的法宝。当时，潘富恩所带的一些进修生比他年龄还要大，同学们亲切地称他为"小潘先生"或"小潘老师"。他深知，有些小有名气的、入学前就已在学界有点知名度的中青年学者，会特别珍惜三年的进修机会，他适时引导他们戒骄戒躁，不令其放任自流，凡事要掌握好"度"；对那些才能较高往往容易产生傲气的学生，他用具体实例说明狂妄、骄傲自大必遭失败的教训，与学生共勉谦虚的古训。他表扬和鼓励学生能守住清贫，甘坐冷板凳，将学问做实，不外出谋利，在义利上能恰当处理好关系。告诫学生要珍惜 3 年的攻博时间，切不可外出兼职谋利。攻博期间不要与"海水"（经商）沾边。他还说，做人做学问如同一枚硬币的两面，是不可分割的统一体。他一向认为，博士生的培养应当是学业与做人的有机统一，以立德为首位，培养德才兼备、品学兼优的高素质人才。他要求学生的，自己首先做到，他为人师表，处处严格要求自己。他说："不应像程颐那样太重师道尊严，而应像程颢那样'一团和气'、'如坐春风'"。

潘富恩最大的性格特点是视荣辱为身外物，性情恬静淡泊，深得中国哲学真谛。他人格自重，待人真诚，不事声张，生平无嗜好，不沾烟酒，"年年岁岁一床书"，是他生活的真实写照。从当博士生导师起，他至今共培养出 34 名博士生和一大批外国专家学者。与此同时，他在理论思维、教学领域方面又多有创见。

按照复旦大学博士生导师 65 岁退休的规定，1998 年 12 月潘富恩应该退休了，但严北溟教授 10 年前已去世，博士点长期以来一直处于潘富恩单打独斗的状况,因为工作需要,他被延聘和返聘 4 年。2002 年,他与其弟子徐洪兴主编的《中国理学》(1—4 卷),由东方出版中心出版,为古典文史哲学习和研究者提供了系统、完整、简明的工具书。全套约 100 万字,此书可以说是草创补缺之作,参与编著的大都是复旦大学中国哲学史教研室的教师以及中国哲学专业的博士生和硕士生,可谓三代人合作的集体成果。

1993 年"国学热"悄然兴起,复旦大学以哲学系为主,向全校推出了中国传统哲学精华论坛讲座,潘富恩是主要策划者和演讲者之一,论坛的主旨是向大学生宣讲中国传统哲学的"做人之道"。这个论坛有力地推动了对大学生的爱国主义教育。

1994 年 12 月 26 日,潘富恩实现了一生的夙愿,加入了伟大、光荣、正确的中国共产党,成为其中的一员,1997 年被评为上海市教育系统优秀共产党员。他始终铭记作为一名党员教师必须恪守的学术道德和教书育人的基本原则,且在实践中践履。

(二)扎实稳健、厚重质朴,在学术研究上一步一个脚印地前行

1980 年以来,潘富恩发表的有影响的论文已有百余篇。他在宋明理学的研究上下了不小工夫。1961 年在《学术月刊》上发表《谈鹅湖之会》;1962 年与施昌东合作在《文史哲》上发表《论老子'道'学说》,《人民日报》和《文汇报》先后加以摘要报道;1981 年在《浙江学刊》上发表《论朱熹》。60 年代,他注意到研究中国哲学史必须对中国哲学范畴和命题作专门探讨的重要性,开始作系列的专题研究。第一篇论范畴的专论《论格物致知》发表在《新建设》1963 年第 3 期,系列专题研究的计划还有形与神、有与无、有对与无对、形上与形下等范畴,但被接连下乡参加长达 2 年之久的"四清"运动直至"文革"所耽搁。

1971 年,毛泽东发出"学一点哲学"的指示,潘富恩得以有机会可以重温中国古代哲学典籍,他围绕"知识才能是先天具有？还是后天才有?"的问题,于 1972 年由上海人民出版社出版通俗小册子《中国古代两种认识论的对立》,发行 70 万册。80 年代初又对原书作了全面修改和增补,以《中国古

代认识论史略》为书名，列为"复旦小丛书"于1985年出版。

1978年，潘富恩应邀参加了全国哲学规划会议——中国哲学史学科组会议，讨论如何科学地重建这门课程，接着于1979年在山西太原又召开了关于中国哲学史方法论问题的全国性研讨会，潘富恩在大会上作了"中国哲学史应如何贯彻实事求是的研究方法"的报告。在这次会上正式成立了全国性的中国哲学史学会，张岱年被推举为会长，潘富恩代表上海地区被列入理事名单。在70—80年代之间，他发表了一系列学术论文，后将多年来发表的关于中国哲学史的有关文章编入《中国哲学论稿》（与施昌东合著）出版，张岱年欣然为之作序。

80年代，他在科研方面发表论文近30篇，出版了《中国古代认识论史略》，此书记述了中国古代唯物主义和唯心主义两种认识论对立发展的历史演化过程，评析从先秦至清代近40名有影响的哲学家以及所属的学派，从中引出古代理论思维发展的经验教训。他长期以来着力较多的是吕祖谦等南宋浙东学派的代表人物，认为吕祖谦是调和朱熹、陆九渊的人物，同时吸取永嘉"经世致用"的事功之学，具有兼收并蓄"杂博"的思想特点，反映了南宋学术思潮。他发表了《论吕祖谦》的论文，又写就了《吕祖谦思想初探》，对吕祖谦思想作了较为全面的探讨，出版了国内近40年来研究婺学的第一部专著，起到了填补中国哲学史相关研究领域空白的重要作用。

80年代中后期，潘富恩参编了三部辞书，出版了一本专著。第一部是《哲学大辞典·中国哲学史卷》，任副主编，负责撰写宋元明清部分条目；第二部是《中国思想家传记汇诠》，任副主编之一，负责撰写宋明部分传记的诠释；第三部是《中国哲学三百题》，与夏乃儒、祝瑞开、丁祯彦共同主编，此书形式活泼，深入浅出，解答了中国哲学史有关学派、事件、人物思想、概念命题、典籍名篇等问题，内容通俗明白，深受广大中等以上文化水平的读者所欢迎。1989年，他应邀到苏联访问，季塔连科聘请他担任俄文版《中国哲学辞典》顾问，审阅有关条目。季塔连科虽身居高位，任总统顾问兼院士，比潘富恩小两岁，但非常尊重潘富恩，平时称潘富恩为"小潘同志"，逢人便介绍"这是我在中国留学时的导师"。

90 年代初,复旦大学由周谷城挂帅担任总主编,组织专家编撰《中国学术名著提要》,潘富恩被聘为该丛书哲学卷主编。他不遗余力组织 20 多位作者共同完成了撰写任务,共收录历代哲学家名著 274 部(包括单篇),对书名、卷数、年代、作者、版本、著述缘由、著作性质、章节篇目、内容大意、影响情况等均予以精详解说,具有较大的学术价值和文化积累价值。该书于 1992 年出版,受到广大读者欢迎,一版再版,成为中国哲学专业博士生中国哲学史料学的参考书之一。1990 年初,潘富恩被南京大学名誉校长匡亚明主编的《中国思想家评传丛书》指定为《吕祖谦评传》的撰写者。此书三易其稿,于 1992 年出版。有评论认为,该书的成功之处"首先在于作者通过对传主深厚的家学渊源的追溯,对其思想特征的把握,揭示出其在中国思想史上应有的地位"。还有评论认为,该书有以下几个特点:一是旁参广究,正本寻源;二是置于社会思潮的广阔视野之下加以评述;三是逻辑与历史的有机统一;四是看似平淡,读之深邃、渊博。

在开设《程朱理学研究》课程的基础上,潘富恩完成了《程颢、程颐理学思想研究》约 37 万字(由学生徐余庆协助整理摘录二程资料,订立篇目)。全书共分八章,第二章和第五章论述二程生平事迹以及二程洛学与当时各学派的关系,其他章节分别论述二程经济、政治、哲学、人性修养、伦理、教育学说、认识论和辩证法思想,几乎覆盖了二程的所有思想。在形成专著前陆续发表了一系列论文,其中最具有影响的是《论二程的变革理论和对熙宁新政的态度》,发表于《学术月刊》,《新华文摘》全文转载。文章的基本观点是:程氏兄弟与王安石之间的分歧并不是历来所说的守旧派或顽固派与革新派之间的斗争,实际上他们都是改革派。尽管他们在"治国之要"的看法上和做法上表现出不同的政见,二程仍然属于历史上重视变革的政治思想家。这个一反以往因循旧见的观点在当时引起学术界的广泛重视。香港中文大学王煜在书评中写道:"对二程本身的钻研,以潘著《研究》最全面和精详"。

潘富恩第一次出国参加国际学术会议是在 1985 年 8 月,他与北京大学、中国人民大学等校的同仁一行 11 人赴日本筑波大学,交流的论文是《论李退溪的教育思想》。后来陆续参加了国际儒学联合会在曲阜召开的"儒学国际学术讨论会"和"朱子学讨论会"，他的参会论文是《儒家'孝'观念的历史发展和影响》。1994 年，他受"台湾联合报文化基金会"的邀请，参加"两岸文化思想与社会学术研讨会"，参会论文是《现代大陆文化思想在社会变迁过程中的角色与影响》，论述了 80 年代大陆"文化"问题的讨论热，其主题有一个明显的转向，即由文化史、文化学的纯学术研讨，转向与现实社会的结合，转向怎样认识当代中国社会。其研讨的重点是如何转向现代化，转向对中国传统文化的再估计，转向中西比较，转向传统文化与现代化的问题。这些观点受到与会者的普遍认同。1998 年 5 月，他应邀赴日本九州地区参加"中国学"研讨会，会上就"中国大陆中国哲学史研究的现状与未来"作了发言，文稿共分三个部分：回顾、现状、展望。"回顾"部分介绍了中国大陆在"文革"结束后如何拨乱反正，经历从"文化热"到"国学热"的演化；"现状"部分介绍了当时研究的前沿问题：中国哲学的基本特征和核心精神，传统哲学在今天的价值和作用，中国传统哲学与西方哲学的关系等问题。还介绍了当时中国哲学史方面的代表性著作多卷本"通史"，以及有关断代哲学史研究。"展望"部分，主要观点认为，学术研究不宜过度意识形态化，应破除学术等于政治的公式化观念，坚持实事求是的研究方法，还认为以中国传统哲学为核心的东方智慧与西方现代文明必须相互吸收和融合，这将是 21 世纪的重要文化走向。

1996 年，潘富恩出版两部著作，一部是《范缜评传》，该书透过南朝佛教的盛行与士族门阀制度的联系，阐明范缜的反佛并非一般意义上的"儒佛道"三教论衡，而是有其深刻的社会意义；其二，联系中国医学的成就，道教天道自然、生互气化观念以及在此观念影响下所形成的"薄葬"之风，并联系王弼"体用"概念的影响，既阐明了"神灭论"的科学性质和反对中国哲学"本体论化"的贡献，也说明"神灭论"产生于 5 世纪的中国，实为科学和哲学发展的必然；其三，联系中国无神论发展史，既论述了范缜以"刃利"喻"形神"的观点在中国思想史上的特殊贡献，也说明中国士人的无神论，试图在反对统治阶级借"因果报应"实行愚民政治。本书还有一个新观点，即认为南朝竟陵王萧子良和梁武帝萧衍，对待"士人"的学术见解，有一定程度的尊重，允许各抒己见、自由争鸣,注重"善析名理",提倡以理服人,对那些学术上持"异论"者不搞政治迫害,当然也还存在"卖论取官"和利诱士人改变自己的学术观点的做法。但总体而言,未将学术与政治混同。范缜正是生存于这样相对宽松的文化和自由讨论的学术氛围中,才使得他的"神灭论"发挥的如此淋漓尽致。

另一部是《程颢程颐评传》,此为"中华历史文化名人评传·儒家系列",由广西教育出版社出版,该丛书荣获第八届全国图书"金钥匙"奖一等奖。1997年,潘富恩被列入"上海著名学者文集"五名学者之一,由重庆出版社专门拨款立项,出版"著名学者文集"(自选集),该书分"中国哲学史命题与学派研究"、"中国若干哲学的专题"、"学术争鸣与学术评论"三个部分,基本上反映了潘富恩的治学思想和学术轨迹。

潘富恩一生坚守"学高为师,身正为范",为人谦和乐观,生活上简朴低调,带有浓重的"草根"气息,敦厚勤勉地研究学术,实心实意地教书育人。他在晚年感到特别幸福和快乐,发自内心地喜悦常常挂在脸上。他喜欢说这样一句话:"我常常想到我这一辈子最大的快事就是,一想起弟子们在学术成就上能超越自己而感觉无比地欣慰。"

三、主要论著

个人专著:

《吕祖谦评传》,南京大学出版社,1992年

《程颢、程颐评传》,广西出版社,1996年

《潘富恩自选集》,重庆出版社,1999年

《〈二程遗书〉导读》,上海古籍出版社,2000年

《大家精要·吕祖谦》,云南教育出版社,2009年

与人合著:

《中国哲学论稿》,重庆出版社,1984年

《吕祖谦思想初探》,浙江人民出版社,1984年

《中国古代认识史略》，复旦大学出版社，1985 年

《程颢程颐理学思想研究》，复旦大学出版社，1988 年

《范缜评传》，南京大学出版社，1996 年

主编：

《中国学术名著提要》（哲学卷），复旦大学出版社，1992 年

《中国理学》（1—4 卷），上海东方出版社，2002 年

　　撰写者：邵龙宝，上海同济大学教授、上海市伦理学会副理事长、
　　国际儒联理事、国际儒联顾问联络委员会委员。

庞　朴

　　庞朴(1928年10月25日—2015年1月9日)，江苏淮阴人。著名历史学家、哲学家、文化史学家。中国社会科学院研究员、荣誉学部委员。曾任《中国社会科学》杂志副编审、副总编和《历史研究》主编等职。2005年起，任山东大学文史哲研究院名誉院长、儒学研究中心主任、儒学高等研究院学术委员会主任、终身教授。曾任国际儒学联合会理事、学术委员会主任、顾问。2010年，获儒学研究的最高学术奖项"孔子文化奖"个人奖。

一、生平简历

庞朴 6 岁时,进入淮阴一所清真寺办的穆英小学读书,在此读了四年初小,之后又到孔庙小学上高小。全面抗战爆发后,庞朴上过两年私塾,除了熟读了《三字经》《百家姓》《千字文》《幼学琼林》《千家诗》这些蒙学读物外,又在四书五经上下过苦功夫,打下了较好的中国古代传统文化的基础。1949 年初,庞朴和两个朋友投奔革命,渡江进入解放区,原定目标是投奔华北大学的艾思奇先生学习哲学,但走到济南,就被留在华东大学学习。1954年中国人民大学哲学系研究班毕业。从 1954 年至 1973 年的 20 年间,庞朴在山东大学任教。其学术研究,正开始于这一时期。1962 年起,庞朴兼任山东大学学术刊物《文史哲》编委。1974 年,他调往中国科学院哲学社会科学部《历史研究》杂志从事编辑工作,以后曾任中国社会科学院《中国社会科学》杂志副编审、副总编和《历史研究》主编等职。

1981 年接受联合国教科文组织之聘,担任《人类文化与科学发展史》国际编辑委员会国际编委和中国代表。曾任第一届国际儒学联合会理事,国际简帛研究中心主任,中国社会科学院研究员、荣誉学部委员,全国古籍规划小组成员,北京大学《儒藏》总编纂,中国人民大学国学院特聘教授,复旦大学、南开大学、杭州大学、武汉大学等校兼职教授,美国加利福尼亚大学伯克利分校、哈佛大学、日本东京大学、挪威奥斯陆大学、挪威国家科学院等校客座教授、研究员。2005 年起,任山东大学文史哲研究院名誉院长、儒学研究中心主任、儒学高等研究院学术委员会主任、终身教授。

二、主要研究领域和学术成就

庞朴的学术专业领域为中国古代思想史,但他治学的面相当宽泛,涉及政治、历史、哲学、天文、文化等领域。他治学态度科学严谨,求实求真,同时又独辟蹊径,大胆创新,善于挑战难度极高的学术课题,其学术研究在国内外都产生了重大影响。同时,庞朴还是一个入世情怀极深的学者,在深入研究中国古代思想文化的同时,密切关注着当代的社会政治,身体力行地去查找比对二者之间的关联,以期在传统文化的研究中找到解决当代社会弊端的方法和道路。其学术成就,举其大略,有以下几个方面。

1.上古天文学和历法研究

庞朴的学术生涯最早始于山东大学。1952 年,山东大学选送庞朴到中国人民大学攻读研究生课程。两年后,毕业回到山东大学教马克思主义哲学。1956 年,庞朴发表了《否定的否定是辩证法的一个规律》一文,成为其最早的学术成果。以此为始,庞朴的学术研究,开始由马克思主义转向中国哲学领域,并逐渐形成了自己的研究思路。然而,这一转变却成为他在"文革"中被批判的重要原因。1971 年,他被下放到了曲阜,接受再教育。此时,他的书架都被贴上了封条,而且明令禁止看书。他发现曲阜夜空星星特别明亮,既然地上没有书可念,那就念这个无字的天书吧。于是,他开始在打麦场上看星空。用了两年的时间,他成了星座的专家。到了"文革"后期,庞朴和他的书都得到解放。一天,夜读《左传》,读到昭公十七年时,注意到一件事:天文官预测,六月初一将要发生日食。于是,向国君报告说,六月初一有日食,要准备救日,即举行一种拯救太阳的仪式,以免太阳被天狗吃掉。天文官强调,六月初一是个特殊的日子,这天的救日仪式要特别隆重。当时执政的大臣提出异议,认为六月初一不是个重要的日子,只有正月初一的日食才需慎重对待。但天文官解释说,这个六月初一就是正月初一。为什么六月初一就是正月初一? 以前从没有人认真对待过这个问题。庞朴经过思考发现,原来这是由于里面有两套历法的缘故,就像今天一个日子有阳历和阴历两种说法一样。于是,他顺着这个线索开始梳理,结果发现在中国上古曾有一个火历的存在。就是说,在以太阳和太阴为授时星象以前,古代中国人曾有很长一段时间以大火星(心宿二)为生产和生活的纪时根据。

大火昏起东方之时,被认作一年之始;待到大火西流,则预示冬天来临。庞朴称这种疏阔的但却固着于生产与生活的纪时法为"火历"。为了证明"火历",庞朴连续发表三篇文章,即《"火历"初探》、《"火历"续探》、《"火历"

三探》，证实了"火历"不仅在文献中留有大量痕迹，在民俗中也保存着浓厚的风习，如华人为何尚龙，龙为何戏珠，寒食、灶神，等等；天文学史上不少费解的难题，如二十八宿的顺序何以逆反，太岁纪年法的旋转方向为何与日月五星相左，干支古代写法中为何有两个"子"字，等等，也都只能以"火历"来澄清。

庞朴的发现引起了天文学界的极大兴趣。中国科学院院士、天文史学界权威席泽宗就曾公开高度评价过庞朴的这一发现，并认为这种做法，才是研究中国天文学史的正确方法。因为在他看来，现在许多研究中国天文史的学者用的都是西方的科学体系，这样中国很多天文史料都通不过被削掉了，如此一来，中国天文史的研究就没法发展了。庞朴的火历研究和发现，为中国天文学史的研究创出了一条新的路径。

2.开复兴传统文化研究之先声

在"四人帮"倒台、"文革"结束后，庞朴于 1978 年 8 月在《历史研究》上发表了《孔子思想的再评价》一文，开始对孔子思想开展全面而客观的评价工作。"文革"虽结束，但此时意识形态的束缚却依然如故。《孔子思想的再评价》一文的发表，是中国当代学术史上的一个重要事件，这是"文革"后第一次有学者冒着掉脑袋的危险给孔子儒学撰文平反，此文也由此成为中国传统文化复兴的一个重要转折点。

在这篇文章中，庞朴为了肃清"四人帮"在批孔问题上造成的混乱，运用历史唯物主义对孔子思想进行了客观的分析评价。他讲道，孔子是一位保守的思想家，他相信周王朝是社会制度的最完美形式，并以维护周天子的一统天下和重建文武周公事业为己任。但是，孔子的政治学说既为新势力代表者所难以容许，也为旧制度把持者所不愿接受，所以他的政治主张最终成为一套空想的理论。不过，孔子的思想中也包含某些颇有价值的部分，如关于"礼"和"仁"的学说。庞朴还对孔子的哲学思想和教育思想等进行了分析评价。他的这些客观评价告诉了大家一个真实的孔子，从而将"四人帮"出于某种政治需要而将孔子一贬再贬，直至成为十恶不赦的头号罪人形象得以揭破。"四人帮"假批孔的真面目被识破和批判后，先声既振，孔子儒学研究开始走上正常的学术道路。

继《孔子思想的再评价》后,庞朴于 1980 年在《中国社会科学》创刊号上发表了震惊学界的《"中庸"平议》一文,在传统文化研究中引起巨大的反响。文章提出了中庸的四种形态——A 而 B,A 而不 A,亦 A 亦 B,不 A 不 B,以抗争非 A 即 B 的僵化的二分法。庞朴之所以对中庸感兴趣,是因为他在经历了"文革"后对斗争哲学有着深刻的体会和反思。他说:"在夺取政权的时候更多的是讲斗争,建设社会的时候更多的是强调统一,这是花了几十年工夫才找到的。文化大革命是斗争哲学的最大的表现,把一切问题彻底暴露了,现在大家看得很清楚,统一是重要的。"庞朴从方法论的角度来研究儒学,还儒家中庸之道以本来面目,开辟了传统儒学研究的新局面。

发表《"中庸"平议》一文之后,1984 年,庞朴的《儒家辩证法研究》一书出版问世,此书从辩证法的角度对儒学进行了新的阐释,通过严密的论证和精彩的思辨,打破了只有道、法两家有辩证法而儒家没有的陈见,指出儒家不仅有高深的辩证法思想,而且还是道家用弱、法家用强的辩证法的折中或综合,是它们逻辑发展的必然。此书一问世,便赢得了学术界的广泛好评,被奉为当代儒学研究的经典之作。书中从辩证法的角度分析了儒学中仁义、礼乐、忠恕、圣智、中庸等基本理论范畴的对立统一关系,不仅对传统的儒家思想从新的角度进行了阐释,而且还明确提出了"一分为三"的观念和方法,揭示了儒家学说背后蕴藏丰富的辩证法思想,对国内外儒学研究产生了深远影响,这是庞朴在哲学上对于中国乃至世界思想学术所作出的重要贡献。

3.诸子研究和考释

在 20 世纪 80 年代以前,庞朴的学术成就突出地体现在他对先秦学术发展史的研究、还原和梳理方面。"八十年代以前我学术研究的重点是诸子学",并产生了许多令人瞩目的学术成果,如《论孔子的思想中心》、《老子的朴素的辩证法思想》、《墨经的辩证思想》等,这些篇章不仅深入阐述了诸子主要学说思想,更是特别注重各派学说思潮的辩证发展与演变,这是庞朴匠心独运的研究思路。

这一思路的形成,是庞朴偏爱辩证法研究的结果。从发表第一篇学术论文起,在庞朴早期的学术研究中,突出地表现出了他的立基于辩证法的研究思路,及运用辩证法思想开展学术研究的路向。而否定的否定辩证法,成为此时期庞朴先生研究中国哲学的主要工具,这也是庞朴后来窥得"一分为三"堂奥的最初门径。

由此出发,庞朴更是萌生了写一部《中国辩证思想发展史》的想法。通过对孔子的思想中心即中庸的阐释,对老子的辩证法思想的把握,以及对墨经、名家等的辩证思想的发掘,庞朴发现在中国古代诸子哲学思想中存在着一种主张对立统一、中和平衡的辩证思想,他想完成这样一部别具特色的哲学史,以指引人们摆脱思想上二元颉颃的困境。但由于各种原因,最终这一想法在有生之年没有得以完全实现。虽是如此,但其学术功力、敏锐眼光及其哲学思维,都已向世人展现无遗。

4.推动 80 年代"文化热"

20 世纪 80 年代"文化热"的出现,与庞朴对文化研究的重视和推动有莫大关系。1981 年,庞朴受联合国教科文组织(UNESCO)之聘,担任《人类文化与科学发展史》国际编委会中国代表。出于职业的敏感性,他发现中国当时极端缺乏文化方面的研究成果。原因自然是"文革"造成的。"谁也不会想到,十年'文化大革命'的恶果之一,竟是大革了文化的命。"因此,庞朴开始在学界呼吁文化研究的重要性。

当然,"文化热"的兴起有其现实的社会背景,与当时改革开放和四个现代化国策的提出有关。现代化的对立面是传统,所以在谈现代化的同时,很自然就有一个如何对待传统的问题。西方曾认为:要现代化就不要传统,要现代化就必须抛弃传统。现在我们国家提出现代化了,那传统怎么办? 这是当年摆在国人面前的一个现实问题。1982 年,庞朴在《人民日报》发表了《应该注意文化史的研究》一文,率先发出重视文化史研究的呼声,引起学界的强烈反响,从而掀起了 80 年代文化热的序幕。

文化是什么? 庞朴首先便碰到文化的概念问题。为此,他曾去拜访大文化家钱钟书。钱钟书说,你不问我的时候,我知道文化是什么,你一问我,我倒糊涂了。事实上真是这样,当时谁也搞不清楚文化的形式是什么? 内容是什么? 怎样发展的? 怎样衰败的? 文化跟政治经济的关系等等,没有人能形成非常肯定的表述。1949 年到 1979 年,30 年里中国只出版过一本关于文化的书。

在整个 20 世纪 80 年代,庞朴曾就文化学、文化史、文化传统与现代化诸问题,数十次地发表演说、撰写文章,阐述其对文化的各种认识,推动了文化研究热潮的前进。庞朴的一系列重要观点可归纳为一二三:一就是一个定义。什么叫文化? 文化就是人化。二就是认为文化有两个属性,民族性和时代性。三就是文化有三个层面,即物质的、精神的和制度的三个层面。庞朴对文化的定义、两个属性和三层结构的阐述,引起了学界的极大重视,成为探讨中华文化问题的重要理论参照。

庞朴的《文化结构与近代中国》的著名演讲,以隐喻的方式把当时正在兴起的文化热定位为新的“五四”运动。他在文化热兴起和进行的同时发表的那些评论、讲话和访谈,引导和推动着文化热的兴起和发展,是“文化热”的重要领军人物。

5.“一分为三”的研究

庞朴是中华文化研究的大家,不仅仅指其知识渊博,见解深刻,更是指他富有创新精神,往往能够独辟蹊径获得新解。而在诸多创见中,影响最大的,则莫若其对中华文化密码“一分为三”的探究。进入 90 年代后,庞朴开始从文化现象入手,致力于中国辩证思想的研究,以解读中华文化密码。例如,他从黄帝的传说开始,用黄帝的故事说混沌,用“伯乐相马”来谈认识论,从“庖丁解牛”来谈实践论,通过一批出土文物(纺锤)来谈“玄”,运用几个上古文字来说“无”,如此等等,最后当然都要归结到中国辩证思维。

其实,庞朴倡导“一分为三”,偏好方法论的研究,早在 1952—1954 年间就读中国人民大学时便已开始。1956 年发表的《否定的否定是辩证法的一个规律》一文便是最早的成果。“文革”期间,庞朴深感中庸至德之可亲可贵,并亲历了“民鲜能久矣”的可叹可悲,于是有了认真看待“中庸之道”的酝酿,1981 年发表了《“中庸”平议》一文。1984 年,《儒家辩证法研究》出版,书中对儒家“一分为三”方法做了揭示和分析。

庞朴在《“中庸”平议》之后深深相信,中国文化体系有个密码,就是

"三"："世界在本质上是统一的，同时又是三分的；统一是三分的统一，三分是统一的三分。源远流长博大精深的中华文化，其密码也正是一个'三'字。""三"的秘密一经揭示，便成为解读传统文化的一把密钥。于是，庞朴便用这个密码去开中国文化宝藏之锁，也用开了锁的宝藏文化来反证密码之存在。如《解牛之解》、《相马之相》、《黄帝与混沌》等。古稀之后，庞朴开始对一分为三给出理论上的说明，于是有了《三分法论纲》、《三分法：解读中国文化的密码》等。2001 年 9 月，他开始撰写《一分为三论》，2003 年 3 月出版，给"一分为三"研究划上了圆满的句号。

　　当前，中国正处在构建社会主义和谐社会的进程中。如何解决改革与稳定、自由和秩序、发展与公正的关系，消除分化，缩小差距，建设和谐社会，在庞朴看来，说到底，还是一个二分抑或三分的问题，是用斗争哲学，还是用同一来化解对立的问题。"在我看来，构建和谐社会，实际上就是'执两用中'。一个中庸的、兼顾各方利益的、采纳各种长处的社会才是和谐社会。"

　　在"三分法"的研究中，庞朴特别推崇明末清初的大思想家方以智。在庞朴看来，方以智的思想精华"公因反因"说，正是中国古代辩证法中的三分法思想。而且，他提出的时间比西方黑格尔要早很多年。1995 年春天，庞朴访问海德堡大学黑格尔当年演讲的讲堂，不由得想起黑格尔放言高论，说中国没有某种"三位一体的高卓的意识"。其实，就在他发表那场著名的哲学史讲演前 164 年，中国庐山脚下，一位比他大 160 岁的避世僧人，正在撰写一部叫做《东西均》的著作。书中所着重阐发的，正好就是后来黑格尔所常讲述的三位一体的辩证法。方以智的《东西均》虽然只有 10 万字，但因其用典晦涩，陈义玄奥，被世人公认为难读。庞朴也是读而又废者凡三次。但庞朴认为，"他所抉发的宇宙奥秘，那个一分为三的道理，很是应该也很有必要广为众人周知，以利于认识世界、建设世界。"于是，庞朴发了一个宏愿，决定着手注释方以智这一论著，以飨世人。耗时三载，终于使这部书呈现于世。

　　除了哲学家的思辨，庞朴的校释工作，还体现出了一个文献学家的精审与严谨。在做《东西均注释》时，他以中华书局 1962 年的点校本为底本，又亲自到安徽省博物馆根据方以智十一世孙方鸿寿所献原件逐字核校，改正了中华本中大小漏误 50 余处,使得《东西均》原貌可更准确地呈现于世。庞朴成为众所公认的方以智研究专家。

6.出土简帛文献的研究

1973 年长沙马王堆出土了一批先秦文献,庞朴从《文物》上读到了有关马王堆的简报后,发现其中有属于思孟五行学说的篇章,于是将其整理校注命名为《五行》。他认为,马王堆帛书所谓的仁、义、礼、智、圣五种德行,即荀子《非十二子》中指责的子思、孟轲所造作的五行,从而解决了中国学术史上的一大谜团,博得了海内外学者的赞誉。

不过,文章写成后并没有立即发表,而是放在了抽屉里,一直到"四人帮"倒台。之所以不发,是因为当时正值"批儒评法"的影射史学肆虐时期,人们对于儒学唯恐避之而不及,此刻若要发表有关儒家的思孟五行说,那是自找倒霉。"四人帮"倒台后,庞朴才把这篇文章交给了《文物》杂志,使沉寂了两千多年的思孟五行古谜,因之得以迎刃而解。

1998 年,《郭店楚墓竹简》的出版再一次震惊了学界。因为郭店楚简里有许多以前从未见过的东西。这重新点燃了庞朴 20 多年前爬梳马王堆汉墓帛书时的好古之情,于是他对荆门郭店竹简进行逐篇研究,提出了儒家三重道德论、从心旁字看思孟学派心性说、"仁"范畴的演化等精辟见解。

庞朴先生认为,郭店楚简虽然只有一万三千多字,但意义却相当重大。它的价值主要在于填补了孔子和孟子之间的空白。以前谈起先秦儒家就会谈到孔子、孟子、荀子三位代表人物,而实际上这三个人物只是三个点而已。孔子谈"仁",孟子谈"仁义",那怎样从孔子到孟子,孟子是怎样用"义"去补充"仁"的呢? 郭店楚简实际上就从内外两方面回答了这个问题。从孔子的"性相近"到孟子的"性善论",从孔子"仁"到孟子"仁义",这两个过程在郭店楚简中都得到了充分的体现,可以说,郭店楚简是联系孔子和孟子的一座桥梁。

在郭店楚简里,庞朴还发现了有大量带"心"的字,这个现象在以前没有发现,显然,这样一种研究"心"的潮流的形成,是为了回答如何从人道到天道的问题。具体讲,郭店楚简里有一篇《心之命处》,其中有一个重要的命题就是"道始于情"。以前人们一直认为,儒家思想认为人心是善的,人情是恶的,现在发现了"道始于情",如果"情"是恶的话,那么"道"也就是恶的了。所以从"道始于情"看,儒家对"情"应该是肯定的。汉代以后一直到宋明理学实际上都是反对"情"的,而郭店楚简正好帮助解开了这个结。这些千古谜团的解开,使得很多人惊讶不已。

为推进简帛研究的深入发展,庞朴以 70 岁高龄倡议成立了国际简帛研究中心,并创办和主持了"简帛研究"网站,专门发表与出土文献有关的各种文章,此举得到海内外简帛学人的大力支持和一致好评。

庞朴在年逾古稀之时,依然学问不辍。2005 年在山东济南、2006 年在山东邹城、2007 年在山东临沂,主持召开了三届世界儒学论坛,分别讨论了孔子、孟子、荀子思想的当代价值。直到临终之前,他还在主持国家社科基金重大项目《中国儒学通志》、山东大学 985 重大项目《儒学小丛书》100 种。在从事学术研究之外,庞朴还在北京大学、中国人民大学、山东大学等国内多所高校指导博士生。他乐于提携后进,喜欢和青年人交朋友。不少青年学者登门向他求教,他总是耐心加以解答,有不同意见,亦可无拘无束,自由辩论,绝不会盛气凌人。中国人讲做人与为学的统一,庞朴给学界留下深刻影响的不仅是他渊博的学识、睿智的见解,还有他宽厚的长者风范。他是智者,更是仁者。

三、主要论著

《谈矛盾的普遍性和特殊性》,通俗读物出版社,1956 年

《公孙龙子研究》,中华书局,1979 年

《帛书五行篇研究》,齐鲁书社,1980 年

《儒家辩证法研究》,中华书局,1984 年

《文化的民族性与时代性》,中国和平出版社,1988 年

《中国名辩思潮》,新华出版社,1991 年

《一分为三——中国传统思想考释》,海天出版社,1995 年

《竹帛五行篇校注及研究》,台湾万卷楼图书公司,2000 年

《东西均注释》,中华书局,2001 年

《一分为三论》,上海古籍出版社,2003 年

《庞朴文集》,山东大学出版社,2005 年

《中国文化十一讲》,中华书局,2008 年

撰写者:冯建国,山东大学儒学高等研究院教授。

钱　逊

　　钱逊,清华大学思想文化研究所教授。1952年清华大学历史系毕业,
1953年中国人民大学马列主义研究班毕业。1953—1981年在清华大学任
马克思主义理论课教师,1982年后转攻中国思想史,主要研究方向:先秦儒
学、中国古代人生哲学。曾任清华大学思想文化研究所副所长、所长。1999
年退休。校外学术兼职有:国际儒学联合会荣誉顾问、中华炎黄文化研究会
顾问、什刹海书院导师。

一、主要学术经历

钱逊 1949 年考入清华大学历史系,1952 年院系调整,由学校安排转入中国人民大学马列主义研究班学习。1953 年毕业回清华工作,任马列主义基础、辩证唯物主义历史唯物主义教师,直至 1981 年。从事马列主义学习和教学前后共 30 年。人大和清华两所学校学术风格不同。人民大学当时是苏联专家授课,注重经典学习,强调熟读经典,把握基本原理的核心思想、基本论点;论述问题要言之有据,引经据典。清华大学则注重理论与实际联系,结合现实问题,对学生进行思想教育。我在这两种风格中受到不同的熏陶,对日后的学习和研究都有深刻的影响。

"文革"结束,70 年代末 80 年代初,中国社会有一次文化反思的高潮,清华大学考虑恢复文科,1982 年建立文史教研组,并把我调入文史教研组。在此背景下,转入了中华文化的学习和研究领域。时年 49。

转入新领域,再一次从头做起。根据自己的兴趣和以往学习的情况,选择了以古代人生哲学为研究方向。从学习先秦诸子经典开始,兼读冯友兰、张岱年、朱伯崑诸先生的著作以入门。稍后,得读先父著作,并以此为学习的主要进路。如此,接受近代以来儒学传承发展不同学派的影响,得益甚多。遗憾的是都未能得亲传身受,不克得其真传也。又以年届半百,精力不济,于浩瀚典籍,涉猎范围只限于先秦中之一小部分。对于人们常说的"家学渊源",实感惭愧,自知只是半路出家的私淑晚辈,不敢僭称。

转入新领域之初,得张岱年、汤一介、余敦康、朱伯崑、方克立、方立天、牟钟鉴等诸多先辈学者和朋友的提携、帮助,得参加有关学术团体和学术活动,与同道交流请益。曾参加中国孔子基金会、中华孔子学会、中华炎黄文化研究会、国际儒学研究会、中国哲学史学会;曾任中华孔子学会副会长;在国际儒学联合会办事机构工作 20 年,曾任联合会副理事长。

1999 年退休,年 66。除曾在中国政法大学国际儒学院短期兼职外,基本告别了大学讲台,主要从事社会活动,致力儒学普及教育工作。提倡"读论语,学做人";关注中小学教师培训,参加相关的培训班,应各方要求作讲座;支持和参加民间读经典活动;同时用力于《论语》注释,对 1980 年代出版的《论语浅解》作修订,以《论语读本》书名出版;编写《儿童论语 100 句》、《论语初级读本》、《论语讲义》、《孔子的活法——论语中的为人之道》和《论语教师读本》。

二、多年来比较关注的几个问题及其基本观点

1.怎样对待中华传统文化?

要以唯物辩证法一般和个别、普遍性和特殊性关系的思想为指导,认识和分析文化普遍性和特殊性的二重性。去其糟粕、取其精华不是简单地挑拣分类,而是要对传统进行分析,从其时代性的具体形态中,剥离出其具普遍性的成分,从而抛弃其形式,救出其内容。对传统中普遍性内容,又必须立足于现时代的需要,做出新的解释,赋予它新的时代内容,使之与现代社会相适应。这是一个从个别到一般,再从一般到个别,批判、继承、创新、发展相统一的完整的过程。概括为一句话就是推陈出新。

2.马克思主义与中华文化的关系问题

高举马克思主义和中华文化两面旗帜,走马克思主义与中华传统文化相结合的道路,建设有中国特色社会主义新文化。

作为共产党和共产党领导下的国家,必须坚持马克思主义的指导思想;作为中国共产党和共产党领导下的中国,必须延续民族文化的血脉创新前进。高举马克思主义和中华文化相结合的旗帜,走建设有中国特色社会主义的道路,发展有中国特色社会主义新文化,这就是我们的结论。

3.中华文化的价值观

中华文化的核心是讲做人,而为人之道的核心要求,可以归结为五点:义、群、和、礼、耻;用现代话语来说,就是崇德、乐(读药)群、贵和、守礼、有耻。以上五项,从人之所以为人之所在,宇宙万物的本质和存在形式,道德践行的落实和道德精神的基础等几个不同角度,反映了做人的根本要求,构

成中国人为人之道的核心价值体系。这几点也都反映了中华文化独特的思维方式和世界观。和实生物,和而不同的宇宙观;从探究天人关系和人禽之别认识人的本质、本性,形成人道与天道合一,人生与天命合一的思想体系;为己有耻,克己复礼,内外兼修,文质彬彬的修养途径,都反映中华文化与西方思想的不同。独特的文化,产生了独特的道德思想和价值体系。而这些又都反映了为人的普遍的共同的要求,也都有着普遍的价值和意义。

4.修身

为己有耻,是儒家道德修养的根本精神。从道德精神说,根本精神是为己;从修身的功夫说,根本的要求是有耻。为己,是根本、是基础;有耻,是修身的基本原则、要求。由己、求诸己、守死善道是修身的基本态度;好学、自省、改过、力行、克己,是修身重要的方法

5.和

"和"不只是一个概念或美好的愿望和追求,而是有着丰富、深刻的内涵;它是中国人的宇宙观,也是中国人最高的价值追求,又包含着待人处事的基本原则;既包括基本理念、价值,又包括运用原则和方法的一个思想体系。

"和实生物"。宇宙万物都是不同成分和因素,以一定的关系共存的统一体(或称共同体)。这就是和。宇宙万物以和为基础,存在于和的状态中;世界是和的世界,万物是和的万物。这是中国人的宇宙观。

统一事物中的各个局部成分各有其一定的位置。每一成分和因素都处于其应处的地位,发挥各自的作用,构成总体的和。和的实质是各得其所。

和为贵是以和实生物的宇宙观为基础的根本价值观。正因为我们认识到世界是这样的一个世界,所以要顺应事物本来的要求,以和为贵。

和而不同是待人处事的基本原则。在承认不同的基础上,研究事物内部的各个方面,协调各种关系和矛盾,以达到"各得其所"的目标。

中庸之道,不偏不倚,无过无不及,是达到和的根本方法和途径。

各得其所的关系。不能停留在理念、原则上,还必须落实和体现在具体的制度、规矩上。在中国的古代,就是落实和体现在礼上。"礼之用,和为

贵"。别尊卑贵贱是为了避免争、乱,求各得其所;礼的精神不是单纯的明尊卑别贵贱,而是别中求和。

60 年的学术路,前段学马列,教马列;后段学习、传播中华文化。前后各30 年。如此之路径,并非纯由个人所选择,而是顺应和反映了时代的发展,社会的需要。于国家、于个人,都属有益和必要。尽管二段都未能做到最好,有不少不足和遗憾,但对所走道路,没有后悔。前后二段所获得的知识和经验,对于个人成长都是积极的,是宝贵的财富。如果可以套用正、反、合的公式的话,学和教马列的第一阶段和学习传播中华文化的第二阶段,经过了"正"和"反"的阶段,未来将是向更高的"合"的阶段发展,将是向着马克思主义和中华文化相结合,中华文化创新性发展的方向发展。成就未可期,可为的只是不懈努力而已。

三、主要论著

《论语浅解》,北京古籍出版社,1988 年

《先秦儒学》,辽宁教育出版社,1991 年

《中国古代人生哲学》,清华大学出版社,1998 年

《中国传统道德·理论卷》,中国人民大学出版社,2012 年

《推陈出新——传统文化在现代的发展》,清华大学出版社,1999 年

《儒学圣典——〈论语〉》,云南人民出版社,2001 年

《〈论语〉读本》,中华书局,2007 年

《论语初级读本》,商务印书馆,2010 年

《论语讲义》,人民出版社,2012 年

《〈孟子〉读本》,中国盲文出版社,2014 年

《孔子的活法——论语里的人生之道》,辽宁人民出版社,2010 年

《中华传统文化经典教师读本·论语》,济南出版社,2015 年

撰写者:钱逊

汝 信

汝信,1931年8月出生于上海。江苏吴江人。1949年毕业于圣约翰大学,1957年考入中国科学院哲学研究所当副博士研究生。后在哲学研究所从事研究工作。曾任中国社会科学院哲学研究所研究员、副所长、所长,中国社会科学院副院长等职,兼任国务院学位委员会副主任委员,国际哲学和人文科学理事会副主席,中华全国美学学会会长,国际儒学联合会荣誉顾问等职。长期从事哲学和美学研究,著有《汝信自选集》、《论西方美学与艺术》、《美的找寻》,合著有《马克思主义的三个来源》、《黑格尔研究范畴批判》,译著有《尼·加·车尔尼雪夫斯基》、《普列汉诺夫哲学著作选集》等。

一、我从事哲学研究的经历

我的童年和青少年时期是在战乱中度过的，抗战胜利后考入上海圣约翰大学，主修政治学，副修经济学。后来从事哲学研究工作完全是半路出家，在大学期间没有系统地学过哲学，听徐怀启讲的"哲学与宗教"课程，就是我所受的唯一正规的哲学训练了。因为参加中共地下党领导的读书会和学生运动，开始接触马克思主义，读了一些哲学普及读物，但从来没有想过会去做专门的哲学研究工作，以后怎么会走上这条路，或许是出于所谓"历史的误会"吧。关于这段往事，我曾在一篇带自述性的文章里有所叙述：

1950年冬，我参加中国人民志愿军赴朝作战，在冰天雪地里正好赶上了第二次战役，然后又南下参加了第五次战役，从长津湖一直前进到三八线。在艰苦的行军和敌机轰炸中几乎把随身用品丢个精光，成了彻底的'无产者'。战役结束转移到后方，却意外地发现，在出发前轻装留下的物品中还保存着一本俄文的《车尔尼雪夫斯基选集》。它是我出国途经沈阳时在国际书店买的，就成为我当时在朝鲜战场能用来提高俄语水平的唯一工具。这样，由于偶然的机会，我开始接触到西方哲学和美学。我学俄语不久，要读懂车尔尼雪夫斯基的著作，其困难是可想而知的。在防空洞里微弱的烛光下，我逐字逐句地啃，翻来覆去地琢磨车尔尼雪夫斯基的意思，有的简直是猜。这样硬啃生吞的结果，不仅逐渐增加了我对这位'俄国的普罗米修斯'的理解并油然产生了崇敬之情，而且越来越使我对哲学和美学发生了兴趣……现在回忆起来.在朝鲜战场上度过的几年实在是我的学习生活中最美好的时光。

1955年，我从朝鲜回北京，转业到中国科学院干部培养部工作，当时由钱伟长担任部主任，该部的任务是组织科研人员的政治理论学习、派遣留学人员和实施新颁布的副博士研究生条例。理论学习的主要内容是由艾思奇等哲学家讲授辩证唯物论与历史唯物论。我作为年轻的工作人员参与了学习,这是我较系统地了解马克思主义哲学的开始。1956 年我有幸随中国科学院代表团赴苏联科学院商谈派遣研究生协议并考察苏联培养研究生的实况。那时正值中苏关系"蜜月"期,我代表团受到极其周到的盛情接待。我们在苏联访问的两个月内参观考察了科学院的不少研究所和科学设施,旁听了几次副博士和博士的学位论文答辩,对如何正规培养研究生、实施学位制度有了初步的了解,给我留下深刻印象。在当时中国共产党发出的向科学进军的号召下,我也萌发了想从事科学研究工作的强烈愿望。凭着年轻人的勇气,我利用业余时间开始搞研究和翻译工作,以前我除了在《学习》杂志发表过一篇关于我国过渡时期经济规律的讨论文章外,还没有写过哲学文章。抱着试一试的心情,我写了《车尔尼雪夫斯基的社会政治观点》一文寄给《文史哲》杂志,这篇习作居然承蒙采用,这就增强了我研究哲学的信心。为了提高自己的理论水平,1956 年我决定离职投考副博士研究生。按过去在大学里所学专业,我本来打算投考经济研究所的政治经济学专业,但有鉴于列宁所说:"不钻研和不理解黑格尔的全部逻辑学,就不能完全理解马克思的《资本论》",觉得还是应该先学习掌握辨证的方法,因此下决心到哲学研究所跟贺麟学习黑格尔哲学。贺麟收下了我这个哲学根基很差的学生,要我系统地从头补课,阅读从古希腊到近代的西方哲学史上的重要原著,当然更着重指导我读黑格尔的一些主要著作,特别是《精神现象学》、《小逻辑》和《美学》。贺麟治学主张广泛地阅读和重点精读相结合,如《精神现象学》的著名序言由他逐字逐句向我们讲解,使我得益颇多。在他的指导下,我写了《论车尔尼雪夫斯基对黑格尔美学的批判》一文,于 1958 年发表于《哲学研究》杂志,这是我的第一篇研究黑格尔哲学和西方美学史的论文,以后我对西方哲学和美学的研究就是从此开始的。贺麟还重视翻译工作,认为翻译是加深对原作的理解和提高外文水平的好办法。在他的鼓励和支持下,我从俄文翻译了普列汉诺夫、瓦尔加等人的不少哲学和国际问题著作,所以有同志认为我是由翻译转行非科班出身的研究工作者。

我结束研究生学习后,留在哲学研究所西方哲学史研究组工作,这时我已放弃了原先打算回过头来研究经济学的念头,一心想学习和研究西方哲学史和美学史。从古希腊的赫拉克利特、柏拉图到德国古典哲学以至杜威的实用主义,都曾是我研究探讨的题目,不过我的主要兴趣还是在黑格尔哲学及其与马克思主义的关系。1961年出版的《黑格尔范畴论批判》一书和当时在报刊上发表的不少文章是姜丕之和我合作写成的。他是长期在理论宣传和新闻战线上工作、富有革命经验的老同志,却放弃领导职务转行到哲学研究所从事学术研究。他的那种刻苦钻研的毅力和坚持用马克思主义立场、观点和方法去研究问题的精神使我深受教益。在研究西方哲学史的时候,这些哲学家们的美学思想也引起我的浓厚兴趣。那时除了朱光潜、宗白华两位学术界老前辈外,国内研究西方美学史的人不多,还缺乏足够的资料和参考书。在相当困难的条件下我陆续写了一些论述西方美学家的文章,得到朱光潜和宗白华的热情指教和鼓励,后来把这些文章编成《西方美学史论丛》和《西方美学史论丛续编》两本论文集。说实在,在50~60年代,政治运动不断,从事专业学习和研究的时间得不到保证,一些文章都是利用运动间隙挤时间完成的,有的是未经深入研究的急就章,而且不可避免地带有时代的烙印,特别是参加当时几次哲学论争和"批修"所写的文章,明显地表现出受"左"的思潮的影响,把学术见解提到政治高度加以批判,混淆了学术和政治的界限,这是自己应该反省,从中吸取深刻教训的。

20世纪50~60年代可以说是我在哲学研究生涯中的学徒时期。寒窗十载,似乎刚刚摸到一些门道,就迎来了史无前例的"文化大革命",研究工作陷入停顿,一切研究成果遭到全盘否定。我们这些研究人员先是挨批斗,关"牛棚",后又下干校劳动,白白浪费了最宝贵的年华。"文化大革命"后期,哲学研究所人员奉命回京听候处理,世界宗教研究所所长任继愈接受任务编写《中国哲学史简编》,他指名调我参加该书编写组,该组成员都是多年从事中国哲学史研究的专家,只有我是地道的外行。在任继愈的指导下,我埋头补课,认真研读自先秦诸子至近代的中国哲学的一些重要典籍。后来我写的有关儒学、韩非以及讨论中国哲学史上若干问题的一些文章还是在那时打下初步基础的。此外,我还和哲学研究所同志合作,编写出版了一部普及性读物《马克思主义的三个来源》,在整个"文化大革命"期间,也就做了这么一些区区小事。

"文化大革命"的结束使我们这些哲学社会科学工作者从噩梦中醒来,解放思想、实事求是的思想路线,帮助我们挣脱长期以来禁锢着人们头脑的思想枷锁,看到展现在科学研究面前的大片新天地,真有如获新生之感。我首先想到的是要进行反思,为拨乱反正做一点事。应《红旗》杂志之约,我写的第一篇文章是为车尔尼雪夫斯基平反,清扫"四人帮"泼在他头上的污垢。另一篇文章试图对国内历来受批判的人道主义作重新评价,在《人民日报》刊登后虽得了奖,却引起了争论。在西方哲学史的研究方面,我又重新拣起了黑格尔。受贺麟的启发和鼓励,我把青年黑格尔的思想作为研究重点.完成了《青年黑格尔的社会政治思想》这篇长文和关于青年黑格尔论劳动和异化的几篇论文。随着改革开放的进行,研究的视野更开阔了。过去我们一直把注意力集中在探索从康德、黑格尔经过费尔巴哈到马克思的思想发展上,对黑格尔以后西方哲学发展的另一些思想线索则注意不够,特别是以尼采、克尔凯郭尔为代表的以突出个人为特征的社会哲学思潮,在国内缺乏研究。80年代初,我有机会作为中国社会科学院首批获富布赖特奖金的访问学者之一,去美国哈佛大学哲学系从事一年研究。那时哈佛大学哲学系可说是名家荟萃,蒯因虽已退休,但仍常来校讲课,罗尔斯和普特南正当盛年。哈佛大学指定普特南负责和我联系,我原先报的研究课题是美国哲学史,他颇不以为然,说根本就没有美国的哲学史,建议我充分利用哈佛大学的学术环境和条件做自己感兴趣的研究。可是不知为什么当代美国哲学总是引不起我的兴趣,于是把研究方向转向克尔凯郭尔和尼采。当时国内的尼采研究已停顿 30 多年,一片荒芜,而克尔凯郭尔则几乎无人问津,连他的著作也不易找到,还是有待开垦的处女地。我利用怀德纳图书馆的丰富藏书,读了克尔凯郭尔的一些主要著作以及近年来西方学者研究尼采和克尔凯郭尔的一些新著,又补了一课,然而哈佛并非研究这两位哲学家的合适的地方,难以找人请教和交流,回国后虽然写出了一些论文,总觉得研究不够深入。值得欣慰的是,我的几位博士生在这一学术领域内辛勤耕耘,取得很好成绩,发表了多部专著,富有新意和创见,为填补我国的西方哲学史研究的这一重要空白作出了贡献。

关于研究西方美学,我的思想也发生了变化。过去我特别赞赏德国古典哲学的杰出代表们所精心营造的美学体系,后来却越来越感到其局限性,因为它们并不能真正解决我们现实生活中的许多美学问题,只是停留于抽象思辨的王国。当我们面向无限丰富多彩的现实和人类艺术创造时,形形色色的理论体系却往往显得如此苍白无力。我领悟到,研究美学还是要从实际出发,不能单从哲学家的书本中去讨生活。这就促使我尝试用另一种方式去研究美学,那就是直接面对一些人类伟大艺术作品,结合亲自鉴赏的体验去进行美学的探索。我利用改革开放后出国交流的机会,参观了不少世界著名的文化遗址、博物馆、美术展览和一些文艺团体的高水平演出。这使我大开眼界,陆续写了一些论西方艺术和艺术家的文字,以美学散记的形式编成《美的找寻》一书。我以为,对具体问题做具体分析是辩证法的灵魂,也是对艺术辩证法的基本要求,美学研究要走向生活,不妨从剖析人类的艺术创造开始。

以上是我在20世纪下半期学习和研究哲学的经历,实际上,在80年代我"不务正业"担任中国社会科学院的行政管理工作后,专门从事哲学和美学研究的时间很少,特别是后来我又把兴趣转到世界不同文明的比较研究这一新领域,离哲学越来越疏远了。虽然也杂七杂八地写过不少文章和政论,主编过几套丛书和刊物,却谈不上有什么学术建树,实在愧对师辈。如果要问多年来学习和研究哲学有什么体会,那么我觉得最大的收获就是终于领教了这门学问的艰深,懂得"哲学是难的"。

二、我在哲学研究方面所做的工作

半个多世纪以来,我在哲学和美学领域内做了一些研究,但是有价值的学术成果不多,主要做了以下工作:

1.在西方哲学史方面,我的研究重点是黑格尔哲学,对他的一些重要著作如《精神现象学》、《逻辑学》和《美学》作过较深入的探讨,试图阐明黑格尔的辩证方法、逻辑范畴的推演以及辩证法在美学中的具体运用,并从马克思主义观点予以评价和批判。此外,对当时我国学者很少涉猎的黑格尔早期思想和著作也初步作了较全面的研究,进一步弄清楚黑格尔辩证法产生的时代背景、思想渊源和社会政治涵义,用具体的历史资料批驳了苏联哲学界流行的把德国古典哲学说成是德国贵族对于法国革命的一种反动的错误论断,论证了青年黑格尔是当时德国新兴资产阶级的思想代表,他的辩证法反映了资本主义上升时期资产阶级的愿望和要求。关于黑格尔的劳动和异化理论的形成和发展,过去国内也缺乏系统的研究,我在这方面的探讨多少填补了研究的空白。特别是与马克思主义的诞生密切相关的黑格尔学派的分裂和演变过程的研究,也是亟须加强的薄弱环节。我虽做了一些研究,但因第一手资料不足,研究是不够深入的。对现代西方学者关于黑格尔的研究也有所论及(如科热夫和依波利特关于《精神现象学》的研究,卢卡契关于青年黑格尔的研究,克罗齐对黑格尔哲学的论述等),肯定其积极的研究成果,同时对其错误的观点和不足之处提出了批评。

除黑格尔哲学外,我曾把兴趣转向尼采和克尔凯郭尔。在哲学史上,尼采历来是有争议的人物,过去在我国长期受漠视和简单粗暴的批判。我不主张为他辩护或翻案,提出要真正理解和重新解释尼采,而不要被一时的"尼采热"所迷惑。至于克尔凯郭尔哲学的研究,在我国还需从头开始,首先要弄清楚他是一个什么样的人,在众多著作中传播的是一种什么样的思想。

我在这方面只是做了一些起步的基础性研究工作。

2.在中国哲学史方面,我虽然发表过一些文章,在一些国际学术会议和交流活动中做过讲演和提供论文,就某些问题阐明中国哲学思想家们的看法,但只是对先秦法家的最大代表人物韩非学说作过较全面深入的探讨。由于"文化大革命"时期盛行的对法家的别有用心的吹捧,有必要实事求是地对韩非作全面的客观的重新评价。按我的看法,韩非在自然观、认识论方面采取唯物主义立场,在社会历史观方面注重物质利益,强调社会进化,反对"是古非今",这些是应予以肯定的积极因素,为中国古代唯物主义哲学作出了贡献。可是,在韩非学说中,最重要的还是他的政治哲学,他所倡导的封建君主专制主义理论在当时历史条件下虽然适应了中国统一的封建专制帝国的需要,但对以后两千多年的中国政治产生了极其深远的有害影响,对其流毒必须予以深入的揭露和批判。这就打破了过去一个时期内习惯套用的哲学唯物主义等于政治上进步这样一个简单机械的公式,恢复了历史人物的本来面目并正确评价其在历史上所起的作用。

3.西方美学史是我花费精力较多的另一个研究领域,涉及从古希腊至近、现代西方美学的一些主要代表人物。我试图用马克思主义的观点和方法去重新审视历史上西方美学思想的发展过程,联系各个不同时代的社会历史发展背景和精神文化状况,从哲学的角度去探索各种美学理论的产生、成长和相互更替。在古代美学中,我曾对柏拉图作过较全面、深入的研究,把柏拉图美学思想放在他的整个哲学体系中,联系其宇宙观、认识论、伦理学说和社会政治思想等进行考察,并审视了亚里士多德对柏拉图的批评,从而对柏拉图美学整体上作出了新的评价。我还对新柏拉图主义的重要代表普罗提诺的美学论著进行评论和剖析,多少弥补了当时我国的西方美学史研究的一个空白。在近代西方美学中,我的研究重点是德国近代美学,除了康德、谢林和黑格尔这些德国古典哲学的大师外,还兼及对他们曾有巨大影响的德国启蒙运动的代表莱辛和其他人物。莱辛不愿接受现成的真理而宁愿自己努力去探求真理的那种理论勇气,十分令人敬佩。我研读了他的《拉奥孔》和《汉堡剧评》后对这两部著作进行了评析。我更赞赏黑格尔的《美学》，它启示我们的是美学理论研究必须有广阔的历史感和社会生活视野，必须重视历史和人类艺术实践，根据大量实际材料说话，否则就容易沦为空谈。我就黑格尔《美学》中的某些问题写了论文，《黑格尔的悲剧论》一文是我比较满意的，似乎以前我国学术界对此还很少进行专门深入的研究。我感兴趣的另一研究领域是从别林斯基、车尔尼雪夫斯基到普列汉诺夫的俄国哲学和美学思想的发展，这一发展过程基本上是同德国古典哲学经过费尔巴哈而走向马克思主义的历程相呼应的。我认为，别林斯基美学思想是在德国古典哲学的强烈影响下形成的，又与当时俄国的现实密切结合而具有俄国特色，而别林斯基事业的继承者车尔尼雪夫斯基则进一步以费尔巴哈哲学为依据全面地批判了黑格尔美学，对创立俄国唯物主义美学作出了贡献。最后，普列汉诺夫用马克思主义观点完成了对这份丰富的美学思想遗产的批判继承，把俄国美学思想的发展推向新的高峰。我的这一看法和当时苏联学术界通常的论断是不同的，我还特意翻译了普列汉诺夫的名著《尼·加·车尔尼雪夫斯基》一书以印证我的观点。

4.用哲学和美学的观点来进行艺术评论，这是我在研究工作中的一个新尝试。《永恒性的追求—尼罗河流域古埃及文化艺术遗址考察纪行》这篇长文，是根据实地参观考察的感受并参考历史资料和有关学术著作而写成的，试图用历史唯物论观点从古埃及独特的地理环境以及由此制约的社会生产力和政治经济结构的长期停滞不变，去解释古埃及艺术的本质特征，即把对永恒性的向往和追求奉为艺术理想，无论是金字塔、神庙、地宫以及许多雕刻和绘画都莫不如此。其次是阐明了古埃及艺术与宗教和政治的紧密联系，具有强烈的功利性和实用性目的，从而证明所谓艺术无利害关系之说并非普遍适用的真理。此外，还具体分析了埃及艺术所采用的独特的表现方法，它历经许多世纪而基本不变，成为固定的创作规则，使埃及艺术具有自己的特色，但也因缺乏创新而导致停滞和衰落。当时在我国用这种宏观的方法在总体上对埃及艺术作哲学和美学评论的尚不多见。在艺术评论方面，我涉猎较多的还是西欧文学艺术，从古希腊的著名雕塑到文艺复兴时期的大师米开朗琪罗和近代巨匠罗丹的作品，从印象派绘画到凡高等印象派之后画家以至现代西方绘画艺术的杰出代表毕加索和克列,从莎士比亚的悲剧到理查德·施特劳斯的歌剧,我都在观赏之余进行思考和探索,根据自己的感受和理解从哲学和美学角度提出自己的解读。像毕加索那样影响极大的 20 世纪西方艺术大师,过去我国学术界对他还缺乏系统深入的研究,我从他的早期作品着手,对他的各个时期乃至晚年的作品作一梳理。毕加索一生创作了大量作品,从内容到形式丰富多彩,变化无穷,风格各异,对研究者来说成为一个难解之谜。我尝试用马克思的异化理论去解读毕加索艺术,具体剖析了其中三种不同的异化的表现,即客观世界的异化、人的异化和艺术与艺术家自身的异化,指出毕加索艺术的伟大就在于表达了他的时代中最本质的东西,因为在他所生活的西方发达资本主义社会里,异化乃是最普遍、最基本的现实,几乎已成了人难以摆脱的宿命。所以我得出结论说,在社会学的意义上,毕加索是现代西方社会的一面镜子。当然,对任何一个伟大的艺术家或艺术作品,可以有而且必然会有不同的解读,我所提出的只是对毕加索艺术的一种可能的新解读而已。

三、主要论著

代表性著作:

《黑格尔范畴论批判》,与人合作,上海人民出版社,1961 年

《西方美学史论丛》,与人合作,上海人民出版社,1963 年

《普列汉诺夫哲学著作选集》(第 4 卷),与人合译,生活·读书·新知三联书店,1974 年

《外国美学》,商务印书馆,1985 年

《西方的哲学与美学》,山西人民出版社,1987 年

《美的找寻》,中国社会科学出版社,1992 年

《论西方美学与艺术》,广西师范大学出版社,1997 年

《世界文明大系》(12 卷),中国社会科学出版社,1999 年

《西方美学史》(4 卷),中国社会科学出版社,2005 年

《汝信自选集》,学习出版社,2005 年

《汝信文集》,上海辞书出版社,2005 年

《看哪,克尔凯廓尔这个人》,河南大学出版社,2008 年

代表性论文:

《车尔尼雪夫斯基的社会政治观点》,《文史哲》1956 年第 1 期

《论车尔尼雪夫斯基对黑格尔美学的批判》,《哲学研究》1958 年第 1 期

《黑格尔的悲剧论》,《哲学研究》1962 年第 5 期

《青年黑格尔的社会政治思想》,载《外国哲学史研究集刊》(第一集),上海
人民出版社 1978 年版

《关于历史哲学两个问题的思考》,《世界历史》1988 年第 2 期

撰写者:汝信

宋荣培

宋荣培,1944年生,韩国京畿道水原市人。曾任韩国首尔大学哲学系教授、系主任,首尔大学附属东亚文化研究所所长,韩国东洋哲学会会长。现为韩国首尔大学名誉教授。

一、个人简介

1.姓名:宋荣培。年龄:1944年生。籍贯:韩国京畿道水原市。

2.个人主要学历、学位:首尔大学学士,首尔大学硕士,台湾大学硕士,德国法兰克福大学哲学博士。职称:首尔大学名誉教授。

3.曾任及现任职务：现为韩国首尔大学名誉教授、国际儒学联合会顾问、台北中研院中国文学哲学研究所《中国文学哲学研究集刊》编辑委员会编辑顾问；曾任首尔大学哲学系系主任以及正教授、韩国东洋哲学会会长、首尔大学附属东亚文化研究所所长。

4.主要研究领域和研究方向：先秦时代哲学思想，东西哲学交流。

二、主要学术经历和学术成就

1.主要学术经历、研究历程：首尔大学学士，首尔大学硕士，台湾大学硕士，德国法兰克福大学哲学博士。首尔大学硕士学位论文题目是《老庄的"道"》。台湾大学硕士学位论文题目是《儒家的太极概念和海德格尔存在论概念的比较》，德国法兰克福大学博士论文题目是《儒家思想、儒家式社会与马克思主义中国化》。

2.本人代表作及主要学术观点：《中国社会思想史》，北京：中国社会科学出版社，2003；马克思主义研究方法。

3.学术成就的社会评价：《中国社会思想史》韩文版出版以后反响非常热烈。是由 hangilsa 出版社出版的，1986 年出版第一版，5 年共印了 10 版。以后在其他出版社也出版过多次。不仅是研究哲学的人，而且研究中国历史和文学的老师或者学生，也有不少人读了该书。

4.弘扬和普及儒学方面的成就：《中国社会思想史》在韩国和中国都引起了强烈的反响。

5.国内外访问、学术交流情况（包括主办或参加重要国际或国内学术会议）：在首尔大学任教时，每年一次或两次访问和参加在中国大陆或者在台湾所举办的有关中国哲学的学术会议。

三、主要论著

代表性著作：

《中国社会思想史》，首尔：Publshing Co，1986 年

《诸子百家之思想》,首尔:玄音社,1994 年

《韩国儒学与理气哲学》,合著,首尔:艺文书苑,2000 年

《东西哲学的冲突与融合》,首尔:社会评论社,2012 年

《古代中国的哲学思想》,首尔:成均馆大学出版部,2014 年

《孔子之哲学》(Herbert Fingarette, Confucius: Secular as Sacred)译著,
　　首尔:曙光社,1992 年

《不安的现代社会》(Charles Taylor, The Malaise of Modernity)译著,首
　　尔:理学社,2000 年

《天主实义》(原著:利玛窦 Matteo Ricci,北京 1603)译著,首尔:首尔大学
　　出版社,1999 年

《中国社会思想史》,中国社会科学出版社,2003 年

《东西哲学的交汇与思维方式的差异》,河北人民出版社,2006 年

代表性论文:

《〈老子〉当中"无"的形而上学以及"无为"政治学的二重性》,《中国学术》
　　总第二十九辑,2011 年

《社会思想史视野下的文化大革命》(上),台湾《鹅湖》2008 年第 4 期;(下)
　　台湾《鹅湖》2008 年第 5 期

《略论马克思主义中国化的基本特色:以毛泽东思想与邓小平理论为中
　　心》,载《邓小平与当代中国和世界》,北京大学出版社 2004 年版

《东方的"相关性思维模式"和对有机体生命的理解》(2004);

《略论在全球化時代里"文化认同"的危机与"儒家伦理观"的意义》,《孔子
　　研究》2001 年第 2 期(2003)

　　　　　　　　　　　　　　　　　　　　　　　　　编写者:宋荣培

王殿卿

一、而立之年:从接触孔子到学习马克思主义

王殿卿,1936 年出生在北京与天津之间的廊坊地区一个农民家庭里,第二年即是"卢沟桥七七事变",童年是在日本侵占华北的背景下生长的。6 岁时,上了半年日本学校,爷爷让他退学,然后进了"私塾",每天拜孔读经,"童蒙"、"四书",及识字书写,打下了童子功。3 年后日本投降,解放战争期间辍学,开始学农活。1951 年插班"高小",1952 年进京考入北京第十五中学,1955 年考入中国人民大学工农速成中学读高中,1958 年进北京师范学院读

历史,1960 年加入中国共产党,1962 年毕业留校团委工作,1966 年 6 月"文革",因是师院团委书记,被学生"揪斗"成为"专政对象",1969 年进"五七干校"种田、养猪,1973 年返校,在"认真看书学习,弄懂弄通马克思主义"的号召下,被派负责组织管理培训北京市各区县局理论队伍的"读书班",直到 1976 年"文革"结束。当时,人民大学已经解体,其公共理论课教研室的教师被分配到北京师范学院,担任读书班的任课教师。王殿卿有幸跟着这些马克思主义理论专家,比较系统和反复地读了马克思主义哲学、政治经济学、科学社会主义的经典原著,仅《资本论》,就旁听了 3 遍。这 4 年,等于补上了"马克思主义原理"研究生的课程。

二、不惑之年:大学德育教育和研究

1976 年"文革"结束,王殿卿从"读书班"到了北京师范学院党委宣传部,又回到学生工作岗位,开始与恢复高考之后入学的新一代大学生结缘,经历了多次历史事件。1982 年北京师范学院成立德育教研室,他任主任,开始了他的"德育人生"。

20 世纪的八十年代,是"文革"之后,中国人对于中国究竟向何处去,走何种道路,进行思考、选择、辩论,思想认识逐步成熟的十年。也是王殿卿与他"大学德育研究与实践"的同道和团队,共同创建北京高校德育研究会,与全国高校,尤其是高等师范院校进行合作,编写一代代试用教材,开展一项项大学德育科学研究,做出了力所能及的工作和奉献的十年。

1980 年北京市成立高等教育研究会,在高等教育拨乱反正的基础上,开始研究高等教育理论,探讨依据教育规律办高等教育。其中的"德育研究课题组",设在王殿卿所在的北京师范学院德育教研室。1981 年冬,他出席中国社会科学院青少年研究所在云南昆明召开的"大学德育科学规划会议"。为响应会议"组织起来,开展研究"的动议,第二年,即 1982 年,他参与策划成立了全国高校第一个德育研究机构"北京高等学校德育研究会",北京师范学院德育教研室作为常设机构,王殿卿被推举为首届秘书长。1991 年,经北京市政府任命,他担任北京青年政治学院副院长,兼任北京市市政府顾问。1993年,兼任全国教育科学规划德育学科组副组长。1994年,经中共北京市委、市政府批准成立北京东方道德研究所,兼首任所长。1991年,被推举为"中国高等学校思想政治研究会"副秘书长。这些对于王殿卿参与大学德育研究,提供了得天独厚的条件。

三、知天命之年:编写"三代"大学德育教材

1980年的"七一",教育部政治教育司在北京召开一个小型座谈会,出席者有清华大学学工部长贾春旺、大连工学院学工部长庄青、北京师范学院学工部长王殿卿,还有天津大学、南开大学、兰州大学分管学生工作的领导同志。会议由庄青介绍大连工学院试开"德育课",建立"德育教研室"的情况,大家讨论这套做法是否有普遍意义,可否推广?结论趋向肯定。这个小小座谈会,为后来在高等学校先后开设"共产主义思想品德课"、"德育课"、"思想品德课",敲响了"开场锣"。这也表明,教育部开始探索如何走出高等学校"政治挂帅"、"突出政治"的困境,开拓大学生思想政治教育新局面的一种"思想解放"。

1982年春,时任教育部副部长的彭珮云,在上海华东师范大学,召开同样主题的座谈会。江苏省教育厅等单位,介绍了编写"德育课"教材的情况。当年暑假,彭珮云在大连水运学院,再次召开类似主题的座谈会。为迎接党的"十二大",这次会议给出了"共产主义思想品德课"的"新概念"。会上,王殿卿联络与会高等师范院校的代表,联合编写高等师范院校"共产主义思想品德课"教材。当年年底,各校代表集中到石家庄河北师范大学,组成了编辑委员会,讨论编写宗旨与大纲,明确了编写的分工。华东师范大学邱伟光、北京师范学院王殿卿、北京师范大学刘有渔,担任主编。经过1983年暑假在哈尔滨师范大学的通稿会,于当年8月由四川人民出版社出版。《光明日报》发文,称它为"第一部"《共产主义思想品德教育》的教材。在党的"十二大"精神指引下,教育部出台了《共产主义思想品德教学大纲》。建国以来,高等学校第一次有了这门全新的必修课。在10所师范院校2年教学实

践的基础上，对《共产主义思想品德教育》教材进行了全面修订，四川人民出版社于 1985 年 8 月再次出版，先后两版，一共发行了 20 余万册。

1987 年春，王殿卿出席了教育部在长春市光机学院召开的思想品德课程建设座谈会。会后，教育部依据党的"十三大"精神，印发了《关于高等学校思想教育课程建设的意见》，决定设置 5 门课。据此，王殿卿牵头组织部分高等师范院校，合作编写了《形势与政策》、《法律基础》、《思想修养基础》、《人生哲理》、《教师职业道德》。参与编写的有 17 所高等师范院校。王殿卿任全套教材的主编。

这套教材于 1988 年 8 月由北京教育出版社出版。

1993 年，依照建设有中国特色社会主义的精神，王殿卿策划主编了《中华伦理》，由首都师范大学出版社出版，它以"儒家伦理"、"佛家心理"、"道家哲理"为内容，对大学生进行中华优秀传统文化教育。在首都师范大学、北京工业大学等院校，连续进行 5 年多的教育试验，效果良好，《光明日报》以"高高山顶立深深海底行"为题，发文肯定。这部教材被评为北京市哲学社会科学优秀成果"三等奖"。

1997 年，王殿卿以承担全国教育科学"九五"规划教育部重点课题"大中小学中华传统美德教育实验研究"名义，组织编写了"大学生中华文化教育"系列实验教材，包括《新编中华伦理》、《中国古代人生哲学》、《传统美德与现代人生》、《中国传统道德》、《中国传统道德修养论》等。这套在"十五大"精神指引下，分头正式出版的实验教材，就其宗旨、结构与内容，至今仍有积极的参考价值。

以上是 20 世纪 80－90 年代，由王殿卿直接参与策划编写的"三代"教材。尽管有其历史背景的某些局限性，但是，它却代表了高等学校德育课程建设的艰辛历程及其发展的方向，心平气和地总结其中的经验与教训，对于今后高等学校德育课程的改革、创新与发展，不无补益。

四、率性之年：德育研究成果大学传

1992 年，北京高等学校德育研究会换届改选，王殿卿不再任职。他写出了北京高等学校德育研究会"十年大事记"(发表在《寻求中国德育之根》上册 482—499 页),较详细地记录了研究会的各项活动,为研究这十年北京高等学校大学生的思想和大学德育教育的动态,提供了较丰富的历史资料,为他在任十年的秘书长生涯画了句号。

为了推动大学德育研究,王殿卿奔走全国。20 世纪 80 至 90 年代,他先后在 100 余所大学讲座、上课,策划、主持和参与 20 余次国内外学术研讨会,连续主持"五年规划课题"实验研究。他把丰富的实践心得、研究结晶即时编辑成书。尽管其中有的观点具有一定的历史局限性,但的确记录了他进行科学研究的历程与付出的心血,也是对先辈和同仁们智慧的消化、传播与回馈,更是长期合作研究中华美德教育实验团队的共同成果。与大学德育相关的著作有《教师的劳动、道德和修养》、《德育辞典》、《人生哲理》、《大学德育学》、《新编大学德育学》等。

其中,1992 年由朱新均、陆钦仪、王殿卿主持的《高等学校德育大纲研究》,被列入全国哲学社会科学"八五"规划国家重点课题,这再次表明大学德育这一学科的学术价值与地位。这项课题的成果《中国普通高等学校德育大纲》,为国家教委制定"普通高等学校德育大纲",提供了"原样"与理论支持。

五、耳顺之年:参与国际儒联的儒学研究与普及

1994 年秋,王殿卿出席了国际儒学联合会成立大会,此后不久,北京东方道德研究所问世。

1996 年 5 月,北京东方道德研究所、首都师范大学中华伦理研究室、南京大学东方道德研究中心,在北京联合举办"儒家伦理与公民道德"国际学术研讨会。来自北京大学、清华大学、中国人民大学、中国社会科学院、香港中文大学和新加坡南洋理工大学、日本东京成德大学等海内外学者 100 余人出席。会后,这些学者论文编辑成集《儒家伦理与公民道德》,由王殿卿书写"前言",中华工商联合出版社于当年 8 月出版发行。

在 1996 年举办如此内容的国际研讨会,有如此多的海内外著名学者齐聚一堂,所发表论文内容的高度与深度,对于儒家伦理的历史沿革与当代价值,以及在东亚、东南亚的传播与影响所做的论述与展望,对于世纪之交,重振儒学,以德治国,弘扬中华文化,承接中华美德,培育民族精神,重建礼仪之邦的决策与实践,都有积极的参考价值。

当年 9 月,王殿卿去美国访问,将《儒家伦理与公民道德》这部书赠送给哈佛大学等美国高等学校。几年后,武汉大学郭齐勇教授到哈佛访问,在图书馆发现了这部书,就做了一个研究,认为"1996 年召开的那个会,是百年以来在大陆召开的第一个儒家伦理与公民道德的研讨会,非常有意义,与会学者提出的一些观点,非常有远见"。

1997 年底,王殿卿开始参与国际儒学联合会的工作。从此他大开眼界,在海内外诸多大儒的精神与智慧的熏陶之下,开始了与参与儒学研究普及工作的新路程。1998 年初,国际儒学联合会要求王殿卿写了一篇"中华传统美德教育实验研究"的汇报,发表在国际儒联当年第一期简报上,表明国际儒联对弘扬中华文化,对青少年普及中华美德的重视与支持。1998 年 10 月,北京东方道德研究所与国际儒联第一次合作,在北京共同举办了"东方伦理与青少年思想道德"国际学术研讨会,130 余名国内外学者与会。

进入 21 世纪,从 2005 年至 2013 年,在王殿卿具体组织与参与下,北京东方道德研究所与国际儒学联合会,先后在四川宜宾,河南新乡,北京大兴、朝阳、通州,浙江金华等地,联合举办了 6 届"东亚儒家伦理与公民道德"国际论坛。对于交流海内外儒家伦理与青少年公民道德教育的研究成果和实践经验,起到广泛与深远的影响。

2007 年,在国际儒学联合会会长叶选平先辈的倡导下,建立了儒学普及委员会,王殿卿被委任为副主任。他主动参与其中,通过每年一次"儒学普及工作座谈会"等载体,分别在学校、家庭、社区、乡村、企业等领域,开展了较有实效的儒学普及工作,并在积累实践经验的基础上,尽力形成文字成果,以便巩固和提升儒学普及工作的质量,如《儿童论语一百句》、《儒学书院德育》、《儒学教育传播与应用 30 年》等。

六、中华美德教育二十年

王殿卿在 20 世纪八十年代,主要参与大学德育的实践与研究,从九十年代开始,转向以中小学为主的中华美德教育实验研究。至今,前者 10 年,后者 20 余年,共有 30 余年的德育生涯。

1992 年邓小平的南巡讲话,使得中国选择了走自己的路,建设有中国特色社会主义的发展方向。按照北京大学张岱年教授当时的判断,选择国家发展道路的背后,必定是文化价值观的选择,既然中国选择走自己的路,其文化与价值观的支撑,必然是中华民族的文化与智慧,如此发展下去,中华文化必将走向新生!当下最为迫切的是,要从现在开始,对新一代中国人,即青少年一代,进行中华文化与价值的教育。

1992 年,王殿卿承担北京高校德育研究会的课题"亚洲四小龙学校德育研究",他有机会从新加坡的"共同价值观",忠孝仁爱礼义廉耻———"治国之纲"和小学《好公民》课程、中学《儒家伦理》课程,了解到"四小龙"学校德育的"中国味道"。从此他以"礼失求诸野"的心情,反复向多方求教,并于 1994 年,请新加坡教育部课程发展署派员来北京,向 50 余所小学校长介绍《好公民》的课程及其教学的经验。此后,他先后到韩国、泰国、菲律宾等国和香港、台湾地区进行考察,对于以后开展"中华美德教育实验研究",打开了眼界,吸取了智慧。

1994 年,北京市委、市政府批准成立北京东方道德研究所,得到了许多学界泰斗的支持。张岱年教授赐字"弘道明德",为研究所"定位",认为这个研究所的"天职"是向青少年普及与传授中华文化与美德,重在教育实验、实践的应用性研究。在得天独厚的学术团队支持下,王殿卿与北京东方道德研究所的同仁,从 1994 年起,开始了连续 20 余年的"学校中华美德教育实验研究",期望在 20 世纪的最后十年,为 21 世纪的中国德育做些前期探索。

他主持的"大中小学中华传统美德教育实验研究",于 1994 年被立项为北京市教育科学"八五"规划项目。一方面,由首都师范大学和北京工业大学这两所市属高等学校带头参与教育实验,另一方面,在北京市教育局的支持下,从"城区"选定东城区,"城乡结合部"选定朝阳区,"远郊县"选定昌平县,作为试验区,从三个区县中,选定100所中小学作为"实验校",以忠、孝、诚、信、礼、义、廉、耻,八个"德目"为教育实验的内容,按照小学讲故事、中学讲规范、大学讲理论的思路,依次编写了《中华美德》、《中华道德》、《中华伦理》等试用教材,由首都师范大学出版社出版。

此项研究,在"九五"期间,又被立项为全国教育科学规划教育部重点课题、北京市哲学社会科学规划重点课题,全国20余所大学加盟,经教育部有关部门推荐,山东省招远市、黑龙江农垦总局、南京市秦淮区等京外单位参加,开始在全国范围寻求合作单位,逐步扩大教育实验范围。为了给从事此项教育实验第一线教师,提供相关历史知识与理论的辅导,课题组于1999年请了8位文科博士,每人围绕一个德目,写一本书,组成以"八德"为内容的《大众道德》丛书,由红旗出版社于2000年出版。同时,首都师范大学出版社出版《中华美德教育实验在北京》(上下册),集中展示了5年来,北京市开展中华美德教育实验的经验与成果。

"十五"期间,以"学校中华美德教育与社区道德建设互动研究"为题,探讨学校、家庭、社区"三维互动"的"教育模式",继续被立项为全国教育科学规划教育部重点课题、北京市哲学社会科学规划重点课题,全国各地积极参与,在原有教育实验范围的基础上,先后有重庆、湖北、河南、四川、广东、江苏、浙江、山东等地的区县、学校,成为本项教育实验的"区"、"校"。这五年的成果有,中华工商联合出版社出版的《文化道德德育》和吉林人民出版社出版的《寻求学校德育新定位》,对于前十年的研究成果,给予理论和实践上的总结。

"十一五"期间,以"对未成年人进行中华美德教育推广与深化研究"为题,再次被立为北京市哲学社会科学"十一五"规划项目,将以往的实践经验加以推广,对于已经渐渐形成的教育理念,以及有效的教育模式等进行深化研究。其成果是吉林人民出版社出版先后出版的《寻求中国德育之根》(上下册)、《21世纪学校德育初探》,经过近20年的实验,终于为21世纪中国学校德育改革与发展,提供了有价值的参照。

"十二五"期间，在党的十八大精神和习近平主席关于中华文化、历史、美德、价值观等系列重要讲话精神的鼓舞下，20年来连续滚动形成、活跃在各地的"中华美德教育行动"课题组，已经无需立项。大家积极响应，各显神通，深化教育实验，不断推出新经验，纷纷成为当地弘扬中华美德、落实立德树人的"领跑者"。

为了落实《完善中华优秀传统文化教育指导纲要》，缓解"国学师资"的瓶颈，课题组与国际儒学联合会、国家教育行政学院、尼山圣源书院、北京东方道德研究所、香港中文大学新亚书院、台湾中华孔孟学会等单位合作，先后给全国中小学，培训以儒家"四书"为中心内容的"国学师资"7000余人。这些"星星之火"，成为点燃新一代国人中华文化生命之火的"文化传人"。其中一批教师，已经成为弘扬中华美德、落实立德树人的"名师"和"专家"。出版了"中华优秀传统文化普及系列实验教材"等许多独具特色、易于为学生接受的普及读物。

20多年来，王殿卿承担此项中华美德教育实验中，取得了许多成果，例如《中华美德》、《中华道德》、《中华伦理》、《大众道德》、《21世纪学校德育初探》等，从中可见此项研究的大致历程。

邓小平在1977年《关于科学和教育工作的几点意见》中强调过："任何一项科研成果，都不可能是一个人努力的结果，都是吸收了前人和今人的研究成果。一个新的科学理论的提出，都是总结、概括实践经验的结果"。可以说，我们连续20余年教育实验研究的成果，也表明了这一点。教育科研，是以学生为对象，学生的健康成长，新一代国民的思想道德素质的提升，是教育科研的出发点与落脚点。一项教育科学研究成果的取得，需要有充分的时间，需要经过反复实践与提炼。急功近利，时间过短，没有1～2个教育周期的实践检验，很难被视为"成果"，更不能急于应用于教育实践，否则会后患无穷。

七、实现梦想，有待后生

上述连续滚动20余年的教育实验研究，其宗旨有三：一为新世纪中国学校德育寻求新定位,弘扬中华文化、承接中华美德、培育民族精神;二为学校德育摆脱"封闭",走向"开放",建构学校、家庭、社区"三维互动"的新模式;三为建设与小康社会相适应的"文化德育",探索新思路。尽管这种思考和探究还仅仅 20 余年,所归纳和提炼的思想观念尚待进一步推敲,但它毕竟为 21 世纪的中国学校弘扬中华文化,培育新一代中国人,摸索了一些可行的路径。

20 余年来,在全国先后有北京、天津、重庆、黑龙江、山东、江苏、广东、浙江、河南、湖北、四川、陕西等省市,千余所学校,百余万名学生参与此项教育试验。仅在北京地区先后接受教育实验的学生,已有 36 万人,他们在道德成长与发展方面,都有明显进步,得到广大家长的认可与满意,取得社会各界的认同与肯定。

20 年来,王殿卿先后到过各地 200 余所中小学考察和体验,看着天真活泼、彬彬有礼、奋发向上的学生,心情激动。"每去一所学校的心灵'疗效',超过几剂良药"。他认为,智育,帮助学生获得生存的本领和创新的智慧;德育,引导学生懂得如何做人并活的更有尊严。21 世纪的学校德育,要弘扬中华文化、承接中华美德,建设精神家园,培育民族精神,为学生的生命注入文化基因,让他们身上流淌道德血液,帮助新一代中国人从精神上富裕起来,首先成为堂堂正正的中国人,在此基础上接受社会主义核心价值观,进而成为社会主义事业的建设者和接班人。

八、创办尼山书院,打工奔八十

从 2002 年开始,王殿卿作为北京东方道德研究所的代表,与香港中文大学新亚书院合作,每年共同举办"中华美德教育行动师资培训班",至今已办 12 届。此间,他深受 60 年前新亚书院创办人钱穆、唐君毅、张丕介及其弟子们"新亚精神"的启示与激励。2005 年在唐君毅的故乡,他与四川宜宾唐君毅研究所的同道,一起策划创建了"君毅书院"。2006 年底,他到山东泗水,拜谒尼山孔子家庙,见到元代创建的"尼山书院"旧址,又产生重建尼山书院的"一闪念"。2007年,在泗水县陈洪夫先生的推动下,继续论证,并于当年6月借国际儒学联合会在北京召开首届"儒学普及工作座谈会"的良机,他们联络出席座谈会的20余位对儒学有敬仰和研究的学者,共同发起创建"尼山圣源书院"。在海内外大儒及各方贤达支持下,2008年10月,乘北京奥运会的东风,书院正式成立。在当地政府和父老乡亲全力支持下,2009年初夏破土动工,2010年金秋,第一期工程在孔子出生地"夫子洞"的一侧靓丽竣工,书院开始正式办学。

而今,尼山圣源书院,已经成为研究儒学当代价值、酝酿"尼山新儒学"、进行"尼山论道"的重要学术场所。8年来,尼山圣源书院的全体工作人员都以"用儒家精神,办儒学事业"的思想为指引,将能为孔子与儒学做些事,看作自己的责任与追求。这是一个不发工资和补贴的书院,所有任职人员都是志同道合的义工,是"是背着干粮为孔子打工"。可以说,"人和"既是书院组织模式的一种追求,更是书院创建与发展的"动力之源"。这一点,使得王殿卿无限欣慰,精神振作,心态良好,老骥伏枥。

九、崇尚儒学,信仰马列

王殿卿从50岁到80岁,通过建立三个平台,探索21世纪的中国德育。一是建立一个北京东方道德研究所。二是在大中小学校进行中华美德教育试验。三是参与创建了尼山圣源书院。在这三个平台上,按着自己的信仰,燃烧着自己的年华。

王殿卿说起他80年来的信仰,有如下之词:"70年前,我进私塾,要给孔子磕头,我是读儒家经典长大的。70年后,我现在做人做事,主要还是受儒家的影响。孔子说:'吾十有五志于学,三十而立,四十而不惑,五十而知天命,六十而耳顺,七十从心所欲不逾矩'。我也差不多是这样过来的,十五岁上中学,三十岁时'文革',带着老婆孩子没饭吃,很难立足。四十岁我在读书班,五十岁我赶上了'学潮',六十岁时别人批我,只当没听见,七十岁时自己认为什么是对的我就干,与同道创建尼山圣源书院,一干就到了八十岁。

有生之年,在天时地利人和的时代,能够'背着干粮,为孔子打工',已是倍感欣慰。"

当然,我信仰马克思主义,我是共产党员,我是在儒家思想的基础上,接受了马克思主义。《礼记》大同篇,讲夜不闭户、路不拾遗,选贤与能,讲信修睦,壮有所用,老有所养等等。儒家讲的大同社会,跟马克思说的共产主义有相通之处。我之所以能够接受马克思主义,就是因为有儒家思想文化基因。以儒家文化为核心的中国文化,让我成为中国人;中国化的马克思主义,让我成为了共产党员。这就是我的信仰。

十、主要论著

独著：

《大学德育学》,河北人民出版社,1988 年

《新编大学德育学》,四川教育出版社,1994 年

《夕阳更红美德卷》,中国财政经济出版社,2001 年

《文化道德德育》,中华工商联合出版社,2004 年

《寻求中国德育之根》(上下册),吉林人民出版社,2008 年

《儒学书院德育》,吉林人民出版社,2011 年

《孔子美德树人》,吉林人民出版社,2013 年

《文化教育立德》,吉林人民出版社 2016 年

主编：

《高等师范院校思想教育课试用教材》(共 5 册),总主编,北京教育出版社,1988 年

《中华美德》、《中华道德》、《中华伦理》,总主编,首都师范大学出版社,1994 年

《大众道德》丛书(共 8 册),红旗出版社,2000 年

《人生哲理》,北京师范学院出版社,1988 年

《给班主任的建议》,北京师范学院出版社,1989 年

《中华主旋律》,成都科技大学出版社,1994 年

《跨世纪青年价值观》,中国青年出版社,1996 年

《儒学教育传播与应用 30 年》,吉林人民出版社,2015 年

《修身立业治国——中华德治思想录》,吉林人民出版社,2002 年

《寻求学校德育新定位》,吉林人民出版社,2006 年

《21 世纪学校德育初探》,吉林人民出版社,2011 年出版

《两地同心弘道明德》,吉林人民出版社,2012 年

撰写者:王殿卿

王赓武

　　王赓武,新加坡国立大学特级教授,东亚研究所主席,李光耀公共政策学院主席。也是东南亚研究院主席,澳洲国立大学荣誉退休教授,国际儒学联合会顾问。

　　1930年出生于印尼泗水,迁居马来亚怡保市,南京国立中央大学肄业,新加坡马来亚大学文学学士及硕士、英国伦敦大学亚非学院哲学博士。

　　新加坡马来亚大学讲师,吉隆坡马来亚大学文学院院长、历史系讲座教授及系主任,澳洲国立大学远东史讲座教授兼任太平洋研究院院长,香港大学校长,新加坡国立大学东亚研究所所长。澳洲人文科学院院士,台北中研院院士,美国文艺与科学研究院名誉院士,中国社会科学院名誉研究员。曾获福冈亚州文化国际学术奖。

近著:《移民及兴起的中国》(2005),《离乡别土:境外看中华》(2007),《海外华人:从土地束缚到争取自治》(2008),《华人与中国:王赓武自选集》(2013);《五代时期北方中国的权力结构》(2014);《1800 年以来的中英碰撞:战争、贸易、科学及治理》(2015)。[英 文 著 作:*Wang Gungwu*:*Junzi*:*Scholar—Gentleman*,*In Conversation with Asad—ul Iqbal Latif*(2010);*Wang Gungwu*,*Educator and Scholar*,*edited by Zheng Yongnian* & *K. K. Phua*,(2012);*Renewal*:*The Chinese State and the New Global History*(2013);*Another China Cycle*:*Committing to Reform*(2014).*His dialogues on world history*,*edited by Ooi Kee Beng and published as The Eurasian Core and it Edges*(2015)]

撰写者:王赓武

王廷信

　　王廷信,1939年8月出生于河南省南阳市唐河县祁仪乡。汉族,中共党员,教授。1964年7月毕业于河南大学政治教育系,在职时从事高等学校哲学教学和行政管理工作,1985年5月至2000年1月,任中州大学党委书记、校长。但是,最让他快乐的事情是退休后从事儒学文化的学习、研究和普及工作。他经常告诉其他同志:"弘扬儒学,帮助别人,奉献社会,快乐自己"。1980年以来,先后任河南省高等学校哲学研究会会长、河南大学郑州校友会秘书长、全国高等职业技术教育常务理事、河南省高等职业教育研究会会长,1990年当选为河南省第八届人民代表大会代表。2009年以来,任河南省儒学文化促进会首届、二届执行会长,河南省冯友兰研究会会长。2014年受聘为国际儒学联合会顾问,2015 年 3 月任国际儒学联合会顾问联络委员会委员。

一、学习冯友兰,热衷于哲学

因为家庭贫穷,王廷信解放前上学很少。真正上学是解放以后的 1950 年秋季开始的。从 1950 年 10 月到 1960 年 7 月,先后在唐河县祁仪乡太山庙小学、唐河县城关第一小学、唐河县祁仪镇第一小学、唐河县第三中学上学,1960 年 9 月考入河南大学政治教育专业学习。王廷信家和冯友兰老家相距只有几里路,从小就知道冯友兰因从事哲学工作而闻名于世,他受著名哲学家冯友兰的影响,对哲学情有独钟。在大学学习期间,花费的主要精力是学习马克思主义哲学,读的书籍大部分是哲学方面的内容。1964 年 8 月大学毕业后,分配到河南农业大学马列教研室,从事马克思主义哲学的教学工作。1964 年到 1966 年 6 月,分别参加过农村和城市两次“四清运动”,经过社会实践的锻炼,思想上有了较大的收获和提高。1976 年 5 月调入郑州大学从事马克思主义哲学的教学工作,并任学校马列部党支部书记。1985 年 5 月调入中州大学,先后任校党委书记、校长,仍担任马克思主义哲学教学任务,职称晋升为副教授、教授。正是在三所高校长期从事马克思主义哲学的教学过程,使王廷信有机会学习冯友兰的《中国哲学史(两卷本)》、《中国哲学史简编》和《新理学》等著作,从中学习到中华优秀传统文化尤其是儒学文化方面的内容,为以后传承弘扬儒学文化打下一定的基础。

王廷信在哲学教学与研究中始终坚持理论联系实际的方针,认真教书育人,取得了较好的教学效果;同时,他也有很强的组织协调能力,在兼任河南省高等学校哲学研究会会长期间,为河南省高校哲学教学改革作出了一定的贡献。上世纪 80 年代开始,省高校哲学研究会每年暑假都举行有三四百人参加的哲学学术报告会,邀请中国人民大学肖前、李秀林等著名学者作报告;举行百余人参加的哲学学术研讨会,研讨在哲学教学改革中遇到的新问题,编辑出版了《哲理与实践》文集,用哲学道理回答改革开放和现代化建设中的热点难点问题,引起河南各界广泛关注,深受读者欢迎。在学术研究方面重点是结合哲学教学和学校管理工作,充分利用教学和工作之余主编了马克思主义哲学和马克思主义原理教科书等著作,撰写发表论文(含高校管理论文)数十篇。部分著作和论文获国家教育部、河南省社联、河南省教育厅及郑州市一、二、三等奖及优秀奖,受到表彰和奖励。

二、搭建儒学平台,弘扬儒学文化

从 2004 年 12 月开始,王廷信等同志根据中央的指示精神,以河南大学校友会等社会团体的名义,深入荥阳市高村乡刘沟村(省级贫困村),参加扶贫开发和新农村建设工作,取得很大成绩,受到全国、省、市各级表彰和多家媒体广泛宣传报导。王廷信等同志这种精神,不仅是一个共产党员优秀品质的表现,而且也是在践行"帮助别人、奉献社会"的儒学文化精神。

为了进一步奉献社会,促进社会和谐发展,在参与农村扶贫开发和新农村建设工作基本结束以后,于 2009 年春,以王廷信为发起人倡议成立河南省儒学文化促进会。经过近一年的积极筹备工作,于 2010 年 1 月 1 日在郑州市隆重召开了河南省儒学文化促进会成立大会,王廷信当选为执行会长。

河南省儒学文化促进会从筹备到成立,王廷信等同志就对伟大的思想家、教育家孔子报以十分崇敬的心情,把学习、研究、弘扬儒学文化作为一项高尚的事业和一项神圣的历史使命,把儒家孝道礼义文化作为前期研究和弘扬的主题,把"立德树人"作为弘扬儒学文化的根本任务,认真组织各项计划的实施工作。六年多来,王廷信加强组织领导,协调各方力量,开展多项有效扎实的工作,取得了显著的成绩。

1.运用多种形式,弘扬普及儒学文化

为了弘扬和普及儒学文化,在王廷信等同志亲自主持和领导下,促进会采取了多种有效形式:第一,组织召开儒学文化报告会,积极宣讲儒学文化。每年在郑州至少组织 1—2 次(每次一天)儒学文化报告会(含学术年会),主要由河南省著名专家、教授作主讲嘉宾,每次听众达 400—500 人,理事、会员和会员单位的代表都深受教育和鼓舞。第二,举办中华国学高层论坛,在更大范

围内弘扬儒学文化。2012 年 8 月 19 日,在河南人民会堂举办了以"问道孔子明德修身"为主题的第一届中华国学高层论坛。接着,每年举办一次"论坛",截止 2015 年,已先后举办了四届"论坛"。这些"论坛"的最大特点是邀请全国著名的儒学专家、教授为主要嘉宾,演讲的内容和形式都比较好;受众人数比较多,一般有 2000 人左右;社会效果和影响力比较大,使更多的儒学爱好者受到较大的教育与启迪。第三,举办其他有关论坛和公益讲堂,使儒学文化的弘扬更加广泛开展。如洛阳儒学公益大讲堂 5 年多来讲授 150 多期,受众达数十万人,出现了一些通过学习儒学文化而改变人生的生动事例。

2.及时建立宣传教育机构,广泛传承儒学文化

王廷信等负责同志重视宣传教育机构建设,采取走出去、请进来的办法,不断加强对儒学文化的宣传教育工作。第一,成立儒学文化宣讲团,广泛宣传儒学文化。王廷信不仅指导、组织宣讲团的工作,而且还亲自到各地宣讲儒学文化,受到听众的欢迎。第二,成立教育培训委员会,认真传承儒学文化。从 2014 年开始,教育培训委员会发展了 30 多名讲师,又主动走出去,到河南省各地大、中、小学校,结合各学校特点,有针对性的讲授儒学文化,受到各学校师生的特别欢迎,取得了很好的教育效果。第三,主办纪念孔子诞辰大典,开展普及儒学表先活动。例如 2014 年和 2015 年在孔子诞辰纪念日,学会主办了两届郑州文庙祭孔大典,组织两届"中原孔子教育奖"评选表彰活动、两次"弘扬中华优秀传统文化先进工作者"评选表彰活动和一次"中原首届孝老敬贤模范"评选表彰活动。这些活动的开展都取得了较好的社会效果,对于在中原弘扬和普及儒学文化起到了推动作用。

3.命名儒学示范单位,践行儒学文化

2011 年开始,王廷信和其他学会负责同志经常到河南省各地、各单位进行考察,对各地涌现出来的弘扬儒学文化先进单位进行了认真调查研究。经过单位申请、促进会批准等程序,先后命名了弘扬儒学文化示范单位 90 个,包括弘扬儒学文化示范学校 76 个(含幼儿园)及示范企业、示范乡镇、示范新村等。2012—2014 年,促进会先后与地方结合,召开了四次弘扬儒学文

化示范单位、示范学校现场经验交流会。这些活动受到广泛重视和关注。
2014 年 9 月,王廷信成为国际儒学联合会顾问后,他更加重视普及儒学文化
的先进典型的宣传推广工作,主动为国际儒联推荐普及儒学示范单位。
2015 年 4 月以来,成立了以王廷信为组长的考察组,深入到信阳市息县路口
乡弯柳树村和巩义市康店镇叶岭岭村进行深入细致的考察,并撰写了两个
村的调查报告,上报国际儒学联合会顾问联络委员会,以期在更大的范围宣
传和推广两个村传承儒学文化的典型经验。王廷信还对五年来河南省各类
示范学校传承儒学文化的情况,撰写出论文《传承儒学文化,实现教育创
新——河南省儒学文化与教育创新示范学校综述》,在 2014 年 9 月于北京
召开的"纪念孔子诞辰 2565 周年国际学术研讨会"上发表,使各儒学文化示
范单位创造的先进经验,在更大的范围、更多的单位得到进一步宣传和推
广,为各地弘扬和普及儒学文化起到示范带头作用,为实现"立德树人"的根
本任务作出了应有的贡献!

三、重视学术研究,多出学术成果

河南省儒学文化促进会成立之初,王廷信和几位负责同志达成一个重要
共识:坚持在马克思主义指导下学习和研究儒学文化,是弘扬和普及儒学文化
的基础和前提。只有用马克思主义立场、观点和方法认真学习和研究儒学文
化,才能科学地对待儒学文化,把握儒学文化的内容、精髓和思想特质,才能找
到儒学文化的现代社会价值,进而发现儒学文化与社会主义核心价值观的密
切联系,才能使弘扬和普及儒学文化产生好的社会效果,使儒学文化在现代化
建设中发挥更大的作用,不断实现儒学文化的创造性转化和创新性发展。

王廷信作为促进会的执行会长兼学术委员会主任,同其他学术委员们
一起,运用在高等学校工作的人脉关系,联系和团结了河南省高等学校、科
研院所一大批有志于儒学文化传承和弘扬的专家、教授及中青年博士、硕
士,充分发挥了学会人才荟萃的优势,先后组织了六次"河南省儒学学术研
讨会",每次学术研讨会都在不同的市县召开,受到当地党委和政府的重视

和支持,学术活动均取得了圆满成功。

王廷信作为河南省冯友兰研究会会长,先后在南阳市唐河县和郑州市荥阳市组织了两次"河南省冯友兰学术研讨会",对冯友兰哲学的"新理学"和"境界论"的学术思想进行了认真研讨;还在郑州举办了多场儒学文化学术报告会。每次学术研讨会和学术报告会上王廷信都作了总结和点评,并撰写了学术论文。

正是在学术研讨会提交论文的基础上,对其中一批优秀论文进行编辑修改成为儒学文集。从 2011 年以来,以王廷信等为主编的一批中原儒学文化系列丛书陆续出版发行(其中包括部分儒学通俗读物将于近期先后出版发行),受到读者欢迎,为中原广大民众学习和传播儒学文化打开新的局面。

以王廷信为编辑委员会主任的《中州儒学文化》,是经河南省新闻出版局正式批准的内部刊物。王廷信除了每年定时主持召开 1—2 次编委会议,而且和主编经常研究会刊及论文等相关问题,使会刊坚持了方向性、学术性、现实性和可读性,受到了广大读者的一致好评,起到了促进研究和弘扬儒学文化的重要作用。《中州儒学文化》2010 年创刊以来,已经先后出版了20 期,登载各类研究儒学文化论文和践行儒学文化的文章 300 余篇,王廷信对其中绝大多数登载的论文都亲自审阅、修改。在河南省儒学文化促进会三次论文评奖活动中,从中原儒学文化系列丛书和《中州儒学文化》中发表的一部分论文,分别获得特等奖、一等奖、二等奖和优秀论文奖。

2015 年初,在王廷信为主任委员的学术委员会领导下,经过大家反复酝酿和积极筹备,在中原儒学系列丛书的基础上,王廷信等主编的《中原儒学》以连续出版理论刊物的形式每年出版发行 1—2 卷。《中原儒学》以传承儒学文化,促进社会文明建设为根本宗旨,坚持方向性、学术性和实践性的特点,以中原厚重文化为载体,广泛开展中原儒学的历史传承与现代创新发展,全面反映儒学文化的丰富内涵和现代价值。

王廷信在从事高等学校管理工作、哲学教学工作和弘扬儒学工作的实践中,先后主编哲学类书籍 7 本,主编儒学文化类丛书 5 本。与此同时,发表论文 70 多篇,其中多在《郑州大学学报》、《河南大学学报》、《河南社会科学》、《中州大学学报》等书刊上发表。

四、主要论著

主编的哲学类著作：

《辩证唯物主义与历史唯物主义》上下册,郑州大学批准印刷,1980 年

《马克思主义哲学简明教程》,河南人民出版社,1984 年

《马克思主义原理》,河南大学出版社,1996 年

《哲学学习指导》,河南人民出版社,1988 年

《哲理与实践》,河南人民出版,1987 年

《马克思主义在当代面临的新课题》,河南人民出版,1997 年

主编的儒学类丛书：

《盛世儒学与中原文化》,大象出版社,2011 年

《孝道文化与社会和谐》,大象出版社,2012 年

《中华孝道与礼义文化》,大象出版社,2013 年

《旧邦新命——学习与研究冯友兰(第一辑)》,河南大学出版社,2014 年

《中原儒学》首卷,大象出版社,2015 年

代表性论文：

《哲学的基本问题是一个还是两个》,《郑州大学学报》1982 年 2 期

《唯心主义产生和发展的根源》,载《哲理与实践》,河南人民出版社 1987 年版

《观念更新与改变思维方式》,《理论教育阵地》1992 年 3 期

《坚持和发展毛泽东实事求是的思想路线》,《郑州大学学报》1993 年增刊

《评马克思主义实践观探索》,《河南社会科学》1995 年 5 期

《试论建设中国特色社会主义的战略目标》,《中州大学学报》1996 年 1 期

《试论唯物论与辩证法的统一观》,《河南大学学报》1996 年 5 期

《邓小平理论是指导中国社会主义建设的科学理论》,《中州大学学报》
1998 年 4 期

《积极弘扬孝道文化,促进社会和谐发展》,载《孝道文化与社会和谐》,大
象出版社 2011 年版

《汇聚河南各界人才，积极弘扬儒学文化》，载《弘道兴文论儒学》，中西书
　　局 2013 年版

《传承儒学文化，实现教育创新》，载《儒学·世界和平与发展》，九州出版
　　社 2014 年版

《礼义文化教育与社会文明建设》，《中原儒学》2015 年卷，大象出版社 2015
　　年版

撰写者:《中州儒学文化》编辑部

吴　光

一、我怎样踏上了中国哲学研究之路？

　　我的儒学启蒙是从家庭开始的。我父亲只读过一年半书，但却能够背诵《三字经》，并传给了我，是《三字经》打开了我通往国学的大门。就读初中时，机缘巧合，获赠了本村秀才吴顺理（系章太炎先生创办的"苏州国学讲习会"亲炙弟子）传下的二册遗书——王充的《论衡》。我如获至宝，反复研读。对其中《问孔》、《刺孟》、《自然》、《订鬼》、《雷虚》、《自纪》诸篇印象尤深，这既增进了我的中国思想史基础知识，也提高了我的古文水平。读大学时，我的第一志愿是中国人民大学哲学系,但却被录取到了历史档案系。修读了古汉语,学的是王力主编的《古代汉语》教材,其中有不少诸子百家范文。我之进入中国哲学的研究领域,最早也是源于对王充的敬重。王充的思想可以说是亦儒、亦道、亦法。他在《问孔篇》中承认孔子是圣贤,但并非生而知之者,也是有缺点的。他对法家韩非有赞同亦有批评。他不做政治或学术权威的附庸,而是用客观的研究目光和独立的思想观点评判政治得失与思潮起伏。他的"实事疾妄"学术精神与科学研究方法深深地打动了我,激发了我对中国哲学真精神的探求。所以,我平生发表的第一篇学术论文,就是以研究王充"实事疾妄"宗旨为起点的《王充效验论浅析》,发表于四川《社会科学研究》1980 年第 3 期。

在"文革"后的 1978 年,我成为中国人民大学历史系的第一批硕士研究生。本来我想报考侯外庐先生的中国思想史专业研究生的,但我当时在工厂工作,找不到侯老的代表作《中国思想通史》,所以改考母校人大,但人大这年不招中国哲学史研究生,我只好报考人大清史所历史系。进校后,我自主选择了中国古代思想史专业方向,指导教师是尚钺、郑昌淦教授。因为这层关系,所以我在攻读研究生时,经导师同意,除了完成本系课程之外,还到中国社科院历史所和人大哲学系听课,主要是听邱汉生先生的宋明理学课与石峻先生的中国佛学课。而历史系本身,则广邀名师来系开设系列讲座,如请刘起釪先生讲《尚书》学、裘锡圭先生讲文字学、贾敬颜先生讲史料学、马雍先生讲中外交通史,还请了何兹全、王仲荦、赵骊生等名家来开历史专题讲座。我也趁这个难得的学习机会,广泛研读了《诸子集成》、《十三经注疏》、前四史、《宋史》、《明史》、《清史稿》、《古史辨》、《中国哲学史资料简编》以及汉魏唐宋明清近代诸儒的代表作。

读研第二年,我选定"道家黄老之学"作为硕士论文题目。当时郑老师有些疑虑,觉得黄老学资料太少太杂,前人语焉不详。我说:"正因前人语焉不详,我欲语焉详之。"遂将我手抄的马王堆汉墓出土的帛书文字给郑老师看,于是得到了导师的全力支持。到 1981 年 9 月毕业前夕,我完成了 11 万字的硕士论文初稿,经导师审改后定题为《论道家黄老之学》提交答辩。历史系根据郑老师建议,为我组建了由北大张岱年,中国社科院邱汉生、李学勤(书面评审),人大哲学系石峻、历史系郑昌淦、曾宪楷六大教授组成的答辩委员会。我第一个答辩。在答辩会上,张先生的评价是"迄今为止道家黄老学研究中水平最高的一篇论文",答辩委员会主席石峻先生的书面评语是"较之前人有所突破",李学勤先生的书面评语是"独辟蹊径,言之成理",邱汉生先生的书面评语是"蓬勃的理论勇气与绵密的考证相结合"、"有乾嘉考据学遗风",这对我是极大的鼓励与鞭策①。研究生毕业后,我在硕士论文基础上撰著出版了近 20 万字的《黄老之学通论》,在学术界引起很大关注,《中国社会科学》、《哲学研究》、《光明日报》等多家报刊发表了肯定性书评,国内外道家研究的权威学者如张岱年、邱汉生、陈鼓应、戴卡琳等都高度赞扬了本书的学术创见。② 这可以说是我进入中国哲学研究领域的一个良好的开端。

二、我的儒学研究成就

虽然我在学术界首先是以道家黄老学研究成名的,但我在道家研究中对于老子、庄子的消极无为主义多有批评,而比较赞赏综合阴阳、儒、墨、名、法、道的黄老道家的积极无为主义,这也为我以后转向儒家与新儒家的研究埋下了伏笔,因为从本心而言,我是赞赏儒家的道德人文主义学说的。

我在年轻的时候特别喜欢王充、黄宗羲,深深地被王充的"实事疾妄"与

---

① 1981 年毕业后,中国人民大学教务处编辑了《中国人民大学 1981 届研究生硕士论文选》,1982 年版。拙文《论道家黄老之学》是历史系研究生唯一入选论文。

② 拙著《黄老之学通论》中的主要学术创见,一是将古代道家的发展阶段划分为早期道家与黄老道家两大阶段,早期道家又分老学、新老学(庄学与稷下道家)两小阶段(后来在此基础上提出了道家发展三阶段说,即老学、新老学、黄老学三阶段);二是最早提出以司马谈《论六家要指》中的道家标准作为黄老学的标准,对黄老道家的"无为而无不为"和"因阴阳之大顺,采儒墨之善,撮名法之要"的特点作了深度论述;三是经考证,认定长沙马王堆汉墓出土的帛书《老子甲乙本》及乙本卷前四篇古佚书可以定名为《黄老帛书》,但绝非《汉志·艺文志》著录的《黄帝四经》;四是以司马谈的道家学术特色为准绳,通过绵密的考证断定《鹖冠子》《黄老帛书》《吕氏春秋》《文子》《淮南子》《论六家要指》等书为道家黄老学著作,从而开拓了黄老学的视野。1984 年以后,我又在一系列论文与演讲录中强化了自己的观点,参见拙著《国学新讲》中的"道学编"。

黄宗羲的"民主君客"思想感染。但在上世纪六、七十年代那个批孔反儒的时代,人们对儒学的内涵价值并不深知,我对儒学的认识也是模糊不清的。我对中国儒学史的研究,真正产生质的飞跃是在 1988 年。当时我应聘成为新加坡东亚哲学研究所专任研究员,从 1988 年 4 月到 1990 年 1 月凡 21 个月,研究课题就是"儒家哲学研究"。其实对于儒学的传承与价值研究,港台与国外一直没有间断过。我在东亚哲学研究所大量研读了国内外的儒学著作特别是港台新儒家的论著,从中发掘儒学的精髓。于是,我在聘期结束前提交了一份最终研究成果,定名《儒家哲学片论——东方道德人文主义之研究》,首先于 1989 年 10 月由新加坡东亚哲学研究所出版,其后于 1990 年 6 月由台湾允晨文化出版公司出版。此书在台湾重印多次,其学术观点也得到了学术界相当程度的认可。但在当时很少有人理解,我这本小书实际上是针对当时某些港、台、美国新儒家将儒家伦理与道德不作区分而大谈"儒家伦理"的偏颇而发[①]。在我看来,儒家哲学系统中道德与伦理是两个本质不同的概念。道德是内在的心理自觉,伦理是外在的人伦秩序。例如"三纲"是伦理,"五常"是道德。我们不应将二者混为一谈。

在《儒家哲学片论》出版以后,由于著名思想家韦政通先生的推荐,台湾三民书局(东大图书公司)刘振强董事长亲自约稿,为我出版了一本研究儒家、道家思想的论文集《儒道论述》(1994 年台北版),也引起了台湾学者的重视。韦政通先生在《儒道论述·序》中写道:"吴光教授(的著作)给我印象较深的,是黄老之学与黄宗羲思想研究。他在这两个领域里,不但从事理论思想的阐述,也重视文献的考证。……我读《儒道论述》,给我印象最深刻的,是贯穿各篇无所不在的批判意识。1988 年作者应聘到新加坡东亚哲学研究所担任客座研究员时研究儒家思想,在陆续发表的文章中,不论是对原始儒家、宋明理学,或是当代新儒家,都是既有肯定,也有批判。由于这种批判意

---

① 这种偏颇,集中体现在 1980 年代由某些儒家学者指导、由新加坡政府推行的中学"儒家伦理课程"教育上,实际上把许多儒家道德观念(如仁、义、忠、信、诚、敬等)都当作"儒家伦理"了。1985 年 7 月 31 日至 8 月 3 日,新加坡东亚哲学研究所主办了"国际儒家伦理研讨会",会后,由著名儒学家刘述先先生(时任香港中文大学哲学系主任兼东亚哲学研究所顾问)主编、东亚哲学研究所出版了《儒家伦理研讨会论文集》(1987 年 1 月版),其基调就是把"儒家道德与伦理"一概视为"儒家伦理"的。

识,使他衷心激赏王充'实事疾妄'的治学精神。我想也是由于他能将这种治学精神,化为生命中道德与知识的力量,才使他在教条横行,政治主宰学术的环境里仍能在独立思考中对学术作出一定的贡献。"时任南华大学教授陈德和在台北"《中央日报》"和《鹅湖月刊》发表了《简评儒道论述》的书评,说"吴光先生以其黄宗羲与黄老学的研究崛起于东亚士林⋯⋯"云云。可见我的这部论文集是受到学者好评的。

之后30多年,我陆续发表了200余篇论文,撰编多种论著,其中多数是研究儒家思想的。我对儒学未来的形态保持了独立的思考。以往关于现当代新儒家的研究,大致认定儒学有两个发展方向,一派是港台牟宗三为代表的"新心学"方向,另一派是冯友兰提出的"新理学"方向。我认为还有第三个方向,即"新仁学"的方向。我关于儒学研究的总结性成果是《吴光说儒:从道德仁学到民主仁学》和新近出版的《国学新讲——吴光演讲录集粹》中的"儒学编"。

概括而言,我关于儒学研究的创新观点主要有六:一是将儒学的性质界定为"道德、伦理、政治三位一体的道德人文主义学说";二是将儒学的基本特征概括为道德主体性、人文性、整体性、实用性、开放兼容性五大特征;三是总结回顾了2500余年的儒学演变史,提出了"三盛三衰一复兴"的论述,并提出了当代中国儒学复兴的十大标志;四是针对当今时代所急需,提出了重塑以"仁"为根本之道、以"义、礼、信、和、敬"为常用大德的儒学核心价值观的新论述;五是提出了"一元主导,多元辅补,会通古今,兼融中西"的"多元和谐文化观",六是探讨了当代儒学发展新方向,主张建立面向大众、面向生活、面向现代的新体新用新儒学,并具体论述了我的"民主仁学"新架构。

三、对复兴国学的呼吁奔走

"国学"概念古已有之,指的是国家最高学府。清末以后的"国学",则指相对于西学的中国之学。故民国时期有国学、国语、国文之称。但自1949年以后,"国学"被当作封建主义的糟粕批判、遗弃了。直到本世纪初,才有人重提国学,主张恢复国学的学科体系与国学教育。但反对之声不绝于耳,有人反对在高校设立"国学"学科,有人依然视"国学"为封建主义意识形态加以批判否定,多数人则以"中国传统文化"或"中国优秀传统文化"的概念代替"国学"概念。

我于 1990 年代初曾与台湾学者一起筹划在浙江创办"浙江中华国学研究院",但在当时条件下,由于政策所限,既不能接受来自台湾的资金支持,也不能争取到大陆官方对"国学"教育的认可,所以计划胎死腹中。于是不得已在浙江社科院名下创建了"浙江中华文化研究所",这个所是由浙江省社会科学院党委发文、任命我担任所长、资金自筹的"民办"社科研究所,但该所在官办体制内搞民办研究所实属不伦,仅仅办了三年(1996－1998)就被浙江省委宣传部命令浙江省社科院党委予以撤销了。留下的唯一成果是由我主编、上海古籍出版社正式出版的《中华文化研究集刊》(该刊自 1998 至 2012 年共出刊九辑)。

此后,我于 2003 年积极支持中国人民大学创办国学院,并先后应聘担任人大国学院的专家委员会委员、特聘教授暨博士生导师,于 2005 年为时任浙江省委书记的习近平同志讲国学,于 2008 年致函温家宝总理建议创办国家级的"中华国学研究院"(后来演变为"中国国学中心")等等,也算是为推动新世纪的国学复兴出了一份微力。我又于 2009 年至 2013 年间应浙江省文史研究馆之聘,主持编校了现代新儒家"三圣"之一、国学大师马一浮先生的文集——《马一浮全集》,于 2013 年接受浙江大学邀聘,担任了"浙江大学国际马一浮人文研究中心"的执行主任,先后在浙江大学主办了近二十讲《马一浮国学讲座》,邀请了许多著名学者来浙大作国学专题讲座。

除了以实际行动参与推动国学复兴之外,我还在光明日报、中国社会科学报、北京日报等报刊发表了多篇有关国学的论辩性文章,并在人大、北大、北师大、浙大、川大、山大等多所高校和社科院所发表国学演讲。一方面批驳了各种反国学的言论,另一方面从正面阐明国学的内涵、基本精神、核心价值、学科体系及其当代价值与未来展望,从而为国学理论建设略尽微力。

我关于"国学"理论研究的贡献主要有六点:一是从狭义、中义、广义的角度分辨了国学的内涵,二是提出了我的"国学"概念,即"以儒学为主导;儒佛道为主体,兼容诸子百家之学,涵盖经、史、子、小、文、艺六大学科门类的中国传统学术文化"①。简言之,国学就是以儒学为主导、兼容诸子百家的中国传统文化。三是概括了国学的六大精神,即:"以人为本、以德为体、以和为贵"的道德人文精神,忠贞不渝的爱国主义精神,廉洁奉公、鞠躬尽瘁的为民服务精神,讲求实际、实事求是的务实精神,经世致用、知行合一的力行精神,开放包容、和而不同的多元和谐精神。六大精神中,最根本的是道德人文精神。四是探讨了中华国学的核心价值观,提出了以"仁"为根本之道、以"义、礼、智、信、忠、廉、和、敬"为常用大德的"一道八德核心价值观"论述。五是论述了国学传统中廉政文化传统的理论内涵、历史经验与当代廉政文化的实践方向。六是强烈主张恢复大中小学的国学教育,并论述了以经学、史学、子学、小学、文学、艺术为基本学科的的学科体系。

四、对王阳明、黄宗羲与浙学的研究成果

我对浙学与浙东学派思想特色的研究,始于在人大历史系读研时期(1978—1981)。由于中学起就读了王充的《论衡》,所以研究生时期发表的的第一批学术论文就是探讨王充的哲学思想及其学术特点的。② 我将王充的哲学思想界定为唯物主义的元气自然论和无神论,将其思想的根本特点概括为"实事疾妄"而非通常所谓的"疾虚妄"。研究生毕业到浙江工作以后(1981年底至今),我对浙学与浙东学派的研究给予了极大的关注,也花费了大量精力。

在 20 世纪的浙学研究中,大多数人沿袭梁启超关于"浙东史学派"的观

---

① 参见吴光:《论国学的内涵、当代定位与学科设置》,载《国学新讲——吴光演讲录集粹》,浙江人民出版社 2016 年 8 月版,第 19 页。

② 这个时期撰著的论文有:1、《论王充学说"实事疾妄"的根本宗旨》,载中国人民大学历史系 1980 年校庆 30 周年论文集;2、《王充"效验论"浅析》,载《社会科学研究》1980 年 3 期;3、《王充是唯物主义的元气自然论者》,《人民日报》1981 年 2 月 19 日;4、《王充的无神论与五四时期的反迷信斗争》,载《浙江学刊》1981 年第 3 期;4、《王充学说的根本特点——实事疾妄》,载《学术月刊》(上海)1983 年 6 期。

点,而很少提及更早出现的"浙学"论述,并且以偏概全,将两浙经史之学统摄到"浙东史学派"中。我在主编《黄宗羲全集》与研究黄宗羲思想过程中,认识到梁启超、何炳松、陈训慈等关于"浙东学派"的论述有很大片面性,于是开始系统疏理"浙学"与"浙东学派"的来龙去脉、思想内涵、基本精神及其当代价值。我在 1986 年 10 月提交"黄宗羲国际学术研讨会"而发表于 1987年第 2 期《孔子研究》的论文《黄宗羲与清代学术》中明确指出:"关于清代浙东学派,前人往往作狭义的理解,称之为'浙东史学派',并以章学诚为其殿军,恐怕有失偏颇。愚意以为,浙东学派是一个包括经学、史学、文学、自然科学在内的学术流派,虽以史学成绩显著,但不应仅仅视作一个史学流派。"在 1993 年 10 月应邀赴台北中研院中国文哲所讲学时,我作了《论"浙学"基本精神——兼谈"浙学"与"浙东学派"的研究现状》演讲①,疏理了"浙学"的源流与内涵。指出"所谓'浙学',即发轫于北宋、形成于南宋而兴盛于明清的浙东经史之学"。近 30 多年来,我对"浙学"的研究不断深化,陆续发表了20 多篇关于"浙学"理论与"浙学人物"(如王充、叶适、王阳明、刘宗周、黄宗羲、吕留良、全祖望、章学诚、章太炎等)思想研究的论文,并在省内外做了 20多场浙学演讲,还主编了《浙学研究集萃》、《吴越文化世家》、《浙江文化通览》等学术著作。其中重要论文有:《论浙江的人文精神传统及其在现代化中的作用》、《简论"浙学"的内涵及其基本精神》、《再论"浙学"的内涵——兼论当代浙江精神》、《为"清代浙东经史学派"正名》、《关于"浙学"研究若干问题的再思考》等。

我对"浙学研究"的贡献:一是牵头从事了 2000 余万字的文献整理工作,为浙学研究提供了可靠可信的史料。由我主持的重要古籍整理资料有《黄宗羲全集》、《王阳明全集》、《刘宗周全集》、《马一浮全集》和《清代浙东经史学派资料选辑》等。

二是从理论上论述了"浙学"的历史渊源与思想内涵,认为"浙东史学派"应正名为"明经通史、经史并重"的"浙东经史学派",进而提出包含两浙

---

① 本演讲稿以论文形式发表于台北《中国文哲研究通讯》1994 年第 1 期。

(浙东、浙西)经史之学的"大浙学"概念,并在实践中积极推动"大浙学"的研究。

三是从正面论述了浙学的基本精神与核心价值。我在论文与演讲中将"浙学"传统的基本精神概括为"求实、批判、兼容、创新"八个字,认为王充的"实事疾妄"、叶适的"崇义养利"、黄宗羲的"经世应务"、蔡元培的"兼容并包"是浙学精神的典型体现。而将当代浙江人的创业精神概括为"以人为本"的人文精神、"自强自立"的创业精神、"开放创新"的进取精神、"务实守信"的诚信精神。"浙学"基本精神属于哲学精神,当代"浙江精神"则属于政治文明,二者有联系也有区别。

四是对王阳明、黄宗羲思想研究独具特色。王阳明、黄宗羲的思想学说具有全国性影响,非浙学所能框限。但它们也都属于"大浙学"的一部分。王阳明出身在浙江余姚,成长在浙江绍兴,悟道在贵州龙场,立教在江西南昌,证道在浙江绍兴,其学派遍布大江南北,其影响及于东亚日本、韩国。他在浙江培养了钱德洪、王畿等一大批弟子后学,号称"浙中王门"。明末大儒刘宗周及其蕺山学派也属于浙中王门的后学,刘宗周的弟子黄宗羲则在传承阳明良知心学与蕺山慎独心学的基础上发展转型为力行实学,并创立了以"经世应务"为特色的清代浙东经史学派。我在王阳明、黄宗羲思想研究方面的独特成就是:第一,在王阳明生平事功研究中总结了王阳明的五大事功:一是平定了赣、闽、粤、湘四省交界地区的土匪作乱,安定了当地民生;二是在经济落后的动乱地区奏请朝廷新设了福建平和、广东和平、江西崇义三县,促进了当地经济、社会、文教的发展;三是平定了宁王朱宸濠的叛乱,暂时安定了明王朝内部的统治秩序;四是平定了广西思恩、田州、八寨、断藤峡地区少数民族土司的叛乱,营造了边疆地区的和平局面;五是通过讲学论道,创立了浙中、江右、泰州、南中、楚中、粤闽、北方、黔中王门八大学派,形成了风靡全国的阳明心学。第二,在阳明学的系统研究中,突破了以往所谓"心即理""致良知""知行合一"的三段论式纯哲学研究模式,而概括为"良知即天理"的本体论、"致良知"的方法论、"知行合一"的实践论、"明德亲民"的民本论四大结构。第三,对阳明心学的根本精神及其当代价值有新概括,认为阳明学的根本精神是"良知即天理"的道德理想主义精神、"亲亲而仁民"的人文精神、"折衷朱陆、会通佛老"的多元包容精神、"知行合一,经世致用"的力行实践精神。阳明心学对于当代干部"致良知"以"破心中贼","知行合一"以反腐倡廉,"明德亲民"以推行民主仁政是具有积极指导意义的。第四,对黄宗羲思想研究有新突破。我认为,黄宗羲的思想性质是具有民主启蒙性质的新民本政治思想,其思想已经超越孟子以来"由君王作主"的"尊君重民"式民本思想旧范式,而转型为"由民作主"的"民主君客"式的新民本理论,因而他不是"传统民本思想的极限",而是"中国近代民主思想的开端"。我还具体分析了黄宗羲理论结构的五大模式:(1)政治模式,包括"封建"论、"君为民害"论和"民主君客"论;(2)法制模式,提出了"藏天下于天下"、"有治法而后有治人"的思想命题;(3)经济模式,提出了"工商皆本"的经济伦理命题,主张税制和金融改革;(4)教育模式,主张学校既是培养知识分子的基地,也是评议朝政、实施舆论监督的场所;(5)哲学模式,建立了基于"工夫"实践的"力行"哲学,提出了"心无本体,工夫所至即其本体"、"必以力行为工夫"、"致即是行"的重要哲学命题,从而实现了从阳明心学到"力行"实学的理论转型。这些认识立足于文献研究而提升到思想史逻辑发展的高度,是有个人独特的理论创见的。

五、我的学术事功

从 1978 年到人大读研究生从而正式走上学术之路以来已近四十年了,我在学术上虽然没有建立什么丰功伟绩,但也尽心尽力做了一些事情,为后人留下了一点学术遗产。

在学术论著方面,已发表各类论文 300 余篇,已出版学术著作 18 种,主持古籍整理 10 种(2000 多万字),主编丛书 4 套(686 万字)。

在推动学术发展方面,我于 1981 年人大研究生毕业分到浙江省委党校任教,便矢志推动浙江学术的发展。第一件事是建言筹建中国哲学史学会浙江分会(又称浙江省中哲史研究会),后该会于 1983 年春建立,筹备会就在党校会议室开。我被推举担任常务副会长。第二件事是推动黄宗羲研究。当时我们研究会接受了浙江古籍出版社委托整理校点《黄宗羲全集》的任务。在双方负责人联席会议上，我被推荐担任执行主编。由我负责全集的分卷编目、收集佚文佚著、考辨遗著真伪，负责联络工作等事项。我为每册编定目录，写了《点校说明》，对所有黄氏遗著撰写了《黄宗羲遗著考》作为附录，并亲自点校了 105 万字，统稿 200 余万字，当之无愧属于团队的主力。

在《黄宗羲全集》编校整理完成后，我即带领社科院哲学所的团队成员开始整理编校《王阳明全集》。我们用的方法同整理《黄宗羲全集》一样笨拙，都是在格子稿纸上一字一句地手抄成稿的。手抄本虽经校对，但仍难免有错。但我们整理古籍的态度是尽心尽力的。

除了主持整理几部全集之外，我还积极参与了一些重要学术会议和学会团体的组织策划工作。主要有如下几项：

一是以浙江省社科院哲学所所长与浙江国际阳明学研究中心主任的身份，先后策划了几个国际学术会议：1、1986 年的宁波"纪念黄宗羲逝世 290 周年暨国际黄宗羲学术研讨会"；2、1995 年在余姚举行的纪念黄宗羲逝世三百周年国际学术研讨会；3、2006 年在余姚举行的"黄宗羲民本思想国际学术研讨会"；4、2004 年在杭州举行的"当代儒学国际学术研讨会"。这几个会议都是以浙江省社科院为主办单位，我是这四个会议的秘书长。会后，由我主编、出版社出版了会议论文集《黄宗羲论》、《黄梨洲三百年祭》、《从民本到民主》、《当代儒学的发展方向》。此外，我还以浙江省文史研究馆馆员、浙江大学国际马一浮人文研究中心执行主任的身份协助省文史馆和浙大主办了"纪念马一浮诞辰 125 周年暨马一浮思想研讨会"（2008 年，杭州，上虞）和"纪念马一浮先生诞辰 130 周年暨马一浮国学研讨会"（2013，浙江大学），并由我主编、出版社出版了题名《马一浮思想新探》和《树我邦国，海纳百川》的会议论文集。

二是积极参与了由日本著名阳明学家冈田武彦先生发起的"王阳明遗迹中日联合考察团"，这可能是二十世纪八、九十年代中日两国学者参与的行程最长（二万多里）、时间最长（前后历经 12 年）、规模最大（共七次组团考察，参与者 200 多人次）的王阳明遗迹实地考察行动。我作为对方邀请的考察团成员之一,先后参与了其中四次考察行动,历经浙江、江苏、上海、安徽、广东、江西等 6 省市 30 多县。犹忆 1986 年 4 月,冈田先生率团来访,院里派我和一位日语翻译陪同到杭州、绍兴、余姚考察。当时,根本不知道王阳明墓在何处,后来在一位老农陪同下找到传闻中的墓址———一片荒山老林。冈田先生向我提出:"能否建议中国政府修复王阳明先生墓? 如果确定修复,我就在日本发动募捐。"于是,我向当时的绍兴县政府提议修复王阳明墓,绍兴县委县政府接受了我的提议,并付诸实施,建立了以我为首席顾问的"王阳明墓修建委员会"。我将设计图、新闻报道等资料寄给冈田先生,他立即在日本福冈市登报募捐,最后募得捐款 340 万日元(约合 20 多万元人民币),并派人送到浙江社科院,社科院举行了捐赠仪式,然后转赠给绍兴县人民政府作为修墓专款。到 1989 年春,气势壮观的王阳明先生之墓宣告落成。冈田先生得偿夙愿。这也是我本人为中日友好所做的一点贡献。

三是发起创建了浙江省儒学学会。在本世纪初,一个以弘扬与重塑儒学核心价值及其人文精神为主要方向的儒学复兴运动悄然在中国兴起。在从事多年儒学研究基础上,我很想筹建一个省级儒学研究会,以有效推动整个浙江省的儒学研究。2004 年,我先后发起了两次有省社科院、浙江大学等单位学者参加的筹备会议。2005 年 8 月我被正式聘任为"浙江省文史研究馆馆员"后,我向参事室(文史馆)党组领导建言的第一件事就是筹建浙江省儒学学会。在省领导的直接支持下,2007 年 4 月 15 日在省人民大会堂举行了浙江省儒学学会成立大会,我被推选为法定代表人、常务副会长兼秘书长。省儒学会成立以后十年来,我们做了 4 件在学术界和社会上较有影响的事:1、创办了学术季刊《儒学天地》。2、与浙江省图书馆合作举办以"儒学•国学•浙学"为主题的学术讲座共 40 多场,其精华部分已汇集为浙江省儒学学会演讲集《文澜弘道》出版(吴光主编);3、组织学会骨干编著面向广大干部和社会大众普及儒学的丛书和专著。4、积极发展团体会员,壮大学会骨干队伍,通过每年一次的学会年会与不定期专题会议培养弘道骨干,扩大了学会影响。

四是倡议发起建立了"全国儒学社团联席会议"的学术活动机制。2013 年4 月,经我提议、学会会长办公会议讨论通过,由浙江省儒学学会商请中国孔子基金会共同发起,于 2013 年 5 月 19 日在杭州市隆重举行了"全国首届省级以上儒学团体负责人联席会议"。出席会议的儒学社团来自全国 22 省、市、区和港澳特区 37 个社团的 70 多名负责人。会上一致通过了《关于建立全国省级以上儒学团体联席会议机制的倡议书》,确定每年举行一次"全国儒学社团联席会议",由各省市社团轮流办会。为便于联系,经会长会议研究确定建立联络秘书处,由我担任秘书长,秘书处办公室设在中国孔子基金会总部。综观自 2013 年以来每年举办的"联席会议"的发展趋势,可以看到,参会的社团和人数越来越多,提交的论文篇数越来越多,质量愈来愈好,参与者的热情也愈来愈高。这说明我们确是办了一件顺应潮流,深得人心的大好事。

五是倡议发起了"黔浙(浙黔)文化合作论坛"。2013 年 5 月,我应贵州文史馆顾馆长和贵阳孔学堂之邀来贵州讲学,在两馆专家同仁的座谈中,我提出了两馆合作创办两省文化论坛的倡议,得到了贵州和浙江同仁的热情响应和积极支持。首届"黔浙文化合作论坛"于 2014 年 6 月 4 日至 8 日在贵阳举行。此后,2015 年和 2016 年又分别成功举行了第二、第三届"合作论坛"。"黔浙(浙黔)文化合作论坛"是在中国出现儒学、国学复兴的大势,阳明心学日益成为显学的大背景下建立的学术活动机制,机制建立三年来举办了三届论坛,不但使黔浙两省学界建立了更紧密的学术文化联系,而且对于国内深入开展阳明学与儒学、国学的研究起了积极的推动作用。我作为论坛的倡议者与积极参与者,起到了开风气的引领作用。

六、我的治学心得

记得中学时期,教室的墙上经常挂着革命导师或著名科学家的励志语录,对学生颇有激励作用。印象尤其深刻的是马克思关于攀登科学高峰的一句话:"在科学的道路上没有平坦大道,只有不畏艰险沿着陡峭山路攀登的人,才有希望达到光辉的顶点。"时隔半个多世纪,这句话仍时常回响在耳边,至今记忆犹新!我现在已逾古稀,进入晚年了。回顾一生,虽无大成,也算小有成就。我在内心也偶以司马迁"究天人之际,通古今之变,成一家之言"自许。虽然成就不及太史公之万一,然志向则一也。

　　我的研究生和听我演讲的青年学子,常常要我讲讲行之有效的治学方法。我总是先谈治学精神,再谈治学方法。我认为精神比方法更重要。我所赞赏的治学精神,首先是勤奋学习、锲而不舍的精神。周谷城先生总结治学的经验是"博大精深"四个字,要做到这四个字谈何容易!如果没有"勤"字贯穿其中,决不可能做到。其次是独立思考、不随流俗的创新精神。学问之道,贵在独思。跟在别人后面依样画葫芦,只是模仿而无创新,是不足取法的。三是实事求是、反对虚妄迷信的批判精神,用王充的话说,就是"实事疾妄"。四是知行合一、力行实践的致用精神。这是王阳明、黄宗羲的学术精神。知而不行并非真知,行而不知便是盲行。所谓学、问、思、辨,都须归结于行,才是真知识。

　　至于说方法,在我看来,并没有一个放之四海而皆准的、千篇一律的方法,而是因人而异的。黄宗羲在《明儒学案·发凡》中说:"学问之道,以各人自用得着者为真。凡倚门傍户依样葫芦者,非流俗之士,则经生之业也。此编所列,有一偏之见,有相反之论,学者于其不同处正宜着眼理会,所谓一本而万殊也。以水济水,岂是学问!"这段话,包含了三层涵义:第一,学问之道贵在应用,凡自己理解、并能得心应手地应用的方法就是好方法,就是真学问,凡模仿抄袭、墨守成规的就是假学、俗学;第二,学问不贵同而贵异,尽管是一偏之见,相反之论,也是值得肯定的;第三,学术研究的根本方法是求异,应"于其不同处着眼理会",即着重研究它与众不同之处,而非"以水济水"式的同类相加。我将黄宗羲这种研究方法称之为"存同求异"法。所谓"存同"者,是知其所来也,是继承;所谓"求异"者,是寻其所明也,是创新。一个优秀学者,应具有"存同求异"的聪明睿见与创新勇气,才有可能"发前人所未见",推动学术的进步。

　　还有些人喜欢借名家列读书书目,用来指导青年去读书,出发点当然是好的。但也有人搞教条主义,甚至有人在推广儿童读经时硬性规定儿童在短期内背诵几十万字的四书五经,这就太离谱了。殊不知,如果将网上所集梁启超、胡适、鲁迅、顾颉刚等近现代大师指点的"最低限度必读书目"加在一起,保证任何人一辈子都读不完。即便是一家所列,但时代不同了,"必读书"的选择也就有所不同。例如梁启超时代要求必读的《通鉴纪事本末》、《宋元明史纪事本末》和胡适之要求必读的九种《纪事本末》及《崔东壁遗书》之类,今天的一般国学爱好者就可以不必读了。又如顾颉刚开列的《西秦旅行记》、《唐人说荟》与季羡林开列的《纳兰性德的词》,今人知之甚少,也非必读之书。倒是国学大师钱穆先生开列的 7 部书,即《论语》《孟子》《老子》《庄子》《六祖坛经》、朱熹《近思录》、王阳明《传习录》,的确是"所有中国人必读的书"。可见必读书目不在多,而在精。因此,我主张因人而异,因时制宜。可列若干指导书目,而毋需硬性规定,强行推广。

2009 年,我在浙江社科院退休时说了三句感言,即:"尽心尽力,有为有守,成功不必在我!"无论是为学为人,我都是这样想的,也是这样做的。孟子曰:"人之患在好为人师。"吾之患则在风气不开,故我借用清末改革思想家龚自珍的名诗"但开风气不为师"作为我的小传结尾,也作为本传的题目。

七、主要论著

代表性著作:

《黄老之学通论》,浙江人民出版社,1985 年

《儒家哲学片论——东方道德人文主义之研究》,新加坡东亚哲学研究所
　　1989 年;台湾允晨文化出版社 1990 年

《黄宗羲著作汇考》,台湾学生书局,1990 年

《儒道论述》,台湾东大图书公司,1994 年

《天下为主——黄宗羲传》,浙江人民出版社,2008 年

《黄宗羲与清代浙东学派》,中国人民大学出版社,2009 年

《吴光说儒:从道德仁学到民主仁学》,贵州孔学堂书局,2014 年

《国学新讲——吴光演讲录集粹》,浙江人民出版社,2016 年

《中国廉政史话》(合著),浙江人民出版社,2005 年

《浙江文化通览》(主编),中华书局,2014 年

《干部儒学读本》(合著),中国人民大学出版社,2015 年

《王阳明的人生智慧》(合著),方正出版社,2016 年

主持古籍整理:

《黄宗羲全集》校点本,全 12 册,执行主编,浙江古籍出版社,1985－1994
年;2005 年增订本。

《王阳明全集》校点本,上下册,吴光、钱明、董平、姚延福编校,上海古籍出
版社,1992 年;2011 年出繁体标点本修订版,全三册;2012 年出简体字
校点本修订版,全三册

《刘宗周全集》校点本,全 5 册,合作主编,台北中研院中国文哲所,1997
年;全 6 册,主编,浙江古籍出版社,2007 年

《马一浮全集》校点本,全 6 卷 10 册,主编,浙江古籍出版社,2013 年

《清代浙东经史学派资料选辑》校点本,全 12 册,主编,浙江大学出版社,
待出版

主编丛书:

《浙江文化史话丛书》(全 7 册),宁波出版社,1999 年

《廉政镜鉴丛书》(全 6 册),策划兼副主编,浙江人民出版社,2005 年

《阳明学研究丛书》(全 11 册),中国人民大学出版社,2009 年

《儒学普及小丛书》(全 10 册),执行主编,杭州出版社,2011 年

代表性论文:

《论道家黄老之学》,载《中国人民大学 1981 届硕士论文选》

《王充学说的根本特点——实事疾妄》,《学术月刊》1983 年 6 期

《黄宗羲与清代学术》,《孔子研究》1987 年第 2 期

《儒家思想的基本特点及其发展前景》,新加坡《亚洲文化》1989 第 13 辑

《万化根源在良知——阳明心学论纲》,《孔子研究》1993 年第 3 期

《从仁学到新仁学:走向新世纪的中国儒学》,载沈清松主编《跨世纪的中
国哲学》,台湾五南图书出版公司 2001 年版

《简论"浙学"的内涵及其基本精神》,《浙江社会科学》2004 年第 6 期

《中华和谐文化的思想资源及其现代意义——兼论当代文化发展战略》,

《哲学研究》2007 年第 5 期

《从阳明心学到"力行"实学——论黄宗羲对王阳明刘宗周哲学思想的批
　　判继承与理论创新》,《中国哲学史》2007 年第 3 期

《为"清代浙东经史学派"正名》,载《光明日报·史学版》,2008 年 10 月 19 日

《重塑儒学核心价值观——"一道五德"论纲》,《哲学研究》2010 年第 6 期

《民主仁学的基本理论架构与发展前景》,《探索与争鸣》2013 年第 4 期

撰写者:吴光

相从智

相从智,1939年7月生,山西省临猗县人,中共党员,山西大学政治系毕业,研究员。曾任中共山西大学党委书记,山西省人民政府党组成员、省长助理,山西省当代儒学研究会会长等。现任国际儒联顾问,山西省当代儒学研究会名誉会长,山西省政治学会顾问等。

一、个人简况与研究领域

相从智,1965年9月在黑龙江省齐齐哈尔市教育局参加工作,1968年8月调回临猗县革委,1971年8月调入山西省运城地委机关。历任中共运城地委宣传部副部长、地委副秘书长,中共稷山县委书记,中共运城地委副书记,运城地区行政公署专员,中共山西大学党委书记,山西省人民政府党组成员、省长助理。任职期间,曾当选为中共山西省第五、六、七届党代会代表,山西省第七届人民代表大会代表,山西省第七届政协常委;中国共产党第十四次、第十五次全国党代表大会代表,第九届全国政协委员。1995 年被国家教委授予全国优秀教育工作者,1996 年被中央组织部评为全国优秀党务工作者,同年获《半月谈》第八届全国思想政治工作创新奖。

2005 年退休前后,任国际儒学联合会顾问,曾任山西省当代儒学研究会会长,中国政治学会理事,山西省政治学会常务副会长,山西省教育家、科学家、企业家交流协会副会长,三晋文化研究会顾问,山西省关心下一代工作委员会常务副主任等社会职务。现任国际儒联顾问、山西省当代儒学研究会名誉会长,山西省政治学会顾问,山西省"三家"交流协会顾问。

本人的研究领域主要围绕所从事的工作展开,大部分结合应用进行,其中一部分成为当时同级党委和政府的文件,一部分作为个人文章发表,著有《相从智政学文集》五卷。另外主编和参与主编的作品有《中外学者论张学良、杨虎城和阎锡山》(人民出版社出版)、《山西政治文明建设论》(山西人民出版社出版)、《高校党的建设》(山西高教联合出版社出版)等八部书。

二、主要学术经历和学术成果

本人的学术经历大体可分为四个阶段。

第一个阶段是 1983 年—1989 年,主要从事区域经济、社会、文化研究。针对运城是农业区,小农经济比较发达的情况,依照中央提出发展社会主义商品经济的要求,研究归纳了小生产者的十种表现。提出破除封建观念,树立平等发展的思想;破除"左"的观念,树立以生产力发展为中心的思想;破除产品经济观念,树立等价交换的思想;破除自然经济观念,树立商品经济思想。在全区开展解放思想,更新观念大讨论,推动了农村改革,促进了经济发展。这些观点曾经在 1986 年《山西理论教育》和 1989 年《中国经济体制改革》杂志上发表。与此同时,受地委、行署委托主持制订到 20 世纪末《运城地区经济和社会发展战略规划》,这个战略规划经专家开会论证后作为地委文件发布实施,后获山西省软科学成果奖。

第二个阶段是 1990 年－1999 年,主要从事高校党建和思想政治工作研究。面对 89 年"政治风波"之后师生中存在的怨气、泄气、不服气情绪和历史纠葛,从关爱出发,在加强疏导,组建队伍,活血化淤,解决历史遗留问题基础上,推进内部改革,开展爱国主义教育。通过缅怀中华民族文明史,启发爱国的自豪感;约请归国教师谈体会,提高建国的光荣感;开展青年与社会专题辩论,增强报国的使命感;组织师生参加社会实践,激励兴国责任感;介绍发达国家的历史和现状,激发强国的紧迫感。较好地理顺了师生思想情绪,激发了教学科研积极性,增强了全校凝聚力。这些经验以《用爱国主义点燃大学生心灵之火》在《求是》杂志发表,并在中组部、中宣部、国家教委联合召开的全国高校党建与思想政治工作第三次会上大会介绍推广,山西大学因此获得全国高校"党的建设和思想政治工作先进高等学校"。《心灵之火》一文曾获得 1994 年全国高校思想政治工作优秀论文一等奖。

此后,又围绕社会主义市场经济条件下高校如何加强精神文明建设问题,研究总结出通过学理论,明使命,树立务实风格与远大理想相统一的理想观;学英模,促教学,树立自我实现与社会贡献相统一的价值观;倡勤俭,塑人格,形成物质富裕与精神富有相统一的幸福观;搞比赛,献爱心,强化创业为荣与助人为乐相统一的竞争观,在全校开展了大学生心灵塑造工程活动。这些经验以《在大学生中开展人生观教育》为题,在《求是》杂志上发表。与此同时还和傅如一同志合作在《求是》杂志上发表了《李双良精神与新时期劳模的风范》,指出新时期劳模应当具有的高标准内涵是:坚定不移地执行党的基本路线,围绕经济建设这个中心,以极大的热情投入改革开放,坚持勇于开拓的创新精神和实事求是的科学态度有机结合,顽强拼搏的实干精神和重视科学技术运用有机结合,一心为公的奉献精神和讲求效益的经济思想有机结合。论文曾在 1995 年全国总工会举办的新时期劳模精神研讨会上介绍。

1989 年之后,全国高校普遍实行党委领导下的校长负责制,在贯彻执行的实践中,又概括总结了高校党委书记在政治上应当是一面旗帜,校长在学术上应当是一块牌子。"高校领导工作要靠能力,不靠权力;靠人格,不靠人事;靠服务,不靠服从"的思想。提出坚持党的民主集中制,树立团结战斗的形象,增强领导班子的凝聚力;坚持党的基本路线,树立改革开放的形象,增强领导班子的战斗力;坚持党的优良传统,树立廉洁奋斗的形象,增强领导班子的感召力。这些思想和经验在第五次全国高校党建和思想政治工作会上介绍之后,得到教育界乃至科技文化界的广泛认同和赞许,山西大学领导班子也被评为当时全国高校仅有的五个先进单位之一。

　　第三个阶段是 1999 年－2005 年,主要从事山西区域文化研究。把山西区域文化分为六大板块:霍县南关以南到风陵渡的临汾、运城地区是根祖文化;南关以北到阳曲石岑关以南的太原、晋中大部和吕梁地区东部是晋商文化;石岑关以北到宁武关、雁门关以南的忻州中东部地区是佛教文化;雁门关以北到外长城以南的雁同地区是草原文化;太行山中段和南段、太岳山以东的长治、晋城、阳泉三市和晋中东部几个县属于山寨文化特色,也叫上党文化;晋西北吕梁市大部和忻州西部是黄土文化。并从自然禀赋、气候物产、生产方式、生活方式、历史传统、风俗习惯、人物性格、语言特色、宗教信仰等方面分析了各个区域文化特色及其形成的原因。指出其共性是都受儒家文化影响,但儒家文化又有深浅的不同和地域的特色,进而提出了弘扬传统优秀文化的建议。针对山西出现的晋商研究热,从山右文化的局限提出晋商精神的三大缺失:晋商虽雄居商界五百年,但到底没有形成一种新生的社会力量,一直依附于封建制度之下;晋商不乏翘楚,但没有把资本转化为工业,推动社会生产力发展;晋商在山右农工商学兵中居首,却对人才专注不够,不重视群体教育。这些观点的文章都曾在有关学术研讨会上交流,并在山西社会主义学院学报上发表。

　　第四个阶段是 2005 年至今,主要从事儒学现代化的研究和普及工作。2005 年 12 月山西省当代儒学研究会成立,本人当选为首届儒学会长,从此主要精力转向儒学现代化的普及和研究工作。坚持与学会同仁在太原文庙每年 9 月 28 日举行祭孔活动,并在此前后举办学术研讨会,出了三期会刊。

在太原文庙开办国学讲堂,原则上坚持一月一次,至今已办六十多场。针对社会上出现的学国学热,向省及相关领导宣传国学的意义,请他们参加有关活动,支持和引导国学进校园、进社区。联系有十多名社会办学的儒学爱好者,帮助他们解决办学指导思想和实际困难以及同国家教育体制接轨的问题。配合当地政府及有关社会组织同国际儒学联合会合作,先后在汾阳举办了儒学普及工作会,在新绛李毓秀家乡举办了《弟子规》与儒学普及研讨会。邀请国际儒联有关领导到山西的太原、晋中、吕梁、运城等地视察指导,推动了当地儒学研究和普及工作。举荐相关人才到国际儒联任职,支持个别儒学研究者坚持组织企业家学习国学,提高素养,倡导文明新风。现在山西省 11 个地市中半数以上都建有同儒学研究和普及相关的社会组织,山西省当代儒学研究会曾被省社团组织管理局评为先进社团组织。

在这一阶段,本人的研究主要是儒学的现代化和《弟子规》学习。前者主要体现在《谈谈儒学的人性智慧及现代价值》一文中,文章在对儒家思想进行分析论述的基础上,提出用儒家理念校正当前几种思想观念:努力树立协调的发展观,文明的消费观,现代化的财富观,推己及人的交友观。后者主要体现在《用〈弟子规〉校补当前家庭教育的缺失》一文中,在分析家规、家训、家教、家风和《弟子规》原则精神的基础上,提出家庭教育要以做人的教育为主,做人的教育要以孝悌为先,成人成才要注重培养道德操守,家庭教育要着眼于家风的培养。这些思想和观点曾多次在省内有关学术研讨会和有关大学、社区宣讲。

本人参加过 1991 年在纽约举办的中美教育交流协会并作大会发言,参加过 2003 年到 2009 年中国政治学会历届年会研讨会,参加过国际儒联 2008 年 6 月在广州、2012 年 7 月在汾阳、2013 年 5 月在新绛举办的儒学普及工作会和 2009 年、2010 年在北京、曲阜召开的国际儒联学术研究会。

三、主要论著

代表性著作:

《相从智政学文集》(五卷),中国社会出版社

《高校教师职业道德修养》导论,(教材)

代表性论文:

《克服小生产观念》,《运城地区报》,1986 年 10 月

《区域经济发展与政策导向》,《新源基础研究》1988 年第 4 期

《农村集体经济面临的困难及改革目标》,《中国经济体制改革》1989 年第
　　2 期

《用爱国主义点燃大学生心灵之火》,《求是》1993 年第 6 期

《李双良精神与新时期劳模的风范》,《求是》1995 年第 13 期

《在大学生中开展人生观教育》,《求是》1996 年第 3 期

《高校要成为实施"科教兴国"战略的生力军》,《中国高等教育》,1995 年
　　11 期

《关注改革中的弱势群体》,《国是建言》2002 年第五辑;《中华儿女》(海外
　　版)2003 年第 3 期

《山西高等教育中的人才环境创新》,《山西财经大学学报》2004 年第 1 期

《如何看待我国当前个人收入分配拉大的问题》,《山西日报》2011 年 3 月
　　7 日理论版

《山西区域文化的地域特色和建设刍议》,《山西社会主义学院学报》2014
　　年第 1 期

《谈谈晋商精神的缺失及山右文化的局限》,《山西社会主义学院学报》
　　2014 年第 4 期

撰写者:相从智

许抗生

　　许抗生,1937 年 10 月生于江苏武进县。北京大学教授、博士生导师。曾任北大哲学系中国哲学史教研室主任,《中国哲学史研究》副主编,中国哲学史学会理事,老子道学研究会顾问,中国文化书院导师,福建老子学会名誉会长,国际儒联顾问等。2015 年获汤用彤学术奖。

一、个人简历

　　我 1937 年 10 月生于江苏武进县厚余镇许家村的一个乡村教师家庭。父亲为乡村小学教师,母亲操持家务,我家兄弟姊妹共四人,我是最小的。我自七岁开始在家乡小学上学(厚庄小学和厚余小学)。之后,1950年入厚余中学读初中,初中毕业后,考入省立常州高级中学读高中,并于1956年毕业。毕业后,学校派送我到北京俄语学院留苏预备部学习俄语,学了一年俄语后,由于中苏关系开始趋于紧张,所以我们这些人就不再留苏,而分配到各大学继续上学,我则被分配到北京大学哲学系学习。1963年大学毕业后,我考上了汤用彤先生的研究生,攻读中国佛学。不幸的是汤老于1964年病逝,永远离开了我们,这是我一生中最大的遗憾,没能在汤老指导下读完研究生。之后,我的研究生学习转由任继愈先生指导。但时间不长,正值我毕业时,"文革"即爆发,十年动乱,中止了我的一切学习与研究。后又去了部队农场锻炼,接着又把我分配到大兴县一个乡村初中教书,直至1973年在北京大学哲学系汤一介老师的努力下,才把我从乡下调回北大,安排我与孙长江老师一起当冯友兰先生的助手。其时尚在"文革"动乱中,谈不上什么正常的教学与研究。我真正走上教学与学术研究之路,则是在"文革"结束后才开始的。

在教学方面,我曾经为学生开设过"中国哲学史"、"道家哲学"、"中国佛教哲学原著选读"、"道家哲学原著选读"、"中国伦理学专题"、"先秦哲学"、"魏晋玄学"等课。1985年评为副教授,1991年评为教授,并培养硕士和博士生约20余人。曾任北大哲学系中国哲学史教研室主任,并担任过中国道教学院研究生导师和韩国成均馆大学客座教授。在社会兼职方面,曾任"中国哲学史研究"杂志编辑、副主编、中国哲学史学会理事、老子道学研究会顾问、中国文化书院导师、福建老子学会名誉会长、国际儒联顾问等工作。2015年获汤用彤学术奖。在国际学术交流方面,我曾多次参加国外召开的国际学术会议,如1988年于日本东京召开的"东亚经济及其文化背景学术研讨会"、1991年德国慕尼黑召开的"中国哲学大会"、1998年美国达慕斯大学召开的"竹简《老子》研讨会"等。

二、学术成就

我走上学术研究道路以来,出版中国哲学与文化个人专著十余部,与他

人合著九部,发表论文百余篇。从"文革"结束至今,在我的三四十年的学术生涯中,大致经历了这样的三个时期:

第一时期,主要是做研究的基本功,打基础时期,即主要是学着做校勘、注释、今译的工作,也就是说做"小学"的功夫。我较集中地做这一工作,大致在上世纪的70年代末到80年代中期。在这一时期中,我主要做了《公孙龙子》(即《先秦名家研究》)的注释和《帛书老子注释与研究》,以及参加《中国佛教思想资料选编》的工作。至于为什么我要先做这些研究的基本功呢? 这是因为我意识到在这上面的功夫我是很欠缺的,而不做这些基本功,就很难读懂和准确把握中国哲学原著的思想,也就很难做好今后的学术研究工作。

第二时期,大致是从初期的两部习作《先秦名家研究》和《帛书老子注释与研究》完成并出版之后开始的,具体地说应该是从1986年之后开始,直至20世纪末为止,大约有十五六年的时间。在这一时期中,我主要研究的是魏晋玄学、佛学和先秦道家的思想,梳理它们发展的基本线索和脉络。我之所以这样做研究,大概也是受到我的导师汤用彤先生治史思想影响的结果。汤老在其名著《汉魏两晋南北朝佛教史》的"跋文"中说,"彤稍长,寄心于玄远之学……顾亦颇喜疏导往古思想之脉络,宗派之变迁"云云。这即是说,"疏导往古思想之脉络,宗派之变迁",乃是汤老治史的目的。为此,我也是循着这条路来疏导道家学派、魏晋玄学和魏晋佛学的发展脉络,以发扬我师汤老的思想的。在这期间,我撰写了《老子与道家》、《老子评传》、《僧肇评传》、《三国两晋玄佛道思想简论》(亦名《魏晋思想史》)、《魏晋南北朝学术研究指南》、《中国法家》等著作,并与同事们集体编写了《魏晋玄学史》一书。至于我们之所以要撰写这一著作,当时我是这样想的:我的导师汤老先生撰写了《魏晋玄学论稿》一书,但未能写出一部完整的《魏晋玄学史》来,实是一件憾事,为了弥补汤老的这一缺憾,我们按照汤老的有关玄学的基本思想,撰写出了《魏晋玄学史》一书,以告慰汤老,报答汤老对我的栽培。这一《魏晋玄学史》于1989年出版,并在前年又翻译成韩文,在韩国出版。

至于在这一时期中的儒学研究方面,我则主要是主编了《中国传统道德·教育修养卷》一书。这是一部由中国哲学史教研室同事集体编纂而成的资料汇编。该书是国家教委组织编写的《中国传统道德》多卷本中的一卷。书中把我国历史上的主要是儒家的有关道德教育与修养方面的思想资料,按照思想内容的不同,分为九篇:一、修身与德教篇;二、施教篇;三、家教篇;四、立志篇;五、为学篇;六、存养篇;七、克治篇;八、力行篇;九、理想人格与境界篇。所有这些思想,对于今天的人们来说,皆还是有着重要的借鉴作用的。

第三时期,应该说是从本世纪初开启的,或说是我 2001 年退休后开始直至今天的。在这十多年中,我主要做了两件事:一是我与同事共同撰写了《中国儒学史·两汉卷》;二是我撰写了《当代新道家》一书。《中国儒学史·两汉卷》是汤一介老师主编的《中国儒学史》多卷本中之一卷,是一部较系统、全面、完整的两汉儒学发展史。我们在该书中总结出了两汉儒学的四个特征,即(1)两汉儒学具有鲜明的尊天神,宣扬“天人感应”的宗教神学性;(2)两汉儒学较全面系统地提出了我国封建社会政治、伦理的基本原则和核心价值观,即“三纲五常”的思想;(3)两汉儒学以经学的形式出现,用解经注经的方式来阐明自己的儒学思想;(4)两汉儒学与先秦儒家相比较,还有一个很大的不同,即先秦儒学只是先秦思想界百家争鸣中的一家而已,而两汉儒学的地位发生了根本性变化,成为了汉王朝的官方哲学,赢得了独尊的统治地位。这一统治地位,几乎延续了两千余年,统治了整个封建社会。从上述的四个特点来看,两汉儒学在整个中国儒学发展史,乃至整个中国的思想文化发展史上,确实具有着极其重要的地位。有关儒家方面的论文,已汇集成册,取名为《儒家的过去、现在与未来》,此书已由中华书局 2015 年出版。其中尤可注意者,有两篇文章:一为《略论儒家人学思想传统》,二为《关于中国儒学未来发展的几点思考》。前者论说了儒家的人文主义思想传统,后者则从现实社会的需要出发,对儒家的伦理价值规范、学说,儒家的人性论和道德修养学说等方面,作了新的阐说,以促进未来儒家思想的发展。

至于我自己撰写的《当代新道家》一书,其写作的原因,正如我在该书《前言》中所说,构建当代新道家思想,是我多年来,确切地说,是我 20 世纪末进入 21 世纪以来的十多年中,在脑海中一直思索的问题。20 世纪和现在的 21 世纪,我们整个人类面临着工业文明的危机,这一危机已经严重地危害着我们生存的家园和我们自己的生存。面对着这一全人类的文明危机，我们应当怎样把它解决掉克服掉呢？如何使得我们人类能够持续地生存与发展呢？这是我们每一个地球村的公民所必须要思考的一大问题。我们中国正在进行现代工业化的建设，而工业文明的危机，也已经在危害着我们的社会和我们每一个人的生存与发展，而要使我们的社会得以持续地健康地发展，就必须与工业文明的危机作坚决的斗争。应当承认我们在这方面的斗争经验尚是不够的，而老子道家的思想，却可为我们提供一些重要的启示和思想。这是因为古代《老子》、《庄子》等道家著作，就是为了克治我国历史上第一次文明大危机（即礼义文明的危机）的产物。以老子为代表的道家，他们较深刻地探讨了古代文明危机产生的根源，并提出了一整套整治危机的理论与思想。现在看来所有这些理论与思想，只要我们认真地加以重新诠释，就可以为我们今天反对现代文明危机所用。为此，我本着这一宗旨，对老子道家的思想作了新的阐释，构建起了一个当代新道家的思想体系，撰写了《当代新道家》一书。由此可见，构建当代新道家思想，其根本宗旨就是为了发扬老子道家优秀的思想传统，以克治我们当代的工业文明危机。我认为，当代新道家思想主要应当包括六个方面内容：（1）当代新道家的"道"论。这是当代新道家的理论基础。当代新道家把"道"视作为规律、法则义，这是不同于传统道家把"道"看作为宇宙的本原或本体的。（2）当代新道家的"德"论。老子道家的"德"论，即为"性"论，是讨论物性，尤其是人性论的。所以当代新道家的"德"论，主要讨论的也是"人性论"。（3）当代新道家的伦理价值观。这主要是讨论当代新道家建立在"道"论与"德"论基础之上的伦理价值学说的。（4）当代新道家的修养论与境界论。（5）当代新道家的社会、国家的管理学说。中国传统文化，不论是儒家，还是道家，都是要讲"内圣"（通过修养功夫达到最高的精神境界）与"外王"（指能治理好社会国家）的。社会、国家管理学说，讲的就是当代新道家的"外王学"的。（6）当代新道家的"个人自由"与"社会和谐"论。这是当代新道家所追求的最高理想和最高目的，就是要实现"人的自由而全面的发展"和社会和谐、世界和谐的大同世界的（即共产主义社会）。以上六个方面，我想已经包括了当代新道家思想的主要内容。当然这六个方面涉及面很广,需要讨论的问题很多,每个方面都需要做深入细致的研究,在这里我只是提出一个粗浅的梗概而已。书中如有错误或不足之处,望时贤们批评指正。

　　以上就是我自己的一个简略的治学小史。

三、主要论著

个人专著:

《帛书老子注译与研究》,浙江人民出版社,1982 年;增订本,1985 年

《先秦名家研究》,湖南人民出版社,1986 年

《老子与道家》,新华出版社,1991 年;套装上下册,宗教文化出版社,2012 年

《中国法家》,新华出版社,1992 年

《老子——东方文化之大河》日译本,日本东京"地涌社"出版,1993 年

《三国两晋玄佛道思想简论》(亦名《魏晋思想史》),齐鲁书社,1991 年

《魏晋南北朝哲学思想研究概论》(亦名《魏晋南北朝思想研究指南》),天
　　津教育出版社,1991 年

《僧肇评传》,南京大学出版社,1998 年

《佛教的中国化》,宗教文化出版社,2008 年

《当代新道家》,社会科学文献出版社,2013 年

《儒家思想的过去、现在和未来》,中华书局,2015 年

《道家思想与现代文明》,中华书局,2015 年

与他人合著:

《魏晋玄学史》(主编),陕西师范大学出版社,1989 年

《中国传统道德·教育修养卷》(主编),中国人民大学出版社,1995 年

《中国哲学史》上下册(合篇),中华书局,1980 年

《中国哲学史》(合编),北京大学出版社出版,2001 年

《中国无神论史》上下册(合编),中国社会科学出版社,1992 年

《中国哲学史主要范畴概念简释》(合编),浙江人民出版社,1988 年

《六朝宗教》,南京出版社,2004 年

《中国儒学史·两汉卷》,北京大学出版社,2011 年

代表性论文:

《略论黄老之学的产生与演变》,《文史哲》1979 年第 3 期

《略论魏晋玄学》,《哲学研究》1979 年 12 期

《读汤用彤先生的中国佛教史学术论著》,《北京大学学报》1984 年第 6 期

《慧远的佛教哲学思想》,《中国哲学史研究》1984 年第 3 期

《论魏晋道教与玄学的关系》,《中国哲学史研究》1986 年第 3 期

《对孔子有关人的价值学说的几点看法》,《中国哲学史研究》1987 年第
　　1 期

《略论儒家的人学思想传统》,载《儒学国际研讨会论文集》,齐鲁书社 1987
　　年版

《略论道教的几个思想特征》,《道家文化研究》第四辑,上海古籍出版社
　　1994 年版

《简论魏晋玄学是新道家》,《道家文化研究》第八辑,上海古籍出版社 1995
　　年版

《关于玄学哲学基本特征的再研讨》,《中国哲学史》2000 年第 1 期

《〈性自命出〉、〈中庸〉、〈孟子〉思想的比较研究》,《孔子研究》2002 年第 1 期

《构建当代新道家学说之初步设想》,《安徽大学学报》2009 年第 2 期

撰写者:许抗生

许全兴

许全兴,1941年生。曾任北京大学哲学系教授、中国现代哲学教研室主任兼支部书记。1992年调入中共中央党校哲学教研部,历任中央党校哲学教研部副主任、主任，研究生院院长，校学位委员副主席，兼任国务院学位委员会第四—五届哲学学科评议组成员，全国博士后管委会第四—五届哲学专家组成员，并任中国现代哲学研究会副会长、会长和名誉会长，全国毛泽东哲学思想研究会副会长，全国马克思主义哲学史学会顾问，湘潭大学特聘教授，教育部高校人文社会科学重点研究基地湘潭大学毛泽东研究中心学术委员会主任，国际儒学联合会第四届学术委员会委员，第三届顾问、顾问联络委员会委员等。

一、学术简历及研究领域

许全兴，江苏无锡人，祖上世代务农。七岁在邻村上小学，1953 年到离家 8 里的杨墅园镇的无锡县中读初中。1956 年考入江苏省立苏州高级中学。1959 年考入北大哲学系哲学专业。五年的大学生活，养成了刻苦严谨的学风和独立自由的个性。1964 年毕业后留系任教。是年 10 月至 1966 年 5 月，先后在北京市顺义县和门头沟深山区参加两期"四清运动"，学做群众工作，受益匪浅，终身难忘。

"文革"初期，北京大学大乱，一段时间，武斗不止，本人远离乱斗，读点书。读书面甚广，读历史，读文学名著，读鲁迅，读黑格尔《小逻辑》，但重点则是读马列和毛泽东的书，并搜罗有关毛泽东的未公开出版的著作和讲话。1969 年，中共九大后，到工厂、农村参加劳动，向工人、贫下中农学习，接受再教育。在工厂组织辅导干部和工人学习《实践论》、《矛盾论》。1970 年后，参加以工农兵学员为对象的教学活动，也为干部学习《反杜林论》、《唯物主义和经验批判主义》等马列著作做辅导。"文革"结束后，学校恢复正常的教学和科研工作，被分在新成立的毛泽东哲学思想教研室，任教研室副主任兼支部书记。

研究毛泽东哲学思想必须有广宽的视野，不能仅限于结合中共党史和中国革命史，而是要把它放在整个中国现代哲学史以至整个中国哲学史和马克思主义哲学发展史中加以考察评析。1985 年，在我的提议下，毛泽东哲学思想教研室改为中国现代哲学教研室,我任教研室主任兼支部书记。1991年任教授。

1992年,由北大哲学系调到中共中央党校哲学教研部,曾任哲学教研部副主任、主任,研究生院院长、校学位委员副主席,兼任国务院学位委员会第四—五届哲学学科评议组成员、全国博士后管委会第四—五届哲学专家组成员等。

我的教学和科研涉及到毛泽东哲学、中国现代哲学和马克思主义哲学三个密切相关的领域。这三位一体的教学和科研,有着一个共同的主题,即马克思主义哲学的中国化。围绕这一主题,自然涉及到马克思主义哲学与包括儒学在内的中国传统哲学的关系研究,撰写论文十余篇和专著《毛泽东与孔夫子——马克思主义中国化个案研究》。由此也就参与中国孔子基金会(北京时期)、国际儒学联合会的学术活动。曾任国际儒学联合会第四届学术委员会委员、现任第五届顾问联络委员会委员。

主持承担的重要科研项目主要有:

1.由张岱年先生领衔、本人实际主持的"七五"中华社科基金重点项目"中国现代哲学史研究",出版《中国现代哲学史》教材和《中国现代哲学史教学资料选辑》、个人专著《李大钊哲学思想研究》及《李大钊语萃》。

2.独立承担完成国家社会科学基金项目"毛泽东晚年哲学研究",出版专著《毛泽东晚年的理论与实践》(1993年),1999年获国家社会科学基金优秀成果三等奖。

3.独立承担完成国家社会科学基金项目"毛泽东与孔夫子——马克思主义中国化个案研究",出版《毛泽东与孔夫子——马克思主义中国化个案研究》专著,鉴定为优秀,《成果要报》收入《国家社会科学基金与项目成果选介汇编》第二辑。

4.独立承担完成国家社会科学基金项目"马克思主义哲学自我革命",出版《马克思主义哲学自我革命》专著,鉴定为优秀。

5.参与主编国家社会科学基金重大委托项目《毛泽东思想基本问题》,2003年获国家优秀图书奖。

本人奉行的准则是：为学论道，不趋势，不媚俗，求真唯是；立身行事，勿谋私，勿损人，尚善为本。

二、与中国传统文化、儒学研究相关的主要学术观点

本人对儒学及中国传统文化仅略知一二，无有专门研究，现将与中国传统文化、儒学相关的稍有影响的主要学术观点略述如下：

1.中国传统文化是毛泽东思想的重要来源

尽管毛泽东在 1938 年提出要继承从孔夫子到孙中山的优秀珍贵遗产，尽管毛泽东在理论和实践上继承和发展了中国传统文化的优秀成果，但在很长时期里，我国政治界、理论界不承认中国传统文化是毛泽东思想的重要来源。中共十一届六中全会《关于建国以来党的若干历史问题决议》在对毛泽东思想的界定时只讲毛泽东思想是马克思列宁主义普遍真理与中国革命具体实践相结合的产物，是被实践证明了的关于中国革命的正确的理论原则和经验总结，是中国共产党集体智慧的结晶，不讲与中国历史文化相结合，不讲是中华民族智慧的结晶。这样就把毛泽东思想中丰富的历史文化内涵简略掉了。针对这倾向，本人撰写了《毛泽东哲学思想与中国古代哲学遗产的批判》、《中华民族优秀传统——毛泽东思想来源之一》、《对现行"毛泽东思想"概念界定的一点补充》等文，论证了：毛泽东思想是马克思列宁主义基本原理、中国革命和建设实践、中国历史文化三者相结合的产物；它既是中国共产党集体智慧的结晶，也是中华民族智慧结晶。产生于西方的马克思主义未能在西方取得实践上的胜利，而是在东方的半殖民地半封建的中国取得实践上的胜利和理论上的发展，原因自然是多方面的，其中重要的一条是，中国具有五千余年的悠久历史和博大精深的文化，这为马克思主义在中国生根、开花、结果提供了丰厚的文化土壤。毛泽东思想中有些内容（如独立自主精神、重视主观世界的改造和党性修养等）并非来自马克思主义，而是源于对优秀传统文化的继承和改造。这些思想对坚持独立自主地领导革命和建设、保持党的无产阶级先锋队性质具决定性的意义。

2.不能忘记中国自己的"老祖宗"

一个多世纪以来的历史证明,解决中国问题的思想武器,要靠无产阶级的马克思主义。中国共产党始终把马克思主义作为立党立国之本,一贯强调马克思、列宁"老祖宗"不能丢,丢了就会亡党亡国。

中国马克思主义者,除了马克思、列宁"老祖宗"外,还有没有中国自己的"老祖宗"呢? 这是我国舆论宣传无有涉及的问题。基于这种偏狭的认识,我国的马克思主义理论工作者和理论家们,对中国的历史文化知之甚少,只会背诵、称引马列语录,当然也更谈不到推进马克思主义中国化。针对这种现状,依据毛泽东的思想,本人明确提出,中国马克思主义者除了马列"老祖宗"外,还有中国自己的"老祖宗",两个"老祖宗"都不能丢。为此撰写了《两个"老祖宗"都不能丢》、《中国马克思主义者不应忘记自己的中国"祖宗"》等文进行论说。中国马克思主义者首先是中国人,是中华民族的优秀分子,血管里流淌着中华民族的血液,思想文化上受惠于数千中华民族历史文化的滋养。中国马克思主义者应是中华民族优秀传统的继承者和弘扬者。倘若中国马克思主义者,否认有中国自己的"老祖宗",那他就是中华民族的不肖子孙,在中华民族就没有存身之地,也就不是真正的中国马克思主义者。

从更深一层的学理层面讲,产生于西方的马克思主义到了中国,要在中国发生作用,开花结果,就必须中国化,使之成为中华民族血肉相连的一部分。中国化马克思主义不仅是中国的革命、建设和改革开放的经验的总结,也是中国的历史文化的总结和概括。丢掉了中国自己的"老祖宗",就等于中断了中国历史、中国血脉和中华文明,那决不是中国马克思主义,而是教条主义,同样要亡党亡国。

3.全面理解中国哲学基本精神

中国传统文化是一个多层次、多方面的内容极为丰富多彩的伟大体系。马克思主义与中国历史文化相结合可以在不同层次、不同方面进行,其中最深刻、最重要的是在哲学精神方面的结合。如何理解中国哲学基本精神,学术界见智见仁,莫衷一是。从上世纪 80 年代后期开始,相当多的著名学者鼓吹"和"、"和合"、"天人合一"、"中庸"是中国哲学的精髓,有的还曲解、责难马克思主义辩证法。针对这种情形,本人撰写了《"和的哲学"辨析》、《"和"真是中国传统哲学的精髓吗?》和《中国哲学精神简论》等文。

我考察了自辜鸿铭《中国人的精神》(1915年)以来有关中国哲学精神的代表性观点,对如何界定中国哲学精神提出了自己的意见。我将中国哲学基本精神概括为:刚健有为,自强不息;经世致用,实事求是;阴阳互补,辩证思维;民贵君轻,以人为本;大同理想,止于至善等五个方面。论文以中国哲学经典文献为依据对这五个方面做了简要阐述。论文指出,中国共产党人在自己的理论和实践中继承并发扬了这些精神,是中国优秀哲学传统的真正继承者和弘扬者。

关于中国传统哲学的精髓问题,我以中国古代基本文献和史实为依据,说明"和"是中国传统哲学的一个重要范畴,具有辩证法的因素,但它不是中国哲学的精髓。中国哲学的"和",强调的重点是矛盾着的对立面之间的统一、和谐、协调、平衡,不讲或反对讲对立面之间的斗争,不讲对立面之间的转化,无变革发展的思想。中国古代辩证法的精华不在承认对立面之间的统一、互相依存,而在承认对立面之间的互相转化,承认发展变革。《周易》的精华不在"和谐"而在"自强不息"、"一阴一阳之谓道"、"革故鼎新"、"生生之谓易"。《周易》肯定阴阳对立面之间的斗争,赞成"汤武革命"。"仇必和而解"不是中国哲学的优点,而是它的不足。矛盾着的对立面之间的又统一、又斗争,由此推动事物的发展。片面讲斗,或片面讲和,都离开了辩证法。现实世界中的苦难、矛盾、危机、冲突,决不是靠提倡"和"、"和合"、"仁爱"之类说教所能解决的。提倡什么样的哲学精神,关乎到培养和铸造什么样的国民人格的大问题。倘若用"和"的精神来培养人,只能培养出懦弱不争、温顺听话、奴性十足的乡愿。

4.中国马克思主义哲学应是中国哲学的总结和概括

马克思主义哲学要在中国生根、开花和结果,必须中国化。马克思主义哲学中国化包含两方面的内涵:一是要求马克思主义哲学与中国现实实际相结合,二是要求与中国哲学相结合。长期以来,我国学界只注重前一方面的结合，而忽视了后一方面的结合。即使是注意到后一方面结合的学者，其中相当多的人对两者结合的理解和做法也并不全面、准确。他们只是在论述马克思主义哲学的原理时适当引用中国传统哲学的语录以证明哲学原理的真理性、普遍性。这种理解和做法实质上是把博大精深的中国哲学当成马克思主义哲学原理的"注释和证明"。

2006 年 3 月应国家马克思主义理论研究和建设工程马克思主义哲学教材编写组的邀请，我在南京大学为教材编写组的首席专家、主要成员及南京大学哲学系师生做了题为"马克思主义哲学与中国哲学相结合的思考"的学术报告。报告指出，真正的哲学既是时代精神的精华，也是一个民族的灵魂。马克思主义哲学主要是西方哲学的总结和概括，它到了中国，就要向中国哲学学习，吸取中国哲学的优秀成果，使自己中国化。中国化马克思主义哲学应是中国哲学的总结和概括。"总结和概括"不同于"注释和证明"，它是以中国哲学的优秀成果补充、丰富和发展马克思主义哲学。这样做的哲学就不再是"洋哲学"，而是具有中国的内容、中国的作风和中国的气派，真正地中国化了。毛泽东哲学思想是马克思主义哲学中国化的典范，但它仅仅只是中国化的开端。真正中国化的马克思主义哲学的教科书，不仅具有中国哲学的知识，更应体现中国哲学的基本精神、中国的智慧和中华民族的灵魂。我国现行的马克思主义哲学教科书距此要求甚远，还没有完成一次历史性的中国化飞跃。马克思主义哲学中国化任重道远。

马克思主义哲学与中国哲学相结合的形式是多样的，大致可分五个层次或方面：一是对中国哲学基本精神的继承和发展；二是对中国传统哲学中与马克思主义哲学相通内容的吸取和发挥；三是对中国哲学中特有的而马克思主义哲学鲜有论及、甚至无有论及的合理思想、命题和概念的吸取和改造；四是从中国的唯心主义、形而上学哲学中吸取合理的有价值的内容；五是总结和吸取中国哲学发展的经验教训。我曾尝试就中国哲学中"认识主体修养"、"直觉"、"时间"三题进行马克思主义的阐述与吸取。

5.中国哲学认识主体修养论

认识是认识主体（人）在实践过程中对认识客体（对象）的能动反映。能否正确认识世界？这直接取决于认识主体本身。马克思主义哲学虽然注重人在认识世界过程中的能动作用,但受西方传统认识论的影响,无有认识主体自身修养的内容。中国哲学注重人生哲学及修养。中国哲学讲人生修养不仅只是道德修养,而且还有认识论的意义。发掘、阐释和发挥中国哲学认识主体修养论,这对建构当代中国马克思主义哲学体系是大有裨益的。为此我写作了《中国哲学认识主体修养论》。

论文指出,中国古代哲学对思维工具、形式和方法研究不够,这是不足;但中国哲学把求真与求善、认识论与价值论融为一体,重视认识主体修养,则是优点。《管子·心术》明确提出认识中的主体("此")与客体("彼")的区分,并进而明确指出主体修养的重要性("不修之此,焉能知彼")。《荀子》则提出"虚壹而静"的重要命题。论文对两千多年来中国哲学认识主体修养论的丰富内容做了如下的分梳:(1)认识主体立场的修养,"公生明,偏生暗","无私者智"。只有站为公的立场,才能无私、无畏地去认识真理,坚持真理。(2)认识主体态度的修养,"诚则明"。"诚,实也",就是老老实实的按事物本来面目去认识世界的唯物主义态度。(3)认识主体思维方法的修养,"虚"与"壹"则明。"虚"就是认识主体不以已有的认识妨碍对未知的认识,"毋意、毋必、毋固、毋我"。"壹"就是就专心思索,豁然贯通,达到对事物本质的认识。(4)认识主体情感的修养,"静则明"。"修心静意,道乃可得。""静则生慧"。人在认识客观事物、进行理论思维时要保持头脑冷静。头脑发热,情绪激动,精神亢奋,往往做出错误判断。因此,遇到重大事变时,"要冷静、冷静、再冷静"。中国哲学认识主体修养论可为建构中国马克思主义认识论提供极有价值的思想资源。

6.中国直觉思维新论

思维可分逻辑思维与非逻辑思维两大类。传统的马克思主义认识论只讲逻辑思维,不讲非逻辑的直觉思维,这是一个明显的不足。直觉思维是中国哲学的一个特点,中国马克思主义哲学要在现代哲学和自然科学基础上继承和发展中国哲学直觉思维论。为此,我写作了《中国直觉思想的形成与发展》。论文对中国古代道家、儒家、佛家中有关直觉思维的精彩论述进行了发掘梳理,对近代以来从严复、梁启超到贺麟、张岱年、钱学森等学者有关直觉论述做了摘要。在此基础上进而阐述了笔者对直觉思维的见解。

直觉思维是在由感性认识向理性认识飞跃过程中发生的一种特殊的飞跃形式。在一般情况下,人们运用逻辑思维对丰富的感性材料进行加工、制作,产生认识上的飞跃,从而获得对认识对象的本质和规律的认识。然而在有些时候,仅靠逻辑思维难以从个别推出一般,即如中国古人所说"思之不通","百思不得其解",需要"重思之",从而"通之",实现飞跃,出现"豁然贯通","众物之表里精粗无不到,吾心之全体大用无不明"。这就是直觉,或中国哲学所说的"悟"、"顿悟"、"体悟"、"体认"。直觉思维的结果往往打破常规逻辑,直接感悟对象的本质,具有创新性。

直觉形成和发生不仅需要有实践、生活的基础,而且需要深入、持久、专注的思考,做到全身心的投入,即如朱熹所讲的"将自家这身入那事物里面去体认"、"置心在物中"和柏格森所讲的"认识主体置于对象之内",做到物我两忘、主客体交融,打破原来的知识框架和思维定式,从而产生逻辑思维不能产生的新思想、新观念、新体验,产生文学艺术创作的灵感。直觉的发生并不神秘。

直觉思维是在逻辑思维基础上发生的,它的结论是否正确,还须由逻辑思维来论证和实践来检验。直觉思维与逻辑思维、形象思维是三种最基本的思维形式,它们各有其自己的特点和任务。它们互相渗透,密不可分,无高低之分,不可互相替代。创新是逻辑思维、直觉思维、形象思维综合作用的结果,三者缺一不可。马克思主义哲学应重视对中国哲学直觉思维的发掘、整理和吸取,哲学教科书应对直觉思维有必要的阐述。

7.毛泽东与孔夫子——马克思主义中国化个案研究

孔夫子是中国古代伟大的政治家、思想家和教育家,封建社会的圣人。毛泽东是现代中国革命之父,中华人民共和国的主要缔造者。毛泽东博古通今,学识渊博,思想精深,集政治家、军事家、哲学家、诗人和书法家于一身,可称为中国现代的"圣人"。孔夫子,毛泽东,一古一今,他们之间有何关系,国内外论者众说纷纭,争论不休。毛泽东在讲话、著作中常常引用中国古人的话借以表达自己对问题的看法。在他引用的古人古语中,孔子的话最多。他反对教条主义,将马克思主义与中国革命实际、中国历史文化相结合,致力于马克思主义中国化。《毛泽东与孔夫子——马克思主义中国化个案研究》一书把毛泽东与孔夫子的关系作为马克思主义中国化的个案加以研究,旨在总结马克思主义中国化的经验,以益于推进当代的马克思主义中国化。

该书首次按历史发展的不同时期简明扼要地梳理了毛泽东对孔子的基本态度与评价:在学生时代,他推崇孔子,提倡研究国学;在转变成马克思主义者之后,他对孔子采取历史的辩证分析,充分肯定其在中国历史上的地位,注意批判地吸取其思想中有价值的积极内容,借以丰富和补充自己的思想;在晚年,他发动批孔,全盘否定孔子,但这并不能代表他一生对孔子的态度。该书分政治、哲学、道德、教育等篇章,全面论析了毛泽东对孔子思想的评价和吸取,纠正了国内外学者在这方面的错误观点。

该书在前人的基础上对孔子所处的时代、孔子的思想、马克思主义中国化的历史经验等提出了自己的见解。如,孔子生活在礼崩乐坏的时代,认为仁比礼、乐更为根本,仁是礼、乐的基础。因此,孔学本质上是仁学,而非礼学。孔子思想中新的东西是仁,对人的重视。孔子思想中礼学与仁学之间的矛盾,反映了孔子思想中保守、落后一面与进步、革命一面之间的矛盾。孔子仁学中对后世影响较大的有五方面:(1)仁的基本精神是重视人、爱人;(2)忠恕是为仁之方;(3)仁是一种人生理想和道德境界;(4)为仁由己,强调人的自觉能动性;(5)"知、仁、勇"构成三达德的教育思想。又如,孔子首先是伟大的教育家。中国两千多年封建社会的教育主要是由儒家承担的。这是孔子、儒家对中华民族最伟大的贡献。孔子在政治上是失败的,而在教育上则是成功的,至圣先师,名副其实。毛泽东的在教育方面"孔夫子的传统不要丢"的警言值得深思。要重视孔子教育思想的研究。

该书从思想文化交往规律的视角阐述了马克思主义与中国传统文化之间的复杂而曲折的历史过程,全面阐明马克思主义中国化的内涵,具体论证了毛泽东哲学思想是中国传统哲学的真正继承者和发展者,有力地回答了海内外学者提出的"毛泽东全盘否定中国传统文化,导致中国文化中断"的责难。针对理论界、学术界忽视马克思主义哲学中国化的倾向,该书提出马克思主义中国化可区分为政治层面中国化和学术层面中国化,要防止以政治层面的中国化代替学术层面的中国化。该书强调对孔子、儒学和中国传统文化要辩证地历史地分析,防止全面肯定或全面否定的片面性,在马克思主义与中国传统文化相结合过程中,要十分警惕中国传统文化消极因素的渗入。

该书附有《毛泽东论孔子言论辑录(按年代排列)》,这是从未有人做过的,具有重要的文献价值。

8.儒学复兴的若干问题

儒学能否复兴,学术界争论激烈。为纪念孔子诞辰 2560 周年,我撰写了《"儒学复兴"之管见》(杂志发表时改为《儒学复兴的若干思考》)。论文提出要区分意识形态的儒学与学术形态的儒学。论文论证了作为两千多年占统治地位的意识形态的儒学,已随辛亥革命和"五四"新文化运动而终结,为新的意识形态所代替,已不可能复兴。现代新儒家鼓吹儒学复兴,在历史观上是唯心主义的文化决定论。中华民族的文化复兴,自然要继承包括儒学在内的优秀传统文化,但它决不是传统文化的复兴,更不是儒学的复兴,而是建设和繁荣适合当代中国社会主义新政治和新经济的社会主义新文化。

在社会主义社会,有适应社会主义的新佛学、新道学,当然也可以有适应社会主义的新儒学,何况儒学不是宗教,而是一个博大精深、影响久远、对中华民族生存和发展做出伟大贡献的学派。儒学作为一学派,其中既有精华,也有糟粕。儒学在历史传承中经过磨练、积淀、凝聚的民族智慧、美德、精神和传统具有普遍的、永久的价值。它们主要有(1)统一团结,独立自由;(2)自强不息,刚健有为;(3)厚德载物,民胞物与;(4)经世致用,实事求是;(5)多思审问,知行合一;(6)和而不同,执两用中;(7)革故鼎新,与时俱进;(8)内省修养,止于至善;(9)公而忘私,心忧兴亡;(10)民贵君轻,以人为本;(11)协和万邦,爱好和平;(12)天下为公,大同理想等。儒学是中华民族宝贵的文化遗产,决不能因社会主义而中断。作为学术流派的儒学有其复兴的可能和必要,使之成为社会主义多元文化中的一元。

儒学能否复兴关键在儒学自己,在儒学本身能否与时俱进、自我变革、现代化,以适应当代社会主义社会的需要。现代新儒学要处理好与马克思主义的关系。儒学的现代化、复兴不仅要吸取资本主义的思想文化,而且还要吸取马克思主义、尤其是中国马克思主义的相关因素。现代新儒家中的有些人,不甘于把新儒学作为社会主义多元文化中的一元,而是想取代马克思主义,恢复历史上的独尊地位。这只能是主观的幻想。儒学要复兴,必须有一批以传承和弘扬儒学为自己生命、笃信儒学、践行儒学的新儒家和新儒者。现在某些热心"儒学复兴"的人仅把"儒学复兴"当作晋升、成名和发财的敲门砖。现今真正称得上新儒家和新儒者的则屈指可数。从这点看,作为一个学术流派儒学的复兴仅仅在起始阶段

9.有中国哲学的第三次综合

哲学的变革,既是社会变革的先导,又是社会变革的反映和总结。数千年中国哲学史曾发生过两次大的综合,第一次在先秦末期,产生了以荀子为代表的古代朴素的辩证唯物主义哲学思想;第二次发生在明清之际,产生了以王夫之为代表的中世纪朴素的辩证唯物主义哲学思想。荀子哲学和王夫之哲学是中国哲学史上的两座高峰。近代以来,中国哲学酝酿着第三次大综合,以形成新的哲学高峰。

第三次大综合发生在现代化、市场化、信息化和全球化的新时代。因而与历史上前两次大综合不同,它不仅是中国哲学的大综合,而且是以人类最先进的马克思主义哲学为主导,充分吸取世界文明成果,会通中外古今哲学,以凝聚人类智慧。为此,中国哲学的第三次大综合要努力做到:(1)面向开放的世界,大胆吸取人类文明成果,尤其是现代西方哲学成果;(2)从哲学上全面地、客观地总结和反思马克思主义、社会主义在苏联东欧兴衰的经验教训,以免重蹈马克思主义在苏联的覆辙;(3)改变不重视、不了解现代科学技术的状况,对当代世界科学技术革命的成果进行哲学的总结和概括;(4)对当代世界在经济、政治、文化、生态等方面的新情况、新发展和新问题从哲学上加以研究和总结。倘若没有这些方面的研究,中国马克思主义哲学则

难以时代化,难以跻身于世界最先进的哲学之前列。

哲学是民族的灵魂。民族的复兴离不开哲学的创新和繁荣。重视哲学的学习、研究、普及和运用是中国共产党的优良传统。在毛泽东的引领下,哲学已成了全党、全民族的事业。实现中国哲学第三次大综合的客观条件已基本具备。现在的关键是要有一批坚持马克思主义哲学基本精神,熟悉我国革命和建设的历史经验,懂得中外哲学,了解当代科学技术革命新成果,具有独立自主人格和创新精神的学者。王夫之自觉到"六经责我开生面",并在十分艰难的困境中建立了体系庞大、思想精深、别开生面的新哲学。中国的马克思主义哲学家更应解放思想,具有"马列责我开生面"的创新意识和责任感,以不辱第三次大综合的使命,努力构建当代的辩证的历史的唯物主义新哲学,为人类哲学思想的发展做贡献。

三、主要论著

代表性著作:

《李大钊哲学思想研究》,北京大学出版社,1989 年

《毛泽东晚年的理论与实践》,中国大百科出版社,1993 年

《毛泽东与孔夫子——马克思主义中国化个案研究》,人民出版社,2003 年

《马克思主义哲学自我革命》,中国社会科学出版社,2009 年

《百年中国哲学革命》,人民出版社,2015 年

代表性论文:

《毛泽东哲学思想与中国古代哲学遗产的批判》,《光明日报》1983 年 12 月 19 日

《中华民族优秀传统——毛泽东思想来源之一》,《毛泽东思想论坛》1994 年第 2 期

《孔夫子与毛泽东,古今伟大'教员'》,《孔子研究》1993 年第 4 期

《二十世纪中国哲学的三次革命》,《学术界》1995 年第 1 期

《"和的哲学"辨析》,《哲学研究》1995 年第 9 期

《中国哲学精神简论》,《理论前沿》2001 年第 17、18 期

《警惕马克思主义中国化过程中传统文化消极因素的渗入》,《求是学刊》
　　2004 年第 2 期

《毛泽东对孔子思想的吸取和发挥》,《湖南科技大学学报》2004 年第 12 期

《中国哲学第三次大综合》,《兰州大学学报》2005 年第 6 期

《马克思主义哲学与中国哲学相结合的思考》,《南京大学学报》2006 年第
　　3 期

《中国哲学认识主体修养论》,《哲学研究》2006 年第 8 期

《两个"老祖宗"都不能丢》,《北京大学学报》2010 年第 4 期

撰写者:许全兴

羊涤生

羊涤生,1931 年 3 月 17 日生。清华大学思想文化研究所教授。曾任清华大学思想文化研究所副所长,中华孔子学会常务副会长兼秘书长,冯友兰学术研究会副会长兼秘书长,国际儒学联合会理事,中国近代思想史研究会理事等。现为国际儒学联合会顾问,金岳霖学术基金会副会长,华夏文化纽带工程学术指导委员会委员,万世开太平文化交流中心主任。

一、简历及社会职务

羊涤生,又名培滋,原籍江苏常州。1931 年出生,1937 年抗日战争爆发

被迫随家离别故土,避难各地。后在上海法租界定居,读小学、中学,毕业于
光华大学附中(即今华东师大一附中)。考入清华大学。毕业于清华大学哲
学系,师从金岳霖、冯友兰、张岱年等。1952年院系调整,清华文、法、理科并
入北大。因工作需要留在清华工作。曾任当时清华大学校长蒋南翔创办并
亲自兼任教研主任和讲课的哲学教研组科学秘书,协助蒋南翔同志亲自授
课。同时兼任清华大学其他党政工作。1957年,整风反右期间,因有关民主
和法治方面的建议,曾下放农村劳动三年,并受留党察看两年处分。“文革”
中又受到冲击,被关牛棚一年。“文革”结束后才被彻底平反,认为当时所提
意见没错。

　　20世纪80年代初期,中央决定清华恢复文科,被调参与清华恢复文科
的筹建工作。1985年清华成立思想文化研究所,并返聘张岱年先生担任所
长,拟在此基础上逐步恢复文科各系。同年张岱年先生又创办孔子研究所
(即为中华孔子学会前身)。在张岱年先生担任清华思想文化研究所所长及
中华孔子学会会长期间,本人曾长期担任清华大学思想文化研究所副所长,
中华孔子学会副会长及常务副会长兼秘书长、法人代表等职。

　　1985年,清华大学思想文化研究所还与中国社会科学院哲学研究所、北
京大学哲学系共同成立金岳霖学术基金会,我任副会长至今。每五年举行
一次学术讨论会及评奖活动,从未中断。

　　其事迹曾被收入《二十世纪中国哲学》第二卷(人物志下)(华夏出版社
1995年出版)及《中国社会科学家大辞典》(Asian/American Whop's who)
(英文)等。

二、在国外及台港澳地区的学术活动

　　1.1990年在美国洛杉矶的学术活动。1989年底,我应邀参加了1990年
5月在洛杉矶召开的“孔孟思想与中国文化前途”国际学术讨论会。我提交
了题为《论儒家重“和”哲学及其现代意义》的学术论文。

　　2.1991年7月我应邀去德国慕尼黑大学,参加中国哲学会年会的讨论

会。我提供的论文是《中西文化的碰撞、交融与中国哲学》。文中批评了黑格尔认为中国应排除在哲学史之外的错误看法，他认为孔子、老子、易传等都算不上是哲学。文中还对清华学派的几位大师金岳霖、冯友兰、张岱年等的哲学思想作了介绍。会议决定次年的中国哲学的年会在北京召开，并由北大、清华二校作为承办单位。

3.1992 年应俄罗斯科学院远东研究所之邀，我去莫斯科参加《中国与世界》国际学术讨论会。我提供的论文是《传统与改革》，主要介绍了中国改革开放的经验以及与中国传统文化的关系，受到远东所很多专家的重视，他们一致认为应该参考和学习中国改革开放的经验。

4.1994 年应加拿大文化更新中心之邀去温可华作了一次关于中华优秀传统文化的公开讲演。后来又到多伦多去讲了一次。

5.1997 年 6 月应邀去台湾成功大学参加第一届台湾儒学研究国际学术讨论会，我提供的论文是《儒家思想与现代化问题——也谈新儒家的"返本开新"》。会后又应邀去佛光大学做了一次关于中西哲学的讲演。后又应邀去台北在中研院讲了一次大陆学术界研究中国传统文化的各种活动概况。

6.1991 年 12 月去澳门参加"中西哲学国际研讨会"，我提供的论文为《中西哲学的交融与清华大学》。

7.1994 年 12 月去澳门参加"冯友兰哲学国际研讨会"，我提供的论文为《承百代之流，会乎当今之变——冯友兰究竟属于那一家？》

8.1995 年 5 月在香港中文大学参加《钱宾四先生百龄纪念会》，我提供了论文《宾四先生的中西文化观——纪念宾四先生百龄》。

9.1997 年 9 月在香港参加《孔子思想与 21 世纪》国际学术讨论会，我提供的论文是《多元文化的 21 世纪与儒家理念——再评亨廷顿教授的文明冲突论》。

三、其他弘扬及普及儒学等中国优秀传统文化方面的工作

1.组织和主办学术会议：(1)金岳霖学术思想讨论会，由中国社科院哲学

研究所、北京大学哲学系、清华大学社科系和思想文化研究所、中国民主同盟及中国逻辑与语言大学共同主办,清华大学思想文化研究所承办,于1985年在清华大学举行。(2)纪念冯友兰先生诞辰100周年国际学术讨论会于1995年12月在清华大学举行,此会由北京大学、清华大学等单位共同主办,清华大学承办。(3)儒商现象与现代市场经济国际学术讨论会,1998年10月于河南夏邑举行。中华孔子学会主办,这在当时是国内首次提出儒商问题。(4)由我发起、由中华孔子学会和山东省人民政府、国际儒商联合会等单位共同主办的儒商与21世纪国际学术讨论会在山东济宁召开。

2.在深圳、北京以及在清华大学等处多次为企业家讲授以儒学为主的中国优秀传统文化的讲座。

3.由香港孔教学院决定并出资,由我以香港孔教学院驻中国大陆代表的身份,与中华孔子学会艺术委员会合作,除内蒙、宁夏、青海等少数几个省外,在各省建立了数十尊孔子大铜像,并在全国各地捐赠了不少历代大儒的铜像,如朱熹(在白鹿洞书院)、王阳明(在余姚)、张载(在陕西眉县)、程颐和程颢(在洛阳大学)、王船山(在衡阳)、曾国藩(在江西湖口)等等。在广东三水还建立了孔子、孟子和七十二贤像。

4.对南疆地区伊斯兰文化和民族问题的调研。受有关方面的委托,于1986年曾其他教授一起到乌鲁木齐、喀什、和田等地做了20多天的调研。根据调研情况,我写了一万多字的调研报告,并提出了改进相关工作的建议,认为化解民族矛盾主要要靠发展经济和文化交流,引起有关中央领导重视。

5.1998年9月安排张岱年会长与前国务院副总理兼国防部长并号称儒将的张爱萍将军会面,并聘他为中华孔子学会名誉会长,张将军欣然接受。

四、主要学术经历及主要观点

中国历史上曾经有过两次百家争鸣。一次是先秦,一次是近代。争论的问题主要是两个:中国往何处去? 中国文化往何处去? 这是冯友兰先生的观点。十年动乱结束以后,提出解放思想、改革开放。"实践是检验真理的唯一标准"一文的发表,实际上标志着"第三次百家争鸣"的开始,讨论的主题仍然是中国往何处去? 中国文化往何处去? 当时有些文章认为中国传统文化与民主和科学是"异体蛋白",即不相容的关系,不少文章甚至引用法国列维·布留尔所著的被称为世界名著的《原始思维》的观点,认为中华文化尚处于物我不分的前逻辑的原始思维阶段,与民主、科学是不相容的关系。全盘否定中华传统文化的观点泛滥成灾,民族虚无主义和全盘西化论泛滥成灾。针对这种情况张岱年先生再次提出"文化综合创新"论的观点。我当时写的一系列文章都是围绕这个问题写的。

我的《中国传统思维方式与科学——兼评中国传统思维为原始思维说》在《哲学研究》发表后,"原始思维"说遂告沉寂,不再有人引用。我还引用了有关资料,说明中国的科学技术长期以来曾居领先地位,四大发明改变了人类的历史进程。有人统计了从公元前 6 世纪到 1900 年世界的重大科技成就,在 1500 年前中国所占的比例一直在 54% 以上。李约瑟称中国是"发明的沃土"。以后才直线下降到 19 世纪只占 0.4%,这主要因为西方发生了科学革命,这是由于西方的产业革命推动了科学革命。中国为了保持中世纪农业社会的稳定,长期采取了重农抑商和轻视科学的政策。但也曾有过二次发展资本主义的机会。一次是在南宋,第二次是在明中叶以后。当时私人资本发展迅速,工商业均有很大发展。但两次都由于北方游牧民族的入主中原而中断。孕育了近三百年的落后。

中西之分早在先秦和古希腊时代已见端倪。中国强调善,强调治国平天下和国家的统一。古希腊以海上贸易为主,强调求真,强调契约和奴隶主之间的民主。古希腊的哲人强调为求真而求真,并建立了逻辑的公理体系,但从治国平天下的角度来看是不成功的。希腊文化被遗忘了,直到文艺复兴时代才被重新发现,并为科学革命做出了巨大贡献。罗马时代(相当于中国的汉代)就想统一欧洲,但直至今日尚未统一,而且矛盾重重,危机四伏,而中国早就形成了广土众民的泱泱大国。在原子能时代,世界统一是唯一的选择,在这方面,经过浴火重生的中华优秀传统文化将会发挥巨大的作用。

中国传统文化有丰富的民本思想"民为邦本"，也有民主思想。《大学》中说"民之所好好之；民之所恶恶之，此之为民之父母"。当然这与近代的民主尚有区别，但也决非"异体蛋白"的排斥关系。中国的《礼运大同篇》也有"各尽所能、各取所需"和"天下为公""世界大同"的理想，应属有中国特色的空想共产主义思想。中国也有丰富的唯物论和辩证法思想。黑格尔是一位大哲学家，但他不懂中国哲学，认为中国没有哲学，应该排除在哲学史之外，因而他的辩证法思想未能吸收中国丰富的辩证法思想。"剩余价值"和"帝国主义是无产阶级革命的前夜"的理论也要与时俱进。

当前我们面临马克思主义中国化、现代化和中国优秀传统文化现代化的重大课题。二者应该是一致的。"一致而百虑"，"殊途而同归"。

按照美国著名未来派学者杰里米·里夫金《第三次工业革命》和《零边际成本社会》的说法，日趋成熟的可再生能源与互联网、物联网的结合，将在本世纪中叶出现第三次工业革命，最终资本主义生产方式将为协同共享的新社会模式所取代，私有观念也将逐步淡化，世界格局也将发生深刻的变化。

在本世纪中叶，中国将实现中华民族的伟大复兴，二者可能几乎是同步的。中国不仅将成为经济大国，军事大国，更应该成为文化大国，思想大国。中华优秀传统文化必将实现伟大复兴。这也是我中华民族为全人类所应作出的伟大贡献！

张岱年先生提出的"文化综合创新"论已得到学术界的广泛认同。清华大学已将文科发展的方针定为："古今贯通、中西融合，文理渗透、综合创新"。这是很正确的。但其最后的落脚点是在于"创新"，创新就应有一个相对宽松的学术环境。因为没有一个人可以做到"句句是真理"，真理也只有在与谬误的斗争中才能得到发展，它们是相反相成的关系。有一次和张岱年先生讨论过这个问题，他斩钉截铁地说："中华文化只有在第三次百家争鸣中才能得到复兴！"

中华优秀传统文化的伟大复兴，是摆在我们面前的重大历史任务。

五、主要论著

代表性著作：

《中国唯物论发展史》(合著)，河南人民出版社，1994 年

代表性论文：

《中国传统思维方式与科学——兼评中国传统思维为原始思维说》，《哲学研究》1989 年第 11 期

《中国传统价值取向与科学》，《中国哲学史研究》1989 年第 4 期

《中国古代政治经济思想与科学》，《华东师范大学学报》1990 年第 5 期

《朱熹与科学》，《孔子研究》1992 年第 1 期

《论儒家重'和'的哲学及其现实意义》，《高校社会科学》1990 年第 5 期

《关于文化反思的反思——兼评'文化热'中的民族虚无主义思潮》，《清华学报》1990 年第 1 期

《抽象继承法不应否定》，《中国思想与文化》1991 年第 1 期

《承百代之流，会乎当今之变——冯友兰先生究竟属于那一家？》，《哲学研究》1998 年增刊

《关于孟子哲学的几个问题》，《文史哲》1986 年第 6 期

《试论金岳霖先生晚年的思想变化——未完成的正反合》，《哲学研究》1995 年增刊

《对理工科大学开设普通逻辑的探讨》，《逻辑与语言学习》1986 年第 1 期

《评文化讨论中的民族文化虚无主义思潮》，1992 年 3 月《新东方》杂志第 2 期

撰写者：羊涤生

余敦康

　　余敦康，1930 年 5 月出生，湖北汉阳人。中国社会科学院世界宗教研究所研究员，博士生导师。曾兼任中国孔子基金会理事，中国周易研究会副会长，中国文化书院导师等。1992 年起享受国务院颁发的政府特殊津贴。学术专长为中国哲学史，长期从事中国哲学史的研究工作，对儒、释、道三家均有建树，但主要集中在儒学、玄学、易学三个领域。学界公认其思想深刻、视角独特同时具有文字训诂学、版本目录学和校勘学的功力。

一、个人学思经历

《庄子·知北游》说:"人生天地之间,如白驹之过隙,忽然而已。"我今年 86 岁了,回望过去,八十多年的岁月,亦是忽然而已。在这忽然之间,个人伴随着时代流转,有过希望,有过彷徨,有过奋斗,有过无奈,那些身外的荣辱已如云烟,最终没有留下什么,仅当翻看过去写下的文字时,稍有些宽慰。那是思考在岁月中留下的痕迹,似乎表示着这一生没有彻底荒废。然当宽慰之情刚起,便马上涌起另一种感受,遂起无限怅惘,因为语言文章不过是"迹"而已,以一己之"迹"解古人之"迹",乃是"迹"外之"迹",那潜在的、终极的"所以迹"为何? 却是语言文章难及之处,每思及此,只好默然。

1930 年,我出生在湖北汉阳,1951 年考入武汉大学哲学系。在进入武汉大学哲学系学习一年后,1952 年,院系调整,武汉大学哲学系并入北京大学,我随之转入了北京大学。

1955 年,我大学毕业,分到天津一所中学教学一年后,1956 年,我回到北大哲学系读研究生。

1957 年,北京大学涌起了一股大鸣大放的整风运动,当时的大字报铺天盖地,我身临其境,激动不已,一连写了四封信,道出了心中的感言,信中说:"在现在,光喊共产党万岁,中华人民共和国万岁是不够的。还要喊:理性的原则万岁! 民主和自由万岁! 社会主义的法制万岁!"

这几封信,成为我人生重大的转折点,我因此而被划成了右派,人生遭受重大挫折,而当时的社会形势日趋严峻,这使我陷入痛苦和焦虑之中,我努力地用更深入、更冷静的哲学思考分析时代和自身。二十几岁的我在受到心灵的震动和打击后,寻找着思想的出路。之后在北京农村劳动、在北大做资料工作、摘帽后 1969 年分配到湖北枣阳平林公社任八年中学教员等人生历程中,我在生存和思想的艰苦磨炼中进行着生命的积累。那些年,我埋头于漫长无言的岁月,日复一日,有时会觉得人生似乎将以此终老,而我内心所崇尚的价值理想却愈加坚定,我对于时代的哲学思考和学术的钻研一刻也没有怠惰停止。

在 27 岁到 50 岁这段生命的时光里,我沉潜下来,劳动,读书,思考,反思,体悟。时间如涓涓流水不停地向前,我的思想情感也越来越对魏晋玄学产生了兴趣,有意无意之间,魏晋玄学成了我的精神寄托,我从中寻求着理智的了解和情感的满足。魏晋时期的哲人,具有深沉的时代忧患意识,他们崇尚思想解放、个性自觉的人格,将这些精神诉诸笔端,这些都非常契合我的性情。玄学家在承受着生存困境和悲惨命运的情况下仍然苦心孤诣地去探索天人新义,我以自我生命的体认,从中发现了我作为整个人的本体性的存在,找到了一条不从知识论入手而以整个人为裁判者来解读玄学的新途径。

时光的涓流未曾稍停,在艰苦的思考中探索、再探索,转眼已是天命之年。年轻时的学术训练和活跃的思维以及对时代敏锐的洞察力加上中年时代于现实生活中的身心磨炼,形成了我用整个生命诠释哲学思想和人生价值的思维特点,想来人生的许多事,幸与不幸总是相伴相随。

1978 年,我调入中国社会科学院世界宗教研究所工作,终于可以作专业思想研究了,这正是我年轻时就立下的人生志向,这时我已失去了宝贵的 20 年时间,直到近 50 岁,我才有条件和机会开始从事真正的学术研究,如果说 50 岁以前,是我思想生命的磨炼和积累期的话,50 岁以后,我的思想生命进入了反思期、开拓和日臻成熟的收获期。我无比珍惜这难得的可以专心做研究的机会,抓紧剩下的时间,埋头耕耘,正如当代诗人臧克家的诗所言:

块块荒田水和泥,深翻细作走东西。

老牛亦解韶光贵,不待扬鞭自奋蹄。

二、主要研究成果和学术贡献

1991 年,我的《何晏王弼玄学新探》出版。在这本书中,我将玄学思潮的产生置于汉魏之际社会历史发展的大背景之下,从经学与玄学的对比中梳理思维与时代的关系,从而发现时代思潮的产生与发展所蕴含的规律性、合理性及其不足与缺陷。玄学思潮与经学思潮的不同在于,经学的社会功能是要维护当时业已建成的封建大一统格局,玄学思潮则是适应于重建社会格局的需要而产生并充满了活力。玄学与统治集团的关系是若即若离,始终存在着一定程度的矛盾,玄学没有像经学思潮那样幸运,成为官方哲学,但它却获得了经学思潮无法梦想的自由。贵无论以无为本,以有为末,用"举本统末"的方式把二者结合起来,构筑了一套以哲学本体论为基本特征的新型世界观,为当时的人们重新提供了一种统一的无所不包的整体性的学问。同时,针对当时的名教之治、名法之治的种种流弊以及如何消除分裂割据状态重建统一的时代课题,为统治者构筑了一个高出同时代人水平的完整的政治谋略思想体系。这本书是我在长期积累和思考之后,首次以专著的形式提出的对时代思潮与时代之间关系的深入思考。通过对何晏、王弼玄学的探究,将哲学的理解与历史的感受结合起来,使我基本形成了理性的战略思考。把握时代的思想主题,结合现实精神进行研究的学术路径。

1997年,我的《内圣与外王的贯通——北宋易学的现代诠释》出版。从1978年进入社科院宗教所到1997年,差不多10年的时间,我除了对玄学进行思考研究外,我的学术兴趣逐渐转到了易学史的领域,围绕着先秦易学、两汉易学以及魏晋易学写了些文章,当研究进展到北宋易学时,萌生了写一部稍成系统的易学史通论的念头,考虑到这个愿望一时不可能完成,就将已经理出发展线索的北宋易学写成了这本《内圣外王的贯通——北宋易学的现代诠释》先行出版了。北宋易学在易学发展史上是一个辉煌的高峰,易学大家辈出,从李觏、欧阳修、司马光、苏轼,到周敦颐、邵雍、程颐、张载,他们将才思与热情投注到易学之中,探索时代的主题,寻求明体达用的诠释途径,寻求内圣外王的贯通之道。在研读他们的著作时,深深地感受到他们那理性思维的英雄气质和担待精神,并为之感叹不已。儒家思想中的"三不朽",为无数仁人志士和学者英雄树立了人生的目标,一代代的儒者,心怀天下,思接千古,他们勇于探索,敢于突破窠臼,以这样的精神凝聚成火炬照亮时代前进的道路,这样的情怀又激励着一代又一代的后来人。在研读和写作的过程中,我体会着探索的艰辛和收获的愉悦,将由此而引发的思考融入到字里行间。在这本书中,我将我的前辈学者金岳霖、冯友兰、熊十力三先生关于易道探索的文章附于书后。从哲学的角度来看,他们探索的主题和北宋易学探索的主题是完全一致的。用张载的话来表述,这就是"为天地立心,为生民立命,为往圣继绝学,为万世开太平"。此外,生活在当代的中国哲学家与生活在北宋年间的古代哲学家所感到的困惑也是完全一致的。这种困惑用金岳霖先生的话来表述,就是"理有固然,势无必至",凡是合理的不一定必然能成为现实。如果哲学家通过一辈子辛苦的探索,最后所达到的结局不是确信而是困惑,而这种令人遗憾的结局又作为一种最基本的精神原动力驱使着历代的哲学家去从事不懈的追求,那么,这就是一场没有终点的探寻之旅,我所感受到的悲壮的英雄气便源于此。我感到了这股力量在鼓舞我向前,也同时接纳了这种困惑。

1998年,我的《中国哲学论集》结集出版。这本论文集收录了我从上世纪80年代初到90年代的学术论文、评论32篇,内容包括儒学、玄学、佛学、易学和涉及到不同专业领域的评论、杂感五个方面。这些文章是我针对当代中国的学术困境进行的哲学思考,以忧患之心,思忧患之故,在对历史的梳理和反思中,观照现实,通过扎扎实实的研究,试图在推天道、通古今的基础上,建构具有开放性的诠释体系,凸显中国文化的根本精神。我不愿做掉书袋的学究,而更愿意将至情至性的现实感受融入到学术研究之中。在中国哲学史中,我主要选择了玄学和易学两大课题。尤其是易学,我坚信它代表了中国哲学的根本精神。从上世纪80年代初发表了《从易经到易传》一文开始到后来出版的几部论著,我一直在探索《周易》中的价值理想和蕴含于其中的中国文化的根本精神。在当时这本论集中,记录了我探索的历程和思考的阶段性成果:《周易与中国传统文化的关系》、《周易的思想精髓与价值理想》、《帛书系辞"易有大恒"的文化意蕴》、《易学与中国伦理思想》、《易学与中国政治》、《易学中的管理思想》。从以上篇目可以看出,我在努力地探索易学各个维度,探讨易学的价值理想、文化意蕴、思想精髓,去接近它的本体,当落到社会层面时,它是如何作用于每个时代,它所蕴含的文化精神和价值理想如何与经受了西方文化冲击的中国当下时代的现实相结合。

这样的探讨显得有些沉重,但这又是中国文化走向未来不得不面对的问题,这也是作为哲学研究者应该担待和有责任去试图解决的问题。虽然历史现实的时代局限性和多重因素会对价值产生制约,社会常态往往如前面所说的"理有固然,势无必至",但人类社会需要价值理想的指引,任何一种文化和民族,必然因为拥有价值理想而得以生生不息,并为之振奋向前,从这个意义上来说,人类需要哲学,哲学研究者在理想与现实、历史与哲学的互证互训中,伴着寂寞与苦思前行,以理性的沉思和深沉的情感去探寻实现理想的可能途径。在这本论集的《自序》的最后一段,我写下了当时的感受:追求价值理想是生活的方向,理想不能最终实现是生活的现实。正如古希腊神话中的西西弗斯(Sisyphus),要往返无穷地将一块不可能立于高山之顶的巨石推上山顶,亦如中国古代神话中的夸父,逐日而走,虽然渴死在追求的途中,但拐杖却化作邓林,生长成一片绿洲。原始神话所给予我们的启示,无疑将伴随着生活的追求而日新。

2004 年,我的《魏晋玄学史》出版。这部书倾注了我的心血和情感,也是我对玄学情有独钟的一个印证。玄学的主题是自然与名教的关系,道家明自然,儒家贵名教,名教与自然之间所存在的矛盾如何调和? 通过什么途径得以会通? 这是时代摆在玄学家面前的课题,玄学家带着自身对历史和现实的真切感受投入了一场围绕这个课题进行的思考和辩论之中,在那个战乱频仍、权力斗争日趋白热化、强权压制人性自由、精神生命无所依托的悲苦时代,玄学家站在由历史积淀而成的文化价值理想的高度来审视现实,把时代所面临的困境转化为一个自然与名教、儒与道能否结合的玄学问题,探讨这个问题的过程体现了他们对于合理社会的热切追求,蕴含着极为丰富的社会历史内容,汇聚成了那个特定时代的时代精神。当我研读梳理完那个时代的玄学思想发展脉络之后,回顾这段历史,不禁由此产生了极大的困惑,名教与自然,儒家与道家学说能否在现实生活的层次达于会通? 如果事实上难以解决,那么最大的阻力来自何方? 玄学家的探索给后人留下了哪些值得借鉴的普遍性的哲学意义? 我对此陷入了深深的困惑与思考之中,儒道会通的难题,实际上是中国哲学史上长期争论不休而又永远不能解决的天人关系问题。

自然即天道,是外在于人的不依人的意志而转移的必然之理;名教即人道,是内在于人的受人的意志所支配的应然之理。从天道自然的角度看,"天地不仁",始终是遵循着自己的必然之理独立运行,而人则是创造了一套价值观念,按照社会运行的应然之理来谋划自己的秩序和未来,从这个角度看,人道是有逆于天道的。而从人道社会的角度看,人首先是一个自然的存在,拥有自然本性,其次是社会的存在,拥有社会本性,必然之理和应然之理内在地统一于人性的本质之中。人道既有逆于天道的一面,也有同于天道的一面,同中有异,异中有同,不可能达到完全的同,也不可能出现完全的异。倡导自然主义的道家思想和推崇人文主义的儒家思想发展到魏晋时期,双方的矛盾对立达到了尖锐的程度而趋向于融合。从总体上看,中国的哲学思维正是由于儒道两家的这种复杂关系而形成了一种稳固的张力结构,在同异分合中保持一种动态的平衡向前发展,一部中国哲学就是围绕天人关系这个基本问题而展开。

2005 年,我的《宗教·哲学·伦理》一书出版。按我的研究思路,在研究完玄学以后呢,就要研究易学史。在易学史方面,我把先秦、两汉、魏晋,宋代易学史都写了,我希望能够完成一个完整的易学史系统。但是在这期间我接到了一个课题,是关于中国宗教与中国哲学的关系、中国宗教和中国伦理的关系的课题,从源头上来看中国的哲学。我分的课题是"中国宗教与中国文化(卷二):宗教·哲学·伦理",我花了三、四年的时间完成了这个课题,这个课题的研究成果归入了国家社科基金成果文库。我从夏商周三代宗教切入,分析中国哲学思想发生的源头。现在有人说"中国哲学史"不要叫"中国哲学史",要叫"中国思想史",有人说中国就没有哲学。这明显地带有以西方哲学概念来评判中国哲学的倾向。

在当今的世界,全球化的浪潮促使各个民族间发生普遍的交往,而全球化的浪潮是以西方的强势文化为主导的。因为中国文化必须以西方的文化为参照,进行中西比较,并且通过西方文化的镜子来反映自己,才能做出合理的自我定位。但是由于西方文化处于强势地位,对于中国文化的看法带有西方中心的色彩,这样我们再去拿西方这面镜子来照我们自身的时候,得到的是被西方"哈哈镜"扭曲了的映像。所以,当我们要对自身有清醒的认识,又不得不以西方为参照时,一方面,要借鉴和学习西方对客观真理不懈追求的理性精神。另一方面要有文化主体性和自觉意识,要用中国人的眼光去矫正被扭曲了的自身的映像。因此,我提出了还是要从发生学的角度去探讨中国文化本原性的看法。该书在社会上引起了广泛的关注。

几十年来我一直反对照搬西方的模式来看中国古代文献,所以我追本溯源,努力探索中国哲学的源头。后来我也写了好多文章来和西方哲学的源头进行比较,和印度哲学的源头进行比较。我要证明,中国本身就是一个源头。我是利用《尚书》《诗经》这些原典来做解释的,我就是要重新解释这些经典,通过诠释来确立中国哲学的地位。在我的《宗教·哲学·伦理》一书的第二部分,我写了《春秋思想史论》,我的目的是用中国本土的语言,用中国的话语系统来阐明中国在春秋战国时期的"哲学的突破",和希腊、印度相比,中国哲学具备与前两者"三足鼎立"的"合法性"的地位。

在埋头于哲学史的研究中,我有一种自觉意识,也就是说,从学理上讲,一个哲学家,如果离开了哲学史,绝对不能成为哲学家的,因为哲学是个历史发展的过程。当学者进入了历史发展的过程中,当把前人的思想论述读过、想过之后,我们可以根据时代的特点,以自己的理解而标新立异,甚至完全反对前人也可以,但是我们所有的思想都是通过诠释得来的。哲学史和哲学二者之间是交叉的,绝对不能划出个泾渭分明的界限。关键在于:是"照着讲",还是"接着讲"。只有"接着讲"才有创新。

所以,我明确地提出:"诠释学是哲学和哲学史的唯一的进路"的观点,这是一个普遍规律,无论中外古今,无论是搞哲学还是哲学史,都是诠释学。

西方的诠释学在西方的文化语境中产生,它有它的文化理路,这个理路在我看来,就是在西方科学主义与人文主义、历史主义与实证主义两极对抗的时候激发出来的。从 17 世纪以来,科学主义占了上风,实证主义占了上风,就有一批人来反弹,要维护人文的神圣地位和独特性,就搞了诠释学。其实,科学主义、实证主义是不是诠释而来的? 找找根源,可以一直找到古希腊,它也是通过诠释而来的。如果离开了对古代的诠释、对经典的诠释,没有这个依据,它的科学主义、实证主义没法成立的。所以,这两派,不管是哪个主义,都是通过诠释而来的。由于西方文化语境逼出个诠释学来,诠释学就向哲学的路上发展。它向哲学的路上发展以后,西方的诠释学——伽达默尔的诠释学就跟中国古代的经典诠释学不是一回事了。

中国的经典诠释学,从先秦就有了。在中国的语境之下,提出"诠释学"这个概念实际上是 20 世纪到 21 世纪的世纪之交才提出来的。我们古代的诠释,都是一个人有诠释的思想,然后马上化为诠释一个经典作品,朱熹的诠释、陆象山的诠释、王夫之的诠释,所有的诠释,每一个诠释家、经学家都有诠释思想。我认为,关于人文和历史的东西,必须有自己主客合一的理解,不能仅把它当作一个对象来研究。我对诠释的解释是:诠释就是对话,就是理解。

一个民族,一个伟大的民族,她必有自己的经典,而经典的形成也就是那个文化的形成。这个东西带有原创性,带有开放性,可以允许各种不同的解释,它根据时代的需要不断地发展,绝对不是固定的。经学就是中华民族从远古一直到近代的精神现象学、精神发展史,精神由开辟、发展到壮大,支持着我们这个伟大的民族,这是精神的支柱。所以,我主张中国的诠释学就是要通过对经典的诠释,体现我的关怀,我的理解,使我整个人走进去,和古人对话,获得思想和情怀的滋养,获得同情的理解,然后"借他人酒杯,浇自家块垒",写出时代气息,写出自我的理解和精神。这才称得上是哲学家。

我从 20 世纪 80 年代就开始利用诠释学,我几十年的学术经历,着重诠释两个东西。一个是玄学,一个是《周易》。

2005 年到 2006 年,我的"易学三书":《易学今昔》、《汉宋易学解读》和《周易现代解读》先后出版。

在这三本书中,我自觉地用运用诠释学进行解读,从对《周易》的诠释中彰显易道的价值理想,立足于自己当下的时代,凸显时代精神。我从对《周易》的诠释中总结提炼出了"和谐"这一核心理念,着重强调了"中国的智慧在《周易》,《周易》的智慧在和谐"的观点,成为时代呼唤"和谐"的最先发声者,将社会政治"以阶级斗争为纲"的群体思想意识引向"构建和谐社会"适应时代需求的理念上来。历代的哲学家研究学问,都有一个经世致用的想法,为社会提供思想的依据,否则研究学问的目的何在呢? 在我研究《周易》的过程中,我深切地感到,就易道的价值理想而言,是追求一种以"太和"为最高目标的天与人、自然与社会的整体和谐。先秦各家普遍地把天人和谐作为自己的价值取向。他们一方面援引天道来论证人道,把天道的自然规律看作是人类社会合理性的根据;另一方面又按照人道来塑天道,把人们对合理的社会存在的主观理想投射到客观的自然规律之上。只是各家对这种整体和谐的论述,有的比较侧重于天的,有的比较侧重于人道。《周易》在《乾卦·象传》中提出了"太和"的思想,认为"乾道变化,各正性命,保合太和,乃利贞。首出庶物,万国咸宁。"这是先秦各家中对整体和谐的最完美的论述,集中体现了中国文化的最高价值理想。

在上述独立完成的专著之外,我还承担了一些重要的哲学史的研究工作。合著的有《中国哲学史教学资料汇编》(承担先秦、两汉、魏晋、隋唐四卷八册,中华书局出版)、《中国哲学发展史》(任继愈主编,为主要执笔人之一)、《中国佛教史》(任继愈主编,为执笔人之一)。主编的有《易学与管理》。另外还有《易经与易传》、《礼记述评》、《六家七宗》、《论儒家伦理思想》等几十篇反映思想观点的重要论文。

本来我是要顺着"夏商周三代宗教"、"春秋思想史论"这样的一个诠释传统,来搞一个先秦的哲学,建立中国哲学的合法地位,我要解释儒家、道家、法家、墨家等,必须从历史上解释,要找很多的材料。但是,我没有完成这个想法,也没有时间再去做这个事情了。回顾我的学术生涯,我对自己很不满意,我的几个基本观点也不成体系,但我愿意将这些观点拿来与大家探讨,也希望后来人能够在我的困惑和不成熟的思考中继续前行。我对中国传统文化的总体看法,大致有三个要点:

1.在系统研究中国历史和思想文化的基础上,提出中国儒家文化的重要特征是它的整合性以及由此体现出的和谐精神。这是由中国特定的历史选择决定的。因此,探讨中国历史上的宗族—宗法制度是研究中国哲学思想发展的内在线索。

2.对中国文化源头的研究,指出中国历史的连续性,关键在于文化而不是政治。这种以宗族制度为依托的宗教文化,其发生学的源头可以追溯到颛顼时代,此后历经尧、舜、禹一直到夏商周三代,构成一个连续性的系列。虽有不同政治利益集团的相互抗争,但又有对共同宗教感情和共同价值观念的认同,这种文化认同能够超越血缘种族的分歧,对不同政治集团的现实利益进行有效调节,发挥着整合功能。由于文化向心力大于政治上的离心力,中华民族方能虽平行而并进,虽多元而一体。

3.基于对中国历史文化过程和源头的研究,提出中国历史社会在道统、政统、学统、俗统四要件的内在构成及有机运动中发展,其中道统与政统之间的合理张力是社会正常发展的关键。依据普遍性的价值原则进行文化整合,还是为维护个别集团利益实行权利整合,是中国历史兴衰的重要原因。

三、退休感怀

2002年我就退休了,但我没有停止我的哲学研究,有几本重要的专著都是退休后出版的。除了埋头著书外,我同时希望能为年轻人做点什么,所以我经常去给北大的学生讲课,看到年轻的学子朝气蓬勃、求学日新的样子,我很高兴。

2014年,我84岁了,还在不断地讲课,12月8号,是我到北京大学最后一次讲课,后来因为身体不好这两年就没有再去过。那次是北大严复论坛第六届讲座,我的题目是《中国哲学的起源与目标》。在讲座中,我从雅思贝斯提出的轴心时期说起,提出了中国哲学何以能够从远古走到现代这样一个问题。我认为:这需要从中国哲学的起源与目标上寻找答案。中国哲学起源于夏商周三代丰富而深厚的宗教传统和文化积累。夏商周以敬天法祖为主要特点的宗教文化传统,赋予中国哲学以独特的展开路径、精神气质和思想特征,而与古希腊、古印度哲学思想殊异。中国哲学的目标乃是自古及今哲人们所追寻、所关注的中国哲学和中国文化的核心价值观,集中体现于

"横渠四句",即:"为天地立心,为生民立命,为往圣继绝学,为万世开太平。"这样一种目标足以跨越古今。

2015年初,我身体出了些状况,行动不再像以前那样运动自如,但我的思考还在继续。

这些年,除了对学术研究有一些心得外,在对《周易》的研究中,历代易学家的品格气象对我有很大的触动和影响。拿宋代的易学来说,每个易学家自有不同的取向和不同的做法。比如欧阳修、司马光、邵雍、苏东坡,都有不同的取向。就我的取向来说,是什么呢?有些人我是佩服,但是我做不来。有些人我既不佩服也不想做。有些人和我的性情相投。我佩服两个人:一个是邵雍,他有一个安乐窝,在安乐窝里头研究他的《周易》,我佩服他有个安乐窝,我到现在一辈子都没个安乐窝。还有苏东坡,我喜欢他。通过研究《东坡易传》,我才真正认识了苏东坡这个人。以前只知道他多么潇洒、旷达,其实他也有内在的苦闷,内在的矛盾不能解决。他把这些东西都集中写在《东坡易传》里头去了。通过它我才知道《易传》居然有这么丰富的内涵。而当我写《周易现代解读》写到最后一卦未济卦时,就有了一种说不出的惆怅和无奈,最后的结局竟然是未济,多么令人心有不甘哪!正如清代龚自珍的一首诗所写那样:

> 未济终焉心缥缈,百事翻从缺陷好。
> 吟到夕阳山外山,古今谁免余情绕?

我觉得自己有许多想做的事没有完成,一路努力向前,当走不动时,抬头远望,夕阳西斜,群峰缥缈……

我想起了50岁之前那些不由自主的岁月,想起了50岁之后的俯首耕耘。我是一个旅客,磕磕绊绊地走过了一生,却最终没有到达心中的站点。然而,我知道在我开始玄学研究时的感受一直伴随着我,通过一辈子辛苦的探索,最后所达到的结局还是一个没有完成的"逗号"。独对夕阳,感慨万端,我深深理解了历代旅者共同的情结和感受。

吟到夕阳山外山，古今谁免余情绕？

四、主要论著

独著：

《何晏王弼玄学新探》，齐鲁书社，1991 年

《内圣与外王的贯通——北宋易学的现代诠释》，学林出版社，1997 年

《中国哲学论集》，辽宁大学出版社，1998 年

《魏晋玄学史》，北京大学出版社，2004 年

《宗教·哲学·伦理》，社科出版社，2005 年

《易学今昔》，广西师范大学出版社，2005 年

《汉宋易学解读》，华夏出版社，2006 年

《周易现代解读》，华夏出版社，2006 年

合著：

《中国哲学发展史》，人民出版社，1998 年

主编：

《易学与管理》，沈阳出版社，1997 年

撰写者：寇方墀，独立学者。

张立文

张立文,1935年3月生。中国人民大学一级教授,哲学院博士生导师,中国人民大学孔子研究院院长,中国传统文化研究中心主任,中国人民大学国学研究院院长。曾任和合文化研究所所长。兼任中国周易学会副会长,中国文化书院导师,国际儒学联合会荣誉顾问,国际易学联合会理事,国际退溪学会理事,日本东京大学客座研究员,中国炎黄文化研究会理事等。

一、个人简介

张立文,浙江温州人,1948年在温州瓯海中学参加由中国共产党领导的进步组织,1950 年参加温州泰顺县土改、反霸、剿匪等工作,曾任泰顺县仕阳区粮食管理所副所长。1956 年考入中国人民大学历史系中国革命史专业,1960 年毕业于中国人民大学中共党史系,留校在哲学系中国哲学史教研室任教,曾任教研室主任。1984 年经国务院学位委员会特批为教授。1991 年享受国务院政府特殊津贴。现任中国人民大学一级教授、哲学院博士生导师,中国人民大学孔子研究院院长,中国传统文化研究中心主任,中国人民大学国学研究院院长。

张立文在国内和国外皆具有广泛而重要的学术影响力。自 1982 年参加美国学术联合会、亚洲太平洋研究中心在夏威夷大学举办首次朱熹国际学术会议开始,他先后到美国、德国、葡萄牙、希腊、新加坡、马来西亚、日本、韩国、越南等国参加国际会议或讲学,与国外儒学界、学术界有着广泛交流和互动合作。被收入美国、英国、印度等国名人录及国内各种名人录。

先后承担的国家课题有:(1)"东亚哲学与 21 世纪",1996 年国家社会科学基金重点项目,出版五本专著,已结项。(2)"中国学术通史",2001 年新闻出版署、人民出版社重点项目,出版《中国学术通史》(六卷),已结项。(3)"中国古代的德治和法治",2001 年教育部人文社科重点研究基地项目,已结项。(4)"中国哲学思潮发展史",2005 年国家社会科学基金重点项目,已结项。

主要获奖有:1986 年全国中青年哲学工作者优秀论文奖、1991 年第一届光明杯优秀社会科学成果三等奖、1992 年国家教委首届高校出版社优秀学术著作特等奖、1994 年全国古籍著作优秀奖、1996 年全国图书"金钥匙"一等奖、1996 年北京市第四届哲学社会科学优秀成果一等奖、1998 年普通高等学校第二届社科优秀成果三等奖、1998 年国家社会科学基金项目优秀成果三等奖、1998 年第三届全国图书金钥匙奖、1998 年北京市第五届哲学社会科学优秀成果一等奖、2000 年北京市第六届哲学社会科学优秀成果一等奖、2002 年北京市第七届哲学社会科学优秀成果二等奖、2006 年第四届中国高校人文社会科学优秀成果三等奖、2006 年第二届中国出版集团图书奖、2007 年首届中国出版"政府奖"提名奖等。

二、学术成就

1.《周易》入手奠根基：出版了"文革"后第一部《周易》研究专著

《周易》研究开张立文学术创新之端绪。他 1960 年 6 月提前毕业后即从事宋明理学研究。宋明理学是中国思想史上的一个顶峰，是中国哲学发展的新阶段，是儒释道三家理论思维融合的表现。它的本旨是对汉唐以来章句注疏之学和笃守师说的逆向运动，是"疑经改经"形式下的新儒学复兴与运动。"总结中国古代哲学思想，展望未来中国哲学思想的发展，宋明理学是一把钥匙。"但是，宋明理学家无人不研究《周易》，《周易》成了研究宋明理学的关键。这样，张立文边熟读宋明理学家文献资料，边研究《周易》并在"文革"前就注释完成《周易》。在 1962 至 1963 年间，他从哲学的角度对《周易》的思想进行了研究，撰著了《周易思想研究》，完成三个目的：其一，按照历史的本来面目研究古代思想，恢复《易经》的原貌；其二，明晰《易传》与《易经》是两个不同历史时期与思想体系的著作，把他们放在各自的历史范围内，联系当时的社会政治、经济关系，进行阶级的、理论的分析，做出符合历史实际的研究结论；其三，通过《易经》思想的研究，弄清了我国科学思维萌芽的开端，以及科学思想的萌芽是怎样同宗教相联系的。有学者发表书评指出："这部书的问世，对学术研究的影响和意义值得重视"，"是近年来中国哲学史领域取得的可喜成果"，是国内"文革"后第一部系统研究《周易》义理思想的专著。而且，是著亦对张立文的和合哲学体系创构有直接影响，和合学提出的很多概念，如天地人三界就是从《周易》里面来的：地就是生存世界，人就是意义世界，天就是可能世界。

《周易》是中华礼乐文明的源头，是民族生命智慧的活水。张立文在完成《周易思想研究》之后，又根据发表于 1984 年《文物》第三期的《马王堆帛书六十四卦释文》，参考原先对《周易》的注译而成《帛书周易注译》，先后出版《周易帛书今注今译》、《帛书周易注译》、《白话帛书周易》。《帛书周易注译》首从文字、音韵、训诂方面对帛书文字做了考证，对六十四卦三百八十四爻的卦辞和爻辞均首先校勘原文以辨别正误,次对每一字词细加串通句意,终加总释以疏通卦旨。是著摆脱各家各派以自己的偏见而进行说教的色彩,以及许多恣意附会、虚妄不实之辞,着力于字词本义的考证,还卦辞与爻辞以本来面目,朴实而具有概括力。

2.朱熹研究立中哲:出版了"文革"后第一部朱熹研究专著

紧随《周易》研究之后的是朱熹研究。朱熹研究成为张立文中国哲学史研究和哲学理论创新的直接切入点。

他认为:"在宋明理学当中,朱熹是一个关键人物。如果我把朱熹思想搞清楚了,顺下来我就可以搞王阳明这一派。横向的我就可以通陆九渊、张栻和吕祖谦。所以我就抓了朱熹,朱熹一抓,宋明理学上下左右基本上就通了。"在"文革"当中,中国人民大学解散,中国哲学史教研室转到北师大,张立文在师大图书馆熟读朱熹的书和相关研究论著,系统地掌握了朱熹的思想。完成于"文革"的《朱熹思想研究》,由于只有一份手稿,为请石峻、张岱年、任继愈教授审阅,任公写序,辗转其间,于 1981 年出版。该书以求道为目标,以"哲学逻辑结构论"为分析方法,坚持实事求是的原则,突破"四大块"肢解哲学家思想的方法,从朱熹的思想实际出发,具体问题具体分析,客观地研究了朱熹的哲学、经学、史学、文学、乐律、佛学、道学以至自然科学。

《朱熹思想研究》出版后,在国内外引起很大反响,《人民日报》、《光明日报》都发表了评论。香港《镜报》月刊 1983 年第七期刊载非闻文章《中年学者在大陆崛起——访〈朱熹思想研究〉作者张立文》,指出:"三十多年来,大陆不仅没有出版过一本有关朱子研究的专著,就连一本普通论述朱子的小册子亦难于找到。特别是'文革'期间,大批儒孔,由孔子而株连及朱子,加上一顶'大儒'的帽子,'扔进历史垃圾堆',不值一顾了。难怪海外学者咸认为大陆无人研究朱子。张立文长达五十余万言的专著《朱熹思想研究》的问世,说明大陆对朱子的研究并未中辍。"又说:"在大陆学术空气遭十年浩劫的污染以后,张立文对朱子这个'大儒'所作的这样的分析研究,特别使人感到清新。……它企图使哲学基本概念的研究,不仅仅停留在对主要范畴的论证上,而着重于范畴之间的连结以及结合方式的不同的研究,说明由此构成各不相同的哲学逻辑结构或哲学体系。这样的研究方法,是能还各个哲学体系以本来面目的。因而《朱熹思想研究》是散发着浓郁的中国芬芳的著作,在中国哲学史、思想史重点人物的研究中,开拓了新的蹊径。"外国学者亦给以很高评价。美国著名学者陈荣捷教授说:"此书学术水准很高,肯下死工夫做学问",其"治学之严,所用材料皆第一手,且每有新见,令人起敬。"日本《朝日新闻》1982年6月13日的学术栏发表专文,介绍是著的内容及其评价;《国家学会杂志》第96卷第11、12号,发表渡边浩教授文章,给予很好的评价。被邀请参加1982年在美国夏威夷东西方研究中心召开的"朱熹学术国际研讨会",并在大会上发表《朱熹易学思想辨析》,日本著名学者岛田虔次教授评论说:"朱熹易学是魔鬼也搞不清的,张立文梳理清楚了。"

3.宋明理学分主次:提出宋明理学的主流与非主流说,以及主流中的"三系说"

知识分子最大的一次机遇随着"文革"的结束而到来。在大家开始学术研究时,张立文已经遥遥跑在前面。从思想压迫和政治禁锢中解放出来的张立文以朱熹研究为契机,又陆续出版了《宋明理学研究》、《戴震》、《走向心学之路——陆象山思想的足迹》、《宋明理学逻辑结构的演化》、《船山哲学》等专著。

宋明理学的分系问题由来已久,进入20世纪后,从事中国哲学研究的学者据自身对宋明理学的理解提出不同的分系理论。其中,张立文的主流与非主流说具有一席之地。

在1982年完成的《宋明理学研究》中,他首先界定了宋明理学的内涵。在他看来,"理学"与"道学"是上下关系,"宋明理学"内涵了"程朱道学"。原因就在于,"道学"概念不包括心学。道学虽在北宋出现,最早指称"与政术相对称的学术",而整个两宋时期,都不包括陆九渊心学在内。在当时,道学概念的使用都是指程朱一系,因此,在他看来,理学作为总称优于"道学"。原因就在于:其一,明清以来"理学"包括了程朱道学和陆王心学,不会发生概念上的混乱;其二,道学既容易与后来的"假道学"相混,也容易与道教之学、道家之学相混;其三,"道学"并不能十分确切地反映这个时代哲学的本质特征和最高范畴,反而会给人以重道德伦理轻宇宙本体的研究之嫌。

他以主流和非主流划分宋明理学。在他看来,宋明理学作为社会思潮,有主流与非主流之分,其区别就在于其作用和影响不同,社会效果不同。所谓主流与非主流,简言之是指一种社会思潮是否起主导作用或居于重要地位。宋明理学的主流派包括:濂(周敦颐)、洛(程颐、程颢)、关(张载)、闽(朱熹),以及邵雍、张栻、陆九渊和王守仁等,周敦颐、二程、张载、朱熹及其门人为正统派;非主流派包括:司马光、王安石、苏轼、苏辙、吕祖谦等。周敦颐是宋明理学的开创者,只缘他"暗破心性义理之学"。濂、洛、关、闽一脉相承,是"理学"中的正统派,历代统治者皆奉程朱为正统,且成为后期社会发展中居统治地位的官方哲学,强烈影响了上层建筑的各个领域。朱熹是"道学"的集大成者,继承和发挥濂、洛、关学的思想,亦汲取欧阳修的疑经观、王安石的"道器论",二苏的"道"的思想,糅合诸家,综罗百代。明代陈献章由宗朱而转为宗陆,王守仁承"心学"而为心学之集大成者,并成为理学的主流派。刘宗周为明末大师,其学推本周、程,得源于王守仁,以"慎独为宗",针砭王学各派的王畿、罗汝芳、王艮等,承朱熹之道德伦理,舍空谈而趋道德之实践,但终究与朱、王皆异。总之,理学各派与其他学派相互交错,既互相否定,又相互吸收,形成了螺旋式的前进运动,而绝不是并行不悖、笔直发展的。

与主流、非主流相对应的是"三系说"。张立文指出,宋明理学的主流可分为"三系",即程朱道学(或可说程朱理学)、陆王心学和张王气学。总之,船山发宋明理学中张载气学一脉,而成为气学的集大成者,从学术意义上可与宋明理学中朱熹集道学大成、王阳明集心学大成相当。

4.退溪研究拓视界:国内首位研究李退溪思想的学者

李退溪研究是张立文朱熹研究的偶然拓展。1981 年 10 月,他携《朱熹思想研究》专著出席在杭州召开的宋明理学国际会议,陈荣捷教授在看了《周易思想研究》和《朱熹思想研究》后,建议他撰写《朱熹易学思想辨析》以参加 1982 年在美国举办的朱子学国际研讨会。张立文在朱子学会议上做了演讲,得到学术界的认同和高度赞扬。1982 年的国际会议不仅仅使张立文认识了各国学者，还开拓了眼界，知道了朱子学对日本、朝鲜和越南的影响，开始关注朱子学在各国的发展与结合等问题。1983 年，他受邀参加在美国哈佛大学召开的第六届退溪学国际学术会议，虽未成行，但撰写了《朱子与退溪的易学思想比较研究》，是《朱熹易学思想辨析》的续篇。之后，他参加了历届退溪学国际会议。张立文从各个层面、角度研究李退溪，将论文发表于退溪学研究院主办的《退溪学报》及其他杂志上。1985 年，他发表于《哲学研究》上的退溪学研究论文，是国内首次发表研究韩国最著名哲学家思想的文章。因张立文在退溪学研究的成就，1987 年被国际退溪学会授予"国际退溪学学术奖"，1988 年被邀请参加汉城奥林匹克运动会组委会召开的世界学术会议和第十届退溪学国际会议，并被邀出席奥林匹克运动会开幕式，亦是时任卢泰愚总统接见的世界八位学者之一，并促成 1989 年 10 月中韩建交前，在中国人民大学召开第十一届退溪学国际学术会议。张立文先后出版《退溪哲学入门》、《朱熹与李退溪比较研究》、《李退溪思想研究》，主编《退溪书节要》，在退溪学研究领域具有重要地位。在《韩国儒学研究》一书中诠释了韩国儒学的特点，对韩国的粟谷、南冥、奇大升等性理学家的思想作了精妙论述。

　　张立文在退溪学研究中推导出了东亚意识。不仅仅中国的朱子学影响了东亚，整个中国儒学也在不断影响东亚社会与意识形态。儒学既是中国的又是东亚的。儒学在公元前 3 世纪便传播东亚和南亚的朝鲜、日本、越南等国，形成了儒家文化圈，体现出"东亚意识"。所谓东亚意识，是中国、日本、韩国等东亚地区的，以儒学为核心的文化意识。这个儒学是指孔、孟、荀的元典儒学、汉唐经学儒学和宋明新儒学。就东亚言，包括朝鲜的性理学（主理派、主气派、折衷派、实学派），日本的朱子学、阳明学和古学学派。儒学对东亚地区的社会结构、典章制度、伦理道德、风俗习惯、心理结构、行为模式以及价值观念都有极为重要的影响，从而形成以东亚为主的要求改变世界不均衡、不公正、不平等状况的意识。正是基于这样的思考，张立文主持国家社科基金重点项目《东亚哲学与 21 世纪》，主编《东亚哲学与 21 世纪丛书》，并编纂《国际儒藏》。世界眼光、东亚意识、国际儒学，是张立文宋明理学研究的深刻性、全球性与开创性的体现。

5.方法创新为前提:中国哲学逻辑结构论的开现

随着中国哲学学科的发展,如何从中国文化自身的立场探寻中国哲学的发展规律,研究中国哲学的固有内容,便成为中国哲学学科发展的一大任务。对此问题的思索,张立文提出了中国哲学逻辑结构论,探寻中国哲学内在逻辑结构、发现了中国哲学固有的发展规律。

中国哲学逻辑结构论实现了中国哲学研究方法的创新。早在 1964 年研究谭嗣同哲学思想时,张立文便对谭嗣同哲学思想的"仁——通——平等"的逻辑结构进行了深入探讨,力图实现中国哲学的方法论创新。在《朱熹思想研究》一书中明确提出了这一理论:"所谓中国哲学逻辑结构,是指研究中国哲学范畴的逻辑发展及诸范畴间的内在联系,是中国哲学范畴在一定社会经济、政治、思维结构背景下所构筑的相对稳定的逻辑理论形态"。

以中国哲学逻辑结构研究法研究中国哲学,可从三方面入手:一是纵向的哲学范畴、逻辑结构的研究,它可以揭示整个历史长河中本质相同或不同范畴之间的继承关系及其演变发展规律;二是横向的哲学范畴、逻辑结构的研究,它可以揭示各个哲学范畴在同一个历史发展阶段中的相互关系,进而把握一个时代的哲学思潮,反映一个时代的思维水平;三是纵横结合的哲学范畴、逻辑结构的研究,它可以揭示范畴在各个历史阶段之间和各个时代哲学思潮之间的中间环节,明确它们之间相互渗透、相互过渡的关系。通过这三个方面的研究,便可以对中国哲学的总体发展历程、各个时代的哲学思潮、各个哲学流派或哲学家思想的演化路径、发展规律及其内在特点进行全面深入的多维了解。

《中国哲学逻辑结构论》创造性地提出了中国哲学研究方法论,建构中国哲学研究的"范畴解释学"。张立文说:"要正确把握中国哲学逻辑结构中的范畴,需要有具体、义理、真实三层次的句法、语义、网状、时代、历史、统一等六层面的诠释,以揭示哲学范畴的本意、义理蕴含和整体本质"。

张立文将逻辑结构论的思想广泛运用于中国哲学史各领域的研究中,撰写了《中国哲学范畴发展史》(天道篇、人道篇),并主编了《道》、《气》、

《理》、《心》、《性》、《天》、《变》等"中国哲学范畴丛书"。经过长期教学研究的涵泳砥砺,他的中国哲学逻辑结构论的思想也日益丰富和完善,成为目前中国哲学研究的重要方法论。

6.传统学说创体系:将传统学从文化学中独立出来

上世纪 80 年代开始的传统文化和现代化的争论,启发了张立文思考如何对待传统文化问题。在传统和现代化讨论过程中,学术界提出了很多关于把传统文化变成现代化的方法。这些方法背后都各自受价值观的支配,存在价值选择与判断的问题。而在张立文,这个方法及其价值观就是"传统学"。1986 年,他在《光明日报》发表文章,首次提出"传统学"概念;1989 年,出版《传统学引论》,就作为独立学科的"传统学"的理论框架进行详细阐释。

"传统学"是张立文首创。将"传统"上升为"传统学",并将"传统学"从文化学中独立出来且进行系统阐释的,张立文是第一人。希尔斯不仅没有将传统从文化中独立出来,而且根本没有提出"传统学"理念,更不要说架构"传统学"体系了。张立文把"传统学从文化学中分离出来,把传统作为一门独立的学科来建构"。修订版自序则明确指出:"传统学的宗旨是体认传统,继承传统,度越传统,创造传统。使传统重新焕发生命智慧,以适应现代化的合理性需要,化解传统与现代的冲突"。

"传统学"作为独立学科系统,包括横式结构和纵式结构。横式结构包含传统的价值系统、心气系统、知识系统和语言符号系统;纵式结构是指传统无意识。传统的价值观念系统是由和合生存世界的物的价值和社会价值、和合意义世界的人的价值、和合可能世界的艺术理想价值等构成的多层次复杂结构:传统的物的价值是指物以及物和物的关系所能满足人的需要而体现的价值;传统的社会价值是就人与社会之关系而言的,中国的传统是重群体价值,轻个人价值,整体利益重于个体利益;传统的人的价值是指人的生命智慧在实践交往活动中对自身需求的体现,表现为人的自我价值和社会价值。传统的心气是指主体所具有的传统的情感、心理、性格以及心理活动的稳定性、灵活性、指向性,是传统的内在活力体现,具有生生不息之功能。参与传统活动的精神要素、思维模式以及再造传统的工具系统构成传统的知识系统。它既是传统再造的手段,又是传统活动的积累结果。传统的语言符号系统是传统的价值系统和心气系统的外部表现,是传统得以传播、交流、延续的中介。

张立文还提出了传统学的研究方法,即纵横互补律、整体贯通律和混沌对应律。透过传统学研究的三理论思维和三分法定律,可以从传统文化中发掘民族精神的真正脉络,可以探讨华夏文明的和合精神意蕴。

7.人学新论新规定:人是能够自我创造的和合存在

传统学的发展结果是新人学。传统学根本上是"人"的问题,因为传统是人创造的。传统亦是通过人的智慧,赋予一种文本,或赋予一种实物以"传统"这种精神。传统文化实际上是人化。人是传统的前提和基础,又是哲学的前提和基础。所以,"传统学"归根到底是人学。

张立文从"人"的两次自我发现出发,论证了"人的第三次发现"。前两次人的自我发现,第一次是从自然中发现了人,把人从自然的奴役下解放出来;第二次是从宗教神学中发现了人,把人从宗教神学的奴役下解放出来。人类目前面临着"第三次发现或第三次解放,这就是从大工业工具系统和现代科学技术中发现人,把人从现代机器的控制下和生态危机的灾难中解放出来"。而这次发现,根本上依据人类的自我创造而使人得以"解放"。1984年,张立文在德国哥廷根大学曾与德国卡西尔协会的一个会员讨论卡西尔提出的"人是符号的动物"问题。卡西尔的论断消解了人所特有的智慧与创造性。当时,张立文就给人作了这样一个新规定:"人是会自我创造的动物"。人只有自我创造,才能够创造世界,才能够设计自己的未来,也才能够掌握自己的未来。在1989年出版的《新人学导论》中,张立文明确地将"人"规定为"会自我创造的动物"。但是,以动物来规定人,同过去讲动物的话没多大区别,尽管这个规定从根本上否定了卡西尔"人是符合的动物"一说。因为人有两重性,自然性(动物性)和社会性(道德性),若人的动物性得以张扬,那么,人比动物还可怕。故而,张立文在反复思考之后,将"人"的规定改成"人是会自我创造的和合存在",以与和合学相契合。这样的人,是会调节人与社会、人与人、人与自然、人的心灵中的冲突,是真正走进和合之境的人。

张立文的"人学"构筑了人之"自我和合"的价值目标。这个自我和合是"和合型"的人与"优美型"的人的统一。"和合型"的人内涵了和合型人格与和合型人际关系。依据现代社会状况和需要提出人生五大境界说,即生命超越境、知行合一境、情景互渗境、圣王一体境、道体自由境,以此作为现代化新人的价值导向。

8.哲学创新新标志:发现了中国哲学理论思维形态创新的游戏规则

哲学是时代精神的精华,是民族精神及其生命智慧的结晶和凝聚,是思想家主体精神的超越和流行。每一次哲学创新,都是哲学家针对特定的社会问题,依据特定的文献资料而创新出新的问题解决之道。张立文在几十年的中国哲学史研究中,发现了这些游戏规则,即核心话题的转向、人文语境的转移和诠释文本的转换。

张立文最早以"周期性"来说明中国哲学创新的规律性。中国文化的"周期性"表明中国文化"转生"的过程性。"转生"总会体现出特征。张立文对"转生"特征的把握经历了从"两个标志"说到"三个标志"说的转变。1996年,他在文章中指出:"大凡每一新时期新理论形态出现之前,都进行了两方面的努力",一是对先在理论形态进行批判,二是建构新理论形态所依据的经典文本的重新选择和解释。2000年,他在文章中指出:"中国新的哲学理论思维形态的化生,需要把握两个尺度,换言之,新之所以为新有两个标志",一是其建构哲学理论思维形态的核心范畴与以往哲学理论体系的核心范畴异,以及由此核心范畴而展开的逻辑结构异趣;二是作为各个时代精神的精华所体现的新的哲学理论思维形态,其所依傍的经典文本的选择异。"两个标志"说注意到哲学创新的"内因","外缘"因素并未被纳入其中。到2003年,他在论文中明确提出中国哲学不断创新的"三个分析维度",即核心话题的转向、人文语境的转移和诠释文本的转换。文化"转生"是内外因素和合构成。

核心话题体现特定时代的意义追寻和价值创造。核心话题的转向是中国哲学创新的话语标志。从先秦到近代,核心话题经历了五次大的转向,哲学理论实现了五次创新。先秦是中国哲学的原创期,其核心话题是"道德之意";两汉是中国哲学的感通期,学术探究的核心话题是"天人相应";魏晋是中国哲学的玄冥期,核心话题是"有无之辨";隋唐是中国哲学的融摄期,"性情之原"是其核心话题;宋明是中国哲学的造极期,理学的核心话题是"理气性心"。

诠释文本是学术思想的符号踪迹,是智慧觉解的文字报告。诠释文本的转换,是中国哲学创新的承继特征。先秦是元典文本的书写与集结过程,总体上以《五经》为诠释文本,两汉哲学则以《公羊春秋》为诠释文本,《庄子》《老子》和《周易》之"三玄"则成为魏晋玄学的诠释文本。佛教东传,中国化宗教创生,天台宗以《妙法莲华经》为诠释文本,华严宗以《大方广佛华严经》为立论依据,禅宗先以《楞伽阿跋多罗宝经》印心,后以《金刚般若波罗蜜经》传法,惠能南宗独创《坛经》明心见性。宋明理学是儒释道三教思想长期融突的智慧结晶,以《四书》为诠释文本。明晰中国哲学理论思维创新的标志,可为哲学体系创新提供具体操作依据。张立文和合哲学的创构正是对此三方面的把握和应用。

9.和合哲学终究大:建构当代中国哲学的创新体系

张立文出"史"入"论",基于中国哲学逻辑结构论、传统学引论和新人学导论,又于 20 世纪 80 年代创造性地率先提出了当代中国哲学的创新体系——"和合学"。和合学的核心范畴是和合,而与先秦的"道德之意",两汉的"天人相应"、魏晋的"有无之辨"、隋唐"性情之源"、宋明"理气心性"等核心范畴异;"和合"语出《国语》,其依傍的解释文本亦与先前之学有异;和合学是对于人类所共同面临的五大冲突和五大危机,以及中西文化冲突和中国现代化遭遇的挑战的回应和化解之道,是适应世界格局由斗争主题向和平、发展、合作主题转变的新思维、新理论体系。和合学的提出,在究竟的意义上标志着中西体用、古今因革、义利理欲等等思辨的逻辑终结,标志着哲学理论思维已经完成了从迷途忘返的支离化疏远、你死我活的变异化对抗,到健顺和乐的融突化创造的历史性转换。

在和合学体系中,"和"是指和谐、和平、和睦、和乐、祥和;"合"是结合、联合、融合、合作。和合是指自然、社会、人际、心灵、文明中诸多形相和无形相互冲突、融合，与在冲突、融合的动态过程中各形相和无形相和合为新结构方式、新事物、新生命的总和。和合不是自然法则，也不是客观规律，而是人文精神，是哲学智慧，是人世间的普遍现象。建立在和合文化基础上的和合学，指研究在自然、社会、人际、人自身心灵及不同文明中存在的和合现象，并以和合的义理为依归，是既涵摄又超越冲突、融合的学问。"和合学"既是民族精神生命智慧转生的转生者，又是中国文化整体性、结构性、有机性转生的载体。这正是"和合学"的本质所在。

"和合学"承接"新人学"之"人是会自我创造的和合存在"而建构了和合三界，即生存世界、意义世界、可能世界，对此三界的研究构成了生存和合学、意义和合学、可能和合学。

"和合学"为中国文化发展路径的具体落实提供理论支持和方法资源。首先，"和合学"认为和合是实现文化发展的途径：第一，和合是诸多异质因素、要素的对待统一；第二，和合是诸多形象和无形象因素、要素的融合；第三，和合是有机的、有序的；第四，和合是动态分析的理论结构。这就意味着中国未来文化发展必然是多元文化体系既交流又碰撞、既有引进又有输出，终究是要构建基于中国自身民族文化的多文化要素融贯和合体。其次，"和合学"在对中西思维方法的比较和分析中创造性的提出"和合方法论"作为实现文化发展的基本方法：第一，"和合生生法"，即新生命、新事物不断化生；其二，"和合创新法"，和合不是一方消灭一方、一方打倒一方的单一法、惟一法，而是《中庸》所讲"万物并育而不相害，道并行而不相悖"的互补法、双赢法；其三，"和合意境法"，和合是人文观念创造之物，而非自然实在之物。再次，"和合学"构想了中国文化和合载体的内容。《和合学概论》从文化战略层面创造性的提出了化解人类当代冲突和危机的五大原理，即和生、和处、和立、和达、和爱，并构想了中国文化和合载体的八个方面，《和合哲学论》则从哲学理论思维道体维度诠释构成和合精神家园的和合生存世界、和合意义世界和和合可能世界以及和合历史哲学、和合语言哲学、和合价值哲学和和合艺术哲学。"和合学"八维四偶生生原理和三界六层立体结构是我们文化建设的目标模式。

10.自己讲要讲自己:创新中国哲学研究范式

如果说中国哲学逻辑结构、传统学和新人学是度越中国传统哲学理论思维形态的探索的话,和合学则是在重建伦理价值、安顿价值理想、营造精神家园、落实终极关切的根基上,进入和合生生道体的天人和乐的美的境界。前三论是从"学术的生命"向"生命的学术"的过渡,是张立文树立独具特色哲学新思维理论体系的基础;和合学则实现了"生命的学术"的真谛,使学术生命走进生活、走进社会、走进现实,以自我的生命体贴构设人类危机与冲突的化解之道,从而转生命为智慧创造和思维创新。"转"体现出张立文对中国哲学研究范式的新思考和新思维,他在《新儒家哲学与新儒家的超越》(收入 1991 年出版的《中国近代新学的展开》中)一文中提出"自己讲"、"讲自己"的思想,以后又多次阐述了这个思想。

所谓"讲自己",就是通过中国哲学自身的发展逻辑来讲述中国哲学的"话题本身"。中国哲学"讲自己"并不是"闭关自守",而是在中西哲学比较中,在知己知彼的互动中讲述中国哲学"话题本身"。当然,讲中国哲学"自己"而了解、研究西方的哲学,必须改变过去"我注六经"的方式,确立"六经注我"的方式,即以西方哲学注中国哲学,发展中国哲学。中国哲学"讲自己"要实现"自我定义"、"自立标准"。张立文从中西"哲学"的特征出发,给出的中国哲学定义是:"哲学是指人对宇宙、社会、人生之道的道的体贴和名字体系"。所谓"道的道",它包括:一,人对宇宙、社会、人生的体贴、体认导向某一方向的道路;二,宇宙、社会、人生的根本道理;三,不可言说的、无名无为的、万物之奥的形而上之道,即万物的根据;四,宇宙、社会、人生的必然性和趋势;五,大化流行、唯变所适的过程;六,知与行及其关系的方法;七,格致诚正修齐治平的道理、规范及价值理想。简言之,道的道是指一种道理、原理的所当然的所以然之故。从张立文的哲学定义可以看出,中国哲学既重社会、人生之道的道的探索,又重宇宙之道的道的探索。这一定义既有对哲学研究问题普遍性的把握,又体现中国哲学的主体意识。

"讲自己"是讲中国哲学的"话题本身",那么,"自己讲"则是实现"讲自己"的方法。要实现"自己讲",归根到底应坚持"六经注我"、"以中解中"的方法。所谓"以中解中"就是"以中国哲学的核心灵魂解释中国哲学。只有这样的解释,中国哲学才不会走样,才能真正讲述中国哲学'话题本身'。"中国哲学的核心灵魂是指中国哲学逻辑结构,即从整体上分析、确定中国哲学诸概念、范畴在一个时代思想或某哲学家哲学体系中的地位、功能、性质与作用。

归根结底,中国哲学"自己讲"就是以中国哲学的核心灵魂——中国哲学概念、范畴间的"哲学逻辑结构"——分析、梳理、诠释中国哲学,实现当下"中国哲学研究范式"的创新。

张立文"自己讲"、"讲自己"哲学范式的理论效果正是"和合学"。"和合学"本身是对中国传统哲学中的"和合"思想的继承与发展,是面对新的"人文语境"(和平与发展),在古已有之的"诠释文本"(《国语》)之上以"和合"作为"核心话题"而展开的哲学创新。和合学是张立文以其生命体悟和哲学智慧而创生的哲学新体系、新思维,是中国哲学"自己讲"、"讲自己"的具体实践。

三、主要论著

独著:

《周易思想研究》,湖北人民出版社,1980 年

《朱熹思想研究》,中国社会科学出版社,1981 年初版,1994 年修订版;台湾谷风出版社,1986 年繁体字版;中国社会科学出版社,2001 年修订本,收入《社科学术文库》

《宋明理学研究》,中国人民大学出版社,1985 年初版;人民出版社,2002 年修订版,收入《哲学史家文库》

《中国哲学范畴发展史(天道篇)》,中国人民大学出版社,1988 年版;台湾五南图书出版公司,1996 年繁体字版

《传统学引论——中国传统文化的多维反思》,中国人民大学出版社,1989

年;《传统学七讲》(修订本),长春出版社,2008 年

《新人学导论——中国传统人学的省察》,职工教育出版社,1989 年;广东
人民出版社,2000 年修订版

《中国哲学逻辑结构论》,中国社会科学出版社,1989 年初版;2002 年修订
本,收入《社科学术文库》

《周易帛书今注今译》(上、下册),台湾学生书局,1991 年;《帛书周易注
译》,中州古籍出版社,1992 年;《白话帛书周易》,中州古籍出版社,
1994 年字;《帛书周易注译》(修订本),中州古籍出版社,2008 年

《中国哲学范畴发展史(人道篇)》,中国人民大学出版社,1995 年;台湾五
南图书出版公司,1997 年繁体字版

《和合学概论——21 世纪文化战略的构想》(上下卷),首都师范大学出版
社,1996 年;《和合学——21 世纪文化战略的构想》(修订本),中国人
民大学出版社,2006 年

《李退溪思想研究》,东方出版社,1997 年;《李退溪思想世界》(修订本),人
民出版社,2013 年

《和合与东亚意识——21 世纪东亚和合哲学的价值共享》,华东师范大学
出版社,2001 年

《中国和合文化导论》,中共中央党校出版社,2001 年

《中国哲学思潮发展史》(上下册),人民出版社,2014 年,收入《国家哲学社
会科学成果文库》

《张立文文集》(38 辑),韩国学术信息出版社,2009 年

编著、合著:

《传统文化与现代文化丛书》(主编之一,共六册),中国人民大学出版社,
1989 年

《传统人与现代人丛书》(主编,共六册),职工教育出版社 1989 年

《中华历史文化名人评传儒家系列》(主编,共九册),广西教育出版社,
1994—1997 年

《儒学精华》(上中上),主编,北京出版社,1996 年

《东亚文化研究》(合著、主编),东方出版社,2001年

《东亚哲学与21世纪》(主编,共五册),华东师范大学出版社,2001年

《中国学术通史》(主编,共六卷),人民出版社,2004年

《朱熹大辞典》,主编,上海辞书出版社,2013年

《国际儒藏》(总编纂之一),华夏出版社、中国人民大学出版社,2010年

　　另在国内外报刊杂志发表学术论文600余篇。

撰写者:张立文

张岂之

　　张岂之,1927 生,江苏南通人,中共党员。西北大学教授、博士生导师,清华大学双聘教授。曾任西北大学校长,现任西北大学名誉校长、西北大学中国思想文化研究所所长,《华夏文化》(季刊)主编。兼任教育部哲学社会科学委员会副主任,教育部学风委员会主任。曾兼任国务院学位委员会学科评议组历史学科组成员等。1988 年获得国家级有突出贡献专家称号,1988 年被评为陕西省优秀博士生指导教师,1989 年获陕西省有突出贡献的专家称号,2012 年被评为陕西十大社科名家。国际儒学联合会荣誉顾问。

一、个人学术简介

张岂之,1950 年毕业于北京大学哲学系,同年考入清华大学哲学系读研究生。他长期从事中国思想史、哲学史和文化素质教育研究,在半个多世纪的研究和教学过程中积累了丰富的学术研究及学术组织领导经验,主持过多项重大、重要科研项目。先后担任中宣部、教育部、国家社科基金重大项目马克思主义理论和实践工程《史学概论》、《中国思想史》首席专家。主持国家社科基金与国家社科基金教育规划课题等多项。

热爱自己的专业,认为人文学科和自然科学同等重要。曾经形象地说,自然科学是参天大树,人文学科就是春草。经常引用清代诗人张维屏的诗句来勉励自己和学生:"沧桑易使乾坤老,风月难消千古愁。多情唯有此春草,年年新绿满芳洲。"

主持的主要学术研究项目有:马克思主义理论研究和建设工程教育部第一批高等学校哲学社会科学重大招标项目《中国思想史》(2009—2011),担任首席专家;国家社科基金重大项目中共中央马克思主义理论与建设工程《史学概论》(2004—2009),担任首席专家;国家社科基金、教育规划项目"我国大学文化素质教育的内涵与方法研究"(2005—2007);国家社科基金项目"中国现代学术思想研究"(1998—2003),等等。

20 世纪 50 年代至 60 年代,协助侯外庐先生整理《中国思想通史》1—2 卷,参与完成《中国思想通史》第 4 卷。后来又同侯外庐、邱汉生先生共同主编了《宋明理学史》(2 卷,人民出版社 1984、1987 年版,1999 年获国家社科基金成果二等奖,2000 年获郭沫若史学奖荣誉奖)。

80 年代中期至新世纪以来,主编或自著的著作有 20 余部。1991 年创刊并主编《华夏文化》(季刊)杂志,已出版 98 期。多年来在《哲学研究》、《中国史研究》、《人民日报》、《光明日报》等各种报刊杂志发表大量学术论文。

获奖项目主要有:《中国思想史》1997 年获国家级教学成果二等奖,

《宋明理学史》1999 年获国家社会科学基金项目优秀成果二等奖和首届郭沫若中国历史学奖荣誉奖,《中国历史》(六卷本)2005 年获国家级教学成果一等奖,《中国思想学说史》(六卷本)2009 年获得高等学校科学研究(人文社会科学)优秀成果二等奖。《中国思想学说史》(六卷本)还获得第二届中华优秀出版物(图书)奖等。《中国学术思想编年》2007 年获全国首届"三个一百"原创出版工程图书,2009 年获教育部优秀社科成果二等奖。在陕西省哲学社会科学优秀成果评奖活动中,先后荣获第 2 次、第 6 次优秀成果一等奖,第 8 次优秀成果荣誉奖等。2015 年获第五届"纳通国际儒学奖"之"优秀导师奖"。

二、主要学术经历和学术成就

(一)主要学术经历、研究历程

1946 年考入北京大学哲学系,在北京大学受到良好的人文教育,听过胡适、汤用彤、朱光潜、张颐、贺麟、容肇祖等著名教授的讲课,从此走上学术研究的道路。1949 年受侯外庐先生关于中国思想史的专题课的影响,开始步入中国思想史研究。1950 年北京大学毕业,考入清华大学哲学系读研究生,1952 年赴西北大学任教,1954 年加入中国共产党,1978 年 8 月—1984 年 9 月任西北大学历史系主任,1980 年任教授,1984 年经国务院学位委员会批准为博士生指导教师,1983 年 9 月—1985 年 5 月任西北大学副校长,1985 年 4 月—1991 年 8 月任西北大学校长,1986 年 9 月至今任西北大学中国思想文化研究所所长,《华夏文化》(季刊)主编。

1991 年 8 月至今任西北大学名誉校长,1994 年起同时任清华大学双聘教授,兼任教育部社会科学委员会副主任,教育部学风委员会主任,教育部文化素质教育委员会顾问,中华炎黄文化研究会副会长等。曾兼任国务院学位委员会学科评议组历史学科组成员,国家教育部古籍管理工作委员会副主任,中国历史学会副会长,中国孔子基金会副会长,中国教育国际交流协会副会长,陕西省社会科学联合会主席,陕西省哲学史学会常务理事,省高校研究生教育协会副主席,陕西省科技史学会名誉理事长。

(二)主要学术观点

重视中国思想史学科建设和人才培养,培养毕业博、硕士研究生百余名,在西北大学中国思想文化研究所提倡"兼和"、"守正"、"日新",公开出版《张岂之教授与研究生论学书信选》,多次召开全国性的中国思想史学科建设研讨会(如 2002、2007、2009 年等),在中国思想史学科的建设和发展、中国思想史专业人才的培养、新时期继承和发展侯外庐学派以及研究与普及中华优秀传统文化等方面做出了贡献。其主要学术观点有:

(1)儒学即人学。上个世纪 80 年代,结合儒学历史形成系统揭示儒学的本质即人学,强调人学是关于个人自身修养和人际关系的道德学说,是关于人的价值和人的理想的学说,是关于人与自然相互关系的学说,也是关于人的认识学说。

(2)中国优秀传统文化的基本构成。认为中国优秀传统文化内容丰富,其基本构成包括天人之学、有对之学、变易之学与会通之学。

(3)中国思想史内涵与研究方法。认为思想史是人类社会意识的发展史;确切地说,思想史是理论化的人类社会思想意识的发展史。中国思想史是整个中国历史的一个组成部分,是理论化的中国社会思想意识的发展史。中国历史上的政治思想、经济思想、哲学思想、科学思想、法律思想、军事思想等等,都是中国思想史的研究对象。

坚持历史与逻辑统一的研究方法。认为:一定的社会存在对于该社会上层建筑的"决定"中,并不是机械的,而是辩证的,特别是上层建筑中更加具有理论思维的部分,并不是由经济基础直接决定,而是经过多种中间环节、曲折地加以反映的结果。中国思想史上的一些有代表性的大家,他们的思想经过一定社会经济基础与上层建筑之间的辩证关系的过滤,成为中华民族在历史发展过程中具有代表性的理论思维。很难说他们属于哪个阶级,但属于中国古代的社会。他们的思想表达了中华民族整体在创造文明的过程中所作出的巨大贡献,他们思想中的精华永远是中华民族子孙们共有的精神财富。

(4)中华人文精神的基本内涵。将中华人文精神的基本内涵具体概括为下列若干命题:人文化成——文明之初的创造精神;刚柔相济——穷本探源的辩证精神;究天人之际——天人关系的艰苦探索精神;厚德载物——人格养成的道德人文精神;和而不同——博采众家之长的文化会通精神;经世致用——以天下为己任的责任精神;生生不息——中华民族的人文精神在近代的丰富和发展。主张道德人文精神是中华人文精神的基石。

(5)中华优秀传统文化的基本精神是文化会通和百家之学。认为"百家之学"是中华优秀传统文化的学术传统和特色,继承和发展前人在中国传统文化研究上的成果,这是中华文化保持生命力的关键。要全面地传承发展中华优秀传统文化的整体,而不只是哪一个学派。

(6)文化会通、文化认同、文化自信是继承和创新中华优秀传统文化的重要基础和保证。这也是张岂之几十年所从事的课题研究与文化普及工作的"主心骨"。

(7)中国思想史与历史学关系密切。中国思想史最重要的基础是中国历史,而不是西方哲学史,也不是中国哲学史。重视历史和社会研究,才能更好地将历史学与思想史有机地统一起来。

(8)对中国思想文化史的体会和阐发。认为文化是民族精神和民族智慧的结晶,也是民族生活方式和思维方式的体现。精神、思想、理论、价值观是文化的核心,可称之为观念文化,除此还有物质文化、制度文化、政治文化、文学艺术、生态文化等。人们对于文化的研究,如果离开民族的实体和民族生衍发展的历史,或者离开文化的核心,就难以抓住文化的重心所在。如果只是限于思想、理论、价值观的研究,而忽视文化结构的其他方面,就不能理解文化的全貌。将思想史与文化史结合起来,努力融合为一个整体,以进一步突显中国思想文化的传承与创新性,这是中国思想文化史研究者的责任。

(9)关于大学人文教育的论述。努力使大学生通过优秀传统文化来提升思维水准,陶铸道德人格,树立健康的文化观和价值观,成为有文化品味和内涵的优秀人才,以及实现人的价值和全面发展的教育目的。强调:①通过文化育人,造就"文明人",使人成才。②提高文化自觉能力并引导学生全面发展,将人文教育推向"综合教育"、"全面的教育"。③利用传统文化资源,引导学生树立社会主义核心价值观。④培育学生人格成就,科学和人文价值交融。

(三)学术成就的社会评价

共发表学术论文近 200 篇,其中 1991—2006 年间有 7 篇论文被《新华文摘》、《中国社会科学文摘》全文转载。

学术界有学者认为张岂之主编的《中国思想史》和《中国思想学说史》是 20 世纪 80 年末至今 20 年间中国思想史研究发展的标志性成果之一,认为:"20 世纪 80 年代末至今的 20 年间,中国思想史研究进入了一个新阶段。这一时期的中国思想史研究恢复并发展了传统的研究规范,进一步明确了思想史研究的学科定位。其学术标志是张岂之教授主编的两部中国思想史著作。与此同时,中国思想史研究也出现了值得关注的新动向。……该书在当时中国思想史研究中的重要意义,不仅在于其内容,更在于它以一种新的学术姿态和理念来引导中国思想史研究,对中国思想史研究的走向具有导向性意义","如果说《中国思想史》的学术意义重在恢复中国思想史研究的学术传统,那么《中国思想学说史》学术意义则在于它深厚的学术底蕴和知识份量","《中国思想学说史》延续了《中国思想史》注重社会意识和社会思潮的特色,同时扩展了对宗教思想和科技思想的研究","《中国思想学说史》是中国思想史研究的一项重要成果,具有相当高的学术价值,代表了中国思想史研究的最新成果,对中国思想史学科的建设具有标志性意义。它把思想史研究牢牢地定位于历史学领域,极大地拓展了中国思想史研究的对象范围,扩展了中国思想史的知识,将史料分析与社会学方法有机结合,为 21 世纪的中国思想史研究奠定了坚实的基础"[1]。

---

[1]　张荣明:《近百年中国思想史研究探索与反思》,《西北大学学报》2009 年第 3 期。

（四）弘扬与普及儒学

1.20 世纪 80 年代末，组织研究撰写的《中国儒学思想史》，是比较早地系统研究儒学思想史的作品，在关于儒学现代价值的评价以及儒学与科学之间的关系等方面有所论述。

2.主编《中国传统文化》（高等教育出版社 1994、2005、2010 年版），已出三版，以深入浅出、形象生动的文字简明扼要地介绍了中国传统文化的基本理念和主要构成，对中国传统文化的现代价值和发展趋势也作了论述。

3.撰写《中华人文精神》（陕西人民出版社 1997、2007 版，人民出版社、陕西人民出版社 2011 年版），对中华人文精神的基本内涵和本质特征进行了研究和阐发。

4.21 世纪初，组织撰写《中国优秀传统文化经典语录》（共 11 册）（西安出版社 2008 年版，2012 年第 2 版增订为 12 册），积极宣传、推广和普及中华优秀传统文化。

5.组织撰写《中华优秀传统文化核心理念读本》（学习出版社 2012 年版），将中华优秀传统文化的核心理念概括为 12 个：天人之学、道法自然、居安思危、自强不息、诚实守信、厚德载物、以民为本、仁者爱人、尊师重道、和而不同、日新月异、天下大同。

6.组织撰写《中华优秀传统文化核心理念丛书》（共 13 册）（学习出版社 2014 年版），比较系统地阐发了中华优秀传统文化的基本核心理念的主要内涵、历史演变与现代价值。

7.主编《中华优秀传统文化经典要义》（太白文艺出版社 2013 年版），选取中国思想文化史上三十余部经典文献进行导读，以便读者有系统地把握文化经典的内在精神和时代价值。

（五）国内外访学、学术交流情况

1.参加国际国内学术研讨会较多，如：2002,21 世纪中华文化世界论坛（香港）；2004,"中西会通与文化创新"国际学术研讨会（澳门）；2010,21 世纪中华文化世界论坛第六届(海外首届)国际学术研讨会(新加坡);2014,纪念孔子诞辰 2565 周年国际学术研讨会暨国际儒学联合会第五届会员大会(北京);2015,第七届世界儒学大会(曲阜),等等。

　　2.在西安主持承办全国性系列学术研讨会,如:1991,"老子与中华文明"学术研讨会;1993,"老子思想的现代价值"学术研讨会;2002,纪念侯外庐先生百年诞辰学术研讨会;2007,"黄帝与中华文化"学术研讨会;2008,"纪念人文初祖黄帝,建设民族精神家园"学术研讨会;2009,清明·民族感恩传承民族精神弘扬民族文化迎接民族复兴学术研讨会;2010,"清明·感恩与社会和谐"学术研讨会;2011,"黄帝旗帜·辛亥革命与民族复兴"学术研讨会;2012,"传承黄帝文化精神激扬文化兴国正声——五千年民族血脉与文化自觉"学术研讨会;2013,"清明·弘扬民族优秀文化与培育社会主义核心价值观"学术研讨会;2014,"清明·弘扬民族独特传统文化"学术交流会;2015,"文以载道文以化人·清明黄帝文化"学术交流会,等等。

三、主要论著

独著:

《顾炎武》,中华书局,1982 年

《儒学·理学·实学·新学》,陕西人民教育出版社,1994 年

《中华人文精神》,西北大学出版社,1997 年

《春鸟集》,中国社会科学出版社,1997 年

《中华人文精神》(增订本),陕西人民出版社,2007 年;人民出版社、陕西人民出版社,2011 年

《张岂之教授与研究生论学书信选》,陕西人民出版社,2007 年

《张岂之学术自选集》,学习出版社,2009 年

《乐此不疲集》,首都师范大学出版社,2009 年

《张岂之谈中华优秀传统文化》,太白文艺出版社,2012 年

《大学的人文教育》,商务印书馆,2014 年

主编:

《中国思想史》,西北大学出版社,1989 年初版,2012 年增订版(上下册)

《中国近代史学学术史》,中国社会科学出版社,1996 年

《中国历史大辞典·思想史卷》,上海辞书出版社,2000 年

《众妙之门》,清华大学出版社,2003 年

《中国历史十五讲》,北京大学出版社,2003 年

《中国传统文化》,高等教育出版社,1994 年初版,2005 年第 2 版,2010 年
    第 3 版

《中国思想文化史》,高等教育出版社,2006 年初版,2012 年增订版

《中国学术思想编年》(六卷),陕西师范大学出版社,2005-2006 年

《中国思想学说史》(六卷九册),广西师范大学出版社,2007 年

《中华优秀传统文化核心理念读本》(共 13 册),学习出版社,2014 年

代表性论文:

《论思想史与哲学史的相互关系》,《哲学研究》1983 年第 10 期

《我国古代"和而不同"的文化观》,《孔子研究》1986 年第 3 期

《宋明理学与自然科学》,《人文杂志》1989 年第 4 期

《50 年中国思想史研究》,《中国史研究》1999 年第 4 期

《开拓中国思想史研究》,《群言》2002 年第 7 期

《试论侯外庐关于社会史分期的法典化标准》(与刘文瑞合作),《中国史研
    究》2003 年第 2 期

《简论民族复兴与文化责任》,载《史学理论与史学史学刊》,中国社会科学
    出版社 2003 年版

《文化自觉与社会发展的四重关系》,《文史哲》2003 年第 3 期

《历史唯物论与中国思想史研究》,《历史研究》2007 年第 1 期

《孔子儒学的价值理念与精神追求》,《中原文化研究》2015 年第 3 期

撰写者:陈战峰,西北大学中国思想文化研究所副教授,硕士
    研究生导师,历史学博士。

周桂钿

　　周桂钿，1943 年生于中国福建省长乐县（市）。北京师范大学哲学系教授。曾任北京师范大学哲学系主任，中国哲学史学会副会长，中华孔子学会副会长，北京市哲学会中国哲学专业委员会会长，中国社会科学院东方文化研究中心特约研究员，日本京都大学客座教授，国际儒学联合会学术委员会主任，国际儒学联合会理事顾问，中国政法大学国际儒学院常务副院长等。现任中国朱子学会副会长，中国政法大学国际儒学院副院长。

一、学术简历

周桂钿，1964 年考上中国人民大学哲学系，获学士学位。在人民大学，学习马克思主义哲学。期间，下乡八年，其中五年任中学政治课、历史课教师，一年在河北医学院邯郸分院任哲学课教师，有两年在农村插队劳动。

1970 年到河北邯郸地区工作，1978 年恢复高考，考上中国社会科学院研究生院哲学系研究生，从事中国哲学史研究。1981 年毕业，获硕士学位，到北京师范大学哲学系任教，于 1993 年任教授，1994 年任系主任两届，至 2000 年。2002 年应邀到日本京都大学文学部任客座教授。

我在中国科学院研究生院读研，钟肇鹏先生指导我学会中国哲学的基本功，实事求是地研究学术问题。入学三个月，我在《光明日报》上发表《王充反孔吗？》的文章；在《人民日报》上发表王充并非气一元论者等文章。

王充讲天讲得很多，我经过 6 年较深入地研究，著成《天地奥秘的探索历程》，在中国社科出版社出版。在王充之后，我开始研究董仲舒。当时学术界公认董仲舒是唯心主义、形而上学、为封建专制服务的反动思想家。随着研究的不断深入，最后我得出结论认为：董仲舒是中国历史上的政治哲学家、儒家大圣人。《论衡》提到董子 62 次，只有一次是怀疑，其他全是高度赞扬，认为周文王、孔子、董子是一脉相承的，已视董子为圣人。

总之，我的学术历程可以概括为"一点两线一个面"：王充哲学为点，引出 1、王充天说——中国天文学、医学——中国传统科技。2、王充与董仲舒——董子政治哲学——中国政治哲学。这两条线交织成中华传统文化这个面。

我 2004 年退休，到国际儒学联合会任学术委员会主任至 2009 年，每五年开一次国际性大会，每两年开一次全国性高峰论坛，每半年开一次小型学术研讨会。小型研讨会只请北京学者 20 人，会期一天，为学者学术交流打造大小不同的平台。2006 年国际儒联与中国政法大学联合创办国际儒学院，我担任副院长、常务副院长，并任兼职教授，负责教学、安排课程、选聘教师,指导研究生和院领导工作。课程主要有三个系列:儒经、儒家和儒学。讲课教师主要是北京市一流学者,先后聘请了 11 名一流学者担任兼职教授,负责授课和指导研究生,每个月请一位专家讲座,并出版讲座文集、讲义六本。由于兼职教授的努力,教学效果较好,学生毕业以后,除了考上博士,全部就业。并摸索民间参与办学的新路子,创办儒学院的所有经费,由赵毅武先生资助,赵先生创办的"纳通奖学金",每一届都有获奖者。

二、主要研究成果和学术观点

我的学术研究成果,先后共出版专著 30 多种,发表论文四五百篇。其中主要成果和代表性观点介绍如下。

1.研究王充《论衡》是我学术生涯的起点

我的学术历程是从研究王充哲学思想开始的。1961 年 8 月,我初中毕业的时候,到玉田镇一家百货店的卖书柜台那里买了一本只有 81 页的小册子——《王充——中国古代的唯物主义者和启蒙思想家》,这是科学出版社出版的、曾任苏联驻华大使阿·阿·彼得洛夫著、李时译的学术专著。没想到,这本书居然与我未来的研究历程有着密切的关系。

1964 年考上中国人民大学哲学系,这一本著作随我到了北京。10 年动乱,走南闯北,这一本书一直陪伴在我身边,至今已历时 40 多个春秋!

上个世纪 70 年代,全国掀起批儒评法运动。书店除了红宝书,又增加了一些中国历史上被认为是法家的著作。我当时花了不到两元钱买到两本书:《论衡》和《荀子》。当时,荀子和王充都被定为法家代表人物。细读这两本书,逐渐对王充的《论衡》生出感情。王充被封为"法家",主要由于《论衡》中有《问孔》、《刺孟》两篇,被认为是向儒家的大圣人与亚圣公开挑战。而韩非是最著名的法家代表人物,《论衡》在《问孔》、《刺孟》两篇之间,还插入一篇《非韩》,许多研究儒法斗争的人却视而不见。我通读《论衡》还发现,王充对孔子相当推崇,《问孔》不是反对孔子,而是反对汉儒将孔子神化。后来,我考上研究生,入学三个月,就在《光明日报》上发表文章对王充反孔的问题提出自己的看法。

在中国人民大学哲学系上本科时对我影响最大的是肖前老师和李秀林老师。"文革"中停课闹革命,我利用停课时间通读了《资治通鉴》,在批儒评法时期我阅读了一些"法家"著作。恢复高考后,我考上中国社会科学院研究生院研究生,选择了中国哲学史专业,刚上一个学期,在导师钟肇鹏先生指导下,我决定研究《论衡》。

我的第一本专著就是硕士论文,后来经扩充成为《王充哲学思想新探》一书,书中着重论述"天论、气论、知论""三论"。"天论"研究的是王充哲学与汉代天文学的具体联系;"气论"分析王充气的思想,否定气或元气一元论的说法,提出王充哲学是天地本原论的新观点;"知论"发现王充"知为力"思想,肯定知识的力量,比西方培根早一千多年。

王充的思想极其丰富,"三论"是概括不了的,当我正想深化关于王充思想的研究时,南京大学思想家研究中心约我写《王充评传》。我花了一年多时间,从"三论"扩充到"十论",增加了七论:形神论、性命论、适偶论、政论、贤佞论、儒论、文论。还增加了两考:王充生平考和著作考。不久,人民出版社编辑王粤约我写《中国大哲学家研究系列·王充》。已经有了十论,如何才能打破原来的体系,超越自己?我为此思考了整整一年!差不多熬了两年,我终于撰写了关于王充哲学的第三本专著《虚实之辨》,对王充的哲学进行了归纳,概括出"疾虚妄"而"归实诚",就是"虚实之辨"。从《论衡》的大量资料中,提炼出这一观点,完成了我对王充哲学研究的成果。另外,我还发表了一些关于王充的论文,例如《王充哲学与东汉社会》(《北京师范大学学报》1996年第5期)。

后来在与日本学者学术交流时,我们互赠著作,我的《虚实之辨》送给两位日本学者,其中有一位是京都大学的池田秀三先生,当时他是副教授(后来当了教授),聘我为京都大学客座教授。因《论衡》的牵线搭桥,我到日本京都大学当了9个月的客座教授。

我从研究《论衡》走上学术之路,与《论衡》打了40年的交道,出了一批成果,也因此破格提为副教授,评上教授、博士生导师,又将我的研究与日本学者联系起来,使我有机会到日本中国学研究重镇、京都学派的根据地——

京都大学,宣讲《秦汉哲学》(讲义修改后,今年已由武汉出版社出版)。

我的学术研究自《论衡》始,从王充哲学深入到与汉代天文学的关系,过渡到中国古代天文学,又由于天人关系,从天文学过渡到医学,再到中国传统科学。这是一条线,即从王充哲学到求真的科学哲学。另一条线是中国传统的求善的政治哲学:从王充与董仲舒的关系,过渡到研究董仲舒哲学,再到秦汉哲学。再加上庄子求美的艺术哲学,组成中国传统的追求真善美的哲学体系。中国传统哲学的主流是求善的政治哲学,西方主流是求真的科学哲学。这是东西方哲学最大的差别。我的这些认识是从《论衡》起步的。总之,研究王充《论衡》是我的学术生涯的起点。

2.《中国古人论天》的主要思想观点

我在研究王充哲学时,遇到一个问题:"天"究竟是什么?这是一个看似简单其实特别复杂的问题。我找到一本《中国古代天文学简史》,读了以后,有了一些了解,但还有许多问题不明白。就向老先生打听,知道该书作者陈遵妫先生是北京天文馆馆长。我到陈先生家,骑自行车只要十多分钟。我差不多每周去一趟。有一天,陈先生告诉我,他准备撰写一部大新书大约二百万字,将原来的书名去掉"古代"、"简"两个词,要写《中国天文学史》。已经八十岁的老人还有这样的气魄,真了不起! 陈老先生明确提出让我撰写《古人论天》这一章。我答应了,写成约五万字的初稿。交稿后,陈先生告诉我,因哲学味太浓,被他的助手删除了一些。《中国天文学史》由上海人民出版社出版,于1989年四册全部出齐。我撰写的《古人论天》在第四册的第九编。在第五章的注1中标明了是我撰写的。后来经多年潜心研究,先写出10万字的初稿,后经多次修改补充,形成30多万字的专著《天地奥秘的探索历程》。再后来,我应邀请参加一套丛书的编写,以通俗的语言将我的研究成果《中国古人论天》介绍给读者。也就是说,关于中国古代天文学,我写了两本书,一本是学术著作,一本是通俗读物。

《中国古人论天》学术著作每一章都有自己的观点,或者发现新资料,或者提出新看法。以下概述主要观点:

第一、考证纠错。关于浑天说探源,前人权威的说法,以当代席泽宗院士为代表,外国以李约瑟为代表,都认为浑天说产生于战国时代,前者更明确地说是慎到的创造。我通过对《慎子》一书的考证,找出错误的来龙去脉。浑天仪并非产生于战国,而是产生于西汉,完善于东汉的张衡。这是花了大功夫的,也是自己的得意之作。

第二、对汉代论"天"的三家都作了新的研究和评价。浑天说假设"天"像鸡蛋壳,相当于现在的球面天文学,有很多合理性,对历法贡献最大。张衡能用水动浑天仪的实验证明自己的假设。能预测日食与月食。在一千多年中,浑天说在中国天文学和历法界占据统治地位。"盖天说"是中国古代最早的"天"说,认为天像车盖,地像棋盘。它有一个七衡图,就是七个同心圆,画在天上。太阳在内衡时是夏至那一天,太阳在外衡时,就是冬至日。它能解释二十四节气的变化,且明确提出,北极地区一年六个月能见太阳,六个月不能见太阳,甚至夏天还有不会融化的冰;赤道地区冬天草不会枯萎,还生长着夏季的植物。"盖天说"还有一个非常重要的观点,认为太阳出来,并非天下都是白昼,世界各地的昼夜是不一致的,东边是傍晚,南面就是中午,西方是早晨,北方是半夜。当太阳运行到西方,西方即是中午,同一时刻,北方是早晨,东方是半夜,南方是傍晚。这叫"昼夜易处"。这就是现在说的时区理论。对北极与赤道的情况描述非常准确,这也不是一般理论能够推导出来的,一定要有实际经验作为基础。如何会有这种经验?我也进行了考察探索。这些说法汉代人已经无法理解,说明这种说法相当古老。关于"昼夜说",在汉末就已无师法,没有人继承下来。"宣夜说"认为天既不是车盖,也没有像鸡蛋那样的硬壳,只有一片茫茫无边的气。它虽被天文学家所抛弃,却被哲学家所采纳。后来也受到英国现代科技史专家李约瑟的充分肯定,认为这比西方同时代的任何天文学都毫不逊色。

第三,还有一些具体的发现。例如风的级别,西方蒲福氏分十二级,中国《观象玩占》分十级。《观象玩占》收入《古今图书集成》,这部中国最大的类书出版时间比蒲福出生还要早几十年。这一事实说明风级的知识产权应该是中国的,而不是英国的。但由于近代以降,西方科学处于强势,在欧洲中心主义者看来,任何重大的发明与发现都不可能发生在欧洲以外的任何地方。李约瑟批评了这种狭隘的观念。我对中国风级的发现,可以说为他提供了一条新的证据。

第四,公元 15 世纪,朝鲜用青铜制造了测雨器。20 世纪初,朝鲜发现了测雨器,这个测雨器上有汉字"测雨台"和"乾隆庚寅五月"字样。有的人就说是中国造的,以有"乾隆"为证。说是清朝为送给朝鲜而制造。我通过考证认为,清朝没有制造测雨器的记载,用汉字和乾隆年号都是当时朝鲜使用汉字与清朝年号的实际情况。另外,朝鲜《李朝实录》明确记载:"英宗四十六年庚寅……造测雨器"。我的观点是,并非任何重要发明都是欧洲人的专利。中国古代有很多发明都被别人掠夺侵占,若能找回来,定然多得不得了。

第五,对"两小儿辩日"作了详细解说。这个问题外行以为很简单,其实其复杂性,只有研究过的人才能理解。这是世界性的至今尚未解决的难题。这个问题至少涉及天文、数学、物理、生物、医学诸学科。

研究中国天文学以后,读古代哲学著作,发现许多哲学家都要谈到天地问题。我曾经想撰写中国古代哲学家论天,后来只写了《柳宗元天论研究》,参加柳州柳宗元学术讨论会,被《中国社会科学》的编辑选上,刊登在该刊的1984 年第 3 期上。我也研究过王廷相、王夫之、王锡阐等人的天文学思想。朱熹虽然也谈天文学,水平不高,有些研究朱熹思想的人也涉及天文学的内容,有许多外行话。我也曾针对那些错误,专门写了《朱熹的宇宙论与天文观》,发表在《福建论坛》1991 年第五期上。

《天地奥秘的探索历程》是一本天文学与哲学结合的著作,我校图书馆将它放在理科的天文学类里,而不是放在文科的哲学类中。这一本书,我所下的功夫很大,在学术界的影响却不大。有一天,我去拜访我校著名数学教授白尚恕先生,并送给他《天地奥秘的探索历程》,他说已经从书店买了这本书。因为哲学界的人对中国传统科学不熟悉,也没兴趣。天文学界对于外行的作品也不太关注。哲学界只有刘文英先生在《哲学研究》上发表过一篇书评。天文学界的薄树人先生曾经表示要看这本书,因他买不到,当我得知消息想要送去时却得到他逝世的噩耗。我送这本书给张岱年先生时,他建议我研究《人体奥秘的探索历程》作为此书的姐妹篇。我很重视这个建议，买了一批中医的典籍。看来看去，感觉难度比前者更大，时过18年，只写过几篇文章在各类刊物发表，未能成书。这是未了的心愿。最近成立中医哲学专业委员会，作为中国哲学史学会分支机构，我是中国哲学史学会副会长，参加了成立会议。这将促进我与中医界的交流。

3.关于三次定性"董学"

我在研究董仲舒哲学的过程中，给董仲舒哲学的定性产生过三次改变，谓之三次定性董学。定性的变化，其实是研究的深入，思想认识水平的提升。

第一次定性：在研究王充哲学同时，给董仲舒哲学定性为唯心主义。学术界关于王充与董仲舒关系的论著，都认为董仲舒提倡天人感应，王充反对天人感应，针锋相对。后人对此多是人云亦云，并未认真细读《春秋繁露》与《论衡》，更没有全面深入地研究王充与董仲舒的思想。王充批评的天人感应多是儒家经传中或其他论著中的说法，涉及董仲舒的只有土龙致雨一节，其他多是肯定和赞扬的。我研究王充哲学的时候，还时常将董仲舒天人感应说作为王充反对天人感应说的对立面，将其置于唯心主义范围里。根据王充《论衡》中62次提到董仲舒，看不出王充与董仲舒在思想观点上的针锋相对，反而看到王充对董仲舒的高度赞扬，即使是批评，也是比较客气的。

第二次定性：研究董仲舒哲学时，给董学定性为形式是唯心的，内容是唯物的。1985年，我获得美国王安研究院汉学奖助金。获得这项首届奖助金的中国大陆学者只有11人。于是，我又用两年时间专心研究董仲舒思想。首先通读《春秋繁露》，研究董仲舒哲学，其次翻阅过去发表的关于董仲舒的论文，还请好友帮助到北京图书馆复印一些资料。最后在综合古今研究的基础上，运用马克思主义辩证唯物主义和历史唯物主义的方法，进行分析研究，写成《董学探微》。本书对董仲舒生平事迹作一考证，主要考证他的出生和故里，对策之年与任相经历。此书出版后，学术界也有一些不同的议论，未见特别有力的反证。倒是有一位外国女学者汉名桂思卓提出让我震惊的意见。她说董仲舒的菜园可能不在他的老家故里景县，似乎应该在京都长安。理由是:50多岁的董仲舒已经是景帝时代的博士,怎能还在家乡?我深感她看书认真,思考慎密。后来进一步深入研究,觉得董仲舒的菜园在长安似更合理。专门写了一篇自我批评的文章《董子菜园在何处?》发表在《学术界》2003年第6期上。董仲舒哲学是从当时社会现实出发,最后还是归结到社会现实。他的哲学体系用天人感应形式来论述,内容是为当时的社会政治服务的,有明确的针对性。因此,我用了"形式是唯心的,内容是唯物的"来定性董仲舒哲学。虽然仍然肯定董仲舒哲学是唯心主义的,也像马克思主义哲学家对黑格尔哲学的评价那样,肯定他的唯心主义哲学体系中包含唯物主义的成分和辩证法的合理内核。但还是没有脱离用两个对子来研究中国哲学的旧理路,虽然在研究过程中尽量使用中国哲学原有的概念和范畴。

《董学探微》认为,董仲舒哲学是以"大一统论"为中心,以"天人感应"和"独尊儒术"为重要两翼。充分肯定董仲舒《春秋繁露》中的辩证法思想,不赞成依据"天不变道亦不变"一句话就将它定性为"形而上学"。

在《董学探微》出版之前,我参加钟肇鹏先生主持的《春秋繁露》校释工作。在校释中,获得很多儒家典籍资料整理的知识和经验。这对研究董仲舒思想有很大帮助。

从中国思想史上看,对中国社会政治整体影响最大的思想家有三位:一是孔子,他的影响无与伦比;其次是董仲舒,他提出独尊儒术,奠定了儒学独尊的地位。他提出的天人感应论,直至明清时代还有天坛,皇帝每年春正月上辛日还要恭恭敬敬地到天坛祭天,祈求上天赐予"风调雨顺,国泰民安"。他提出的大一统论,增强了民族凝聚力,对维持中国大国统一的政治局面有重大影响。再一位就是朱熹,他的理学发展了儒学,他的《四书集注》成为封建后期八百多年知识分子必读书。在两千五百年中,孔子影响了两千五百年,董仲舒影响了从汉朝到清朝的两千多年,朱熹影响之后的八百年。他们的思想直到今天还在影响着中国与世界。

第三次定性:在研究中国传统政治哲学中,发现中国传统哲学主流是研究政治哲学。董仲舒哲学就是典型代表。在研究了王充哲学与董仲舒哲学的基础上,研究了汉代的天文学与医学,也研究了汉代的经济学与史学,还研究了汉代许多思想家,包括王莽等人。最后汇编成《秦汉思想史》。在很多人讨论中西文化差异的时候,在讨论中国有没有哲学的时候,在讨论中国哲学的合法性问题的时候,都让我感到困惑,百思不得其解。徐复观的一本书《中国艺术精神》启发了我。他认为庄子的道就是中国艺术精神,修道就是培养艺术精神。王充是近代科学精神的超前觉醒者,是求真的科学哲学;庄子是求美的艺术哲学,那么孔子、孟子与董仲舒、朱熹、王阳明这些主流派哲学家,就都是求善的政治哲学家。这样,我就把哲学分为三大类:求真的科学哲学、求善的政治哲学与求美的艺术哲学。这就是我第三次将董仲舒哲学定性在求善的政治哲学上。科学哲学探讨宇宙本原,因此有唯物主义与唯心主义的区别。政治哲学探讨的是社会治乱问题,只有进步与落后、文明与野蛮、开放与封闭的区别,不存在唯物论与唯心论的对立。董仲舒哲学是求善的政治哲学,因此不能用唯心主义来定性。秦汉时代是封建社会上升时期,封建制度是最先进的制度,地主阶级是先进生产力的代表,董仲舒哲学代表地主阶级,为封建制度服务,是先进文化的代表。过去对董仲舒哲学的批评,多是由于不能深刻理解马克思主义的历史唯物主义,也缺乏历史辩证法的思维能力。第三次定性是在我研究国家社会科学“九五”规划重点项目“中国传统政治哲学研究”中才做出的,那是世纪之交的重要成果。

4.褒贬《庄子》阐微

上大学时,我只知庄子是中国古代唯心主义哲学家,是反面人物。后来在学术会议上了解到冯契先生非常喜欢庄子,张岱年先生说:“庄子提出的问题多而且深刻,是汉代以后所不及的。”再后来,我看到鲁迅、闻一多、顾颉刚等许多名家都对庄子哲学评价甚高,都认为他是先秦时代学术水平最高的代表。鲁迅说:“晚周诸子之作,莫能先也。”顾颉刚说:“《庄子》是战国时代最高的哲学代表。”闻一多认为自己崇拜庄子超过所有其他圣贤,达到疯狂的程度。但是,全国流行的中国哲学史教材中都是将庄子作为反面的角色,说他的宇宙观是唯心主义的,方法论是相对论的,认识论是不可知论,人生观是悲观厌世的,是没落奴隶主阶级的思想代表。对于庄子的评价,高水平的思想家与我们通行的教材,为什么会如此悬殊? 如何解释这种差异?
我苦苦思索了几年,认为除了意识形态等复杂原因之外,主要是由于东西方
哲学模式不同,根据西方哲学的模式剪裁中国哲学,破坏了中国哲学的完整
性。所以,我写了一篇文章《褒贬〈庄子〉议》发表在《法言》(香港)1990 年 4
月号上。文章中说:"胡适在本世纪初用西方的哲学方法研究中国哲学,作
了开创性的工作。后来,西方哲学方法逐渐变成僵化的模式,勉强套在中国
哲学上,产生了四大块(宇宙观、方法论、历史观、认识论)模式。研究一个哲
学家的思想,都用四大块去套,结果使《庄子》这样一个有丰富思想的哲学体
系经按四大块模式剪裁以后,变成了一堆废料。""如果反过来,用中国哲学
模式来评论西方哲学,那么,西方哲学有的是清谈家的纸上谈兵,有的则是
唯智能的偏知陋见,很少能纳入'融汇天人,贯通古今'的中国哲学,所以大
多是不合格的。我不是反对借鉴西方哲学,也不反对用西方哲学方法研究
中国哲学。我认为引进西方哲学,是能够促进中国哲学发展的。反对的只
是将西方哲学方法变成僵化的模式,来全盘否定中国哲学,阻碍中国哲学的
发展。这种思路正是《庄子》哲学被全盘否定的一个主要原因。这说明用西
方哲学方法研究中国哲学时要充分注意到中国哲学的特色。"

　　庄子是中国古代突出的唯心主义哲学家,这是包括冯友兰在内的哲学
界共识。从 1949 年以后,到改革开放以前,我所看到的中国哲学史教材和
有关论著,全部都是将庄子放在唯心主义的阵营里。只有寓居香港的新儒
家徐复观在《中国艺术精神》一书中,认为庄子哲学中的"道",就是艺术精
神,对中国后代的书法、绘画等产生巨大的影响。徐复观的说法给我很大启
发。对《褒贬〈庄子〉议》一文加以补充,扩展成长篇《庄子新论》(刊登在北大
哲学系办的《哲学门》第二期上)系统阐述自己对《庄子》的研究成果。我认
为庄子哲学是求美的艺术哲学,不是求真的科学哲学,不存在唯物主义和唯
心主义的问题,只有美丑、雅俗的分别。

　　关于中西哲学不同思维模式看待《庄子》问题,我在与王树人教授的谈
话中受到很大启发。他说,他到德国当高级访问学者,回国后,就画了一幅
自己比较满意的中国画,裱好后,托人送给德国那位指导他的教授,以表感

谢之意。过两年,他再次出访德国,难免要去看望那位尊敬的导师。到他家见到自己的画,大吃一惊,画被剪去上下,只剩中间部分被镶嵌在玻璃框中。中国画里的空白所表现的美学韵味,完全失去了。同样道理,中国的庄子哲学,用西方的理论模式裁剪以后,那些深刻的、有特色的哲学韵味也就丧失了。所以,高水平的哲学精髓不见了,只剩下一些零散的残片。一般人无法从中体会出美学韵味,也像普通人不会从出土的秦砖汉瓦的碎片中发现什么考古的价值一样。现在日本《京都新闻》每天刊登一幅汉字书法,并加以讲解,经常是讲某一划在这个汉字中所表现的特殊韵味。讲解者水平很高,但实际上一幅书法作品,是一个整体艺术形象,抽出一个字,虽然是完整的一个字,已经没有了那幅字的整体艺术形象。如果将汉字的一笔一划取出来,脱离整个汉字,进行欣赏,那当然就更失去了中国书法的艺术韵味。从书圣的神品中取出一划来,还有什么艺术价值?拳王的身价是很贵重的,但是,切取拳王的一根手指头,恐怕卖不出什么高价钱。一个玉雕的送水观音,价值百万元。如果送水的那个花瓶缺了口,价值要降一半以上。而那个掉下来的瓶口碎片恐怕也卖不了多少钱。可见,不能从思想家的著作中摘出几句话,一知半解,就给出定性的结论:这是唯物主义的,那是唯心主义的,这是辩证法的,那是形而上学的。

　　总之,庄子哲学是求美的艺术哲学,是深刻的、有很高价值的。但用西方哲学模式来裁剪,就成为一无是处的思想碎片,失去价值。同样,在管理、社会、心理、教育、科学、数学、医学诸领域的研究,都应以此为诫。

5.中国哲学的核心内容是经邦济世的政治哲学

　　我曾以"中国传统政治哲学研究"为题申请国家社会科学"九五"规划重点项目,获得通过。在我撰写的《中国传统政治哲学·绪论》中阐述了一些系统的观点,粗线条地描述了中国传统政治哲学的框架。认为关切社会问题是由于中国传统哲学产生于春秋战国那个乱世。上有天命、圣人、经典作为精神支柱,下有民本作为基础,中有大一统和纲常维系各种复杂的人际关系,建构比较稳定的社会和谐体系。这就形成了独特的中国传统政治哲学体系。该成果提前完成,通过审查,于2001年7月由河北人民出版社出版。

本书只讲占据主导地位的儒家思想体系,而没有涉及道家、墨家,特别是法家的理论,是有不足之处的。政治哲学与历史学联系极为密切,许多史书,都是以史学面目出现,文以载道,都包含丰富的人道内容。孔子作《春秋》,道名分,就利用历史来讲政治。他还说:"我欲载之空言,不如见之于行事之深切著明也。"董仲舒说:"孔子知言之不用,道之不行也,是非二百四十二年之中,以为天下仪表,贬天子,退诸侯,讨大夫,以达王事而已矣。"(《史记·太史公自序》)在叙述 242 年的史事中,贯穿政治思想。司马迁就是根据这一精神来撰写《史记》的。他"究天人之际,通古今之变,成一家之言"。这一家之言,就是他的关于治理天下的政治哲学。司马光撰《资治通鉴》,就是为政治服务的史学著作。

恩格斯说:唯物主义哲学家要与科学家结成联盟。这是说的西方的科学哲学。中国哲学家则要与政治家结成联盟。孔子、孟子为什么会去周游列国? 就是为了寻找结盟对象。由于当时是乱世,急需发展实力,又因为当时当政者不能理解深刻的理论,他们没有找到适合的对象。如果在政治上受阻,不得已时只好回家著书,阐述自己的政治哲学。管仲与齐桓公的成功结盟,使齐国成为春秋第一霸主。李斯、韩非与秦始皇的结盟,使秦国统一天下,创建中央集权制度。李斯与秦二世胡亥结合不好,两败俱伤,李斯遭杀,秦也灭亡。先秦儒学不能适应变化了的新时代,遭到焚书坑儒。汉代儒家创新理论,适应新时代,为当时新生产力的代表——地主阶级所建立的最先进的封建制度服务,成为当时先进文化的代表,被推上独尊的地位。从焚书坑儒到独尊儒术的变化,汉初儒家陆贾、叔孙通、公孙弘、董仲舒都是有大贡献的。哲学家与政治家的良好结盟,创造了汉代盛世。魏徵等人与唐太宗的结盟,创造了唐代盛世。王安石与北宋仁宗的结盟,有了北宋的兴盛;朱熹在南宋遭贬斥,哲学家受难,宋朝廷衰亡。中国历史上以儒家为代表的政治哲学家都寻求与政治家结盟,结盟成功,社会安定,实力增强。结盟不成功,社会就陷入混乱、衰败,乃至灭亡。

《中国传统政治哲学》一书虽然体系有较大创新,而史料尚不够充分。2004 年《中国传统政治哲学》一书获得"中华文化优秀著作奖"。

三、主要论著

代表性著作：

《虚实之辨》，人民出版社，1994 年；福建教育出版社，2015 年

《董学探微》，北京师范大学出版社，2008 年

《天地奥秘的探索历程》，中国社会科学出版社，1988 年

《王充哲学思想新探》，河北人民出版社，1984 年

《秦汉思想史》，河北人民出版社，2000 年；福建教育出版社，2015 年

《中国哲学研究方法论》，山西教育出版社，2006 年

《十五堂中国国学课》，北京师范大学出版社，2014 年

《十五堂中国哲学课》，北京师范大学出版社，2013 年

《十五堂中国儒学课》，北京师范大学出版社，2013 年

《春秋繁露（全注全译）》，合著，中华书局，2012 年

代表性论文：

《全球祭孔的启示》，《人民日报》海外版，2015 年 9 月

《关于儒学现代化的断想》，《新视野》，2006 年第 6 期

《对批判儒学的反思》，《探索与争鸣》，2005 年第 5 期

《儒家优秀文化的当代功用》，《现代教育报》，2015 年 5 月

《今天来看董仲舒》，《光明日报·国学版》，2015 年 5 月

撰写者：周桂钿

周继旨

　　周继旨,1932年6月生,安徽亳州人。中共党员。南京大学哲学系教授,已离休。曾任《孔子研究》副主编,国际《易》学联合会顾问,《国际易学研究》编委等,现为国际儒学联合会顾问。

一、个人简历

周继旨,出生于一农村知识分子家庭。1948 年 2 月参加中国人民解放军,先后在豫皖苏军区六分区、二野三兵团、中原大学、重庆高级步校、中共中央西南局秘书处任文教科科员、文化干事、队务参谋、步校学员、秘书科科员等职。淮海、渡江战役时曾各记三等功一次。

1954 年考入北京大学哲学系。1958 年毕业后,一直在高校任教,先后任职新疆医学院、安徽大学、南京大学,历任讲师、副教授、教授。

主要从事中国哲学史的教学与研究,兼及通史、文论。在治学上,他牢记前辈学者“板凳要坐十年冷,文章不着一字空”的教导,从不曲学阿世,并力图摆脱教条陈言的束缚,独辟蹊径。数十年来,不论政治风向如何,一直坚持走教学和治学的人生道路。尽管遇到由极“左”造成的多种坎坷曲折,特别是“文革”中的迫害,信念却始终没有动摇。清除“四人帮”后,便立即投身到中国哲学研究之中。其所发文论多具创见性,并力图打通文史哲、儒释道的联系,试图从中国与世界文化史的比较研究中把握中国哲学与文化的基本特征。

二、主要学术经历和学术成就

1977 年初,周继旨即参与到任继愈先生主编的《中国哲学史》编修工作中;同时,推进中国古代封建专制问题研究。上个世纪 80 年代初,便在《人民日报》、《中国社会科学》等报刊上发表了多篇批判封建专制主义的文章,如《略论中国封建社会发展进程及其政治结构与思想体系的基本特征》、《论中国封建社会发展的基本特征》、《论先秦的“百家争鸣”与“士”阶层的解放》、《论社会有机体的三种再生产》等,所呈见解的深刻性及独到性都曾产生较广泛的影响。

周继旨非常重视中国古代社会及哲学思想发展模式的研究。不仅有《中国封建社会的基本特征》、《关于宗邑式东方城邦问题》等研究,还非常注重哲学思维模式问题的研究,发表了一系列相关文章,如《论中国哲学史上"天人合一"思维模式的形成》《关于中国哲学史研究对象的"纯化"与"泛化"问题》《"终极关怀"与"超越之路"上的从歧异到趋同——论宋明新儒学的伦理本体化思想倾向的形成及其影响》(上、下)、《关于中国传统哲学的元哲学模式上的特征及其转型问题》等等。

周继旨亦对易学的理论模式问题多所深入,90年代初即重点发表了《论〈周易〉与中国传统思维模式》、《论〈周易〉中的思维模式及其逻辑结构之特征》等文章,对《易》理与中国传统思维模式作了即具体又宏观的系统论述;之后则有《论〈周易〉中的思维模式及其逻辑结构之特征》等,继续对易理逻辑问题深入探讨,在《〈周易〉一书中的"象思维"与"易逻辑"》等文章中,则独辟概括论述了"象思维"与"易逻辑"的易理逻辑模式。

在改革开放后中国哲学研究的推进工作中,周继旨也极尽己力,积极参与相关中国哲学的学术研讨会及交流活动,极其认真负责地参与《孔子研究》的编辑工作等,并在坚守相关研究的学术立场方面,起了重要作用;在本职教学中,他也极度认真,常常是提早进入课堂,将授课的重要问题及论点等板书黑板上,其授课内容之丰富及深刻,深受学生欢迎。在研究与教学工作中,为中国哲学的发展做出了积极的贡献。

1977年以来,他在不少重要学术刊物上发表论文数十篇,对文、史、哲等领域内的重大学术问题发表了个人的独立见解。其主要学术论著有《中国哲学史》(先秦卷部分章节)、《墨翟评传》、《论中国古代社会与传统哲学》、《孟子》、《经学流派》,并点校了《杨仁山全集》。

1993年离休后,虽然经历大病,但他不作颐养态,而是继续思考如何在本专业领域内作些有深层次价值的学术理论工作,常年奋笔著述,寒暑不辍,又发表50多万字数10篇文章,直到近年,方才辍笔。

他常说,经历过残酷战争,之后还能够进入研究领域进行哲学反思,其所为已不仅是以酬己志,也是以慰英灵。他在一篇回忆录文章《漫吟古风记征途——关于解放战争时期经历往事的几点回忆》中曾说:"我坚信,老同志们用生命点燃的信念理想之火会在下一代人的生命旅程中再放光辉。为此,感赋古风四首以志其事。

　　　耄耋翁媪忆当年,往事历历非如烟。掬取洪流一瓢饮,丹心真情留
人间。

　　　创业艰难百战多,征途崎岖路坎坷。汗血浇灌理想花,晚晴夕阳红
似火。

　　　昔时流血不流泪,今日回首无怍愧。忘却老病献余热,生命之光永
放辉。

　　　寄语后人勿健忘,为群奉献须发扬。优良传统薪火继,民族脊柱更
坚强。"

三、主要论著

著作类:

《中国哲学史》(4 卷本)(参与部分编修),任继愈主编,人民出版社,1979 年

《中国哲学发展史》(多卷本)(参与先秦卷部分章节的编写),任继愈主编,
　　人民出版社 1983 年

《墨翟评传》(《中国历代著名哲学家评传》之一),齐鲁书社,1980 年

《论中国古代社会与传统哲学》,人民出版社,1994 年

《墨子评介》(《中国典籍精华·先秦诸子卷》之一),阎韬主编,中国青年出
　　版社,2000 年

词典类

《哲学大辞典·中哲学史卷》(撰写辞条 50 余条),辞书出版社,1985 年

《经学流派》(《儒学大百科全书》分类之一),大百科出版社,1997 年

《孟子》(《儒学大百科全书》分类之一),大百科出版社,1997 年

点校类

《杨仁山全集》,安徽古籍出版社,2000 年

代表性论文：

《略论中国封建社会发展进程及其政治结构与思想体系的基本特征》,《安徽大学学报》1980 年第 1 期

《论先秦的"百家争鸣"与"士"阶层的解放》,《文史哲》1980 年第 1 期

《略论秦汉之际的儒法合流和统一的封建主义思想体系的形成》,《文史哲》1977 年第 4 期

《中国封建社会的基本特征》,《中国社会科学》1982 年第 5 期

《魏晋文论的兴起与玄学天人新义的形成》,《哲学研究》1984 年第 5 期

《Fundamental Caracteristics Of China's Feudal Economic Sytem》,《Social Sciences In China》1984,3.

《中国封建社会的义利之辨》,《中国哲学史研究》1982 年第 1 期

《关于中国哲学史研究对象的"纯化"与"泛化"问题》,《哲学研究》1983 年第 10 期

《论孔子和先秦儒家思想上的独立人格觉醒问题》,《孔子研究》1986 年创刊号

《论"祖述尧舜"与"宪章文武"》,《孔子研究》1990 年第 4 期

《"大同"之道与〈大学〉之道》,《孔子研究》1992 年第 2 期

《"终极关怀"与"超越之路"上的从歧异到趋同——论宋明新儒学的伦理本体化思想倾向的形成及其影响》(上、下),《孔子研究》1994 年第 4 期、1995 年第 1 期

　　　　撰写者：周齐,中国社会科学院世界宗教研究所研究员。

朱仁夫

朱仁夫,1941年生,湖南临湘人。湖南理工学院教授。曾任湖南理工学院儒学所所长,岳阳市孔子学会理事长,湖南省孔子学会副理事长。现任国际儒学联合会顾问，湖南省孔子学会顾问。兼任湖南工程学院客座教授，马来西亚南方学院客座教授，韩国大邱大学和大邱教育大学客座教授，香港中文大学"明裕学人"，香港孔教学院顾问。

一、个人学术简况

朱仁夫，1963 年 7 月毕业于湖南师范大学中文系，学士学位，1993 年晋升教授。

主要研究领域有两个：一是中国哲学（儒学），二是艺术史。20 世纪 80 年代调入原岳阳大学（后合并升本为岳阳师范学院，再更名湖南理工学院）任教后开始科研，首先涉足中国书法史领域，90 年代后又进入儒学领域，30 年来在中国哲学和艺术史两个相关领域开展学术探讨。

主要承担的重要科研项目有：（1）1993 年主持国家社科课题"中国近代书法史"（艺术学），1996 年结题出版专著《中国现代书法史》。（2）2001 年主持国家社科课题"儒学国际传播追踪"（中国哲学），2004 年结题出版专著《儒学国际传播》。（3）2002 年第二主持湖南省社科重点课题"湖南美术史"，2005 年结题由湖南美术出版社出版三本专著（《湖南绘画史》《湖南书法史》《湖南设计史》）（本人任副主编）。（4）2005 年主持国家社科课题"香港设计艺术史"（艺术学），2010 年结题由贵州教育出版社出版专著《香港平面设计史》《香港产品设计史》《香港环境设计史》（本人任主编）。（5）2010 年主持文化部社科课题"中日书法交流史"，2014 年结题，即将由人民日报出版社出版《中日古代书法交流史》《中日现代书法交流史》（本人任主编）。

主要获奖情况：专著《中国古代书法史》（40 万字）获湖南省社科成果优秀奖；专著《中国现代书法史》（36 万字）获湖南省优秀社科成果三等奖。主编的《香港设计艺术史》（160 万字）获湖南省社科成果优秀奖。

国内外访问情况：20 世纪 90 年代初起，先后访问北京大学、清华大学、国家图书馆、国际儒学联合会、中华孔子学会、中山大学、华东师范大学、复旦大学、香港中文大学、马来西亚南方大学、俄罗斯科学院东亚研究会、列宾美术学院、瑞典斯德哥尔摩大学、哥德堡大学、丹麦哥本哈根大学、韩国大丘大学东亚研究协会、大邱教育大学、日本东京大学、大东文化大学、美国迈阿密大学等。

参加重要国际和国内重要学术会议情况：我主持过一次国际儒学会议（1994年8月，湖南岳阳）；参加过多次重要国际学术会议，其中国际儒联主持的儒学会议三次（北京），香港孔教学院主办的国际儒学会议五次（香港），中国孔子基金会主办的世界儒学大会三次（山东曲阜），冯友兰国际学术会议一次（北京大学），东亚汉学会议一次（韩国大丘），世界高等教育学术会议一次（瑞典斯德哥尔摩大学，丹麦哥本哈根大学）。

本人还先后赴香港中文大学、文莱华文化基金会、马来西亚南方学院、新加坡南洋学会、韩国东亚人文学会、韩国大邱教育大学、日本大东文化大学讲学。

二、主要学术观点和弘扬普及儒学

本人20世纪80年代至90年代初，集中研究书法史并出版了两部书法史专著。90年代初转入儒学研究领域，撰写论文参加会议，收集儒学文献资料，申报儒学国家科研项目。撰写儒学专著，邀集几位同仁，仿西方《圣经》体例撰写《东方圣经》（孔子故事集），一方面研究儒学的学术价值，另一方面为儒学普及作贡献。至今已有30余年。本人研究儒学的主要学术观点有：

其一，儒学创立至今，一直生生不息，饱含生命力，其根本原因是具有恒常价值和智慧。这一恒常价值体现在（一）哲理价值，践行哲学观。"天行健君子以自强不息"，"立言、立德、立功"三不朽；（二）伦理价值，道德教化说。孔子认为，人面对客观，重"践行"，人面对主观重"内省"，重道德修身；（三）方法论价值，执中方法论。人们处理万事万物，"不及"不行，"过"也不行，"过犹不及"，必须"执中"，中正。

其二，儒学是人学，人学要观天，要面对社会，要透视内心，这样形成了"三维"视镜:(一)一维观天:天人合一,人类自然家园的深层结构;(二)二维视社会:和而不同,人类社会的终极规律;(三)三维视已:内圣自律,人类精神家园的永恒主题。人类处于命运共同体,若生存于 21世纪,应该回到 2500 年前孔子那里寻找智慧。这是人类的共识。

其三,儒学是中国的,也是世界的。儒学自诞生起就开始传播到九州大地,然后四射周边,东亚、西亚、南亚,形成儒教文化圈,再由郑和和传教士西传非洲、欧洲、美洲、大洋洲。

本人研究书法史的主要学术观点:一是汉字始,书法始;二是书法史的本质是汉字美学史,汉民族心灵史。

本人在弘扬和普及儒学方面也做了一些事:一是与同仁先后编著《东方圣经的故事》《孔子读本》等儒学(孔子人生故事)普及读物,印刷发行四五万份至世界各地,并即将以《孔子读本》为蓝本由岳麓书社再版发行,社会影响较大。二是主编《中华历史人物经典读本》系列丛书,已出版三辑(贵州教育出版社),产生了社会影响。

另:联系引荐香港孔教学院汤恩佳院长,先后为岳阳文庙、岳阳金鹗书院、岳阳平江南江镇学校(中国最后一所私塾所在地),捐立三座孔子铜像,汤恩佳先生捐资 100 万港币重建金鹗书院,惠及岳阳市民、村民和有关中小学师生。

三、主要论著

代表性著作:

《中国现代书法史》,北京大学出版社,1996 年

《儒学国际传播》,中国社会科学出版社,2004 年

《中国古代书法史》,北京大学出版社,1992 年

《中国现代书法史》,北京大学出版社,1996 年

编著:

《儒学在世界文献索引》(上下册),齐鲁出版社,2002 年

《中国历史人物经典读本》(三辑),贵州教育出版社,2011—2012 年

《香港设计艺术史》,贵州教育出版社。2012 年

《东方圣经的故事》,安徽教育出版社,2000 年

《儒学走向世界文献索引》(全二册),齐鲁书社,2003 年

代表性论文：

《儒学的恒常价值》,载《儒学与现代化》,中国青年出版社,1994 年

《儒学的三维视境》,载《传统文化与现代化》,中华书局,1995 年第五期

撰写者:朱仁夫

祝瑞开

祝瑞开,1927年生于江苏省丹徒县。上海大学教授。国际儒学联合会顾问。曾历任中国秦汉史研究会理事,上海市宗教学会理事、学术顾问,上海中西哲学与文化比较研究会学术委员,老子思想研究会顾问,曾子研究会顾问。1996年获"上海市老有所为精英奖",1998年获"全国老有所为奉献奖",2007年获"上海市优秀志愿者"称号,2008年获"上海市老有所为之星"称号。

一、个人简历

祝瑞开,出生于江苏省丹徒县高桥镇农家,幼年时随父移居上海。1949

年 1 月在上海圣约翰大学经济系毕业,在国道鞋店分店任会计。1951 年 1 月被分配到江苏省丹阳县人民银行工作。

1955 年考入中国社会科学院历史研究所中国思想史副博士研究生。1960 年,中国社会科学院中国历史研究所原副博士研究生、中国思想史专业毕业,1961 年起在西北大学历史系任教。1979 年 9 月始,于上海复旦大学分校(后改为上海大学文学院)社会学系和中国文化研究所任教。1986 年 12 月为副教授。1990 年 10 月晋升为教授。

主要著作有:《先秦社会和诸子思想新探》(曾获上海市高等学校哲学社会科学研究优秀成果奖)、《两汉思想史》、《中国婚姻家庭史》、《当代新儒学》、《国学与当代社会》、《中华文化与当代社会》等;主编并撰写《〈论语〉本义新解》。率先在社区开设、讲授《论语》课程,向民众普及儒学。发起并主持三次国际学术会议,会后主编《秦汉文化和华夏传统》、《宋明思想和中华文明》、《儒学与 21 世纪中国》三本论文集。自 1993 年至今,先后应日、韩、德、美、以色列、新加坡和香港地区著名大学、社会学术团体的邀请参加国际学术会议或讲学,并用英语对外国大学生、博士生授课。

二、主要学术思想和成果

祝瑞开的学术研究主攻方向是先秦两汉和宋明儒学的当代价值,他一生都致力于对以儒家为主的中国传统文化的梳理及其当代价值的诠释。主要学术成果反映在他的多部学术专著和由他主编的国际学术会议论文集中。祝瑞开是侯外庐的学生,侯外庐是著名的中国历史学家、思想家和教育家,他的《中国思想通史》不仅是迄今学术界最为完整的一部中国思想通史,也是目前仍无人能整体超越的中国思想史巨著。祝瑞开的学术研究有一个显著的特点,即用历史研究与哲学反思批判相结合的方法,将儒学在先秦、两汉、宋明以及近现代不同时期的演化加以客观地梳理,并将儒学传统置于当时生产方式的时空演化、经济、宗教、科技、制度的变迁中进行反思批判分析,不是让历史服从于逻辑,而是要在多视角、多层面的文化传统的具体演化中找寻规律和启示。他始终坚持马克思主义历史唯物主义和辩证唯物主义的世界观和方法论对儒学传统汲取其精华,剔除其糟粕,在扬弃的基础上为我所用。

(一)研究方法上的两个重要观点

1."继承和弘扬儒学文化就是要探明中国特色社会主义的文化基因"。祝瑞开认为,中国特色的社会主义现代化建设一定要继承和弘扬中国文化的精神,现在是中华文化复兴的大好时机。他在"文革"和批林批孔的年代,曾经受到迫害,1961年他参加在山东曲阜召开的关于儒学传统方面的学术研讨会,在会上发表了《儒学内蕴着伟大的松柏精神》一文,把孔子的"三军可夺帅,匹夫不可夺志"、"岁寒然后知松柏之后凋也"的节操,孟子的"富贵不能淫,贫贱不能移,威武不能屈"的大丈夫精神与刘少奇同志所作的《论共产党员的修养》结合起来阐发儒学的精华。在会上有不少人批评他的这一观点,后来还受到关锋的指名批评,说他用复辟倒退的儒家思想来歪曲党的理论。再后来刘少奇同志被打倒,他又成了刘少奇的走狗、牛鬼蛇神、反革命修正主义分子。他认为,今天儒学创新要在学习、贯彻习近平总书记关于中国传统文化的"四个讲清楚"的基本精神基础上展开,要探明中国特色社会主义道路的深层的文化基因和中国元素。

2."中国传统文化的创新不可缺少马克思主义的理论指导和对西方积极思想理念的吸收"。祝瑞开认为,不仅要发扬中华传统文化的优势和特色,推进精神文明建设,提高公民思想道德素质,为建设具有中国特色社会主义尽力,而且,还应放眼全球,洞察整个世界,要为解决21世纪全球性的生态破坏、环境污染、能源危机和人为物役等问题,加强与西方文化对话交流,在融合中创新中华文化和文明。他对现在有一些学者主张要完全用儒家的思想、制度、机制来构建当下中国社会的政治制度和意识形态的观点和看法持坚决反对的态度,他坚决主张中国文化创新绝不可缺少马克思主义的理论指导和对西方积极的思想理念的吸收,并在此基础上加以结合创新。

关于儒学与马克思主义的关系问题,在祝瑞开看来,这是一个最为重大的问题,不仅是理论问题更是实践问题。马克思主义在近现代自然科学、社会科学和生产知识的基础上,总结了全人类的优秀文化成果。儒家文化和马克思主义在很多方面有结合点,如实事求是,注重事物的矛盾和变易、发展,强调群体意识,倡导"大同"思想,对神学、宗教持存疑和批判态度等等——在知识经济时代,人类多种文化的交融是大趋势,只要其中优秀的成分能为我所用,是不会影响马克思主义主导地位的。

(二)《两汉思想史》的主要观点及其价值

1."两汉思想对中华民族精神的培育起到重要作用"。《两汉思想史》是祝瑞开的力作。他认为,"中国史学家很多,研究先秦和宋明的很多,研究魏晋南北朝的不多,专论两汉思想的著述更不多"。大家都知晓董仲舒和汉武帝罢黜百家独尊儒术,但对两汉的思想史是什么样的,对中国人的思想面貌是什么样的,有什么特征,两汉思想对中华民族精神的培育起到什么作用并不是很清楚。《两汉思想史》回答了这些问题。汉代是奠定思想的时期,它所形成的思想的基本特征和特色对中国后世产生了重大影响。中华民族是由56个民族组成的一体多元的大家庭。一般而言,习惯上的提法首先提到"汉满蒙回藏",汉代的兴起对汉族的形成和兴起起着至关重要的作用。"两汉的学术思想以经学、史学为中心,以文学为辅翼,上承先秦思想,下接宋明,既是先秦百家思想的汇聚与综合,又是魏晋思想的温床与源头。"①他指出,汉代是汉民族形成的重要历史时期,正是经过汉人的努力,中国这一统一的民族和疆域才固定下来。以汉族为主体的中华民族的思想性格、心理特征在此时初步奠定了基础。两汉思想对我国民族心理、思想性格的塑造和形成,具有极为重要的作用,其在社会和思想的发展上,是颇为关键和重要的。在汉代,一方面求实精神、注重效验作为当时自然科学的哲学和方法论的概括,被明确提炼出来,成为时代精神。《易传》强调"时"、"中"、"日新奋进"、"变则通"和"刚健日新"、"生生不已";《黄帝内经》强调"适宜"、"有

---

① 祝瑞开:《两汉思想史》,上海古籍出版社1989年版。

度"等思想，都发展了我国古代朴素的辩证法思想，是汉代思想的又一精粹。但在另一方面，他也特别指出，"以经学概括汉代的学术思想及其特征，似不尽确切和全面，这应是过去史家的一种偏见。在罢黜百家独尊儒术之前有贾谊、刘安、司马谈、司马迁等，在罢黜百家之后严遵、刘向、杨雄和王充等思想家更是会通百家之学。以王充为代表的古代朴素唯物主义哲学和无神论思想也被贯彻到社会政治思想之中，对封建等级制，特别是阀阅制度、族姓制度的批判，对'虚浮'、'浮华'的社会风尚的鞭挞，都是与求实精神紧密联系在一起的。"另外还有一个方面，也值得一谈，在汉代，思辨哲学也有了较新的发展，例如八卦、阴阳五行等精致、系统的宇宙框架和哲学体系，都是在这一时期完成的。"求真、究理、务实"的朴素唯物主义思想伴随汉族形成而兴起的强大思潮和宝贵学风，在两千多年的发展中逐步渗透在我国各族人民的思想和血液里，成为中华民族自强不息、顽强奋斗、坚忍不拔性格的一个本质特征。

《两汉思想史》还进一步发挥和论证了侯外庐"亚细亚的早熟"的"文明的小孩"的论点，并使之更加完善和具体化，用以说明和评价中国古代思想文化的特点和不同的历史作用，认为我国封建社会经历了自己的道路，在思想文化上表现出自己的特色。以董仲舒为代表的汉代思想家对先秦"以人为贵"的思想进一步做了哲学论证，并据此对奴隶制、封建制的残酷剥削和暴政进行打击，发展了我国的"封建人道主义"思想。祝瑞开还认为武帝以后，"虽儒家独尊，而事实上儒法道三家在汉代都被继承下来，尤其是儒道取得了重大进展，所以，不能认为当时儒家独尊，其他学派都消沉，不起作用了。"①这些观点深刻又明晰，既体现了侯外庐学派的独立自得的学术个性，又是认识两汉思想格局及其对中国社会所发生的深刻影响的关键环节，抓住了两汉思想的本质与要害。

2.《两汉思想史》的学术创新。赵吉惠先生在评价祝瑞开的《两汉思想史》时说："在诸多方面均能根据文献史料和新出土的考古资料进行解释，不

---

① 祝瑞开：《两汉思想史》，上海古籍出版社 1989 年版。

拘泥于陈说,不固步自封,强调学术研究应大胆争鸣,建立新说,以此来深化学术思想的研究。"并认为该书还对"大同社会"理想阐发了独立自得之见,认为"天下大同"的理想实质上含蓄地反对批判了"家天下"的帝位世袭制,批评了酷吏暴政给人民带来的痛苦,憧憬贤人"秉公"治理天下的期许,客观上反映了人民的愿望和利益的诉求,这一思想对后世产生了重要影响。

赵先生还评价道:"祝瑞开在本书中还对'古文经学'的'又一特色是反对谶纬'这一著名史学家范文澜先生的定论表示存疑,认为'这是值得商榷的'。因为,古文经学也有要求改善儒学的积极意义,相当多的古文经学家并不信图谶却又不直接反对谶纬,如刘歆、班固、贾达均善于推说谶记,而桓谭、王充等推崇古文经学思想家则接受刘向、刘歆父子改善儒学、回复诸子思想的影响,这对他们摆脱官方儒学的束缚,形成反谶纬的思想是有积极作用的,但是他们反对谶纬并非直接来自古文经,而是另有哲学上的理论原因,主要是他们的无神论思想决定的。这些观点都是很有独到之处,值得重视的见解。"①

(三)《中国婚姻家庭史》的主要观点和意义

1.“礼”的演化对我国一夫一妻制产生了重要影响。祝瑞开熟悉中国历史,尤其熟悉儒道法墨各家的学说,在《中国婚姻家庭史》中,他论述了儒家“礼”的演化对我国一夫一妻制产生的重要影响。在西周春秋时代,父系家长制家庭和对偶婚仍然严重遗存,王侯贵族仍通行上下辈通婚的“烝”、“报”婚姻,且时有公占儿媳现象,在士庶中对偶婚遗存亦较普遍,孔子用“礼”来反对“烝”、“报”婚姻,用“仁”来批判将妇女当作财产的观点和做法,并倡导管仲“士无邪行,女无淫事”(《管子·权修》)的思想路线。为了克服对偶婚的残存,制止男女随意结合导致淫逸行为,重视婚姻仪式的规范性,强调明媒正娶,秦国商鞅变法强调分户的法令,是对西周以来家长制家庭公社遗存的彻底破坏,促使鄙野中原来“夫三为屋”的庶人分居

---

① 赵吉惠:《两汉思想史研究的又一成果——评祝瑞开的〈两汉思想史〉》,《上海大学学报》1990年第3期。

自立门户向封建个体农户转化,巩固和发展了一夫一妻制。祝瑞开一方面揭示了商鞅变法在我国婚姻家庭发展史上的历史作用和深远意义,另一方面富有创意地指出"商鞅的这一禁止家人中杂乱的性关系的法令,正是对儒家思想的继承而作的强制性规定"①,故秦汉时期在普通百姓中实行一夫一妻制的文化背景的原因则主要是受到儒家礼治思想的影响,把儒家反对父系家长制和对偶婚遗存的思想制定为法律,并严厉执行,极大地肃清了原始家庭落后婚姻的影响,当然还应强调井田制被破坏后新兴农民的个体家庭和一夫一妻制婚姻有了顺利健康地发展。这是祝瑞开在中国婚姻家庭史的阐发中的一个创见。祝瑞开不但熟悉儒道法墨,而且熟悉民族学、民俗学、考古学和古文字、古史、律法、歌谣、小说,且将近百年来学界这方面的研究成果加以整理,在融会贯通的基础上进行综合创新。祝瑞开有一个独到的见解:"五四以来,儒家的婚姻家庭思想一直受到批判,而实际上儒家对我国婚姻家庭的发展曾起到十分重要的积极作用,对我国民族的发展做出了重要贡献。"②

　　2.对"儒家乃是维护封建家长制"及"一夫多妻"观点的辩证分析。祝瑞开为历来遭到无端批判的儒家乃是维护家长制的罪名进行辩证地分析,他指出,儒家提倡父慈子孝,反对父系家长对儿媳滥用权力,侵占儿媳,是对封建主义的婚姻、家庭伦理观的一种限制。历来都认为儒家提倡妇女贞洁观是对妇女的桎梏和摧残,而他则认为原始儒家反对对偶婚,倡导一夫一妻制不仅对女子,而且是对男女双方都应禁止淫逸行为的引导和警示,对女子来说又可以从偶婚制中挣脱出来以保持自己的贞洁,是对妇女的身心保护,是婚姻史上的一大进步。当然,他也强调,宋儒程颐主张的"饿死事极小,失节事极大"(《近思录》卷6),反对寡妇再嫁,成为封建礼教的一个重要内容,是应该批判的。他还澄清了一直以来为国内外学者误解的一个历史问题,即一直以来在人们的心目中,儒家是主张一夫多妻制的,男子可以三妻四妾,实际上儒家在庶民中一直是一夫一妻制的倡导者和积极的推行者。当然也

---

①　李静:《婚姻家庭史研究的新成果》,上学林出版社1999年版。

②　李静:《婚姻家庭史研究的新成果》,上学林出版社1999年版。

必须辨明,儒家在婚姻观上是持二元论的,即对贵族、官僚和庶民持不同的标准,这当然是儒家婚姻观落后、腐朽的方面。但儒家强调"礼义"等社会规范对维护婚姻、家庭的重要性,而礼义规范的优良内容植根于积极、健康和合理的群体意识之上,在结成特定的社会关系中所产生的相互关心、爱护和责任、义务对维持传统社会的秩序和稳定发展起到了积极作用。祝瑞开认为,反对家长制的专断统治当然是对的,但因此而不敢谈"孝",否定体现人类文明进步的"孝"的思想就走向极端了,他常说一句话:"真理前进一步就变成谬误"。他特别强调儒家所倡导的"爱人"和"忠恕之道",认为儒家注重协调人我和群体的关系,主张"父慈子孝"、"士无邪行,女无淫事",夫妻"同尊卑"等思想,虽然已经过去两千多年,但仍然有其合理的地方,是有较强生命力的。祝瑞开在《中国婚姻家庭史》一书中不仅用其丰富精准的历史知识进行科学合理的梳理,用哲学反思批判的方式进行辩证的分析,而且用诗歌、小说、文集等大量资料,文辞优美地加以举例说明,真可谓雅俗共赏,在通俗中可见其深厚的学术功力。

(四)《当代新儒学》的基本内容及其价值

《当代新儒学》是祝瑞开的近作,其基本内容:第一部分为"创建当代新儒学",包括"基本观点和理论框架"、"儒学的反思和时代召唤"、"当代新儒学的内容"和"普及新儒学"、"读经方式探讨"。第二部分是"传统儒学",收集的是关于历史上传统儒学的文章,分两部分:一部分是对特定历史时期儒学的论述,主要是先秦、秦汉和宋明三个重要历史阶段的儒学;另一部分从婚姻、家庭和宗教方面对儒家思想进行专题探讨。本书的主要观点如下:

1."应在发展着的马克思主义指导下创建'当代新儒学'"。祝瑞开主张在发展着的马克思主义指导下创建"当代新儒学",在科学认识儒学的基础上,抛弃其糟粕,借鉴、融合域外文化的积极因素,特别是西方的优秀文化,结合当代社会的实际来创建"新儒学"。他认为,儒学尽管有其时代的局限,有其糟粕和消极面,但确有特点和独到的优势,在我国长期的历史文化的演化中,逐步积淀成为我中华的民族心理、素质和众多优秀的民族精神,成为中华民族传统文化的基础和主流,不仅在历史上对我中华民族的形成发展起过巨大的作用,在当代对我国现代化与人类和平发展也将起到重大的积极作用。儒学不仅要批判继承,更要创新,要在马克思主义指导下,创建当代新儒学,当代新儒学和 20 世纪 20 年代梁漱溟先生倡导、后来为港台学者进一步发展的现代新儒家既有相同又有不同之处。在坚持、肯定儒学是中华民族优秀的文化传统方面,二者有一致的地方,但"当代新儒学"是在发展着的马克思主义指导下,立足儒学和其他一些优秀传统文化,同时大力学习西方优秀文化,使之有机结合起来,创建适应当代社会发展需要的新儒学。二者不仅在指导思想上有重大的不同,对传统儒学内涵的认识和对西方优秀文化的借鉴、吸收等诸方面,彼此也有着明显的不同,因而其创新的成果也就不一样,甚至大相径庭。祝瑞开强调,儒学的创新是中华文化在新的历史条件下的创新,是建设社会主义先进文化的需要和重要方面,它对构建我国社会主义和谐社会,全面建设小康社会,推动人类和平与发展,构建和谐世界,必将发挥积极的作用,作出中华民族的新贡献。

2.应辩证分析儒家思想的积极因素和消极因素。祝瑞开的许多文章,从不同视角反映了历史上孔子和儒家思想的真实面貌,凝结了祝瑞开诸多新见解、新观点,特别是关于孔子创立原始儒学和宋代理学的形成,包括思想内涵、理论特征、社会和时代意义,以及对后世的影响等等。这些文章中的一部分是在进行历史和学理的探讨,另一部分则是对当代一些社会消极现象和问题作应用性的研究,尝试从传统文化角度提出一些应对和解决方案,力求使中华传统文化和当代社会结合,与民众的生活、思想实际结合。他认为:由孔子开创,后来为历代进步儒家学者继承、发展的儒学,包括宋代理学,都是为适应时代发展需要不断创新、发展着的,其主导面是积极、健康、进步的,它们是形成中华文化的基础和主流,培育了中华民族的民族精神,当然也存在其历史的局限性。他在著述中对孔子和儒学的"仁学"内涵作了进一步诠释,认为仁爱倡导"爱人","四海之内皆兄弟也",泛爱天下各国各族人民,亲如兄弟;又进而实现人类"大同",这就超越了仁爱的亲亲为仁的私我及其等级结构。孔子和儒学的"仁礼"之学实质上是建立在关爱、尊敬他人,以群体、社会总体利益为本的思想基础之上。利他、利人,造福人类社会是其宗旨和终极目标。儒家文化有其不足和缺陷,需要向世界文化学习,西方社会在近、现代发展中创造了璀璨的西方文明,但西方文明在其发展中也暴露出弱点、局限和弊病。认为西方文化尽善尽美,是人类唯一应当效法和普遍遵循的范式,这是一种天真的臆想。儒家的仁、圣思想在漫长的演化中形成了个人和群体为一体的优良传统;儒学逐步建立并完善了气的唯物主义自然观和无神论哲学,积极倡导入世,批判鬼神的存在;倡导中庸之道,强调过犹不及,反对走极端;倡导“义者,宜也”,一切以义为准的理念;孔子倡导的“克己复礼”并不是主张禁欲而是强调人人要管住自己的情欲,节制自己的私欲,现在一些人放纵自己的一己情欲,造成许多祸害。儒学开创了优秀的伦理道德哲学,以人为本,以群体意识为核心,培育了中华传统美德和光辉的民族精神;儒家用义规范臣民、子女和君父相互对待和彼此全部言行,逐步形成并发展了大义灭亲的优秀文化传统。理学对仁作了新阐释,倡导“仁者公也,人此者也”(《二程遗书》)卷九);儒学倡导社会公正、公平,反对特权思想,深受人民群众欢迎,在民间广泛流行,使得公道正派、公平合理等优秀思想很快成为民间共识,形成口语,成为中华文化的核心思想,产生了重大的社会影响和积极作用,推动了社会的发展。但另一方面,他又指出,宋代理学家强化君权和父权,朱熹的“天下之治,固必出于一人”(《晦庵先生朱文公文集》卷十三),强调君主“一人定国”,这是不对的,以至于后来宣扬愚忠、愚孝,都是应该批判和剔除的。

　　3.“把儒家归结为封建主义的宗法专制主义是独断论”。祝瑞开在《当代新儒学》等著述中还澄清了儒学在历史上各个时期的内涵、作用和价值,对在信息化、网络化时代如何更好地认识儒学,怎样与人类一切积极的文化进行对话,以创造中华新文化,阐发了许多独到的思想观点和理论。他指出,儒学是中国文化的主体,不管你喜不喜欢、爱不爱它,你只要想推进中华文化的发展,就要从儒学研究入手,仁义礼智信这些儒家的核心概念具有永恒的生命活力,关键是看你如何看待它、转化它、根据时代和社会的需要利用它。五四时期批判儒家的宗法思想有其历史的必然和进步的一面,但把儒家归结为封建主义的宗法专制主义是独断论,宗法实际上有它积极的一面,如在祠堂里大家一起祭祀一个祖先,可以巩固亲情、民族情、中华文化情、国情和爱国主义的情感。中国传统文化之所以成为传统文化是因为它是中华民族的灵魂,它在社会生活的各个领域各个方面自然发挥着作用,我们与世界上各个地方、各个国家的华侨用中国话交流中国文化、交流儒学文化,就使得中华民族的精神得到弘扬,使得爱国主义得到认同,使得中华民族产生巨大的凝聚力。祝瑞开认为,孔子倡导"修己以敬",进而"安人"、"安百姓";"敬"是用来行"礼"的。孔子和儒家倡导的"礼义",其本义是在反对维护王权、贵族身份特权的等级制度和专制主义反动统治,倡导人们应该相互尊重、正确对待。这种倡导使得平等的思想出现在两千多年前,在人类文化史上是不多见的,是非常卓越先进的思想。长期以来,统治者和一些庸儒、御用学者对此都作了相反的解说,把孔子和儒家"敬"和"礼义"的思想歪曲成为维护家长制和等级制、专制主义的反动统治的思想理论体系,这是对孔子和儒家思想的曲解,必须把它拨正过来,还孔子思想和儒家文化本来面貌,阐明其本义和精义。在历史长河中,儒家文化在演化中博采众长、融会贯通,创造性地阐说了许多优秀、精深、独到的思想,成为中华文化的主流和基础,推动了中国古代和中世纪社会长期、稳定和积极、健康的发展。这些思想理念都是儒学的当代价值之所在。

　　4.""孝文化'和'敬'的思想理念在今天具有特别重要的价值"。因为现在处在金融文明时代,由于资本的作用,父子、母女、兄弟姐妹关系都淡漠了,老人感到很孤独,就像西方社会那样,西方人曾经尝到苦头,不知道出路在哪里,他们想靠宗教来抚慰自己的心灵,在祝瑞开看来不如靠中华民族文化、靠儒家文化经过创造性转化的作用更加可靠。孔子的孝道思想对推动父母、子女承担各自的社会责任和义务,尽赡养父母之责,父母承担抚养、教育子女的责任,养育子女成长,建立和谐父子、母女关系,推动家庭和社会的发展具有重要价值。儒家强调"敬"与"爱"结合、以"敬"为主的婚恋观对倡导夫妻相敬如宾,建立温馨和美的夫妻关系,推动婚恋和谐、稳定、健康发展,提倡忠贞不移、白头到老具有永恒的价值。儒家主张宽容的宗教观,允许宗教自由、自主、独立发展,满足一部分民众对宗教信仰的需求,维系了世俗社会的和谐、稳定。

(五)对儒学普及工作的贡献

自 2005 年以来,祝瑞开经常深入社区,开展儒学的普及活动。主要是走进上海市徐汇区田林街道和中华文化、国学团体、社区、医院、学校等单位,开展以儒学为主的中国传统文化的宣讲工作,田林社区学校还开办了《论语》学习班。在普及传播儒学的实践中,他编撰了《〈论语〉本义新解》。由于本书来自实践,来自传播和普及儒学的第一线,来自为满足社区群众的需要,为了更好地贴近时代、贴近社会、贴近社区的居民,因而在编撰上形成了别具一格的体例。当时许多《论语》读本的编写体例都是依据《论语》原本编印,在教学中也都是按照原本顺序,逐章逐句依次学习,祝瑞开则是按照孔子的思想内容和体系将其划分为十二个专题:第一章、孔子的"仁"、"圣"的思想理论;第二章、孔子的"义"的理论;第三章、孔子的"修己"的理论;第四章、孔子和儒家的婚姻家庭思想;第五章、孔子倡导的邻里、师友之道;第六章、孔子关于礼与乐的思想主张;第七章、孔子的进步的政治思想;第八章、孔子和儒家的理想社会;第九章、孔子的进化历史观;第十章、孔子关于天和鬼神的思想;第十一章、孔子论学习、教育的认识论;第十二章、孔子自述和他与时人的相互评说。这样编撰起来后再进行编注和解说,分析其精华与糟粕,这样就便于听讲者和读者径直进入孔子思想的殿堂,聆听古圣先哲的心声,把握其思想脉搏、精神实质和理论框架,进而深入了解其历史意义和对当代的影响与作用,包括正负两个方面。"这种编撰方式在上海市徐汇区田林社区的学习班上受到广大群众的欢迎。"①

祝瑞开认为,孔子是以"仁"和"圣"二者作为指导思想,贯穿他的整个思想,形成一个严密而又博大精深的思想体系,所以讲授中应该着力于孔子的"仁"、"圣"这两个核心概念和基本理论,在"爱人"和"克己复礼"、"安人"和

---

① 祝瑞开:《〈论语〉本义新解》前言,学林出版社 2007 年版。

"安百姓"等注重群体意识和节制一己私欲、造福民众等基本思想指引下形成的思想特色、理论优势及其理论意义和社会作用,帮助人们科学、正确地认识孔子思想原貌,把握其精神实质。他认为,学术不是空谈,也并非玄奥、神秘莫测,学者应在这方面多做工作,要使得阳春白雪与下里巴人有机融合起来,让我们的经典真正走进寻常百姓家庭和每个人的心中。他反对时下有些学者注重在一些格言警句上进行串讲,而忽略把握其整体和精神实质,认为这样串讲有其意义和作用,但有时未免失于表象,支离破碎,令人眼花缭乱,不得要领。儒家文化是中华传统文化的基础和主流,在广大人民群众中有深厚的基础,传播经典要到民间去,要从农村和城市社区中的老百姓那里吸收泥土气息,与老百姓的社会生活的实践结合起来,这样才能真正使得经典活起来,活在百姓的日常生活中。

(六)祝瑞开的"念想"

祝瑞开对自己组织、策划和主编的三本国际学术会议论文集(《华夏传统和秦汉文化》、《宋明思想和中华文明》、《儒学与 21 世纪中国:构建、发展"当代新儒学"》)自感十分欣慰和满意。因为当时召开这样的会议实在困难重重。祝瑞开设法向热心人或有关企业化缘,并好不容易请到了北京大学、清华大学、中国社会科学院和世界各国的汉学家和儒学学者等专家教授来到沪上参加会议,发表高论。

祝瑞开在三本论文集的前言或序言中都对参会论文做了系统的梳理,在"秦汉思想文化和华夏民族传统学术讨论会开幕词"的讲话中,他谈到:"研究中国传统思想文化,要走向世界,在和世界文化的碰撞融合中不断充实更新、发展自己,这是召开这次中国传统思想文化国际学术会议的一个重要原因和意义所在。那么,在中国走向现代化的过程中,怎样看待中国传统文化呢?长期以来存在着不同观点和争论,有的主张儒家复兴论,有的主张否定中国传统,彻底重建,有的主张'西体中用'等等。我个人则主张'结合创新'。这就是说,本民族文化须和外来文化在'结合'中创新发展。在对待本民族传统文化和外来文化的关系上,应该是'立足本国,择善而从,创为一体,新体新用'。具体说来:本民族的社会存在(包括民族传统文化心理这一客观存在)是考虑问题的立足点和出发点。在对待本土文化和外来文化的关系上,既不能固步自封,也不能盲目崇外,而是根据本民族的国情,对之进行认真的、历史的、科学的分析,'择善从之'。所谓'善'就是要有利于社会生产力的发展,有助于全民族精神文化水平的提高和国家的富强。所谓'创'就是结合。首先,最根本的在继承和弘扬中国传统文化时,要与马克思主义和中国国情及中国传统的结合,同时也是西方优秀文化和中国传统文化的结合。再结合'中',既要坚持本民族传统文化的优点和特色,又要重新创造,不是一概照搬,不是因循守旧,而是充实、更新、丰富、发展、创立一种新型的民族文化。它不再是一成不变的'旧体',也不是外来的'外体',而是'旧体'和'外体'融合的'新体',一种具有自己民族特色的新型文化。"①

三、主要论著

独著:

《先秦社会和诸子思想新探》,福建人民出版社,1981 年

《两汉思想史》,上海古籍出版社,1989 年

《中国婚姻家庭史》,上海学林出版社,1999 年

《当代新儒学》,上海学林出版社,2006 年

《国学与当代社会》,上海学林出版社,2010 年

《中华文化与当代社会》,上海世纪出版有限公司,2015 年

《〈论语〉本义新解》,上海学林出版社,2007 年

主编:

《秦汉文化和华夏传统》,上海学林出版社出版,1993 年

《宋明思想和中华文明》,上海学林出版社,1995 年

《儒学与 21 世纪中国:构建、发展"当代新儒学"》,上海学林出版社,2000 年

---

① 祝瑞开主编:《秦汉文化和华夏传统》,上海学林出版社出版,1993 年。

代表性论文:

《努力实现儒家德治思想与现代法治的结合》,《探索与争鸣》2001 年第
　　8 期

《孔子"修己以敬"的思想及其影响作用》,载《上海文庙第四届儒学研讨会
　　论文集》,上海教育出版社 2007 年版

　　　撰写人:邵龙宝,上海同济大学教授,上海市伦理学会副理事长,
　　　　　国际儒联理事,国际儒联顾问联络委员会委员。